我国档案馆公共服务研究

张林华　著

世界图书出版公司

上海·西安·北京·广州

图书在版编目(CIP)数据

我国档案馆公共服务研究 / 张林华著. — 上海：
上海世界图书出版公司，2019.4
ISBN 978 - 7 - 5192 - 5784 - 2

Ⅰ. ①我…　Ⅱ. ①张…　Ⅲ. ①档案馆-公共服务-研
究-中国　Ⅳ. ①G279.2

中国版本图书馆 CIP 数据核字(2019)第 010143 号

书　　　名　我国档案馆公共服务研究
　　　　　　Woguo Danganguan Gonggong Fuwu Yanjiu
著　　　者　张林华
责任编辑　吴柯茜
封面设计　蔡　惟
出版发行　上海世界图书出版公司
地　　　址　上海市广中路 88 号 9 - 10 楼
邮　　　编　200083
网　　　址　http://www.wpcsh.com
经　　　销　新华书店
印　　　刷　上海景条印刷有限公司
开　　　本　787mm×1092mm　1/16
印　　　张　21.25
字　　　数　360 千字
版　　　次　2019 年 4 月第 1 版　2019 年 4 月第 1 次印刷
书　　　号　ISBN 978-7-5192-5784-2/ G·530
定　　　价　128.00 元

前　言

我国现行《档案法》第八条和《档案法实施办法》第十条规定："中央和县级以上地方各级国家档案馆,是集中保存、管理档案的文化事业机构。"自1986年档案向社会开放的范围扩展至普通公民以来,我国档案开放已走过了30余载历程。2008年颁布的《政府信息公开条例》中规定国家档案馆为政府向公众提供政府信息查阅利用的指定场所之一,自此,档案馆提供查阅的除了具有历史价值的档案外,还有具有现实效用的政府信息。档案馆在档案信息资源收集、管理、开发特别是档案公共服务方面具有独特地位。

信息知情权是公众实现其他权益的前提,档案馆公共服务为公众知情权提供保障,因此各级档案馆公共服务水平直接关系到公民各项权利的实现,是我国公民民主权利状况和政府公共服务水平的体现。从2002年广东省率先建立文件服务中心起,至今我国各省(市)综合档案馆均已建立了信息查阅中心这类机构。这些年来这一新型信息公共服务部门在档案馆公共服务中已占据重要地位,积累了丰富的经验,取得了良好的社会成效,但是也遭遇了一系列困惑。实施政府信息公开后,公众有关深化档案开放和政府信息公开的期望日趋提高,但现实实践中公众获取档案受阻的情况却并未得到根本性转变,特别是一些涉及群众切身利益的未开放档案利用问题,极易引发冲突甚至诉讼,成为档案馆公共服务中的焦点矛盾。

长期以来,我国档案馆公共服务存在制度设计大多立足于档案馆和行政机关等公共机构而非公众角度、开放的范围与公众需求存在较大背离、档案开放前的鉴定环节阻滞、在线检索受到档案数字化制约、区域性数字化鸿沟严重等问题,我国档案馆公共服务中一系列问题急需系统研究解决对策,特别需要在实证基础上针对现实问题的可行性解决策略。探究公众的档案需求与档案馆公共服务现状,反思档案公共服务深层次制度缺陷并研究相应对策,不仅是我国档案学界当前亟待探讨的理论问题,而且对档案馆公共服务的发展走向具有重要的指导意义。

在当前我国服务型政府建设、新技术广泛运用、新媒体蓬勃兴起的形势下,数字化信息剧增,档案信息记录、存储、传输方式较以往出现很大差异。国家档案局提出实施以人为本、服务先行、安全第一的"三大战略",特别是"两个转变""三个体系""五位一体"等战略思想,要求档案资源体系和利用体系建设实现面向普通百姓的根本性转变。一方面档案馆由传统的服务政府向服务公众转变,另一方面公众对档案的共享与便捷化服务要求不断提高,研究档案馆公共服务旨在解决档案公共服务与社会需求的矛盾,对提升档案馆公共服务能力具有直接意义。

本书在档案馆公共服务研究中形成了一系列独到的观点,主要创新处有:

第一,提出档案馆具有公共服务的社会责任,应成为满足公民信息权的平台、促进行政透明的窗口、公民和政府沟通的枢纽。档案馆作为政府信息公开的窗口和档案利用基地,具有独特优势;档案馆的公共服务有利于公众了解政府,监督政府行政的透明化、效率化;公众查询的热点往往与国家政策、社会热点一脉相承,从中能体察社情民意,有利于政府决策部门尽早发现问题、及时研究和调整政策。

第二,系统分析档案公共服务中一系列关系,如公民档案信息意识与公民档案利用、公民权利与公民档案信息权、档案馆与行政机关、档案馆与公众之间的关系等等,并以社会学官僚组织理论对档案公共服务中公共权力与私人权利的特性、关系展开剖析,提出档案馆公共服务中公民权利与公共权力关系包含着权力与权利的运作及博弈,因此法律设置既要对公共权力的专制实施限制,又要防止公民权利的无政府状态,应将两者的权利和义务统一在法律关系中的观点。

第三,提出世界各国信息公开法的颁布存在与经济、科技、文化发展水平呈正相关规律,且各国政府信息公开立法呈现出公民信息权利逐步扩大的趋势。通过中美信息公开制度的系统比较,指出信息发布协调机制和保密审查机制过严及缺乏对不公开事项的列举等我国现行《政府信息公开条例》中存在的不足并分析其危害。

第四,系统分析行政机关在档案公共服务中的角色定位与偏差的表现及原因,认为行政机关作为义务主体已被推上档案公共服务的"前台"、应在档案公共服务中积极作为。

第五,从服务主体、法律规定、机制设置及开放鉴定等主、客观因素系统剖析档案依申请利用瓶颈形成的逻辑,提出应制定档案依申请利用方面的服务型法规以填补空缺,建议参照《政府信息公开条例》修订草案的形式对档案依申请公开利用的程序进行规范,以根治机关档案室在档案公共服务中的"顽疾",达到改善档案公共服务环境的目的。

第六,全面总结我国民生档案远程服务运行、组织、机制、模式、成效、经验、障碍及特点,指出民生档案远程服务的组织机制挣脱了传统档案服务组织体系架构的约束,实现了包括市、区、街道不同层次、不同系统、各方人员之间以及各项管理与技术环节之间的无缝衔接和按需联动。

作为我国档案馆公共服务发展的见证者、研究者,自 20 世纪 90 年代以来,笔者的视线和研究兴趣始终锁定在档案公共服务的每一个变化。因此,围绕这一专题,笔者不仅完成了博士学位论文,还主持了一系列科研课题研究:除国家社科基金项目"基于区域性远程服务实践的档案资源共享研究"目前尚处于在研阶段外,已完成国家教育部人文社会科学研究一般项目"档案馆信息资源服务公众现状及推进策略研究"、上海市教委创新项目"政府透明化建设中档案信息开放研究"、上海市教委项目"政府信息公开的社会化服务研究"、上海市档案局项目"远程服务机制下民生档案资源建设研究"等诸项研究,另外还作为主要参与人完成相关课题若干项。本书汇集了笔者包括上述研究和已发表的系列论文等科研成果的主要观点。基于这个角度,可以说本书的撰写在新世纪初即已经着手酝酿。

本书在研究过程中得到了傅荣校、金波、丁华东等学者的宝贵建议,借鉴了一些学者的科研成果,在调研中得到在档案馆公共服务一线岗位工作的戴志强、马长林、石磊、张新、朱建中、金克家、倪红、颜昶、杨继东、王群等专家的热忱支持,在此谨一并表示诚挚的敬意和感谢!

鉴于笔者水平有限、撰写出版时间紧迫且工作量巨大,书中不尽如人意之处肯定存在,诚望学界、业界的学者、专家不吝指正!

目　　录

第一章 档案馆公共服务的基础：档案资源的建设

    2016 年 4 月国家档案局印发《全国档案事业发展"十三五"规划纲要》(以下简称《"十三五"规划纲要》)指出,在"十二五"期间,全国档案工作步入新阶段,初步形成覆盖人民群众的档案资源体系,全国各级综合档案馆开放档案、利用网络平台提供档案信息查询等档案开放利用成果丰硕。在新时期,适应政务公开推进档案信息开放、适应社会多样需求改进档案服务、适应信息技术发展加强电子档案管理等问题正日益成为我国档案工作面临的主要挑战。① 档案资源多样化、档案利用便捷化、档案管理信息化、档案安全高效化和档案队伍专业化被《"十三五"规划纲要》列为到 2020 年档案事业发展体系的具体目标。丰富和优化档案馆藏、多渠道开发档案资源,提供便捷便利的档案服务,推动辖区档案资源跨馆利用、跨馆出证工作将成为今后几年档案机构的主要任务和重要实现指标。

    档案信息资源是我国档案馆公共服务开展的物质基础,也是公众档案利用行为的对象。推进与完善覆盖人民群众的档案资源体系是实现档案信息资源的规范管理和有效共享、开发与利用、有效开展档案馆公共服务的首要步骤。档案资源建设是档案事业的基础性工作,是档案馆公共服务实践的一个重要部分。

---

① 国家档案局.全国档案事业发展"十三五"规划纲要[EB/OL].[2017-03-25].http://www.cngsda.net/art/2016/4/11/art_57_33934.html.

第一节 我国档案资源及其成分构成

一、国家档案资源的认识

国家档案资源是档案馆公共服务的前提条件和基础要素,也是档案学理论与实践中的基本问题。潘玉民认为,国家档案资源理论由国家档案全宗理论发展而来,是对传统的国家档案全宗理论的继承、扬弃和超越,这种理论的继承、扬弃和超越是档案学界以新的视野认识经济建设、社会发展而获得的结果。[①] 作为一种新兴理论,国家档案资源概念的产生是 21 世纪初我国社会转型的产物。

(一)国家档案资源概念

《中华人民共和国档案法》第二条中有明确规定:"本法所称的档案,是指过去和现在的国家机构、社会组织以及个人从事政治、军事、经济、文化、宗教等活动直接形成的对国家和社会有保存价值的各种文字、图表、声像等不同形式的历史记录。"与此相应,国家档案资源是"指过去和现在的国家机构、社会组织和个人在社会活动中形成的,对国家和社会有保存价值的档案总和"[②]。这一界定得到了众多学者的认可。

国家档案资源概念的内涵实质主要包含以下方面:

(1)关于国家档案资源形成的来源。一是形成国家档案资源的主体,为公民、法人和其他组织。涵盖国家体制内、体制外的所有机关、社会组织和个人。二是主体的活动,泛指形成主体的一切社会活动,并且包括一切载体形式。三是主体活动的时空范围,包括了历史、现实和未来以及保存于国内、国外的档案。

(2)关于国家档案资源的范围和价值取向。凡是对国家和社会有保存价值的档案,均属于国家档案资源。这也是我国档案法确定的国家依法管理的档案范围。国家档案资源应维护党和国家的历史真实面貌,为人类的物质文明和精神文明建设提供参考依据。

---

① 潘玉民.论国家档案资源的内涵及其构成[J].北京档案,2011(1):17-20.
② 毛福民.以"三个代表"为指导,全面加强国家档案资源建设[J].中国档案,2002(2):5-7.

（二）国家档案资源建设概念

傅华认为，国家档案资源建设指的是国家档案资源的形成、收集和加工、整合的过程。在这一过程中，档案能否产生主要取决于人们社会实践的需要，而档案资源的加工、整理主要是一种技术性的工作，其程序与方法已经固定化。相反，档案的收集却是一个非常复杂的过程，这一工作直接关系到国家档案工作的目的能否实现或能在多大程度上实现。[①] 这一界定主要基于资源建设的过程和人们的需求展开论述。

黄存勋对国家档案资源建设范围提出"涵盖整个国家范围"的观点，认为国家档案资源建设是涵盖整个国家范围，超越时间界限的。所谓"涵盖整个国家范围"，指国家档案资源是整个国家范围内一切达到价值标准的档案的总和。所谓"超越时间界限"，指国家档案资源建设既要立足于过去和现在已有的档案，又应着眼于正在形成和将要形成的档案，着眼于未来，动态地、发展地规划和处理问题。[②] 因此，国家档案资源的范围相当宽泛：以时间划分，既包括历史的，也包括现实的，还包括将来的；以空间划分，既包括国内的，也包括海外的；以所有权划分，既包括国有的，也包括非国有的；以组织体制划分，既包括体制内的，也包括体制外的；以保管机构划分，既包括档案机构的，也包括社会其他机构的，还包括民间个人保管的档案。

笔者认为，国家档案资源是公民、法人和其他社会组织在社会活动中直接形成的有价值的各种形式的历史记录，是人们从事各种社会实践活动的真实与客观记载，是各种社会实践活动中原生性信息的直接积累与物化形态，具有行政、业务、文化、法律、教育等多方面的作用，在社会发展和公众利用过程中，具有权威的凭证作用。国家档案资源不仅是档案馆公共服务最主要的资源之一，是档案馆赖以开展公共服务的基础，同时也是整个社会共有的信息资源和社会记忆，是人类的宝贵财富。国家档案资源建设是档案馆构建这一社会信息资源和社会记忆的工作过程，也是档案馆主要职能的一部分。

二、档案资源成分的构成

（一）关于分类标准与方法的讨论

档案资源是档案工作的物质基础，研究档案资源的构成成分，是档案资

---

① 傅华.国家档案资源建设研究[J].档案学通讯,2005(5)：41-43.
② 黄存勋.论国家档案资源建设的理念与体制创新[J].档案学通讯,2004(2)：76-79.

源建设研究的开端,也是开展档案工作的基础。

这里所说的档案分类,就对象而言,可以概括为两种类型:一种是档案实体管理的分类,即档案保管体系构成方面的分类;另一种是档案目录中档案信息、内容的统一分类,即档案分类检索系统方面的分类。

档案种类与档案的分类标准直接相关,不同的指导思想下产生不同的分类标准,而分类标准的不同必然导致不同的档案分类结果。档案的分类标准,主要有按照档案来源、时间、内容和形式等各种属性的异同点,有层次地分门别类,并组成相应的有机体系。长期以来,我国档案界对档案种类的划分有多种标准和方法。

1956 年国务院颁发的《关于加强国家档案工作的决定》中就指出:"国家的全部档案,包括中华人民共和国成立以来各机关、部队、团体、企业和事业单位的档案,中华人民共和国成立以前的革命历史档案和旧政权档案,都是我国社会政治活动中形成的文书材料,都是我们国家的历史财富。"第一次将国家全部档案先按历史时期分为中华人民共和国成立以来的档案和中华人民共和国成立以前的档案,然后再将中华人民共和国成立以前的档案按其性质区分为革命历史档案和旧政权档案。

谭铮培综述了从 20 世纪 60 年代起,特别是党的十一届三中全会后发表的档案学论著中对档案种类划分提出的种种观点,归纳起来有 16 种之多[①],其中较有代表性的有:

(1) 按档案所属的历史时期,或划分为中华人民共和国成立前档案和中华人民共和国成立后档案,或者分为古代档案、近代档案和现代档案。

(2) 按档案形成的政权时期,划分为明代以前档案、明代档案、清代档案、中华民国档案和中华人民共和国档案。

(3) 按档案的来源,划分为党政机关档案、群众团体档案、事业单位档案、企业档案和家庭档案。

(4) 按档案来源的性质,划分为公务档案和私人档案。

(5) 按档案的所有权,划分为国家所有档案,集体所有档案和个人所有档案。

(6) 按档案的保存价值,划分为短期保存档案、长期保存档案和永久保存档案。

(7) 按档案的机密程度,划分为公开档案和保密档案。

---

① 谭铮培.档案种类划分研究综述[J].陕西档案,1996(3):37 - 39.

（8）按档案的载体，或划分为甲骨档案、金石档案、简牍档案、缣帛档案、纸质档案、胶片档案、磁质档案和光盘档案；或划分为传统载体档案和新型载体档案。

（9）按档案信息的记录方法，或划分为文字档案、图形档案、声像档案和机读档案；或划分为印刷型档案和非印刷型档案。

（10）按档案的内容，划分为文书档案、科技档案和专门档案。

1984 年中国档案学会召开的全国第二次档案学术讨论会，把对档案种类的探讨归纳为"三种标准，五种方法"：

（1）根据档案内容标准分，其一，把档案分为行政管理档案和专业档案两大部分；其二，把档案分为文书档案、科技档案、专门档案三大部分。

（2）根据形成档案的机关职能性质标准划分，其一，把档案划分为政务档案和科技档案两大部分；其二，把档案分为企业档案、事业档案、行政档案三大部分。

（3）根据档案内容结合外形特点标准划分，可分为文书档案、科技档案和声像档案三大部分。

上述划分档案种类的标准与方法，不少人提出异议，如赵嘉庆认为划分档案种类应根据档案固有特性进行而不能将档案作为一般的文献按其内容区分种类。由于档案是在活动中自然形成的，其内容不仅分散，而且错综复杂，若按此分门别类，粗分并无实际意义，细分则很难分清。划分档案种类，就是为了根据档案客体本身不同的产生时期、来源和形式，"同其所同，异其所异"，分门别类，达到科学管理的目的。因此，划分档案种类不应以其内容作为依据。另外，在分类过程中，应该按照分类的一般要求，同一层次的分类必须是同一标准，类与类必须互相排斥，在文书档案、科技档案、专业档案、人物档案和声像档案之间，分类标准不一，分类层次不清。赵嘉庆提出用四种标准对档案进行多层次的分门别类：一是按历史时期的标准分类，档案种类分为中华人民共和国成立前档案（历史档案）、中华人民共和国时期档案。二是按档案的不同来源，分为公共档案和私人档案二大类，公共档案再分为机关档案、企业档案、事业档案，私人档案则分名人、家庭、家族、重点户、专业户等。三是按文件职能和使用范围，分为普通档案（文书档案）和专门档案（会计、人事、商标等）。四是按文件制成材料，分为纸质档案、非纸质档案。① 由

---

① 赵嘉庆.论档案种类——兼论"文书档案""科技档案"名称[J].上海档案，1988（1）：11-14.

于直接影响档案管理、利用等多个档案工作环节的开展,因此,档案种类的划分应以方便档案工作为导向。

随着国家形势的发展,档案工作和档案资源的类型也在不断增长,传统类型档案资源的分类标准已不再使用,档案分类需要向纵深进一步深化,如近年来民生档案的种类已引起社会特别是档案界的关注和热烈讨论。

2007年9月,时任中央书记处书记、中央办公厅主任的王刚同志对做好民生档案工作做出重要批示,充分肯定了各级档案部门在民生档案方面所做的工作,要求进一步总结经验,要求把服务人民群众的档案工作做得更有成效。这是"民生档案"一词首次从官方角度见诸文字,也是对民生档案工作的重要推动。同年12月,国家档案局印发《关于加强民生档案工作的意见》,提出"民生档案包括各类与民生有关的专门档案,是党和政府保障民生、改善民生的很好帮手",要求全国各级档案部门要把做好民生档案工作作为档案部门贯彻十七大精神和落实科学发展观的战略举措来抓,民生档案开始逐步深入人心。

近年来民生档案的概念虽在档案界有诸多探讨但至今尚无定论。2009年结题的上海市档案局项目"'民生档案'的内涵及管理、利用机制研究"课题组研究报告认为:民生档案是国家机构、社会组织或个人在社会活动中直接形成的,保存备查的、与民生有关的各种形式的历史记录。首先,民生档案应有大众性,即民生档案应该是与广大普通民众的生计有直接关系的,老百姓关注度高、需要查阅利用的档案。民生档案是有关民众的基本生存和生活状态、基本权益保护状况各种形式的历史记录。如养老保险档案、婚姻档案、知青档案等,与普通百姓切身利益相关,涉及社会各个阶层的广大人民群众,利用对象主要是老百姓。其次,民生档案应该具有直接性,即民生档案的内容是直接而不是间接地与广大人民群众发生联系,直接关系到老百姓的日常生活。最后,民生档案还应该具有实用性,即民生档案可作为凭证材料,为普通老百姓解决切身利益问题起到实际效用。①

虽然民生档案并不是由于某项特定活动的开展而产生的一种档案种类,实际上民生档案一直客观存在于日常社会活动中。我国社会进入转型轨道,党和政府高度重视改善民生、服务民生,并且逐渐成为政府的一项工作重点。"国以民为本,民以食为天",虽然民生档案概念外延极大,且不可避免地与文

---

① 摘自曹航、宗培林、张林华等人撰写的上海市档案局项目研究报告《"民生档案"的内涵及管理、利用机制研究》(2009年12月)。

书档案等出现交集,其边界至今未见明确界定,但这丝毫不影响民生档案在社会上、在档案界的持续升温。国家档案局发文推动及民生档案本身所具有的特点、性质和价值,使民生档案理论在档案界成为一个新的研究热点,各级综合档案馆则积极投入到民生档案资源建设、服务公众的实践中。鉴于此,本书将民生档案作为档案资源的一个重要种类进行讨论。

民生档案涉及各个领域,触及社会民众生活的各个方面,因此产生的种类较多,数量也颇为庞大。从广义来讲,所有与百姓生计、生活相关的档案信息都可以称之为民生档案信息,在 2011 年 10 月国家档案局编制的《国家基本专业档案目录》的 100 种类别中,民生类涉及 14 种,包括城乡居民最低生活保障档案、伤残抚恤人员档案、殡葬服务单位业务档案、婚姻登记档案、社会保险业务档案、城乡居民健康档案、病历档案、移民档案、农村五保供养档案、城镇廉租住房档案、拆迁档案、就业失业登记档案、工伤鉴定档案、公积金档案。

民生档案内涵和外延在不断发展,而且各地区依据其不同的特点还会衍生出各具特色的民生档案类型。实际调查中,地方城市提供的民生档案的种类多达 100 多种,涉及 20 多个系统和部门,体现了民生档案所具有的地域性、广泛性及多样性等特点。[①] 各省市根据本地区实际情况和工作重点的不同,针对本地区百姓日常生活中利用率较高的档案进行分类,以利民生档案工作的开展。[②] 如在农村,产生形成土地承包类档案、林权及地权类档案、宅基地档案、农村劳动力转移就业档案、农村税费改革档案、农村换届选举档案等民生档案。在城市,涉及包括户籍、计划生育等人口管理类档案,房产、地产等权益类档案。此外,还有社会保险、福利就业等社会保障档案,出生证明、病历等医疗卫生档案,学历学籍、学生招录等教育档案,以及婚姻档案等方面内容的民生档案。

除上述几种类型的档案资源外,一系列新型档案的产生已引起社会特别是档案界的关注。如赵爱国、任文娜将这些新型档案资源定义为"社会档案资源",包括诸如信用档案、健康档案、社区档案、中介档案、会员档案、个性化家庭档案等,指出将这些新型档案资源进行理论化定义和系统化梳理,并认真研究其形成特征,科学界定其资源种类,且结合传统档案的管理经验及科

---

①　安小米,加小双,宋懿.信息惠民视角下的地方民生档案资源整合与服务现状调查 [J].档案学通讯,2016(1):48-54.

②　张林华.民生档案资源建设及利用研究——以对上海地区市、区两级档案馆调研分析 为例[J].档案学通讯,2009(5):80-83.

技创新成果,提出规范性的新型档案形成和管理的指导意见,是档案学研究中值得重视的问题。① 这些不同于传统类型的新型档案资源作为国家档案资源的重要组成部分,是目前和将来服务公众的新型宝贵资源,也是见证我国新时期社会发展轨迹、丰富国家档案资源和社会历史记忆的重要载体,在传统类型档案分类的基础上又向前迈进了一步。

(1) 信用档案。个人信用档案是指关于自然人信用状况的原始记录,是信用社会和信用制度的基础。目前,在我国,信用档案主要是指中国人民银行的个人征信系统保存的公民个人征信数据。《个人信用报告》的内容主要包括个人基本信息、信用交易信息、特殊信息(主要是破产纪录、与个人经济生活相关的法院判决等信息、公积金信息、个人养老保险信息等)以及查询记录。② 个人可以持身份证或有效证件去银行查询个人的信用报告。我国征信系统已经建设成为世界上规模最大、收录人数最多、收集信贷信息最全、覆盖范围和使用最广的信用信息基础数据库,基本上为国内每一个有信用活动的企业和个人建立了信用档案。截至 2015 年 4 月底,征信系统已经收录了 8.64亿自然人(其中有信贷记录的自然人为 3.61 亿人)、2 068 万户企业及其他组织(其中有中征码的企业及其他组织为 1 023 万户);2015 年前 4 个月个人征信系统机构用户日均查询 161.2 万次、企业征信系统机构用户日均查询 24.5万次。③ 今后,我国个人信用档案将在金融信用档案的基础上进一步丰富个人信用档案资源,以建立完善的社会信用体系。

(2) 口述档案。口述档案(又称口述历史档案)是为研究利用而对个人进行有计划采访而形成的录音、录像或文字记录。口述档案建设和利用在世界各国已经广泛开展,20 世纪 80 年代传入我国,90 年代以来口述档案的研究日益为档案界所关注,逐渐形成热点。我国口述档案资源十分丰富、量大面广,涉及社会的各个层面。有以事件为主的口述历史访谈,如重大历史事件、重大社会活动、重大建设工程等;也有以专题为主的口述历史访谈,如社会变迁、经济生活、市井风情、民俗文化等;还有以人物为主的口述历史访谈,如各

---

① 赵爱国,任文娜.现代化进程中的社会档案资源的结构与服务体系初探[J].档案学通讯,2011(6):73-76.

② 邵海峰.个人信用档案里有了负面记录该怎么办? [EB/OL].(2011-10-20)[2016-05-06].http:// roll.sohu.com/ 20111020/ n322809634.shtml.

③ 中国人民银行征信中心.全国集中统一的企业和个人征信系统简介[EB/OL].(2015-06-08) [2015-12-03]. http:// www. pbccrc. org. cn / zxzx / zxzs / 201506 / d708068ce66c4cd6bbd5c37884b93c05.shtml.

界精英、社会贤达、知名人士、平民百姓等。口述档案资源建设是抢救历史记忆的迫切需要，尽快对口述档案进行抢救性建设，不仅关系到口述档案自身的生存和发展，而且也与档案资源丰富有序的积累息息相关。[①]　口述档案资源建设目前已在上海、云南等一些地区开展起来，但从全国来看，各地发展还很不平衡。

（3）健康档案。国家卫生部 2009 年启动全民健康档案计划，《医药卫生体制改革近期重点实施方案（2009—2011 年）》明确提出："从 2009 年开始，逐步在全国统一建立居民健康档案，并实施规范管理。"按照国家统一建立居民健康档案的要求到2020年，初步建立起覆盖城乡居民的，符合基层实际的、统一、科学、规范的健康档案建立、使用和管理制度。[②]　目前很多地区已建立了居民健康档案信息化系统，它以信息技术为手段，有序整合、动态记录，客观反映个人、家庭、社区健康问题、健康事件和卫生服务。健康档案系统以电子化的方式记录有关个人的终身健康信息和医疗保健等信息，统一存放于城乡基层医疗卫生机构，并通过建立标准化电子健康档案信息系统，逐步与新型农村合作医疗、城镇职工和居民基本医疗保险信息系统以及医院电子病例等信息系统互联互通，实现信息资源共享，建立起以居民健康档案为基础的区域卫生信息平台。

（4）体制外档案。体制外档案资源虽不是某一具体档案类别，但为区别于体制内档案资源，近年来档案界陆续有人关注到体制外档案资源的问题，提出体制外档案资源是国家档案资源体系建设的重要组成部分，符合国家档案事业的社会性发展。体制外档案资源是所有非国家性质的机关、团体、组织、企业以及家庭（家族）和个人在社会实践活动中形成的，或通过合法途径所获得的，没有进入档案保管部门、有价值的档案综合。[③]　体制外档案具有所有权的分散性、内容的民间性、管理的难控性以及结构的非规范性等特点。体制外档案资源虽未被有关主管部门研究及列入国家档案资源体系予以建设、利用及监管范畴，处于社会分散状态，且时有损毁、丢失之虞，但其作为相关主体在社会实践活动中形成的、有价值的档案资源的属性客观存在，这类原生态"草根"档案文献从另一个与官方档案记载完全不同的

---

① 潘玉民，王艳.加快建设口述历史档案资源[J].中国档案，2012（5）：39-41.
② 中华人民共和国卫生部.卫生部关于规范城乡居民健康档案管理的指导意见[EB/OL].（2009-12-03）[2015-12-06].http://baike.baidu.com/item/卫生部关于规范城乡居民健康档案管理的指导意见.
③ 王萍，丁华东.论体制外档案资源的构成与特点[J].档案管理，2012（4）：9-11.

视角,反映出时代的变化和历史的演进过程,也是社会记忆的重要载体。目前,体制外档案资源的构成内容繁杂,门类众多,如典当票据、契约、合同等、手稿、字画、家谱、乐谱、民间掌故、民间技艺、奖章、奖状、奖杯、老照片、古地图及各个时期使用的各类证件、票证等均属此范畴;来源广泛,散存于国家体制之外的非国有企业、个人与家庭(家族)。随着我国体制改革向纵深的发展,体制外档案资源数量将不断增长,内容将持续丰富,品种将愈加扩展。体制外档案资源的管理亟待引起有关方面应有的重视,并研究相应的对策。

(5)数字档案。数字档案实质上不应仅看作一种档案类型,它是各种档案都可具有的一种形态,鉴于其在档案资源建设中不可或缺的重要地位和作用,故作为一种新型档案在此提及。国家档案局强调进一步加快数字档案馆(室)建设步伐,一方面"存量数字化",大力开展传统载体档案数字化,另一方面"增量电子化",现在,绝大多数新形成的文件都有电子版,应及时把电子文件归档接收并纳入档案部门管理、纳入档案信息资源体系。我国档案数字化工作发展迅速,档案数字化的规模不断扩大,档案数字化对象不断丰富,从纸质档案方面,扩展到照片、图像、录音、录像、电影胶卷、缩微胶片等各种不同种类载体档案的数字化。数字档案资源建设是目前档案资源信息化建设的重要内容之一,也是档案工作现代化的发展方向。

(二)档案资源类型及其分布的剖析

1. 管理体制与档案资源分布的关系

我国档案资源管理与分布情况与国家档案管理体制密切相关。在全国范围的档案组织体系上我国实行"统一领导、分级管理"的管理体制,在档案机构内部则采用"局馆合一"的领导体制。各级综合档案馆负责集中统一管理本级党政群及其直属机构形成的需要永久保存的档案资料;机关、团体、企事业单位和其他组织的档案机构应统一管理本单位的档案;中央和地方各级党委及政府档案工作机构既是政府机构,又是党的机构。在这样的档案管理体制下,我国体制内档案资源管理与分布较为系统完善。

档案馆是集中保管党和国家重要档案的基地,是社会各方面利用档案信息资源的中心,档案馆工作是我国档案事业的主体。据国家档案局公布的数据显示,截至2016年,全国共有各级档案行政管理部门3 127个。其中,中央级1个,省(区、市)级31个,地(市、州、盟)级427个,县(区、旗、市)级2 668个。全国共有各级各类档案馆4 237个。其中,国家综合档案馆3 336个,国家专门档案馆 236 个,部门档案馆 213 个,企业集团和大型企业档案馆 180 个,省、部属事业单位档案馆 272 个。① 截至 2016 年底,全国各级国家综合档案馆馆藏档案 65 062.5 万卷、件。其中,中央级 5 983.8 万卷、件,省(区、市)级 3 603.3 万卷、件,地(市、州、盟)级 14 884.5 万卷、件,县(区、旗、市)级 40 590.9 万卷、件。照片档案 2 228.2 万张。其中,中央级 26.3 万张,省(区、市)级 277.9 万张,地(市、州、盟)级 693.7 万张,县(区、旗、市)级 1 230.3 万张。② 此外,全国各级国家综合档案馆还有大量馆藏资料。

我国的档案管理体制与国家政权体制在架构上一脉相承,具有一定程度的对应性。全国档案管理体制相应地在"统一领导、分级管理"宗旨上形成了中央、省、市、县四级架构,建立了纵横交错、既分工又协作的四级档案馆网格局。乡镇一级档案管理体制没有纳入全国档案管理体制架构中,乡镇档案保管机构的建立也较为混乱和分散,缺乏统一明确的设立原则和制度。③ 陈永生在全国各省、自治区、直辖市各级国家综合档案馆馆藏进行实证调查的基础上,对我国八大经济区域档案实体分布数量和状态进行对比分析后认为,我国地区档案实体分布状况与地区 GDP 总量整体上存在相关性。GDP 总量最高(东部沿海)和最低(大西北)的区域相差 18%,而档案实体数量最多(西南)和最少(南部沿海)区域相差近 11%。档案实体分布的失衡现象客观存在,并且受到地区经济发展水平的部分影响。④ 由此可见,我国档案资源的管理与分布存在着一定程度的地区差距与城乡差别。

2. 档案资源的类型、分布及归属

为了尽可能地区分传统与现代档案资源的类型,便于分析我国现有档案资源的分布及其归属机构,在此笔者赞同并采用把我国档案资源划分为历史档案、文书档案、专门档案的分类方法,并在此基础上增加民生档案和其他新型档案。

1) 历史档案

这里所涉及的历史档案主要是指 1949 年中华人民共和国建立之前的公

---

① 国家档案局政策法规研究司.2016 年度全国档案行政管理部门和档案馆基本情况摘要(一)[EB/OL].(2017 - 10 - 17)[2017 - 12 - 25].http://dangan.kaiping.gov.cn/Article.asp? id=687.

② 国家档案局政策法规研究司.2016 年度全国档案行政管理部门和档案馆基本情况摘要(二)[EB/OL].(2017 - 10 - 17)[2017 - 12 - 25].http://dangan.kaiping.gov.cn/Article.asp? id=688.

③④ 陈永生.档案信息资源城乡分布状况分析——我国档案信息资源分布状况及均衡配置研究之二[J].浙江档案,2008(9)：14 - 16.

务档案,鉴于这一部分档案相较于后来的档案有较大的独特性,故将这些历史档案单独划分。以官文书为主的档案是我国历史档案的主体,故在此主要阐述历史档案中的官文书档案。

从整体看,盟书档案、缣帛档案、铁券档案、碑刻档案,基本上都保存在国内,只有极少数流散于国外。学者何庄认为从历史档案出土地的分布格局看,黄河中下游地区、长江中下游地区、新疆与河西走廊和华北地区四个地区的分布比较集中,其他地区分布较少。以官文书为主的官方档案,是随着国家行政机构的完善而发展起来的,所以在分布上与历代的中央政府政治中心和疆域内各地区的行政中心相对应。① 现存民间档案的类型,以谱牒和契约两类居多。我国谱牒档案在分布上的首要特点是十分广泛,遍布全国各地,经济发达地区契约档案的分布多于经济落后地区,这是民间档案分布的又一特点。

从历史档案资源保存单位的分布格局看,明清两代的部分档案得到了有效的保护,存于中国第一历史档案馆。第一历史档案馆现存明清历史档案1 000 余万件(册),其中明代档案 3 000 多件。清代档案占绝大部分,内容涵盖了清代的政治、经济、军事、文化、农业、工业、外交、科技、教育、宗教等诸方面。从时间上看,有清入关前天命九年(1607 年)至宣统三年(1911 年),以及1912 年至 1940 年期间形成的档案;从所属全宗上看,有中央国家机关的档案、管理皇族和宫廷事务机关的档案、军事机构的档案、地方机关的档案,也有皇室成员和王公大臣的档案;从书写文字上看,大部分为汉文档案,约六分之一为满文档案,还有少量蒙文、藏文等少数民族文字的档案以及外文档案。② 民国时期档案比较完整,由中国第二历史档案馆负责收集保管,截至2008 年底,中国第二历史档案馆共收藏有 1 354 个全宗,计馆藏档案 220 余万卷,收藏的民国时期图书资料有 20 余万册。馆藏档案主要有以下五部分:① 南京临时政府、广州和武汉国民政府档案。其中有 100 多卷南京临时政府时期形成的珍贵文书档案;② 民国北京政府档案,藏有北洋军阀统治时期档案 55 个全宗,13 万卷;③ 南京国民政府档案,收藏南京国民政府档案共有600 余个全宗,140 万余卷;④ 日伪(汪伪)政权档案,藏有汪精卫伪政府档案共有 91 个全宗,10 余万卷;⑤ 名人档案,藏有蒋介石、冯玉祥、蔡元培、张静

---

① 何庄.试论历史档案资源的空间分布特点及其成因[J].学海,2010(1): 186 - 190.
② 资料来源中国第一历史档案馆。

江、丁文江、顾维钧等人档案共 47 个全宗,6 000 余卷。①

有学者认为,我国国家档案资源数量不多主要是由历史档案不多造成的。据统计,2003 年全国各级国家档案馆(国家综合档案馆和国家专门档案馆)馆藏档案 140 612 103 卷又 18 846 813 件,而其中的历史档案(1949 年以前产生的档案)仅有 20 203 896 卷又 11 492 170 件。历史档案的卷数占国家档案馆馆藏档案总数的 14.4%,件数占 61%。而在各级国家档案馆保存的历史档案中,绝大部分是最近几十年的时间里产生的档案。据统计,在各级国家档案馆保存的历史档案中,民国档案有 17 089 800 卷又 692 489 件,革命历史档案有 845 424 卷又 507 095 件,两者合计,卷数和件数分别占各级国家档案馆历史档案总数的 88.8% 和 10.4%。②

2) 文书档案

文书档案、专门档案与科技档案的划分法"是中国档案界及社会上应用最为普遍的档案种类概念","其逻辑的划分标准并非很一致、很严格。之所以被人们普遍使用,是因为它有较好的理论涵盖功能"。③ 这里所讲的文书档案主要指我国各级党政机关及社会组织等机构在公务活动中形成的档案。这部分档案实质上主要是国家党政机关及社会组织在管理国家和组织的活动中形成并保存下来的档案,也是长期以来在我国档案资源中占主导地位的部分。

《档案法》第八条规定,"中央和县级以上地方各级各类档案馆,是集中管理档案的文化事业机构,负责接收、收集、整理、保管和提供利用各分管范围内的档案。"即 1949 年后至今形成的档案,应向同级档案馆移交、归档。

中央档案馆与中国第一历史档案馆、中国第二历史档案馆均属于中央综合性档案馆。中央档案馆负责收集、管理党和国家在各项事务中形成的档案,包括中华人民共和国成立前党政工作的档案史料。各省、市、县档案馆,则负责同级党政机关、人民代表大会及其常务委员会、政治协商委员会、工会、共青团、妇联、公检法机关等机关档案的收集保管。

3) 专门档案

与上述文书档案相对应,专门档案主要是指在专业领域及专门活动中形成的档案,如城建档案、照片档案等。这类档案由专门档案馆向对口的专业

---

① 　资料来源中国第二历史档案馆。
② 　傅华.国家档案资源建设研究[J].档案学通讯,2005(5)：41-43.
③ 　冯惠玲,张辑哲.档案学概论[M].北京：中国人民大学出版社,2001：16.

领域、部门或个人收集、征集,并由专门档案馆负责管理和提供利用。专门档案馆包括城市建设档案馆、测绘档案馆、气象档案馆等,以及照片档案馆、电影资料档案馆等特殊载体档案馆。另外,在某一专业系统内、为保管某类专门档案而设置的部门档案馆,如外交部档案馆、公安部档案馆、安全局档案馆、铁道部档案馆等也属专门档案馆。此外,科技档案的归属,一部分有垂直管理职能的中央、国家机关或大型国有企业集团和总公司根据"条块结合,以块为主,加强属地管理"的档案管理体制进行管理,还有部分则分散在各形成机构中。

4) 民生档案

民生档案信息内容除具备一般档案所具有的原始记录性、凭证性和参考性、有机联系性等一般属性外,还有不同于其他档案的独有特点,如种类丰富性、来源社会性、管理独立性、内容隐私性等特点。每类民生档案均是以人或户为单位形成并进行独立管理,如房屋管理档案是围绕着房屋管理这一项特定的民生工作过程形成的,包含了房屋鉴定、房屋权属、土地登记、产权抵押等一系列专业档案信息。在具体内容中涉及大量的公民个人信息,如姓名、住址及房产状况等等,在内容构成上较为完整、客观地记录了这项民生活动的有关原始业务数据和信息,因此,民生档案可以相对独立地发挥支撑有关民生专业性工作正常开展的作用。

民生问题涉及社会各个活动领域以及人们群众生活的方方面面,无论哪个方面都会产生档案,民生档案是与民生最直接相关的档案资源。民生档案不仅包括老百姓解决各类生计问题的原始记录,也包括各级政府部门解决民生问题产生的档案资料,既有政治的,又有经济的;既有精神的,又有物质的;既有文化的,又有生活的等等。

从涉及的领域和内容来看,民生档案资源包括以下类型:

(1) 公民权利档案,包括公民在政务公开、参与民主选举、保障权益、申诉个人利益包括妇女权益、残疾人权益保护等方面形成的档案。

(2) 社会保障档案,包括公民在人事职称、劳动就业、劳务、失业、工资福利、低保、社会救助、收入分配、生育保险、养老保险、生产安全、劳动仲裁、技能培训等方面形成的档案。

(3) 企业改制档案,包括企业资产评估、流向、转让、拍卖、重组以及职工安置、分流、政策处理等方面形成的档案。

(4) 教育卫生档案,包括学校教育收费、学生招录、学籍管理、公平施教以及群众看病就诊、健康保健、医保、医患纠纷、病案防保、食品药品安全等方面形成的档案。

（5）工商管理档案，包括企业个体户登记与注销、摊贩管理、消费者权益等方面形成的档案。

（6）民政司法档案，包括婚姻、转业复退、移民、收养、公证、诉讼、法律援助等方面形成的档案。

（7）安居乐业档案，包括土地承包、拆迁征用、房屋权属、山林延包、移民安置、人口计生、户籍、农民工、知青安置、外来人员安置、环境居住等方面形成的档案。①

以上分类虽不能做到穷尽和准确无误，但从中我们可以看出民生档案的广泛性和社会性，民生档案关系着百姓生活的各个方面，与百姓切身利益紧密相关。

根据国家档案局编制印发的《国家基本专业档案目录》，划入民生档案范畴的 14 种关涉民生建设和人民群众基本需求的档案的归属机构可参见表 1-1。

表 1-1　14 种关涉民生建设和人民群众基本需求的档案归属机构一览表

序　号	名　　　称	专业主管部门
1	城乡居民最低生活保障档案	民政部
2	伤残抚恤人员档案	民政部
3	殡葬服务单位业务档案	民政部
4	婚姻登记档案	民政部
5	社会保险业务档案	人力资源社会保障部
6	城乡居民健康档案	卫生部
7	病历档案	卫生部
8	移民档案	水利部、三峡办、南水北调办公室
9	农村五保供养档案	民政部
10	城镇廉租住房档案	住房城乡建设部
11	拆迁档案	住房城乡建设部
12	就业失业登记档案	人力资源社会保障部
13	工伤鉴定档案	人力资源社会保障部
14	公积金档案	住房城乡建设部

① 胡远杰.档案工作服务民生的思考与实践[M]//潘玉民.新契机：转型中的档案工作研究.上海：上海世界图书出版公司，2010：10-16.

从形成和归属地点看,除了上述《国家基本专业档案目录》中涉及的民生档案资源外,我国现有的民生档案资源还主要包括以下几部分。

城市:劳动、民政、教育、卫生、计划生育、房屋管理等重要涉民职能部门形成了一批重点民生档案。

农村:形成了与农民利益密切相关的土地承包(延包、流转)档案、山林权属档案、林权制度改革档案、绿化隔离地区建设档案、宅基地档案、集体资产处置档案、农村劳动力转移就业档案、农村养老保险档案、农村税费改革档案、农村换届选举档案等。

基层单位:如社区居委会形成了低保及困难家庭、失业人员、特殊群体(老龄、助残等)、社区治安综合治理、职业介绍档案及企业职工(失业、退休人员)档案等。

基层档案部门:区(县)级综合档案馆保管的婚姻、招工、知青、公证、房产等均是涉民性很强的民生档案。此外,其他社会组织档案部门保管的企业职工档案等也是重要的民生档案。①

从公众日常社会生活来看,民生档案涉及各个领域,触及社会民众生活的各个方面,因此产生的种类较多。由于公民从出生、受教育、参加就业、直到结婚,可以说贯穿每个公民一生中需要办理的诸多事项都在其居住地的基层政府职能部门,如义务教育的"就近入学"就读归属教育局受理,按照户口所在地办理婚姻登记、按照街道(乡镇)区划接受独生子女证申请归口民政局管理,房屋买卖归属房地产局管理,就业、养老等需由人力资源社会保障等部门办理等等,这些基层政府职能部门将在办理上述民生事务中所产生的档案材料大多保存在各自机关档案室内,在一定期限后按规定归档移交到所属地区的基层档案馆中保存管理,因而民生档案大多分散保管在与群众日常生活密切相关的基层政府职能部门档案室或基层档案馆中。

第二节 档案资源与档案馆公共服务

一、有关档案资源价值的论争

档案馆开展公共服务主要依据有利用价值的档案资源,需要在"天量"档

---

① 资料来源曹航、宗培林、张林华等人撰写的上海市档案局项目研究报告《"民生档案"的内涵及管理、利用机制研究》(2009 年 12 月)。

案资源中开发有价值的档案资源。因此档案价值是档案工作的导向和基点，也是档案学理论研究的基础问题之一。2000年版档案行业标准《档案工作基本术语》中将档案价值定义为"档案对国家机构、社会组织或个人的有用性"。张斌在其专著《档案价值论》中对档案价值问题进行了系统研究，对档案价值的概念作了如下界定："档案价值是档案这一客体对从事社会实践活动的主体所具有的凭证和参考意义。"①这一概念明确了档案价值的主体、客体以及档案价值的根本来源即人类的社会实践活动，指出档案价值是档案客体对从事社会实践活动的主体所具有的凭证和参考意义或作用。随着档案事业的发展和档案学理论研究的深入，人们意识到对档案价值问题的科学认识对指导档案业务工作、促进档案信息的开发开放、更好地开展档案公共服务的重要作用，有关档案资源价值的理论研究逐渐兴起，档案界学者们从不同角度对档案资源的价值问题展开了有益探索，主要形成以下几种认识。

利用价值论认为档案价值是指档案的利用价值，是档案对于人们和社会的意义和作用，档案的作用有时也称档案的价值。如档案价值是人类通过各种有效的劳动、智慧、经验等创造的，能够满足人类某种社会存在和发展需要的有用性、有益性的总称。②该学说的结论是：档案价值判断中必须遵循"主体原则"——也就是以利用者为主进行档案价值判断的原则。李军学者不同意这种看法，认为从档案的前身——文件的产生之日起，其价值已包含在其中了，而并非是由以后去利用档案的人赋予它的。利用者不是创造档案价值的主体，只能说利用者是发现档案价值的主体！

陈兆祦、和宝荣提出的客体价值论侧重于从档案自身的本质、属性和特征对档案价值的影响作用，在主客体关系中，强调客体的主导作用，认为档案自身的特点状况是决定档案保存价值的基础。③档案价值即指档案的属性或使用作用，它只是客观存在的，与人们的需求无关。近年来，档案界对档案价值的研究逐渐发展到多维视角。如谭铮培等人认为，档案价值是由档案客体和档案主体及其需要所共同组成的，其中，档案的客体属性是构成档案价值的基础，社会主体需要是档案价值形成的前提。④档案价值是档案与主体对它的需要之间的一种特定关系，是档案的存在、属性及其变化是否

①　张斌.档案价值论[M].北京：中央文献出版社，2000：8-12.
②　陈向明.论档案价值构成及特点[M]//总参办公厅档案局.档案价值鉴定理论与实践.北京：中国档案出版社，2000：1.
③　陈兆祦，和宝荣.档案管理学基础[M].北京：中国人民大学出版社，1986：166.
④　谭铮培.档案学原理[M].西安：陕西人民出版社，1997：47-49.

满足主体生存和发展的需要以及满足的程度。档案价值是主体和客体之间的关系范畴,即档案客体对人们主体需要的满足及其程度的表现形式,档案价值是由档案本身的各种因素和社会对档案利用需求两者的结合所决定的。典型说法就是"档案价值是档案对人们的有用性",即"主客体关系价值论"。李军认为利用决定论不能科学地反映档案价值,不能用来指导档案鉴定实践。因为它没有指出档案对人们究竟有什么样的有用性,所以,也就不能真正说明档案的价值。陈忠海认为这种定义仅仅是一种哲学价值理念的简单照搬,对档案价值的解释过于空泛,内容阐述抽象,远离档案工作实践。①

与利用决定论观点相反,严永官等认为档案的价值具有多元性和不以人们的意志为转移的客观性。档案的自身价值是由其自身因素造成的客观实际决定的,完全可以就某一具体的档案做出价值判定,而不必过多地去考虑社会其他因素。社会的利用只是该档案的价值得到了某种体现,即使社会不去利用,它的自身价值仍然是客观存在着的。② 李军赞同档案价值客观性观点,但认为这种观点仍然没有揭示档案自身价值到底是什么。

劳动价值论认为档案价值是凝结在档案之中的人类劳动,它是价值绝对性和价值相对性的统一体,反映了档案价值的创造者和利用者之间社会的、历史的"交互"关系。③ 这种观点认为,劳动是档案价值的创造者,档案价值的大小决定于档案形成、处理过程中所耗费的劳动量,是有效的社会劳动的凝结或"物化"。④ 李军以《上海市军管会关于接管上海的布告》《黄金荣悔过书》等档案的社会价值为例对这一观点表示否定,认为档案的价值不应该属于劳动价值、商品价值等经济学上的范畴,不应该用社会必要劳动时间去衡量。

二、档案价值实现理论对于档案馆公共服务的指导价值

(一) 档案价值实现形态理论的认识

事物的形态一般是指该事物展现给人们的表现形式。档案价值事关档

---

① 陈忠海.从鉴定体系看档案价值和档案鉴定概念[J].中国档案,2000(10):44-45.
② 严永官.馆藏档案分级管理的几个问题[J].中国档案,2000(1):27-29.
③ 郜丽,黄艾俞.档案价值及其实现方式[M]//总参办公厅档案局.档案价值鉴定理论与实践.北京:中国档案出版社,2000:28.
④ 王英玮.关于档案价值观几点思考[J].山西档案,1991(4):34-36.

案收集、整理、编研等档案基础工作，特别是价值鉴定的直接依据。档案价值实现形态理论是开展档案公共服务、提高档案馆公共服务能力的准绳。档案价值形态是对公众而言档案价值的具体表现形式，可分为档案的第一价值和第二价值、证据价值和情报价值、利用价值和保存价值、现实价值和长远价值等。

基于美国档案学家谢伦伯格（Schellenberg）的"文件双重价值理论"，我国档案学家提出了档案的第一价值和第二价值学说。档案的第一价值是指档案对于其形成者所具有的价值，其价值主体是档案形成者；第二价值是指档案对社会即档案形成者之外的其他利用者所具有的价值，其价值主体是非档案形成者。从文件学角度看，第一价值的实现一般是在文书处理部门和档案室阶段，主要体现档案对其形成者的现实价值，利用者的利用目的以工作查考为主。实现第二价值的档案馆阶段，利用者的利用目的除工作查考、编史修志外，还有学术研究、个人查证等。我国《档案法》等法律法规规定："利用档案馆未开放的档案或者其他组织保存的档案，须经有关档案馆或者有关组织同意，并还需遵守国家保密等方面规定。"公众需要利用社会组织档案室中保存的档案，必须提出申请，即需经过依申请公开程序才能决定能否利用。随着时间的推移，档案价值出现第一价值向第二价值转变的现象。在此过程中，档案价值主体逐步由档案形成者向社会公众转移，呈现利用对象扩大化的趋势。档案第一价值和第二价值的划分厘清了文件和档案的价值主体，成为公共服务的重要指导思想，便于分析档案价值发挥的规律，并根据具体情况以动态的观点实现档案价值。

证据价值是档案最基本的价值形态，这是由档案的形成规律和档案的原始记录性决定的。谢伦伯格提出，证据性价值是指由被证明事物即文件产生机构的组织和职能的重要性所决定的价值。这一论断直接明确了文件形成机关在文件价值形成中的重要地位和作用，为档案公共服务的资源基础建设指明了方向。档案由文件转化而来，因此它客观地记录了当时的历史事实，档案原件本身保留的如签名、批示等历史标记，标志着档案是最确凿的历史证据，具有充分的证明力。档案作为社会记忆的载体，具有法律效用，成为人们在需要以证据来解决问题时的不二选择。情报性价值指公共文件由于含有对各种研究有用的情报资料而固有的价值。档案记录了实事及其过程，同时也是知识和经验的记载，这决定了档案具有情报价值。"档案和报纸、杂志、书籍文章等等，都可作为资料来参考，其参考作用也各有所长，而档案作为参考资料的主要特点，在于它的原始性和可靠性。总之，档案是第一手资料,它对各方面都具有参考作用,它的这种可靠的广泛的参考作用,构成了档案的又一基本价值——情报价值。"①档案信息不仅反映了客观事物和思维的纵向发展,也广泛、真实地展现了它们横向的状况,可为人们处理各类事务提供借鉴,具有广泛的参考作用。

档案的利用价值是指由于人们对档案的利用需要而产生的价值,是档案对国家、社会组织或个人的有用性的主要表现。人们的利用需要是档案价值发挥的必要条件,档案的利用价值主要体现在其对具体利用者的特定意义或作用上。随着社会和人们认识的发展,还将发挥更大的作用。例如社会组织举办展览、编史修志、编辑文集以及个人权益的认证、学术研究、创作文艺作品、编修家谱、撰写回忆录等都需要利用档案这一真实记录,以了解、证明以往的事实,研究有关事务的发展过程及其规律。档案具有利用价值,且档案的价值具有绝对性、唯一性的特点,这决定了只有把档案稳妥地保存起来才能使它的价值延续下去,故档案的保存价值与利用价值密切相关。档案是人类认识和改造世界的智慧结晶,是人类共同的社会记忆。它记载了人类社会活动中大量有价值的事实、数据、成果和理论。这是由个人、组织乃至整个国家积累起来的财富,没有档案,便失去了全面、连续、直接记录和积累记忆的原始载体,事实将因无从清晰地反映而变得混乱。因此,学术界有人称档案是"历史文明之母""文化之母"。通过档案保存价值鉴定,决定保存期限的长短。

此外,档案的现实价值和长远价值理论是针对档案价值实现的时间而言的。档案的现实价值通常体现在为现今利用需求服务的行政性、法律性凭证价值和情报价值形态。由于长远价值是一种预期,对未来利用档案的需求难以准确预计和判断,档案的长远价值需要估测,因而档案的价值鉴定实质上是对档案长远保存价值的大小进行预估的一项工作。档案价值与时间的关系极为密切,随着时间的推移,档案的现实价值逐步向长远价值转变,出现档案的行政价值递减,凭证价值和情报价值递增的现象。

(二)档案价值实现规律理论的认识

档案价值实现,是指主体利用档案客体、档案客体作用于主体的运动过程。这一过程是档案的潜在价值向现实价值的转化过程,它本质上是档案客

---

① 陈兆祦,和宝荣.档案管理学基础[M].北京:中国人民大学出版社,1986:32.

体主体化的过程。① 档案价值的实现具有一定的规律性。研究掌握档案价值实现规律,有利于提高档案工作科学组织和管理水平,对档案馆公共服务能力的完善和提高具有重要意义。归纳起来,档案价值实现的规律有时效律、扩展律、递减律、潜在律、条件律。

时效律是指档案价值具有一定的时限性、会随着时间推移发生衰减甚至消失的规律。档案价值具有很强的时效性,与档案形成的时间有着密切的联系,随着时间的推移,社会环境和人们的需求均会发生变化,档案价值会"时过境迁"随之降低。如一份医疗档案,对产生该档案的病人而言,在就诊期和痊愈后不同时间阶段的价值相去甚远。另外,随着科技进步和编研能力的加强,特别是科技产品更新换代、新产品淘汰老产品是必然趋势,档案因信息老化而被新的信息取代、原有价值衰减和老化而"乏人问津"并非个别现象,档案价值发生蜕变不可避免。

档案价值的扩展律是指档案的价值随着时间的推移而扩大和发展的规律。由于档案的价值形态不仅具有现实价值和第一价值,而且还具有长远价值和第二价值,因此,档案价值形成后并非一成不变,随着时间的推移档案的存放地点从其形成单位的档案室归档至国家档案馆集中保存,利用对象从其形成单位的工作人员扩展至社会公众。在档案的第一价值阶段,形成单位无论是制定下一阶段的计划还是处理工作中的现实问题都离不开档案。此时社会公众要利用那些未公开的档案,必须走依申请公开程序,只有在形成单位批准的前提下才能利用,具有一定的限制。而进入档案的第二价值阶段,特别是封闭期满后档案实现了对全社会的公开利用,此时,从保密角度对公众利用的限制取消,档案的机密性不复存在,档案作为社会记忆的功能凸显出来。公众可以为学术研究、法律凭证等各种不同的目的从实体档案馆、档案网站等各种途径方便地共享、利用档案,档案的价值实现社会性的转变和扩展。

档案价值的潜在律是指在日常存放的静态中档案的价值处于潜在状态,只有在人们利用档案的过程中才能体现出档案的价值。档案的潜在价值是还未被主体认识或虽被认识而未被实现的档案价值。由于档案不被人使用时它的价值具有潜在性和隐蔽性,在表面上人们往往很难鉴定某一档案的价值状况,对档案价值的认识,需要透过现象看本质。在鉴定档案的保存期限时,特别是对档案学术价值、凭证价值等非显性价值的认识,要对档案将来所

① 张斌.档案价值论[M].北京:中央文献出版社,2000:137.

能发挥的价值大小、价值类型等方面作准确的判断,估测、挖掘档案的内在价值,就需要对该档案所反映事物的真正本质进行深层次的分析,对档案价值进行全面鉴别,透过档案所记载事物的表象发现其真实面貌。档案价值实现实质是档案的潜在价值向现实价值的转化,在人们利用档案的过程中实现档案的价值,并校正和提高人们对档案价值的认识。

档案价值的实现,受到一定环境和条件的制约和影响。影响档案价值实现的条件主要有:① 外部社会环境。一是社会政治环境,不同的社会发展阶段,社会制度、法律法规、国家方针、政策等环境影响档案价值的实现。外部条件的改善,促进档案价值的实现。二是社会经济、文化和科学技术环境。当前经济的高速发展、社会文明的提升影响着公众档案利用的需求,网络信息技术的发展则为公众利用档案带来前所未有的便利,档案价值的实现提供了有利条件。② 档案工作内部环境。档案管理及档案服务水平、档案工作者素质等与档案利用及档案价值的实现直接相关,档案管理基础工作做得扎实,档案资源搜集齐全完整、检索工具"界面友好"查找便捷,就为档案价值的充分实现提供了有利条件。③ 公民的档案意识。相对于外部社会环境和档案工作内部环境这些外因而言,公民利用档案的意识就是档案价值实现的内因,外因只有通过内因起作用才能真正起效。例如,改革开放后,我国政府对公民个体权利的重视程度不断提高,特别是《政府信息公开条例》的颁布以及"三个体系""五个中心""三大战略"的提出,改善了公民利用档案的社会环境。同时,档案馆全方位完善服务环境、提高服务质量,这些都激发了公众利用档案的积极性,为档案价值的实现提供了"正能量"。

三、档案资源建设之于档案馆公共服务的必然性

档案馆是国家信息资源的收藏基地和最终保存的归宿地,档案馆的性质决定其具有档案资源建设与服务公众的职能,同时与生俱来地具备了其他机构无法比拟的信息资源优势。

(一)由档案馆的性质决定

《档案法》第八条规定,"中央和县级以上地方各级各类档案馆,是集中管理档案的文化事业机构。"档案馆的性质决定其具有国家档案资源建设的优势。文件在政府公务活动中形成、行政机关使用的文件在其现行效用发挥完毕后应经归档环节转化为档案,文件和档案其实是同一物质的不同历史阶

段。因此，各级各类机构在行政和业务活动中形成的文件信息中有价值部分最终都应按规定收集归档，最终移交进档案馆。这是文件信息的生命轨迹，也是档案作为人类社会发展的历史纪录向"社会记忆"转化的过程。2006年至2012年国家档案局连续发布第8、9、10号令，此外，2011年10月出台的《国家基本专业档案目录》，一系列法规明确界定了各级机关文件材料的归档范围，正确划分了机关档案的保管期限，重新界定了各级综合档案馆、专门档案馆、部门档案馆及企业事业单位档案馆等的收集范围，将涉及国计民生的最重要、最基本的档案种类都列入了目录体系，对企业文件的归档范围和保管期限以及资产归属问题进行了规范。从根本上解决了国家档案资源的科学布局和合理归属的问题，使我国档案资源建设有法可依，有章可循。

（二）由档案馆的职能决定

《档案法》第八条除规定了档案馆的性质外，还规定了中央和县级以上地方各级各类档案馆"负责接收、收集、整理、保管和提供利用各分管范围内的档案"的职能。档案馆依法承担下列工作任务：收集和接收本馆保存范围内对国家和社会有保存价值的档案；对所保存的档案严格按照规定整理和保存；采取各种形式开发档案资源，为社会利用档案资源提供服务。

档案馆的社会职能包括对档案资源——"社会记忆"的积累、管理和保存、开发和服务利用几大方面：第一，档案馆要有计划地接收和征集档案，积累国家档案财富，使"社会记忆"完成从分散到集中的过程。第二，档案馆要在不断丰富馆藏的基础上科学管理和保存档案，维护"社会记忆"的完整及安全。第三，档案馆应通过编研等各种手段积极开发档案资源，赋予"社会记忆"被公众利用的条件。第四，在上述基础上，传播"社会记忆"为社会服务、提供原始凭证维护历史真实面貌。因此，长期以来，档案馆积极履行法定义务，承担着为社会提供档案信息资源服务的职能。档案馆工作人员一方面对巨量馆藏信息资源进行开发、挖掘，另一方面为公众提供专业化、个性化的档案利用服务，满足公众的各种利用需求。

四、档案馆的信息资源优势与公共服务社会责任

档案信息资源作为掌握在政府手中的国家文化财产和公共资源，是人们

从事各种社会实践活动的客观记载,在社会生活中不仅对行政、业务、文化、法律、教育等公务活动方面发挥作用,而且在公民个人事务的查证过程中具有权威的凭证作用。

(一)档案馆公共服务的信息资源优势

档案馆的主要工作对象就是来自各机构、组织中已经处理归档完毕的文件,在我国"统一领导,分级管理"的档案管理体制下,依法接收档案资源。《档案法》第十一条规定"机关、团体、企业事业单位和其他组织必须按照国家规定,定期向档案馆移交档案",从而从法律上保证了档案馆馆藏档案资源的完整性与系统性。从整个社会看,档案馆收集、保管各类机关、组织的档案资源,为社会全面积累了"社会记忆"。

《政府信息公开条例》实施后,档案馆又被指定为政府信息公开的主要场所。政府信息送交机制规定,各政府机关必须按时主动向档案馆送交规定范围内的政府信息,提供本机关的公开信息目录及相关文件等。各级档案馆需整合本地区各级政府机关的公开信息电子文本,逐步形成档案馆政府公开信息共建共享系统。这样,在原有档案资源保存基地的基础上,档案馆又成为政府信息资源的汇集地。

在《档案法》《档案法实施办法》《政府信息公开条例》以及国家档案局第8、9、10号令,《国家基本专业档案目录(第一批)》《国家基本专业档案目录(第二批)》等相关法律法规的规范下,我国的档案资源移交入馆制度保证了各级各类机关、组织的文书档案、科技档案、专业档案以及政府信息资源源源不断地完成入馆工作,档案馆的档案有了不断补充的资源,使档案资源集中起来。因此,档案馆的性质、地位、职能和作用使之拥有其他公共服务机构所无法比拟的信息资源优势。

(二)档案馆公共服务的社会责任

信息资源优势无疑是档案馆承担社会责任、发挥其公共服务功能最主要的资源基础。作为国家文化事业机构,档案馆的运作具有社会公益性。作为国家法定的档案信息公共服务机构与政府信息公共服务场所,档案馆不仅提供历史的社会记忆,而且提供政府现行文件利用服务,使公众不仅能横向地了解党和国家的方针政策、法律法规,而且可以纵向地掌握相关历史面貌。因此,档案馆公共服务不仅仅是一种职能行为,更体现了公益性、文化性与历史性意义。

2009 年全国档案馆工作会议上时任国家档案局局长的杨东权提出"努力把各级国家综合档案馆建设成档案安全保管基地、爱国主义教育基地、档案利用中心、政府信息查阅中心、电子文件中心"即"五位一体"的公共档案馆的目标定位。笔者认为，在此目标定位下，档案馆承担着公共服务的社会责任。

(1) 满足公民信息权的"平台"。民主法制和公平正义是现代民主社会的标志和显著特征，档案馆为公众提供政府信息和档案信息服务是满足公民信息权诉求的重要途径，也是实现民主法制和公平正义的有效途径。公众可以免费查询档案馆政府信息和档案，有利于消除公民信息权利不均衡的现象，有利于保障公民尤其是社会弱势群体的信息获取权。在社会信息化及公民权利意识不断发展的今天，公民对政府信息和档案的需求，比以往任何时候都更为强烈；同时，在社会信息量呈"爆炸性"增势的情况下，面对鱼目混珠的海量信息，去伪存真、去粗存精显得格外重要。档案馆的信息则以其真实性、可靠性强而获得观众青睐。[①] 档案馆接收进馆的信息都是未经加工修饰过的第一手原始记录，档案馆的收集职能为其信息的真实性、完整性和权威性提供最有效的保证，具有信息资源的独特优势。[②] 档案馆作为政府信息公开的窗口和档案利用基地，应成为政府满足公民信息权的"平台"。

(2) 公民和政府沟通的"枢纽"。公民对政府信息和档案的查询需求通常与其工作、生活密切相关，尤其是公众集中来档案馆查询的热点信息，往往与国家政策、社会热点一脉相承。因此，通过为公众提供政府信息和档案资源的利用服务，档案馆可以掌握利用者的情况和需求，从某一阶段公众集中查阅的利用需求发现社会热点问题、体察社情民意。根据规定，档案馆不仅作为政府信息公开联席会议成员单位参加政府信息工作重大问题的讨论、决策，根据相关机制，还需将政府信息公开和档案利用的情况如各有关行政机关政府信息的送交情况、公民信息查询利用与出现的问题等内容进行汇总，定期向上级信息公开工作的主管部门直接报告。该机制不仅有利于档案馆提供更有针对性的档案和政府信息资源服务，更重要的是能为政府行政决策提供准确依据。通过这一反馈机制，公众需求尤其是社会热点问题能够被及

① 马长林，戴志强，等.档案信息公开理论与方法[M].上海：上海社会科学院出版社，2007：81.
② 张林华.公民信息权与档案馆拓展社会服务功能[J].档案学通讯，2007(1)：81-84.

时发现,有利于政府决策部门尽早发现问题、及时研究和调整政策。这样,档案馆在为公众提供政府信息和档案利用服务的同时,也使政府机关及时掌握社情民意,成为政府机关和公众之间上情下达、下情上传的有效通道和"枢纽"。

(3)促进行政透明的"窗口"。政府信息和档案是机关政务工作的物化信息资源。为保证公民、法人或者其他组织方便、及时获取公共信息,档案馆的公开查阅服务成为社会了解政府、监督政府行政一个必要"窗口"。由于档案馆对档案和政府信息资源的管理与开发专业性强、条理化程度高,方便利用者利用,公众乐于接受。通过这一"窗口",公民不仅有权查阅国家的法律、法规、方针政策等规定公开的政府信息,便于公众及时了解政务信息,而且"窗口"监督功能及其所发挥的威慑力也有利于政务工作的透明化、效率化。档案馆对公众的信息服务有利于营造诚信友爱、充满正能量的社会氛围。另外,从政府部门角度看,也需要通过这一"窗口"使自己的工作职能为公众所了解,从而拉近与公众的距离,塑造更亲民的形象。

第三节　档案资源建设的历史发展

档案资源是我国档案事业发展的基础性内容,档案资源建设的历史与我国档案馆建设发展紧密结合。有关我国档案馆建设的历史轨迹,有学者称之为"三次浪潮"[1],也有学者提出可分五个阶段[2],笔者认为档案资源建设的发展历程受到社会文明进程、政策法规、公众档案利用意识和利用需求、科技发展等因素的驱动与制约,而这些因素与国家所处历史时期直接相关,尤其受到社会演进过程中转折性变革的巨大影响。中华人民共和国成立、改革开放和进入新世纪这三个历史转折点对上述因素的变革具有划时代意义,以这些历史时期作为划分界线能较清晰地体现我国档案资源建设的发展脉络及其背后的逻辑。因此,除中华人民共和国成立之前的积累外,在此将我国档案资源建设的发展历程分为中华人民共和国成立初期、改革开放时期以及新世纪以来这三个历史时期。

---

[1]　薛匡勇.论档案馆的职能拓展及其实现[C]//杨永和.回眸与展望——档案馆发展的经验、方向与对策.上海:上海世界图书出版公司,2011:21-27.
[2]　李扬新.档案公共服务政策研究[M].上海:上海世界图书出版公司,2011:31-45.

一、中华人民共和国成立初期

中华人民共和国成立初期，档案事业面临的基本任务就是要把分散的、不统一的档案工作(包括档案资源)建设成为国家规模的、集中统一管理的社会主义档案事业。为适应这一总的形势需要，档案工作面临的具体任务是及时地接收中华民国时期各政权机关的档案、明清档案，迅速建立包括档案资源建设在内的各级党政机关的档案工作。

(一) 档案机构的建立

1954 年 11 月，第一届全国人民代表大会常务委员会批准国务院设立直属机构——国家档案局。1956 年 4 月 20 日国务院转发国家档案局《关于目前档案工作情况和今后工作安排的报告》，其中提出了中央和省(市)两级档案馆的建设规划。此后，北京、江苏、广东、河南、山西等一批地方档案馆相继筹备、成立。作为党中央、国务院直属科学文化事业机构，中央档案馆于 1959 年 10 月落成并正式开馆。1960 年初，全国共建立了 15 个省级档案馆，106 个地(市)级档案馆，1 509 个县级档案馆。至 1965 年 10 月，全国共建立档案馆 2 483 个，其中 29 个省、自治区都建立了档案馆，覆盖中央及地方的全国档案馆网体系初具规模。

(二) 一系列方针政策的颁布

1956 年 4 月，国务院讨论通过《关于加强国家档案工作的决定》，对我国档案事业建设中的重要问题做了明确的规定，宣布"国家的全部档案，包括中华人民共和国成立以来各机关、部队、团体、企业和事业单位的档案，中华人民共和国成立以前的革命历史档案和旧政权档案，都是我国社会政治生活中形成的文书材料，都是我们国家的历史财富"，彻底解决了档案的所有制和国家档案的范围问题。确立了档案工作的基本原则"是集中统一地管理国家的档案，维护档案的完整与安全，以便于国家各项工作的利用"，并指出"加强国家档案工作的统一管理。全国档案工作，都应由国家档案管理机关统一地、分层负责地进行指导和监督；各机关的档案材料，应由机关档案室集中管理，不得分散保存"等，奠定了我国档案资源建设的理论基础。

在此基础之上，1960 年 3 月国家档案局颁布的《省档案馆工作暂行通则》和《县档案馆工作暂行通则》明确了档案馆工作的性质及任务，并于 1963 年

12 月召开的全国省级以上档案馆工作会议上,提出加强历史档案的收集、整理和提供利用。这些档案工作方针政策的颁布,极大地推动和促进了中华人民共和国成立初期我国档案资源建设的发展,对今后我国档案事业发展具有深远意义。

(三)历史档案资源的建设

1949 年 10 月 25 日,中央成立以陈云为主任的人民政府政务院指导接受工作委员会,负责统筹指导与处理有关国民党政府中央各机关包括档案在内的人员、物资接受事宜。1949 年 1 月北平和平解放后,北平市军事管制委员会文化接管委员会接收了故宫博物院,院内的文献馆于 1951 年 5 月改称为档案馆。1951 年 2 月,中国科学院历史研究所成立南京史料整理处,集中接收民国时期中央政府各机关及其所属单位的档案,同时,还接收了保存在北京的北洋政府档案和大量全国各地的国民党政府档案,为建立第二历史档案馆做好了准备。1964 年南京史料整理处改为隶属国家档案局,并更名为中国第二历史档案馆。

与此同时,全国各省、市、县人民政府等机构也陆续集中了一批历史档案,如 1949 年后我国发现最早、最完整的地方政权档案清代巴县衙门、民国巴县政府等机关档案。中央政府还先后多次发布通令、通知,加强革命历史档案和史料的收集,全国各地都积极开展征集历史档案工作,将一大批分散在民间和个人手中的革命历史档案收集到各地档案部门和党史研究机构中。

(四)科技档案和城建档案资源的建设

1957 年 6 月,国务院科学规划委员会讨论通过了《关于改进档案资料工作方案》(以下简称《方案》),对科技资料的整理、保管和利用等规定了一些具体办法。《方案》是我国为加强科技档案管理而制定的第一个文件,它对我们技术档案工作的建立,起了积极推动作用。

1952 年 12 月,国家档案局在大连召开技术档案工作扩大会议,实际上这是第一次全国技术档案工作会议。本次会议的举行及其发布的《技术档案室工作暂行通则》标志着技术档案工作作为国家档案事业的重要部分,从中央到地方已经全面纳入国家档案管理范围,从此有了统一的规章制度,开始步入健康发展的道路。

"文革"后,作为生产建设和科技研究的组成部分,各级专业主管机关和工矿企业都把科技档案工作的整顿作为企业全面整顿的一项内容,进行统一的计划和验收。1980 年和 1987 年国家档案局联合国家经委等部委召开了两次会议,颁布法规,前者通过对科技档案的管理体制、制度和方法等做了具体规定,后者对不同所有制类型企业的档案管理予以监督指导。

二、改革开放期间

(一)加速恢复和发展档案馆事业

1979 年 8 月,全国档案工作会议召开,提出加速档案工作的恢复、整顿、总结与提高,中共中央和国务院于次年 2 月批转了国家档案局此次会议的报告。1980 年 5 月,曾三在全国省级以上档案馆工作会议上发表讲话,针对"文革"后对档案利用的迫切需求,要求加速恢复和发展档案馆事业,为党和国家各项事业服务,并提出将开放历史档案的方针作为档案利用工作的开展新方向加强档案基础工作。1982 年的全国档案工作会议将"大力发展和建设各级各类档案馆"确定为档案事业发展的重点之一。1983 年国家档案局发布的《档案馆工作通则》指出：档案馆是党和国家的科学文化事业机构,是永久保管档案的基地,是科学研究和各方面工作利用档案史料的中心。同年 6 月,全国人民代表大会六届一次会议通过的《政府工作报告》提出了大力加强档案馆建设的要求。在此背景下,大批档案馆得到恢复和建立,各类机关、单位纷纷恢复档案机构,此外还新建了一大批专业档案馆、部门档案馆和企事业档案馆。全国各级各类档案馆从 1982 年底的 2 554 个发展到 1985 年的 3 004 个,至 1990 年底已达 3 522 个,由此形成了一个多门类、多层次的档案馆网络。

(二)实施档案开放新政

为了适应改革开放形势的需要,党中央书记处于 1980 年 5 月正式做出了开放历史档案的决定。1986 年,国家档案局印发《档案馆开放档案暂行办法》,利用对象从学术界扩展到每一个公民。1987 年 9 月,《中华人民共和国档案法》颁布,在总结我国实际情况并参考国际惯例的基础上对国家档案馆保管的档案向社会开放做出具体规定。此后,在邓小平"开发信息资源,服务四化建设"的号召下,国家档案局又明确提出档案部门要为搞好国有大中型企业服务。这也是改革开放后社会经济发展形势下,国家围绕服务社会主义经济建设对档案工作提出的新要求。在此阶段,档案馆职能被归纳为"一个基地""三个中心",即档案馆是集中统一永久保管党和国家的档案,保障档案的完整和安全,维护党和国家历史真实面貌的重要基地;是满足科学研究和各方面工作利用档案史料的要求,广泛地为社会服务的中心;是存贮、处理、传递和开发利用档案信息资源的中心;今后各级各类档案馆还将成为各自的档案目录中心。在此前提下,国家各级档案馆实施转型,为社会提供档案服务。

大批档案馆恢复、新档案馆建立,以及档案开放的实施,使档案馆工作中馆藏资源贫乏的问题暴露出来,各档案馆花大力气加强接受、征集档案的工作,根据国家档案馆意见和全国省级以上档案馆工作会议精神,许多档案馆接受了旧政权档案和1949年以来各机关形成的需要永久、长期保存的档案,收集范围扩大,还开展了向社会和个人征集档案文件的工作,使馆藏量得到显著增长,与此同时,整理和编目工作也随之跟上,并开展了各种形式的编研工作。档案资源建设总体较以往有较大发展。

"九五"期间(1996—2000年)全国档案事业取得了长足的发展,初步构建了与我国国民经济和社会发展相适应的档案事业体系。到"九五"末,全国共有各级各类档案馆3 816个,馆藏档案达18 080.7万卷(件),分别比"八五"末增长4%和26.6%。全国新建、改建、扩建国家综合档案馆馆库377个,各级国家综合档案馆总面积达328万平方米,比"八五"末增长16.2%。

三、新世纪以来

进入新世纪,社会信息化发展及政府职能进一步转型,特别是各地试行已公开现行文件利用服务,使档案馆资源建设迎来新的契机。新世纪以来,档案服务社会化程度较以往有了"跨越式"发展。

(一)档案馆目标定位的演进

2000年全国档案工作会议通过《全国档案事业发展"十五"计划》,提出把各级档案馆建设成为"党和国家重要档案永久保管基地、各方面利用档案的中心和爱国主义教育基地",即"两个基地,一个中心""三位一体"的目标定位。2002年国务院《政府工作报告》首次要求将档案馆列入公共文化设施进行建设,这表明公共档案馆建设已列入中央政府的计划和要求,档案馆进入了社会公共领域。随后,公共档案馆建设也列入各地方政府社会经济和档案事业发展计划。2004年,全国档案局馆长会议提出把档案馆建设成"档案安全保管基地、爱国主义教育基地、已公开现行文件集中向社会提供利用中心和档案信息服务中心"，即"四位一体"的新定位。2009 年全国档案馆工作会议提出"努力把各级国家综合档案馆建设成档案安全保管基地、爱国主义教育基地、档案利用中心、政府信息查阅中心、电子文件中心"即"五位一体"的公共档案馆，档案馆发展目标定位的演变为实现档案事业的跨越式发展奠定了基础。

2010 年国家档案局提出建立"三个体系"的档案工作指导思想，即转变重事轻人、重物轻人、重典型人物轻普通人物的传统观念和认识，建立覆盖人民群众的档案资源体系；转变档案工作中重为机关团体服务、轻为群众服务的传统观念和认识，建立方便人民群众的档案利用体系；适应新形势对档案安全保密的新要求，建立确保档案安全保密的档案安全体系。"三个体系"密切关联，相辅相成，构成了推动档案工作为科学发展服务和实现档案工作自身科学发展的有机整体。为了加快推进"三个体系"建设，国家提出实施"三大战略"：一是以人为本战略，即坚持从人民利益出发来谋划档案工作，在资源建设方面重视所有涉及人的档案的收集与保管，在档案利用方面重视所有人特别是普通群众的利用需求，在队伍建设方面重视人的价值和发展潜能；二是服务先行战略，即坚持围绕党和国家工作大局开展档案工作，自觉为各级领导服务、为社会各方面服务、为人民群众服务，以服务带动工作发展；三是安全第一战略，即始终抓住档案的安全保密不放松，把安全保密作为第一责任和基本职责，全面提升安全保障能力，确保档案安全保密万无一失。①

（二）国家对档案资源建设发展的调控

国家通过发布法规规章对我国各级机关、团体、企事业单位正确界定文件材料归档范围、有序开展档案移交进馆工作进行规范和指导，适时调整档案接收范围，不断改善馆藏档案结构，对我国新时期档案资源发展具有重要推动作用。

随着我国社会发展进程的加快，档案馆职能的不断拓展，1986 年国家档案局制定的《各级各类档案馆收集档案范围的规定》已难以适应新时期档案资源建设现状。2006 年国家档案局发布的第 8 号令明确界定了各级机关文件材料的归档范围，准确划分了机关档案的保管期限。

2010 年时任国家档案局局长杨冬权在全国档案局馆长会议上指出：实

---

① 引自杨冬权 2010 年 12 月 14 日在全国档案局馆长会议上的讲话。

施以人为本战略,重点在档案资源建设上有普遍改进,全面完善覆盖人民群众的档案资源体系。凡是涉及人民群众的档案,凡是人民群众需要利用的档案,凡是对经济社会发展有用的档案,都要纳入档案资源建设体系,保证经济社会发展全过程和各领域形成的档案应建尽建,全面覆盖。"十二五"期间在档案资源建设方面要树立"大档案"的观念,明确国家档案资源体系范围除了包括党政机关、团体、国有企事业单位的档案,"红头文件"之类的档案,党和国家重点工作及各单位基本职能的档案之外,也包括民营企业、各种经济与社会组织以及家庭的档案、各类专门业务档案、个人各方面权益档案以及录音、录像、电子档案等各种非纸质档案。[①]

2011 年国家档案局出台 9 号令,即《各级各类档案馆收集档案范围的规定》及《国家基本专业档案目录》。9 号令重新界定了各级综合档案馆、专门档案馆、部门档案馆及企业事业单位档案馆等的收集范围,从根本上解决了国家档案资源的科学布局和合理归属的问题,是继 8 号令之后的又一项事关档案资源体系建设的重要法规。《国家基本专业档案目录》则将新时期出现的涉及国计民生最重要、最基本的档案种类列入了目录体系,对一些档案资源新类型如涉及民生的专业档案、部门档案馆及企事业档案馆的收集范围,以及国有企业改制、破产、撤销后档案的归属流向等进行了规范,成为新时期档案工作的基本指南。上述几个档案法规相互衔接,构成了建设覆盖人民群众社会生活的档案资源体系法规构架的总体轮廓。2012 年 12 月国家档案局颁布 10 号令,即《企业文件材料归档范围和档案保管期限规定》,对企业文件的归档范围和保管期限以及资产归属问题进行了规范。除了抓好上述法规的贯彻落实,国家档案局还通过对省级档案馆收集档案范围细则进行审核批复、完成试点企业文件归档范围和保管期限表的编制业务指导与预审等途径加强对国家档案资源建设发展的调控。

(三)各地档案接收范围的拓展

随着社会的发展和时代的进步,档案工作领域不断扩大,社会各界对档案的需求日益增强,一些档案馆适时调整接收范围,除了不断加强常规范围的党政机关档案外,还开展多种类型、多种形式的档案资源建设工作。如上海全面开展进馆单位档案资源普查;广西组织开展档案资源建设年活动;辽宁发出关于加强全省档案资源建设的意见并启动档案馆调整接收范围试点

---

① 引自杨冬权 2010 年 12 月 14 日在全国档案局(馆)长会议上的讲话。

工作,把有关政治、经济、文化、民俗、风土人情、名人、名优产品、名胜古迹等具有地方特色的档案纳入接收范围,及时跟踪新兴领域形成的档案,把那些具有凭证价值、史料价值、涉及民生的档案及时接收进馆;青岛市档案馆出台了接收档案办法,新接收破产企业档案 8 万余卷;湖北启动省级领导个人档案收集;湖南开展国外涉湘档案的征集工作;南京、宁波推进名人档案征集;杭州深化乡村记忆示范基地建设,发掘整理记录家谱族谱、乡土文献、民间传说等。此外,各地档案馆还作为成员积极参加本地区重大活动,接收重大活动形成的档案,如北京奥运档案和国庆 60 周年庆典档案收集、整理工作;上海、山东等地围绕特奥会、全运会加强重大活动建档工作;威海等地档案馆广泛开展民间或散失在国外的档案的收集活动;浙江全省 70 多个档案馆接收或寄存国有转制企业档案 400 多万卷。

随着我国现代政府建设的发展,党和政府高度关注民生问题,2007 年 12 月,国家档案局印发了《关于加强民生档案工作的意见》的通知,要求全国各级档案部门做好民生档案工作。2008 年国家档案局局长杨冬权在全国档案局长馆长会议提出实现“两个转变”建立“两个体系”,即“转变重事轻人、重物轻人、重典型人物轻普通人物的传统观念和认识,重视所有涉及人的档案的价值,建立覆盖人民群众的档案资源体系”,“转变档案工作中重机关团体利用、轻个人利用,重为机关团体服务、轻为群众服务的传统观念和认识,像重视机关团体利用那样重视人民群众利用,建立方便人民群众的档案利用体系”①。落脚点是建立覆盖人民群众的档案资源体系和建立方便人民群众的档案利用体系。2010 年《在全国档案安全体系建设工作会议上的讲话》在“两个体系”的基础上加入“档案安全体系”②建设,与之前的档案资源体系与档案利用体系一起合称为档案馆“三个体系”建设。2012 年全国档案工作主要任务提出“以改革创新精神全面实施‘三大战略’,推进‘三个体系’建设,增强档案服务能力,促进档案工作更好地为经济建设和社会主义文化大发展大繁荣服务”③。上述政策强调民生档案建设的重要性和紧迫性,明确要求我国档案资源体系建设和利用体系实现面向普通百姓的根本性转变。民生档案资源建设工作在我国各级档案馆迅速发展起来。

---

① 杨冬权.以科学发展观为指导　推动档案事业更好地科学发展并为科学发展服务[J].四川档案,2009(1)：12 - 20.
② 杨冬权.在全国档案安全体系建设工作会议上的讲话[J].档案学研究,2010(3)：12 - 18.
③ 杨冬权.在全国档案工作暨表彰先进会议上的讲话[J].中国档案,2012(4)：12 - 19.

新世纪以来,为了切实解决关系人民群众切身利益的实际问题,加快社会管理和社会保障,从中央到地方的各项措施有效地加强了档案资源建设力度,扩大了档案资源建设的种类,为实现档案资源服务社会最优化创造了条件。截至 2016 年底,全国各级国家综合档案馆馆藏档案 65 062.5 万卷(件)。① 一些地区挖掘民生档案资源,探索民生档案服务新举措,如截至 2012 年 9 月,天津市档案馆累计汇集民生档案信息数据 531 万条,涉及 700 余万人次,其中可供查询信息 473 万条。市和区县档案馆搭建民生档案信息共享平台,百姓可以在家查看 160 万条和数字化全文 15 万页的档案。② 据调研,上海市各区档案局普遍围绕公众重点利用的档案,积极开展民生档案资源建设。挖掘现有馆藏各类民生档案资源,将混杂在各类档案中群众急需的民生档案,组织专人进行认真梳理,确定民生档案的范围。突出重点,对利用频繁的民生档案进行数字化和资源整合。建立了婚姻、知青、返城、独生子女等数据库及专题目录。上海市档案馆现保存档案资料 303 万卷(册),其中历史档案 134 万卷,1949 年后档案 164 万卷,各类资料 5 万册。这些档案资料覆盖了近现代上海政治、经济、文化和社会发展的各个领域,是反映上海城市历史发展轨迹的第一手材料,具有重要的社会记忆价值。

(四) 档案资源信息化建设

20 世纪 80 年代以来,信息技术的快速发展和广泛应用,引发了全球性的信息产业革命,档案信息化建设成为信息社会建设的重要组成部分,而档案资源信息化建设是新时期档案信息化的核心。信息社会不仅必然带来信息数量的剧增,而且信息的来源、载体、传送方式等同以往有较大差异。同时,为了适应信息社会环境以及公众对档案信息需求的不断提高,档案部门本身原有的馆藏档案资源也需要实现信息化。档案资源信息化建设是新时期档案事业发展的必然趋势。

2000 年,中央提出了全国档案信息化建设任务的要求,全国档案信息化工作全面启动。2002 年,国家档案局发布了《全国档案信息化建设实施纲要》,提出加强档案目录数据库建设、进一步加强档案目录中心建设、积极推进档案全文数据库和多媒体数据库建设、加强电子文件归档管理等要求,并开通了国家档案局网站,全国档案信息化建设进入全面推进阶段。2003 年,

---

① 资料来源《2016 年度全国档案行政管理部门和档案馆基本情况摘要(二)》。
② 资料来源天津市档案馆。

中央办公厅明确提出要"建设档案数据库"，并且作为信息资源体系建设的重要任务之一。2005 年通过的《档案事业发展"十一五"规划》，将档案信息化作为新时期档案事业发展的一项重要工作，提出了"以为党和国家中心工作和各项建设事业有效服务为目标，以国家档案资源建设为核心，以档案信息化建设为重点"的指导思想和"建设较大规模的全国性、系统性、分布式、规范化的档案信息资源库群，建立一批电子文件中心和数字档案馆，实现档案信息资源社会共享"的总体目标。2006 年以来，杨冬权局长在各种会议上强调档案部门要适应国家和社会信息化发展对档案事业发展的影响和要求，要在加强档案资源建设的同时，加快采用信息技术，充分利用网络优势，提高远程服务的能力，建设覆盖广泛、内容丰富、检索方便、利用快捷的档案利用体系。在这样的政策环境下，一批数字档案馆开始建设，档案信息化基础设施不断完善，数字档案资源建设加紧进行，档案网站建设快速发展。全国省级以上国家档案馆都已经开通了网站，北京、上海、浙江、青岛、西安等省市网站，上载了开放档案目录，有的档案馆还上载了档案全文，实现了档案远程利用，开辟了档案利用新渠道。《电子公文归档管理暂行办法》出台后，各地对电子文件的集中管理、长久保存和有效利用进行了探索。一批国家档案馆建设了本级电子文件中心，我国电子文件管理体系在探索中开始建立。

2010 年国家档案局提出实施"服务为先"战略，要加快传统载体档案数字化步伐，优先把社会各方面和人民群众急需利用、内容又可以开放的传统载体档案数字化，以便于开展远程利用。要求各级国家档案馆要争取在"十二五"期间把馆藏重要档案基本数字化，建立数字档案馆。各地档案馆（室）积极实现数字转型。如江苏太仓从 1999 年就开始搞档案数字化工作，在全国率先实现了全市"两个百分百"的目标。据 2012 年的调查显示，全国副省级市以上档案馆都已开展传统载体档案数字化，已数字化档案占馆藏总量的比例大幅提高。至 2012 年底，北京市档案馆已完成占馆藏 63％的纸质档案的数字化。上海 17 个区县档案馆档案数字化占馆藏 50％以上，部分区县达到 90％以上，民生档案数字化率全部达 100％。长春市档案馆采用"常用先扫、现用现扫、以用定扫"的"三扫"模式，档案数字化共 319 万页。[①] 许多地方档案馆都提前或超额完成了"十一五"规划中有关档案数字化的目标。此外，各地还建设或完善档案目录和专题档案数据库，如长春市的 11 个档案馆建立了 13

---

① 杨冬权.在全国数字档案馆（室）建设推进会上的讲话[J].中国档案,2013(11):16-21.

个民生档案数据库,宁夏回族自治区档案馆建设档案目录、重要档案、多媒体档案数据库等。①

"十二五"期间,我国初步形成了覆盖人民群众的档案资源体系,②在档案资源建设、档案信息化建设、档案开发利用及服务民生等方面取得了重要进展。2016 年国家档案局发布的《全国档案事业发展"十三五"规划》为我国档案资源事业发展制定了"到 2020 年,初步实现以信息化为核心的档案管理现代化,基本建成与全面建成小康社会相适应、有效服务国家治理和'五位一体'建设的档案事业发展体系"的发展目标,明确了有效推进档案资源体系建设、深化和拓展档案利用服务、提高档案公共服务能力、加快档案管理信息化进程等任务和实现指标,为我国档案事业指明了进一步发展的方向。

---

① 引自杨冬权 2010 年 12 月 14 日在全国档案局长馆长会议上的讲话。
② 国家档案局.全国档案事业发展"十三五"规划纲要[EB/OL].[2017-03-25].http://www.cngsda.net/art/2016/4/11/art_57_33934.html.

第二章　档案馆公共服务的对象：
公民利用者剖析

　　"对普通人在博弈中所用技术和策略的强调，主要是为了凸显实践活动中的主体性因素。实践是实践的参与者能动地发挥作用的过程。这种能动的作用，是塑造实践逻辑的一个重要因素。"①档案利用者及其利用需求是档案馆公共服务的对象。没有档案利用者及其档案利用需求，就不存在档案馆公共服务，因此，档案利用者也是档案利用行为的发起者，是档案利用的主体要素，研究档案利用者是档案馆公共服务的又一重要方面。分析档案馆公共服务的主要对象，剖析公民利用者档案利用的意识、权利、行为特征与规律，有利于正确把握档案公共服务的方向，真正实现档案服务工作重点向档案利用者的转变，从而提升档案馆公共服务能力和水平。

第一节　公民的档案信息权意识

　　当前，确保政府具有为公众服务的可开放性和可接近性，已成为全球普遍的共识和各国政府努力的目标。改革开放以来，我国实行了经济体制转轨并开始了民主政治建设，公共权力与公民权利的关系由以往的公共权力至上向注重公民个人权利即公共权力与公民权利平衡的方向转化。

　　"权利的发展与社会的发展是互动的。"②公民的档案利用活动不仅受到

---

① 孙立平.社会转型：发展社会学的新议题[J].开放时代,2008(2)：57-72.
② 夏勇.走向权利的时代——中国公民权利发展研究[M].北京：社会科学文献出版社,2007：24.

其所拥有档案信息权的制约,还直接受支配于其档案信息权意识。研究分析公民档案信息权的意识嬗变与特点有利于把握我国公民档案信息利用行为的内在动因与发展走向。

一、公民档案信息权意识问题的提出及相关概念意涵

(一) 问题的提出

长期以来我国走的是政府主导下的计划经济体制的道路,政府行政权力占支配地位,公共权力高度集中,公民的个人权利未得到应有的重视。改革开放特别是我国各级政府开展信息公开以来增强了政府行政权力运作的透明度,公民拥有更多的信息权,个体权利和愿望比以往得到更大的尊重与满足。各地档案馆信息查阅中心接待利用者,为社会各界特别是普通公民获取政府现行文件、档案信息提供了平台和便利。通过查阅,很多公民获得了证明个人权益的依据。

但是从总体来看,我国档案信息利用程度不高,据报道全国有 4 000 多个综合性档案馆每天档案利用者的平均值维持在个位数,与档案信息所具备的社会价值及应有效用不符,更无法与国外发达国家的档案利用率相提并论。这其中固然有档案馆及方方面面的多种因素,但笔者认为,我国公民长期以来形成的档案信息权意识特点与惯习对其档案信息权行为的支配是导致档案利用现状的不可忽视因素之一。

必须认识到,提高档案信息服务水平离不开对档案公共服务对象、利用主体——公民进行深入研究。我国公民行使档案信息权具有哪些特征? 公民档案信息权意识的形成受到哪些因素影响? 分析与掌握我国公民档案信息利用行为的内在、外在动因与发展走向,有利于为改善档案信息服务水平、完善档案法制体系建设奠定基础。

(二) 相关概念意涵

1. 公民权利

公民权利是一种私人权利,是与公共权力相对应的一个概念,通常指有关社会主体在社会生活中所享有的各方面权利。公民权利是公民依法享有的利益,或依法从事特定行为的资格。公民权利可以分为消极的权利和积极的权利两大类。公民消极的权利是指个人"对国家要求其不作为,或要求其保障,国家负有依法不加侵害与防治侵犯之义务,从而获得消极利益之权利,

包括平等权与自由权,皆属人格权,与人之身体相始终,不得让与或抛弃"。公民积极的权利是指个人"对于国家的要求其为一定行为,从而获得某项积极利益之权利"[①]。公民个人的积极权利包括受益权、参与行政管理权等。

2. 公民档案信息权

公民档案信息权又被称为档案知情权、档案获取权等,是指全体社会成员拥有自由平等地获取、利用和传递档案信息的权利。作为公民权利之一,与公民权利相类似,公民档案信息权也可以分为消极档案信息权和积极档案信息权两种。消极档案信息权是指公民可以自由地寻求、获得已经公开的档案信息,任何组织和个人都不得干预和妨碍。积极档案信息权是指对那些被控制在特定组织或个人手中档案信息的利用权利,其实现及享有受到一定条件制约,公民只有借助组织或个人的积极行为才能获得。在积极档案信息权中,特定组织和个人负有公开档案信息的义务,如行政机关、与民众生活息息相关的各类企、事业单位。

3. 公民档案信息意识

公民档案信息意识是指公民对于其应具有的档案信息获取、处分等权利的认知、主张和要求的心理反应。档案信息意识是公民权利意识的一种,是公民实现其档案信息权的基础。在它的作用下,公民对是否实现其档案信息权、怎样实现以及当权利受到损害时是否补救、如何补救等做出反应。公民的档案利用活动直接受支配于其档案信息权意识,社会变迁规定与制约着公民档案信息权及其意识的嬗变,我国公民档案信息权意识及行为的发展受到社会发展的深刻影响。

(三)概念间的关系

1. 公民权利意识与权利实现

有学者认为权利意识包含三个层次的内容:一是公民认识和理解依法享有的权利及其价值;二是公民掌握如何有效行使与捍卫这些权利的方式;三是公民自觉地把行使公民权利的行为规约于法律规范之中,以免损害其他主体的合法权利。[②] 权利意识包括三个要素:权力认知、权利主张和权利要求。这里所说的认知、主张和要求都是主观态度。权利认知是指作为权利主体的个人对自己应该或实际享有的利益和自由的了解和认知,它是权利意识的最

---

① 张载宇.行政法概要[M].台北:台北汉林出版社,1980:85.
② 姜涌.公民的主体意识[J].山东大学学报(哲学社会科学版),2003(3):91-94.

低层次。从程度上可分为充分认知、部分认知和没有认知三种情况,它反映着人们权利意识的强弱程度。权利主张是指权利主体对自己应该或实际享有的权利予以主动确认和维护的意识。只有在认知的前提下才有可能主张权利。权利要求是指社会成员根据社会的发展变化主动向社会或政府提出新的权利请求的意识。①

2. 公民档案信息意识与公民档案利用之间的关系

信息意识是人们认识世界和改造世界中开发和利用信息的观念和自觉能力,是人脑对客观存在的新信息环境变化的一种能动的反映。公民档案信息意识是人们对档案信息的认识过程和反映能力,是人们社会意识中不可缺少的一部分。如公民权利意识与权利主张所述,公民信息权意识也应包括认识和理解依法享有、行使与捍卫、合法行使档案利用权利三个层次的内容,以及档案信息利用权力认知、权利主张和权利要求三个要素。公民档案信息意识具有能动性,它可推动或阻碍人们对档案信息的认识,形成不同程度的档案信息意识水平。档案信息意识对档案信息的判断力具有指导作用,对公民的档案利用活动具有阻碍或促进作用,档案信息意识的强弱程度与公民档案利用活动意愿的强弱成正比,因而,也直接影响着公民档案利用活动的开展。

3. 公民权利与公民档案信息权之间的关系

德国法学家耶林(Jhering)有句名言:"权利背后是利益。"人之所以选择进入社会,大多数情况下是为了取得或保护自己的权利。关注和追求自身的利益是人类的自然共性。

对公民而言,利用政府信息和档案的目的大多是解决与切身利益密切相关的问题,如通过查阅房地产档案、户籍档案、知青档案等获得自己权属证明,然后进一步达到实现个人其他权益的目的。因此,这种信息权的获取至关重要,因为没有这一步,后面即使有再大的权益也无可企及。当所需信息是已公开档案时,消极档案信息权的获取基本不会有障碍。但当所需信息为未公开的档案时,积极档案信息权的获取就要得到相关行政职能机关及有关方面的批准。这也就意味着,相关行政职能机关及有关方面不仅直接掌握着此信息是否准予提供利用——公民档案信息权实现的权力,同时还间接掌握着公民权属能否得到确认——公民其他权利实现的权力。

我国公民的信息权利意识和主张经历了从无到有逐渐发展的过程,其从

---

① 高鸿钧.中国公民权利意识的演进[M]//修订版.夏勇.走向权利的时代——中国公民权利发展研究.北京:中国政法大学出版社,2000:34.

沉睡到觉醒的变化轨迹与我国政府信息由封闭到公开的发展轨迹有着必然的、不可分割的联系。存在决定意识，意识又反过来作用于存在，信息公开的过程也是人们不断争取自己信息权利的过程。

二、公民传统档案信息权意识的状况与表现

（一）档案意识总体薄弱的基础状况

我国是个具有浓重保密文化的国家，传统政治文化中的神秘主义渗透在国家治理和政府管理中，并沉淀为相对稳定的行政理念、行政行为模式和方法。[①] 这种保密文化的形成，一方面是受到几千年我国传统封建官僚政治早已形成的"民可使由之，不可使知之""法藏官府，威严莫测"的传统政治文化的消极影响，而另一方面也是因为我国长期的阶级斗争与政治斗争过程中人与人、人与组织、组织与组织之间相互戒备、相互防范的需要而形成保密观念。传统政治文化中信息民主意识的先天不足、政府信息保密文化的强势扩展、信息执法司法公开透明观念的缺失都限制了我国档案馆信息公共服务的顺利开展。

尽管改革开放以来，私人领域逐渐扩大，政府对个人的干预明显减弱，民众自由度越来越大，社会团体越来越多，非政府组织不断产生，政治民主、信息民主有了长足的进步，但是由于历史上封建王朝统治中焚书坑儒、文字狱等事件不绝于史，使人们一朝被蛇咬，十年怕井绳。一些公众往往不愿意积极主动地获取政治信息与参与政治活动，以避免重蹈覆辙。据中国公民政治心理调研组的调查表明，中国公民中较为普遍地存在一种过于谨慎的政治参与心理，出于明哲保身的考量对政治活动、政治信息的获取采取消极态度。公众有了这样的态度往往只能被动地了解信息，当然也就较少甚至根本不会主动行使自身的信息知情权利。[②] 这种对政治的认知以及对信息知情权的自动放弃，自然难以在全社会层面形成一种良好的、广泛的、深入人心的信息民主观念，难以形成能对政府推行政治民主、实施档案馆信息公共服务产生监督和促进作用的强大力量。

大部分公众缺乏自觉关注政府管理的热情，也就不会自觉学习政府颁布的法规政策，对政府信息的获取能力自然低下，面对政府部门的"红头文件"

---

①　杨霞.政府信息公开实现条件研究[M].北京：首都师范大学出版社,2006：78.
②　杨霞.政府信息公开实现条件研究[M].北京：首都师范大学出版社,2006：77.

公众缺乏足够的相关知识和能力来辨析信息的合法性。全社会公民意识总体薄弱,公众也就难以对档案馆信息公共服务形成强有力的社会舆论压力和信息需求压力。

(二)公民档案信息权意识的特征表现

中国的封建社会及后来政府公共权力占支配地位的集权体制环境极大地制约了公民个体权利,导致公民档案信息权意识相对淡薄,表现为传统社会中公民普遍具有以下意识特征:

(1)服从公共权力权威。处于公共权力具有绝对强势地位的场域中,无数经验与事实告诉人们:"不服从比服从难得多","只要服从由行政机关代表的公共权力我就会感到安全和有保障,虽然付出了物质上和精神上的代价,但我却换来了严格的规则范围内的安全"。[①] 反之,不服从必然需付出相应代价,不服从的成本可能会大于收益,经验和理性告诉人们:服从为上。具有理性思维的公民理所当然要选择服从。以至于在这样强烈的服从意识与惯习支配下,公民甚至很少去探察自己所服从的权威究竟是什么,当然也很少能有条件去深究。

(2)忽视档案信息权利。在中国传统观念里缺乏对自身个体权利的关注,形成国人耻于公开谈论个人权利和利益的心理意识。在档案信息权行使上,由于种种客观限制,似乎权利只能是与国家、公共权力画等号,与个人权利无关,个人的档案信息权只能是单方面地来自公共权力的让渡。档案馆的利用统计表明,长期以来在档案利用中人数占主导地位的始终是学术利用、工作利用,而非以解决个人权益为目的的公民利用。不少人将档案混淆为人事档案,或认为档案是保密的代名词。许多公民对政府公共权力的运用缺乏关注,认为"红头文件"等同于"官样文章",与自己无关,档案信息权与自己相距甚远,但凡遇事热衷于打听和传播小道信息。

(3)避走司法救济途径。寻求法律救济是公民实现档案信息权的主要途径,也是公民权利意识的表现。"受自给自足小农经济的长期影响,中国的法律文化深深地打上了'厌诉'的烙印,人们对正当地维护自己权利的'告状''打官司'行为避而远之,不愿意通过法律维护个人的权利。"[②]与国外相比,中国公民传统观念上普遍认为"打官司败家",对以公共权力维护自己私人权利

---

① 关保英.行政法的私权文化与潜能[M].山东:山东人民出版社,2003:215.

② 高志明.法律与权利[M].北京:中国社会出版社,2004:6.

缺乏信心,中国公民对个人的权利较真度不高,更愿意"私底下解决",真正对簿公堂的微乎其微。据有关学者统计,"我国行政行为给行政相对人造成侵害的量远远大于行政相对人通过复议或者诉讼途径对行政行为提出异议的量。"① 可见,在我国公共权力与公民权利的互动中,当面临需以高成本的诉讼为解决问题的途径时,选择放弃权利的退让策略成为主流。客观讲,以寻求司法救济的付出与最终所获回报相比较的行为,本身也是一种合理选择。

三、我国公民档案信息权意识的嬗变

(一) 封闭的档案意识惯习渊薮

权利意识作为一种公民意识,同时又是一种社会意识。公民信息权利意识是历史的范畴,存在决定意识,意识是对客观存在的主观映象。公民档案信息权意识的形成是长期以来政府公共权力与公民个人权利围绕档案信息利用展开互动而在人们脑海中形成、积淀的客观反映,即布迪厄(Bourdieu)所说的"惯习"。把时间变量引入到惯习的分析中,布迪厄指出因为"惯习来源于社会结构,是通过社会化即通过个体生成过程,在身体上的体现",所以"惯习不是宿命,惯习是历史的产物"。② 人们关于档案信息权意识的惯习是由场域、权力等因素长期作用而形成。作为国家和阶级统治的工具,档案从产生之日起就被代表着国家权力的君主垄断,档案信息权对于公民绝对是奢谈。我国统治阶级和普通公民有关档案信息权的封闭意识可谓根深蒂固,笔者认为可从以下方面来探究其深刻的社会历史渊薮。

1. 传统社会成员整合模式

中国传统社会中以自给自足的自然经济模式为基础,公民之间以个体、分散的自然形态为主。集权统治的专制主义政治始终在我国占据主导地位,为实现社会的高度整合,必然要求社会成员绝对地、无条件地依附和服从公共权力。法国社会学家杜尔凯姆(Durkheim)认为:在传统社会中,由于社会生活的分化和专门化程度很低,社会成员之间没有高度的社会依赖,因此社会整合是一种以强烈的"集体意识"为基础的"机械团结"。这种"集体意识"是指"同一社会一般公民共同的信仰和情操的总体",它在人们的心理意识中

---

① 关保英.行政法的私权文化与潜能[M].济南：山东人民出版社,2003：215.
② 布迪厄,华康德.实践与反思——反思社会学导论[M].李猛,李康,译.北京：中央编译出版社,1998：184.

是超越个体的某种"普遍物",要求人们的信仰、观念、道德责任绝对一致。① "集体意识"所形成的社会压力对个性不断地施压,共有的信仰、观念使人们感受到归属感和安全感。杜尔凯姆的"集体意识"理论精辟地诠释了我国传统社会中成员之间的整合模式。在这种整合模式下,社会成员只有在公共权力的权威下固守"集体意识",才可等待分配各种资源,公民的个体权利则不被重视。

2. 档案信息权意识是特定社会的产物

"权利意识是特定社会的产物,它产生于特定的社会关系,并受历史传统、文化价值、社会制度和经济发展水平的决定或制约"②,传统社会中我国公民档案信息权意识普遍不强,这种惯习的成因应该从这些因素在社会历史场域的长期作用中寻找。

首先,缺乏保障百姓权利的法律机制。君主专制一直是我国传统文化的主宰,权力以保护少数人的特权为取向,掌权者凭借手中的权力而获取更多的特权。普通社会成员只有以子民的身份承担由制度强加于他们身上的诸多义务,并且不能有非分之想。"在古代中国,自国家产生之后,从来就没有过民主,有的只是集权和专制。君王和家长的权力虽然有来自道德等方面的限制,但是缺乏硬性的制度方面的限制……强权之下没公理,臣民的权利意识受到压抑,不敢公开表露出权利意识。"③至于公民为争取个体权利而"告官",对普通百姓而言几乎无异于以卵击石,令他们望衙门而生畏。公民的权利意识受到压抑,不敢公开表露权利意识。

其次,缺乏对公民权利的观念认同。传统中国社会里,人们总是把"家"和"国"联系在一起,"天下者家积也",服从国家权力必然以放弃个体权利为前提和代价,整个社会对百姓的要求是知足忍让,"在'国'的范围内强调一个'忠'字,在'家'的层面上侧重一个'孝'字。无论是'忠'还是'孝',所突出的都是让人们尽义务,是臣民对君主的义务,卑幼对尊长的义务。"④在这种氛围下谈个人权利,似乎获取个人之利必忘国之大义,并非主流和正当。

---

① 于海.西方社会思想史[M].上海:复旦大学出版社,2004:251.
② 高鸿钧.中国公民权利意识的演进[M]//修订版.夏勇.走向权利的时代——中国公民权利发展研究.北京:中国政法大学出版社,2000:24.
③ 高鸿钧.中国公民权利意识的演进[M]//修订版.夏勇.走向权利的时代——中国公民权利发展研究.北京:中国政法大学出版社,2000:42.
④ 高鸿钧.中国公民权利意识的演进[M]//修订版.夏勇.走向权利的时代——中国公民权利发展研究.北京:中国政法大学出版社,2000:43.

最后，人治成为治国的法律形式。专制主义的政权和司法合一的法律体制使人治成为治国的基本法律形式，"缺乏公正有效的司法机构，使大量的纠纷通过民间调解解决，对于这种途径的解决结果，即使不公正，当事人也不得不默默忍受。"①人治本来就是以统治者个人的意志为转移，与民主和权利相矛盾，人治成为治国的主要法律形式。在推崇个人权威、维护专制体制的社会中，权力在社会政治、经济生活中起主导作用，尤其是最高统治者的权力至高无上。而公民档案信息权就是要把统治者行政记录曝光于广大被统治者面前，这等于把维护其统治地位的利器"鞘中剑"拱手送给被统治者，这在政权和司法合一的人治社会里没有实现的可能性。

在君主专制政治中，统治者深刻认识到政府信息对公民实施统治及对其本身统治地位进行保护的重要作用，即使官至九卿，也"不得窥一字"，公民百姓还奢谈什么信息权和权利意识？行政信息作为统治者权力象征和行使权力的记录，不仅密藏于"石室金匮"中并直接受控于国家权力，而且其利用被限制在极小的范围内。虽然也会公布一些"典章""诏令"等，但这纯粹是基于管理与治民的需要，与公民权利无关。公民意识中的政府即"衙门""官府"，政府信息是和"官府权威""秘密"联系在一起的，平民百姓遥不可及。因此，信息封闭是我国几千年来传统社会中政府信息最主要的特点，封闭的意识惯习在我国公民信息意识中根深蒂固。

中华人民共和国成立为公民档案信息权的转折带来契机。20世纪50年代末，我国明确档案馆的性质为政府机关直属的文化事业机构，将"积极提供利用，为地方党政领导工作、生产建设和科学研究服务"写进了档案馆的基本任务。但是鉴于当时的情况，档案工作主要被视为政府机关的机要工作，强调政治性、机要性，实际上各级档案馆的利用工作主要局限在机关内部，利用者是机关内部的工作人员，对普通公众而言，档案馆始终是闲人免进的机要重地。计划经济体制下以高度集权的方式自上而下地进行国家的各项管理，"政府信息的流动具有明显的单向性，政府拥有的各种信息资源一般都是通过一定的选择性，向社会逐级传播的模式实现的。公众没有机会获得更多的信息，更没有表达自己意愿的正确渠道。"②

至于对政府管理活动中的权力运行机制和运行程序包括与民生密切相

---

① 高鸿钧.中国公民权利意识的演进[M]//修订版.夏勇.走向权利的时代——中国公民权利发展研究.北京：中国政法大学出版社，2000：44.

② 张世林.档案信息利用法律研究[M].北京：中国法制出版社，2004：255.

关重大决策的形成、资源使用和分配等政府信息,对广大公众来说完全处于封闭状态,公众无从了解也不敢去了解。"政府行政的封闭和决策行为的神秘性,加深了公众对政府的隔膜感,公众无从关心国家政策的制定与实施,代之的则是对政策的盲从,其后果便是政府和决策者自身的专断和随意性,从而导致信息封闭——人治——信息封闭的恶性循环。"①在国家权力的强大主宰下,个人的权利显得软弱而无力。在始终处于被动接受和参与的环境中,公众的民主意识和信息权利意识是难以真正培养起来的。

(二) 权利意识的觉醒

1. 宏观环境转变是公民权利意识复苏的必要条件

十一届三中全会做出把党和国家工作的重点转移到社会主义现代化建设上来的战略决策,确定以经济建设为中心,实行改革开放,极大程度地改变了中国的经济和社会结构。社会的利益格局由单一转向多元,社会结构由同质转向异质,开始了中国社会发展进程中程度最为剧烈、范围最为广泛的改革开放,我国走上经济市场化、政治民主化和国家法制化道路。国内政治经济改革的客观形势,国际上民主政治的发展潮流,国门的开放和公众经济物质生活的日渐富足,尤其是政府转型,加强民主监督,实行政府信息公开以来,公民的权利意识开始觉醒并呈现增强的态势。

惯习作为一种历史的产物,必然是一种动态的、开放的系统。惯习"是一个开放的性情倾向系统,不断地随经验而变,从而在这些经验的影响下不断地强化,或者调整自己的结构。它是稳定持久的,但不是永远不变的"②。虽然场域作为客观的关系构型是给定的,但并不是超越时间与空间的存在,场域既然是由实践主体的实践活动赋予生命力的,就存在着动态的特征,惯习作为实践在场域中的生成物当然是可变的。

公民权利意识的觉醒和增强,表现在一些具体方面,有法学学者经过调查后指出:人们的权力观念逐渐淡化,同时隐私权观念增加了,人们在交易往来中更注重订约立据,人们的版权、专利和商标权意识迅速加强。值得重视的是,寻求救济的愿望日益强烈且主动性有所增强,寻求救济的范围日益扩大、强度增加。从诉讼率的上升以及人们诉讼观念变化的问卷调查结果两个

---

① 周晓英,王英玮.政务信息管理[M].北京:中国人民大学出版社,2004:386.
② 布迪厄,华康德.实践与反思——反思社会学导论[M].李猛,李康,译.北京:中央编译出版社,1998:178.

方面来看,多数人对于通过诉讼解决纠纷持认同态度,公民的权利意识比改革前大大提高。①

公民档案信息权意识的觉醒与社会环境因素的变化密不可分,是与社会发展互动的结果。改革开放使人们感受到以往从没有经历过的社会变化,经济市场化、政治民主化和国家法制化进程复苏了公民权利意识,也唤起了公民信息权意识,人们经受着以往从没有过的变化。

其一,经济市场化。经济体制改革的实施,使原先封闭的、如铁板一块的社会结构出现了裂痕,所有制结构发生巨大改变,"三资"企业、个体企业的兴起,政企分开,企业的生存经受市场的考验使"铁饭碗"变成了"泥饭碗"。分配不再是"大锅饭",巨大的收入差距使人们的生活呈多样化。"跳槽""下岗""创业""下海"这些以前从未出现过的念头在许多人脑海里盘旋并付诸行动。中国公民的经济命运从只能被动地接受分配与安排转向自主争取与选择,"竞争"成为人们日常工作与生活中的常态,可以获取收入的渠道增多了。人们发现"权力"的分量已不再那么重,不服从权力也照样可以过得滋润。公权力在人们社会生活中的角色地位已悄然降低。物质生活水平差异性的迅速增大,使社会公众之间"同质性"崩溃,"异质性"凸显,"集体意识"渐渐褪去其坚硬的外壳,溶化在追求自我发展、追求个人利益的时尚中。

其二,政治民主化。政治体制改革的实施,使我国政府行政愈来愈重视民主权利。国家一系列方针政策都提出重视发展社会主义民主政治的明确要求,提出要保障公民实现民主选举、民主决策、民主管理和民主监督的权利。政府行政权力的强制性较以往大大减弱,政府管理向民主化方向发展。公民意识到公共权力与公民权利是相辅相成的关系,社会生活中不仅有来自政府公共权力的制约,公民个人也拥有向政府诉求的私人权利。随着网络技术和新社交媒体的广泛应用,政府和公众的距离缩短了,双方的互动途径变得更便捷、通畅。有关民生问题如公共事业费用调整、政府部门重大决策、规划方案通常需事先召开听证会、事后听取公民意见反馈等等,公众对信息权的行使有了切身感受。

其三,国家法制化。随着社会转型的深入,国家法制建设的建立健全,公民知法水平大大提高,直接提升了公民权利意识。民主政治、透明行政和公共权力公民赋予的理念得到弘扬。国家法制建设的建立健全,我国对公民权

---

① 高鸿钧.中国公民权利意识的演进[M]//修订版.夏勇.走向权利的时代——中国公民权利发展研究.北京:中国政法大学出版社,2000:60.

利的重视程度越来越高,体现在法律法规对公民权利的保护上,公民权利由原先总体范围的、理论意义上的宏大权利逐渐向针对个体的、现实生活的个人权利过渡。从公民角度看,公众接受教育程度普遍提高,公民知法水平较以往有很大提高。特别是1986年以来,我国在全国范围已开展了多次普法教育,对提升公民法制意识形成直接影响。公民争取个人权利及档案信息权的积极性大大提高。

从上述对公民档案信息权意识觉醒的社会环境因素分析,我们可以发现,20世纪80年代社会转型引发的社会政治、经济、法制等各个方面的变迁,为公民权利意识的觉醒提供了条件,同时也为公民档案信息权意识的发展提供了必要的土壤。

2. 实施开放政策是公民信息权落实的决定性基础

公民档案信息权意识的发展与社会的发展互动,其嬗变轨迹与我国档案开放及政府信息公开的发展轨迹有着必然的、不可分割的联系。

"在我国,档案开放真正从理论到付诸实践始于20世纪80年代。"[①] 1980年党中央做出开放历史档案的决定,尽管主要是面向科研和教育部门的学术利用,但以此为标志,档案馆开始了从封闭向开放的转型。1986年《档案馆开放档案暂行办法》的颁布使利用对象从学术界扩展到每一个公民。1987年《中华人民共和国档案法》颁布,自此,档案开放作为我国档案事业的一项根本制度以及公民的基本权利,以法律条文的方式得到了规范和确认。

改革开放和政府职能转型时期,我国国家领导层面和学者研究层面,尽管是着重论证、强调政府信息公开对行政管理顺利进行的监督保障意义,但已着手在理论上研究政府信息公开问题;在实践上发布行政信息作为政府机关的一种权力而非应尽的义务,但公开办事结果,增加政府活动的透明性已在政府工作报告中明确提出。仅有的政府信息公开尽管是以行政机关主动公开信息和档案馆已公开档案为主,公开范围较窄,但已出现对公权、私权利益的衡量,这在我国政府信息公开制度的发展过程中是一大进展。[②] 信息公开的内容和方式在原有基础上有所增加。所有这些为人们具备一定程度信息公开理念和信息权利意识创造了条件。

20世纪80年代档案开放政策使我国公民产生了一定程度的档案信息权意识,进入21世纪,随着透明政府、便民政府建设及政府职能转变的进一步深化,

---

① 马长林,等.档案信息公开理论与方法[M].上海:上海社会科学院出版社,2007:16.
② 马长林,等.档案信息公开理论与方法[M].上海:上海社会科学院出版社,2007:51.

尤其是 2008 年 5 月《政府信息公开条例》实施,公民获取信息的权利以法规形式被固定下来,实现信息权的渠道较以往大大拓宽,普通公民可以按照有关规定从档案馆信息查阅中心查阅政府现行文件和档案,也可以从互联网上的机关门户网站、政府公报、新闻发布会等途径获取信息,公民信息权意识得到进一步激发,普通公民可以按照有关规定行使自己的信息权查阅政府现行文件和档案信息,使档案信息权意识深入人心。"以公开为原则,以不公开为例外"的原则不仅大大拓宽了公民获取信息的范围,更重要的是增强了公民获取信息权的信心。《政府信息公开条例》的实施迅速成为引发公民追求信息权的契机。

据调查,信息公开法规出台后,个人查证的直接结果与公民个人权益密切相关的民生档案利用需求明显增高,其中不乏如"信息公开第一案"这类尘封多年的档案利用需求,在信息公开规定"新鲜出炉后,就被市民活学活用,打起了官司"。① 公民通过查阅档案馆的政府公开信息和档案,为解决养老金待遇、知青子女落户、房产权属等切身利益的维护找到了依据或凭证。

市场经济体制下,社会个体不再是某一社会组织的人身依附物,而是作为自由的劳动者独立地参与市场交换和市场竞争,社会个体的价值也不再是由组织统一确认和分配,而是由市场规律予以确定。与转型前计划经济时期重视鼓励社会个体为社会整体利益做出无条件的牺牲不同,市场经济提倡机会平等,鼓励社会个体在一定规范下追求正当的利益。② 这种改变为公民通过利用政府信息公开和档案信息实现信息权,进而获取自己的利益提供了必要的社会环境。

第二节　公民的档案信息权实现

一、公民档案信息权实现的背景条件

(一)政务公开:公民档案信息权实现的先行条件

政府职能的转化使政府与公民之间的关系相应改变,从"主导型"向"服务型"的根本转变,表现为政府致力于为公众提供服务而公民则积极配合与

---

① 沈颖,陈中小路.信息公开第一案的阳光效应[N].南方周末,2004 - 09 - 02(3).
② 郑杭生,等.转型中的中国社会和中国社会的转型[M].北京:首都师范大学出版社,1996:197.

参与政府的各种意图。这意味着公共利益与个人利益的一致、政府与公众之间相互信任和相互支持的新型的和谐关系的建立。而这种和谐关系必须建立在公共行政事务的最大公开、公平、公正的前提下。确保政府与公民之间有效的沟通,意味着公民享有对公共事务的知情权,可以获得与公共行政有关的信息。

公民档案信息权实现有赖于政务公开下政府职能部门将行使行政管理职能的状况自觉地接受人民群众的监督,这本身就是一种执政能力的体现。政府是由人民授权而产生,并受人民委托行使权力。公民有权利了解政府行政的情况,政府有义务为人民做好服务工作,把公权力的运作状况告诉人民,自觉地接受人民的评判和监督。政务公开有助于塑造亲民的政府形象、构建和谐的政府与民众关系。实现公民档案信息权,是政务公开前提下的重大举措。

(二)《政府信息公开条例》颁布:公民档案信息权实现的触发条件

2008 年 5 月 1 日《政府信息公开条例》颁布实施成为公民实施信息权的重要契机和引发因素。这是全国人民民主政治生活中的一件大事,《政府信息公开条例》颁布实施前,公民信息权的行使常与政府机构对现行文件信息的控制发生矛盾,《政府信息公开条例》的颁布实施把公开政府信息以法规的形式固定下来,使公民充分实现信息权的愿望从理论上的研究讨论转变为在现实生活中必须执行的法律意志,并为在信息权基础上进一步获取其他权益提供了法律依据。《政府信息公开条例》作为国务院制定的行政法规是迄今为止政府信息公开领域层级最高的法律依据,是公民知情权得以实现的最有力的保障。

政府职能部门依托档案馆信息查阅中心平台,将政府信息和档案信息及时向社会公布,曾经被视为机密的政府信息向公民敞开了"窗口"。有关《政府信息公开条例》的宣传报道,营造了良好的社会舆论氛围,使公民信息权进一步深入人心。《政府信息公开条例》颁布实施后,我国各地陆续制定了一些政府信息公开的规定,引入了诸如公开招标、公开招考、村务公开、政务公开、厂务公开、社会服务承诺制、公开办事制度与结果、政府上网工程等信息公开制度,改变了政府独家垄断信息和资源以及自行决断重大事项的习惯,各级政府网站及各行各业社会机构都陆续在本单位网站上开出了信息公开专栏,起到了与公众交流沟通的"桥梁"作用,为公民信息权的实现奠定了法律基础。

（三）民主政治：公民档案信息权实现的外部条件

民主意识的觉醒直接促进了公民档案利用意识的增强。在民主社会中，不论间接或直接民主，如果公民处于一无所知的状态，要治理好这个国家是不可能的。公民是国家的主人，政府有义务提供各种条件，调动并强化广大公民参政议政的意识，保证公民平等获取和利用政府机构所掌握的信息。人类社会已经进入信息时代，档案馆公共服务是现代社会民主与法治的必然要求，是顺应民主政治发展的必然之路。

档案馆信息的公共服务有助于提高公民的政治参与意识和管理能力。随着人民权利意识的觉醒和政治地位的不断上升，公民的参政意识不断加强，而知情是公民参政的基础，民主的实现很大程度上取决于公民的参政能力，而公民参政能力取决于民主技能和经验，只有有效、及时地知道国家的决策和政府职能机构的所作所为，公民才能够对政府行为做出评判、有针对性地发表自己的意见，对有关国家机关及其工作人员提出批评和建议，进而参与对社会事务的管理。档案馆信息公共服务扩大了公民的信息占有量，从而扩大了公民的权利含量和比重。

民主作为自由、平等、公正的保障机制，其含义中包含着档案馆信息公共服务的应有之义。从民主化的角度看，档案馆公共服务为民主政治提供了优良的外部环境，为公民提供信息来源和途径，为政治主体提供社会化的途径和学习机会，这都将有力地促进民主化的进程，促进民主决策、民主管理、民主监督、民主协调等环节的实现，从而为民主政治带来全面的动力。民主政府同时应是一个高度透明的政府，公民只有在知情的前提下，才能有效监督、规范以及制约政府的行为，确保政府行为的合法性与合理性，避免政府违法行政和滥用权力。因此，档案馆信息公共服务不仅是民主政治的必然内容和配套基础，保证了公民的档案信息权实现，反过来，公民实现了档案信息权又对社会走向民主起到推进作用。

（四）公众素质：公民档案信息权实现的内在条件

有关信息权实现的公民自身素质包括信息获取意识和信息获取素养等方面，直接制约和影响着公民对政府信息和档案信息利用的意识和行为。信息意识是公民获取档案馆信息的内在驱动力，档案信息意识的强弱决定了获取、判断和利用档案信息能力的强弱程度。获取档案信息的素养是档案信息权实现不可或缺的内在条件，也是公民提高信息素养以及获取权益的先决条件。只有对档案信息的重要作用具有深刻认识的人,才会对档案信息需求非常敏锐,并产生强烈的利用愿望。

首先,如果公民自身档案信息素养不高,档案意识不强,往往难以产生档案利用需求,或者即使有利用档案的愿望,也不知道如何实施利用行为以实现自身权利。其次,公民档案信息素养影响其对档案、档案工作的了解和熟悉程度,并进而在一定程度上影响利用档案的效果。再次,档案利用者知识面的宽窄,对档案工作了解的程度如何,是否具备利用档案的基础知识和专业知识,决定了利用行为能否顺利进行。最后,随着信息化时代的到来,信息数量巨量增长,档案信息的获取往往需要公民具备一定的文化水平和检索以及计算机操作能力。

近年来,我国公民个体素质的提高决定其档案信息意识增强及获取、判断和利用信息能力的提高,实现档案利用权利的积极性提升。公民受现代化教育程度及综合素质的普遍提高,为其表达信息需求、提高信息获取能力并进一步实现信息权利奠定了基础。

二、公民档案信息权实现的前提基础

改革开放以来我国公民的档案信息权意识较以往有长足的进步,但公民档案信息权实现不仅受公民档案信息权意识的支配,同时还直接受到档案利用权限的制约。档案馆信息查阅服务中心成为我国信息公开指定场所以来,大量公民在这个平台找到了所需的档案凭证,纷纷感言政府为老百姓办了一件实事、好事。但也不乏因档案利用权限受阻而影响其他权益实现的案例,甚至还有成为"上访老户"的情况。这些现象的产生各有其特定原因,这里不做评述,笔者认为,公民档案信息利用权要真正实现,应具备以下几点必不可少的前提基础。

(一)公民档案信息权实现须有明确的义务主体

公民的档案信息权是一种资格,它的实现必然涉及公开档案信息的权利和义务的承担者,若没有行政职能机关承担档案信息公开义务的话,公民的档案信息权就没有实现的基础和来源。换言之,不论公民主张的是消极的还是积极的档案信息权,它的实现需要义务主体即形成档案的行政机关配合提供档案,否则,作为权利主体的公民其档案信息权实现就会受挫。根据法规规定,他只能转而寻求救济,诉诸法律,请求公共权力的保护。以多次发生的房产档案信息公开案为例，权利主体公民要查阅房地产档案，因不属开放范围，积极的档案信息权的主张必然要取得相关义务主体房地产管理部门的支持，在查档要求被拒绝的情况下，权利主体即要求查档的公民要坚持其积极档案信息权的主张，只能走诉讼途径，形成并保管档案的行政机关作为开放的义务主体对依申请公开档案能否提供利用掌握着最终的决定权和解释权。

（二）档案信息权的作用对象应落实到公民个体

公民权利是公民个人对抗组织、他人或公共权力对自己各种利益、自由等侵犯的手段。"社会是一个由各种各样相互联系的位置或地位组成的网络，其中个体在这个系统中扮演各自的角色。对于每一种，每一群，每一类地位，都能区分出各种不同的有关如何承担义务的期望。"①公民档案信息权的实现必然需要落实到具体某个人的身上，否则所谓的档案信息权只能是纸上谈兵。"利益或者公共利益只有通过个体的行为才能得到证明。然而，对于一个以公共利益为借口的行政行为或过程，可能行政法中的任何一个人都没有得到来自这种公共利益的实惠，这样就使公共利益的概念成了一个无法证明的虚假概念。"②在我国，长期以来强调的是从"公共利益"出发，与此同时"人"这个基本的要素被淡化了。真正意义上的公民档案信息权，公民个体不仅应当是权利的主体，而且还应该是权利的直接受益者。

（三）公民档案信息权应有明确的限制边界

首先，公民个人档案信息权的实现取决于国家设立相应的法律法规保障，不然，公民档案信息权的内容难以实现，纵使公民渴望获得，也无实现的理由与依据。其次，公民档案信息权必须是有界限的。《档案法》体系是公民档案信息权自由的尺度，每个公民都可以享有其所规定的档案信息权和自由。但同时这种权利和自由又受到《档案法》体系的限制，并不是"想查阅什么就能查什么"。信息公开条例规定了主动公开的范围、依申请公开的范围，还列举式地规定了不得公开的信息范围，这不仅是对国家、企业和公民个人利益的保护，也是国际上通行的惯例。最后，公民享受档案信息权还有其本身条件的制约，正如孟德斯鸠所言，所谓公民自由就是指它所能够做法律允

① 特纳.社会学理论的结构（上、下）[M].吴曲辉，等译.北京：华夏出版社，2001：431.
② 关保英.行政法的私权文化与潜能[M].山东：山东人民出版社，2003：343.

许的事,当某个公民做了法律禁止的事他就不再有自由了。对公民权利而言,不仅法无禁止便自由,而且还要具有自由者的身份,才能享有相应的档案权利。

(四)公民档案信息权应兼顾相关各方权益的平衡

公民权利是社会关系的反映,也是人们对现存社会关系的一种规定。即使国家建立并实施了信息公开的法律法规,公民档案信息权的真正实现也有具体性。特别是对政府信息公开和档案开放范围之外信息的查阅,还需开启依申请公开程序。因此,档案信息权绝不是公民单方面可实现的,而是这一实践过程中相关各社会关系互动的结果,除了法律法规的具体规定外,还体现在公开义务主体——行政职能机构对其公开信息界限的认可上。公民查证档案信息,追求信息权的实现,最终目的是获取查证后的其他权益,而该权益的获取有可能会影响到他人或其他机构的权益,甚至会危及国家政治、经济、安全等利益。因此值得重视的是,公民行使我国法律所赋予的档案信息权是必需的,但同时又必须以不危害国家的安全和他人或其他机构的权益为前提。[1]

鉴于此,我们可知公民档案信息权的实现并不是孤立和绝对的,应具备充分的背景条件和前提基础,还需兼顾各方权益、保持公共权力与私人权利的平衡。我国实施的便民政府、透明行政及颁布的一系列法律法规为公民档案信息权实现已提供了有力的保障。笔者认为,有必要从国家档案法规的层面上进一步规范公民积极档案信息权的有关内容,明确规定档案依申请开放的受理范围、运作程序以及申请人、审批机构的权力与义务,将档案依申请开放工作真正纳入法治轨道。行政职能机构和档案馆作为档案信息开放义务主体和服务主体应协同努力,合力营造一个更有利于公民档案信息权实现、和谐完善的档案利用环境。

三、档案馆公共服务对实现公民档案信息权的现实意义

(一)公民档案信息权实现的重要途径

公民要有效保障自身权利,必须在知情的前提下,掌握自己有什么权利、权利是否遭受侵害、如何才能得到救济等情况,才可能明确是否要维权、维权

---

[1] 张林华.论我国公民档案信息权意识的嬗变[J].档案学通讯,2014(6):15.

的内容、如何维权。档案信息权不是自然形成的，必须通过一定的措施来保障它的实现，要维护公民档案信息权，首先应该保护公民在最大程度上享有获得档案信息的权利。档案信息权的实现是公民权利实现的基础和要塞，也是实现公民权利这一最终目的的不可或缺的手段。要使公民积极有效地参与公共领域事务的管理，首先必须保障他们对公共事务的信息知情权。档案信息权肯定了公民和其他组织对政府决策、管理活动的广泛参与，从某种意义上讲，是公民诸多权利的前提与核心丧失这一权利，公民就会沦为"聋子"和"哑巴"，即使有对公共事务的所谓"话语权""参政权"，那也是不完全的或是形式主义的。

档案信息是一种资源，获得档案信息是公民的一种权利。信息化时代，信息对公众的重要意义日益突显。随着我国改革开放的深入和市场经济体制的逐步完善，社会对信息的需求大大增加。一个开放的社会、民主的国家，其公民只有能够广泛地获取他想知道的一切信息，依照一定的法律和程序参与管理国家的事务，人民的积极性和创造性才能充分地发挥出来。获取并了解政府工作的情况是人们行使言论自由权、参与权、监督权等其他一切民主自由权利的重要前提。政府信息公开为公众平等、方便、充分地开发政府信息资源提供了合法的渠道，特别是通过网络，政府和公众的距离缩短了，双方有了进一步互动的途径，基层群众的意愿能较直接地反馈到决策层。因此，档案馆公共服务是公民信息权实现的重要途径。

（二）公民主权原则的体现

信息自由权在许多国家已被列入宪法，作为公民的一项基本人权予以保障。我国《宪法》第二条规定："中华人民共和国的一切权力属于人民。人民行使国家权力的机关是全国人民代表大会和地方各级人民代表大会。人民依照法律规定，通过各种途径和形式，管理国家事务，管理经济和文化事业，管理社会事务。"对国家和社会事务的管理要以获得公共信息为前提，实施政府信息公开和档案开放利用使公民有了享有信息权、知情权的依据。作为一种重要的国家资源具有公共属性，公共信息的所有权人应是全体人民，而不是行政机关，对政府信息和档案的公开是政府机关的义务，是主权在民的体现，政府信息公开和档案开放利用使人民管理国家的权力有了实现的基础。

随着社会民主政治建设的发展，公民民主意识日益增强，参与国家管理和社会活动的愿望日益强烈，只有政府将其拥有的公共信息充分公开，人民才有可能根据信息分析和判断政府行政行为是否违背人民的委托,从而发表负责任的言论,这是人民正确行使参政权的必要条件,只有在掌握丰富且准确信息的人民参与的情况下,民主政治才有可能真正实现。信息公开制度能使公民有效、及时地获得政务信息,使公民参与政治的资格变为实践,使人民当家做主的可能变为现实。因此,档案馆公共服务能在扩大公民的信息占有量的同时,在很大程度上增加公民的实际权力,而公众的权力比重的增加,有助于增强民主政治的深度和广度。

(三)公民行使监督权的基础

尽管政府的权力来自人民,但是当它基于人民的委托取得了国家行政管理的权力后,由于"一切有权力的人都容易滥用权力,直至其遇到有界限的地方才休止"①,所以行政权等不受制约的权力最容易导致滥用和腐败,也最容易侵犯公民权利。近年来,随着我国反腐的逐步深入,媒体有关"老虎"落马的报道不断,官员滥用权力导致腐败的事例不胜枚举,仅靠学习教育和个人自律、自省往往难以避免腐败的诱惑,保密基础上权力的过度使用是腐败滋生的温床,同时,操作的不透明化也容易削弱公众对行政机关权力的信赖感。

档案馆公共服务使公众能够了解行政权力的行使状况,为公众监督政府机关行政提供信息支持。由于公民权利与行政权力的行使有着密切的联系,公开透明成为政府行政权力天然的外部监督和制衡机制,把政府机关的行政行为置于公众的监督下,在公民知情的情况下,政府官员就会因缺少暗箱操作的适宜环境而自觉约束自己的行为,决策者和公务人员会更多地考虑制度规范和公民利益。也就是在这种公开、规范、监督的环境下,才有可能保证人民赋予的权力不被乱用。另外,通过档案馆公共服务,公众查阅了政府信息和档案还可以发表意见和建议,对政府职能部门的行政决策起一定影响作用。

(四)公民其他权利实现的保障

信息权是公民的基本权利,同时也是公民实现其他权利的基础,维护公民民主权利,首先应该保护公民在最大程度上享有获得信息的权利。当前信息时代,信息资源凸显了前所未有的社会价值,对信息获取的权利也越来越

---

① 孟德斯鸠.论法的精神[M].张雁深,译.北京:商务印书馆,1987:154.

引起了人们的重视。如果自身的信息权利得不到有效的保障,缺乏对重要的个人信息和公共信息获取和利用的权利,必然会影响与其相关的其他权益的实现。政府掌握了社会信息资源总量中的绝大多数信息,通过档案馆公共服务,公民可以获取以往只掌握在政府手中的各方面信息,这在一定程度上缩短了两者掌握信息量的差距,调整了普通公众与政府之间信息不对称的状况。档案馆公共服务在满足公民信息需求,知情权利得到保障的同时,也加深了公众对政府部门的支持、理解和信任。

第三节　改革开放后公民的档案利用

一、利用者来源和需求的多元化

人类社会的进程就是追求每一个公民全面而自由发展的过程,其中包括个人能力全面提高、个性自由发展、需求不断满足、人与自然关系和谐等等。生活在当今社会的人们在追求全面而自由发展的过程中随时都可能需要同社会发生联系,而信息成为这种联系的纽带。在目前我国不断推进民主化进程、提高政府行政透明度、公权对公众私权越来越重视的形势下,公民权利意识提升,每个人都有可能由于种种原因查询自己所需要的档案信息,公众利用者的范围不断扩大,成为档案馆公共服务发展面临的必然趋势。

分析档案馆公共服务中公民利用需求的特点、公民档案利用的影响因素、利用需求类型等现状,便于在"知己知彼"的情况下有的放矢地开展档案馆公共服务,有利于把握公民档案利用需求的脉络,从而有针对性地提高档案馆公共服务的水平。

(一)利用者来源多元

随着档案信息公共服务的推进,利用者日趋多元化,社会公众逐渐成为利用者的中坚。与改革开放前不同,以往利用者主要是党政机关、企事业单位以及其他社会团体的工作人员,利用目的主要为工作查考、领导决策和编史修志等本组织的查阅需求,现在档案查阅主体除机构利用者外,还包括愈来愈多来自社会各阶层的公民利用者。

与机构利用者相比,公民利用者背景相对比较复杂。其利用档案信息的目的大多是为了争取或维护工作以外的自身利益,以及爱好的维持和满足。[①] 利用者的利用频度有高有低,档案馆为利用者提供服务的时间有长有短,而利用者的来源既有来自本地的,也有外地甚至国外的。有学者将利用者需求划分为研究者、机关工作者、工程技术人员及普通用户四大类[②];也有学者根据查阅档案的需求不同将利用者分为组织管理用户、理论研究用户和一般用户三个用户群体。[③] 在对上海市档案馆信息查阅中心调研后,笔者发现,利用者身份、背景具有多元化特点,除政府、企事业单位的工作人员外,有专家学者,有旅外华侨和外籍人士,有普通百姓,还有多年的"老信访"。

(二)利用者需求各异

档案的原始性使其具有其他信息资源所无法比拟的真实性和权威性。通过利用档案,掌握其中所包含的大量真实可靠的原始信息,从而获得凭证和依据。因此无论是学术研究,还是解决现实问题,往往都需要从档案中寻找参考依据,以便在了解客观事实的基础上,进行科学的分析以及综合研究并得出结论。根据档案利用目的的不同,目前档案馆利用者主要包括以学术研究为主要目的的学者,以工作查考为主要目的的机构工作人员,以及以个人查证为目的的普通市民。

(1)学术研究利用。主要有从事科学研究的专家、学者。近年来,硕士、博士研究生群体为做学术研究利用档案的也不少,档案馆成为学术研究中获取一手资料的宝库。学术研究利用者的目的主要是为了查找并选择符合研究主题的档案信息用于学术研究。如笔者在上海某区级档案馆调研时遇上海某大学人类学研究学者为开展地方人类学研究,需要档案资料作为依据和佐证,档案馆提供了大量针对性的档案史料,该学者认为,这些档案全面客观地反映了上海地区发展的状况,为其研究起到了重要的支持作用。再如一对澳大利亚学者、作家夫妇,身为二战犹太来华难民后裔,多次来上海调研那段历史,上海市档案馆有关上海犹太难民档案成为他们研究犹太难民史难得的素材。笔者所在的研究团队在调研中发现,一些国外的学者如研究亚洲史学的研究者特别垂青档案馆宝库中的"原生态"档案,他们往往不远万里来华进入档案馆利用档案。鉴于档案利用规定不能使用电子设备,有的甚至长时间

---

① 刘国能,等.档案利用学[M].北京:中国档案出版社,1996:53.
② 王娟,黄存勋.谈档案馆普通用户需求的特点与满足需求的途径[J].北京档案,2010 (10):22-23.
③ 王宇晖.档案用户群体需求特征研究[J].湖北档案,2008(4):11-13.

的持续摘录和大量复印。

（2）工作查考利用。工作查考利用者主要包括从事管理工作的行政管理人员和专业人员等。这些利用多数为了工作的实施，或针对某一特定项目，其需求一般包括计划、指令、法规等方面的档案资料。如围绕新时期党的路线、方针、政策开展各种活动时，需要文史研究、宣传纪念活动、著名人物传记、企业改制、机构改革等各方面第一手的资料，这时档案可以为这类活动的开展提供多方面参考。编史修志利用是工作查考利用的重要部分。社会上各行各业的机构、组织都需要编制本行业、本单位史志，鉴于我国实行集中统一的档案管理体制，各单位按规定须将一定年限的到期档案归档到指定档案馆集中保存，因此当这些单位要编写单位史志时，到相应档案馆利用已归档的档案必不可少，存在着利用档案馆相关档案史料的大量需求。此外，档案机构本身也为本地区作编史修志工作。如上海市奉贤档案局（馆）先后利用馆藏档案编制了如《县委、县政府组织沿革》《奉贤县历年重大自然灾害基本情况汇集》《档案工作业务文件汇编》《古华书萃》等 18 种 29 册编研成果，近 1 600 万字，编研成果内容包括了历史、经济、法律等许多领域。

（3）个人查证利用。个人查证利用是保障公民信息权、实现公民权益的重要途径，普通公民在遇到像房产纠纷、工龄学历、劳保福利等个人权益问题时，需要获取解决该问题的档案原始凭证，正所谓"一把钥匙开一把锁"，个人查证利用具有目的性、专指性强的特点，档案信息因其独有的第一手材料的原始性、唯一性在证明上述问题时具有权威的凭证价值，正因为如此，个人查证利用来越来越受到普通百姓的广泛青睐。此外，近年来，社会上寻根问祖、探究家史、纂修家谱的潮流持续风靡在大江南北、国内国外，为此目的利用档案是公民以自身的兴趣、爱好为目的进行深入研究而主动利用档案，档案馆所存原始资料的丰富性，对满足这部分利用者具有很大的吸引力。

值得重视的是，改革开放以来，我国政府对民主建设和民生问题的重视不断加强、公众本身权利意识大大提升，个人查证利用发展迅速，出现了一些新现象。如笔者在调研中发现，在一些房产诉讼中，上午当事人自己来档案馆查档，下午作为受其委托人的律师也来查这些档案，接着开发商代表又接踵而至！更有一些专业代理人成为档案馆利用窗口的"老面孔"，这些律师或专业代理人究竟应归为工作查考还是个人查证利用？在档案馆利用服务逐渐向民生倾斜的形势下，个人利用业已成为档案馆利用服务的一个重要方面。与此同时，一些新现象、新问题的出现及其应对，也值得重视和思考。

二、利用者行为和心理分析

（一）利用者的行为特征

各类档案利用者是档案信息的需求者、利用者，也是档案馆公共服务的主要对象。鉴于宏观上档案利用者是一个动态变化的庞大而复杂的群体，为了清晰地考察档案信息利用者的状况，下面从利用者目的需求角度分析不同类型利用者的利用特征。

1. 学术研究利用的特征

学术研究利用者目的是为了查找并选择特定主题的档案信息用于学术研究，因此这类档案利用具有以下特征：首先，利用主题清晰，档案需求数量大、范围广。如某高校人类学学者在研究某一地方史的过程中对档案的利用涉及政府机关文书档案、涉民档案、重大活动档案、口述档案、地方史志，几乎囊括了该主题社会生活的各个方面。学术研究利用还会受一定时期社会背景、社会取向的影响而发生变化。其次，档案需求时间跨度长。如上述案例中该学者利用的档案案卷从该地开埠起直到当今，希望所有相关档案"尽收囊中"，前后共调阅的案卷达数百卷之多。最后，对某些特定档案利用的频次高、时间长。由于对档案要求提供利用的次数多，利用档案的时间长，因而对档案馆工作人员而言工作量增加显著。此外，学术研究利用者通常具有较高文化水平，尤其有过查阅档案的经验的学者，对其研究方向相关的档案"熟门熟路"，所以能够比较准确的指出其所需查阅的档案，档案馆工作人员的帮助和服务的依赖程度相对较低。为了确保其调查研究的可信度和有效度，要求提供的档案系统、完整、全面，以减少依据匮乏不全可能造成的结论偏颇甚至错误，所以求优不求快，比较有耐心，对目标选题档案的查全率较为重视。

2. 工作查考利用特征

有学者具体分析了工作查考利用者中各个类型的特征，认为行政管理人员及工程技术类利用者分别具有"综合性、针对性和通俗性、准确性和及时性""专业性强，阶段性"的利用特点。① 笔者认为工作查考利用通常有实用性、广泛性、时效性等特点。① 实用性，即为了解决某一具体问题而利用档案。工作查考利用是在档案信息资源中查找可直接推进决策参考、技术工作

---

① 邓曼，丁璇.档案利用者需求分析[J].黑龙江档案，2005(5)：40–41.

的实施或开展针对某一特定活动如企业改制、机构改革、宣传纪念活动的档案信息。② 广泛性，工作查考利用的范围往往较广泛，辅助决策的行政管理人员往往要求把国际、国内本行业的相关方针、政策、法律、法规收罗齐全；从事技术工作的管理人员、技术人员和专业人员则要求相关标准、技术参数，利用内容根据当时需要而定。③ 时效性，鉴于工作查考利用一般是为解决某一项具体工作而发生，因此，通常时效性是其一大要则，要求所提供的档案时间越近越好、提供速度越快越好，抱有一定急切心理，特别是为解决工作中发生的事故等情况，更是十万火急。这类利用者往往要求档案馆能快速地提供可以全面反映问题并有助于有效解决当前问题的档案信息，不仅求快，而且求全、求准。有些专业性强、特别是突发事件情况下的利用，利用档案的经验相对不足，不但需要档案工作者的引导帮助，更因工作时间紧迫，而对档案工作者的服务提出相对较高的时限要求。

3. 编史修志利用特征

鉴于各行业、单位编史修志工作的需要而大量利用档案馆反映本行业、本单位历史面貌的档案史料。一方面，档案由原始文件转化而来，编史修志过程中需要运用史实贯穿始终，因而档案资料本身是编史修志的基本素材。另一方面，编史修志要求资料的运用是必须真实、可靠，档案的原始记录性决定了其与生俱来的真实性、可靠性和权威性，这决定了档案成为编史修志的最佳材料。编史修志利用有涉及相关档案材料的时间跨度大、材料系统、全面与完整的特点，力求把相关范围的档案材料搜罗齐全，以便在全面研究的基础上，完整系统地编修史志。因此，编史修志档案利用者通常较有耐心，而且专业素质、档案信息素养普遍较好。为熟悉情况以更有利于编写史志资料，许多单位往往指派资深员工去档案馆查找编史修志所需档案材料，有些甚至是当年档案的形成者，以编史修志为目的的档案利用者往往是所有利用者中最了解档案情况的人，因此他们在档案信息利用中对档案馆工作人员的服务往往依赖最少。

4. 个人查证利用特征

个人查证利用者其利用目的一般是为了争取或维护工作以外的自身利益或满足其爱好。改革开放以来，个人查证利用者人数增长较快。个人查证利用者中出于证据认证目的而利用档案的为数众多。由于这类利用者在社会中分布极广、身份各异，需解决的问题千差万别，所以其档案需求各式各样，利用需求的内容极为广泛，涉及各类具有涉民职能机构产生的档案。获取个人权益的个人查证利用大多具有追求方便快捷的利用档案的特点，能

"短、平、快"地解决问题是个人查证利用者的普遍愿望。鉴于对自身利益的考量和追求,往往利用的目的明确、具体,档案需求的专指性要求很强,对查准率抱有相当高的期望。然而,由于个人查证利用者对所需档案信息的来源与归属等问题知之甚少,所以往往存在"提供的查找线索不完全、较凌乱,而且多是年代较久远的历史遗留问题,线索的准确性无法保证"①的问题。据笔者调研所知,有的个人查证利用者由于文化水平有限等原因,往往难以准确地表述其档案利用的需求,比如某市郊区某村多户村民因房屋动迁补偿问题而集结赴档案馆查档,问起查档需求一些村民除了说"我不知道呀,他查什么我也查什么"外,再也说不出别的了。相对而言,一些律师或专业代理人则利用目的明确,直奔主题,利用针对性及时限性均较强。相对而言,出于爱好目的的个人利用者档案利用针对性往往并不清晰,且有较强的可诱导性。

个人查证利用者希望通过档案寻求凭证依据的动机最强烈,需求最清晰,所以利用行为持久,利用效果最直接有效。许多个人利用者在获取所需的档案凭证后满意而归,有些利用者即使未获满足也能理解和遵从档案封闭期等有关规定,但也有一些利用者强调个人利益,当查阅受阻时不愿听从档案馆工作人员对有关档案开放利用规定的解释,甚至情绪激动发生影响档案利用服务部门工作秩序的现象。还有为数不少的个人查证利用者喜欢在利用窗口"你听我说呀……"然后将自己的"故事"从头道来。总体上,个人查证利用者文化素质高低不等,个人修养参差不齐,大多从未涉足过档案馆,档案意识尤其信息素养普遍不高,有的不清楚甚至不愿遵守档案利用部门的有关规定,这些情况对档案馆公共服务的开展提出了更高要求。

(二)利用者的心理规律

通常档案利用者在具备信息需求即需要获取档案信息以解决自己的问题的基础上触发获取相关档案信息的行动。公民利用者心理是用户在产生利用需求以及实际发生利用行为时所产生的心理状态。公民利用者心理受档案需求的清晰度、社会环境及利用者自身因素的影响。为提高公共服务效率,在服务中"知己知彼",一些档案公共服务的专家、学者关注研究利用者的心理状态。

在多年档案公共服务实践的基础上,石磊总结了档案馆利用者的信息需

---

① 邓曼,丁璇.档案利用者需求分析[J].黑龙江档案,2005(5):40-41.

求心理,并归纳为四条规律,即对查找信息的求全和求准需求、对利用速度的求快需求、对利用途径的求异需求、对检索和咨询的求助需求。[①]

闫立衡从用户的利用行为里总结用户心理状态：简单方便心理、背景匹配特征、用户焦虑的心理特征、信赖权威的心理特征、用户体验和从众心理、需求评判心理。[②]

韩娜分析了利用者的几种心理,总体上分为用户的正常心理和一些障碍心理。正常心理归结为求"快""全""准""便""简"心理、信任心理和感激心理,而用户的一些心理障碍有神秘心理、畏惧心理、怀疑心理、轻视心理、急躁心理。[③]

除了上述大多数档案利用者共有的心理与行为特征之外,公民个人利用者在档案查证利用时往往还有较强的"求尊"心理,即要求档案工作人员有良好的服务态度,希望在利用时得到热情的接待和人格上的尊重。一些利用者由于有特殊原因还有特定的心理与行为活动需要予以一定照顾,如一些因企业改制、倒闭而下岗的工人,鉴于"60 年代下乡、90 年代下岗"等生活经历,造成心理上的失落感和不幸感而很难沟通,是极易冲动的群体,也是急需关怀帮助的群体。他们对档案利用"求全、求快、求准"的要求更高,对"人格尊重"的要求尤甚。[④]

再如,笔者在调研中发现,由于上海市档案馆信息查阅中心知名度不断提升,来查档的利用者中高龄老人迅速增加。随之带来一系列的问题：鉴于老年人视力、听力大多存在障碍,因此说话声音普遍较响,不但影响了阅览大厅的阅读环境,而且与之交流困难;老年人对现行政策理解能力有限,尤其对政府公开信息查阅的方式、范围及与档案查阅的区别、进馆档案的范围、档案开放的程度等问题的解释常常难以接受,造成反复的来信、来访;老年人体弱多病、行动不便,长时间的交谈、情绪的波动容易导致各种意外情况的发生。针对这种情况,需要档案利用服务部门的接待人员以耐心解释、细心服务、劝解疏导为主,摸索总结出接待高龄查阅者的接待方式、方法,缓解矛盾,提高这些相对较为弱势利用者的满意度。

公民个人利用者为了达到解决问题的目的而查找相关信息,一般利用者都有求准、求快、求便心理。利用者为了能够顺利地解决问题,总是希望获得

①　石磊.论档案利用服务需求[J].档案学通讯,2005(5)：75 - 77.

②　闫立衡.浅述档案用户的基本类型及其信息特征[J].黑龙江档案,2011(3)：29.

③　韩娜.档案的用户心理和利用行为的探索[J].科技资讯,2008(1)：234.

④　申玺朝,吴振泉.公民利用档案的特点及对策[J].北京档案,2002(1)：34 - 35.

最有针对性、相关性的信息,即查找信息的求准心理。希望尽早地获得他们所需要的信息,这种在最短的时间内查找到最全面、最准确信息的时效性需求,就是利用者的求快心理。此外,公民个人利用者往往还希望查档的地点距离自己近些、利用时所办理的手续相对简便些,以便更加容易地获取档案信息,即利用者有求便心理。对于不熟悉档案馆的利用者以及因文化水平有限等原因难以准确表述利用需求的利用者而言,他们可能连最基本的利用程序、规定都不清楚,更不用说利用电脑等检索工具进行自助式查档,因此,他们往往希望能在档案馆工作人员的协助下利用信息。

公民个人利用档案馆信息的需求及其心理规律,受各种各样的因素影响,内部和外部因素都会促进或抑制利用者的需求,内因主要是指利用者本身对信息需求的程度和实现能力,带有主观性;外因包括社会政治、国民经济状况、社会科技水平等,带有客观性,不同时间段社会热点不同,社会政治经济的发展会产生新的信息内容以及新的信息需求利用者。

职业、收入、年龄状况以及受教育程度、信息能力等,也直接影响公民个体档案利用心理。工作查考利用等公务利用者的档案利用心理大多指向圆满完成具体工作任务,鉴于他们往往从事自己熟悉的领域并具备一定知识素养,因此档案利用往往驾轻就熟。还有学者认为,一般来说,经济收入越好,受教育程度越高,有专业特长的市民用户,对政务信息的需求就越大,反之则越小。[①] 年龄作为生命发展的重要标志,与人的身心、思维、能力直接相关,往往年龄越轻,掌握现代信息技术越多,获取和利用档案信息的心理障碍相应就越小。

三、档案利用行为的影响因素

(一) 档案具备的价值度

现代科学技术的日新月异,为公众提供了多种多样获取信息的途径,甚至可以实现足不出户纵览天下。影响人们利用档案的因素之一,就在于档案的价值,档案信息越具有无可替代性,其价值就越高,对利用者的吸引力就越大。档案信息的价值性缘于以下情况:

首先,档案的价值与其凭证价值最具权威性相关。档案作为历史原纪录,具有其他形式信息不可比拟的原始性和凭证价值。在各类信息中,由于

---

① 周晓瑛,王英玮.政务信息管理[M].北京:中国人民大学出版社,2004:237.

档案信息的原始性，其凭证价值最具有权威性，这是驱动人们利用档案信息满足各种需求的根本原因。

其次，档案的价值与其满足利用者需求的适用性相关。如果档案馆所提供的信息与利用者需求不匹配，不能有效地满足利用者的需求，那么利用者必然要另外寻求能满足其需求的信息作为凭证，此时纵然档案具有原始性、唯一性，但对该利用者而言也不具有价值。

最后，档案的价值与利用者对该信息的需求性相关。具体讲，档案信息的价值与利用者对该信息需求迫切程度及价值回报等因素呈正相关关系，并且与认证途径的多寡相关，当公民对该信息的利用需求能通过其他方式（如较为便捷的百度或谷歌搜索等）解决时，这种潜在的档案利用行为就可能消失了。在档案以其独有的原始性、权威性而成为最有价值甚至是唯一有价值的证据信息时，利用者对档案需求的迫切程度就会大大提高。当这种信息需求强化到一定程度，如在获取这一档案信息并顺利认证后能有利于进一步获取相应的利益或权属的情况下，该档案价值无疑会大大上升。

（二）利用途径的便捷度

获取档案信息难易程度是影响公民利用行为的一个重要且现实的问题。在档案馆公共服务中，便民原则是一项基本原则。目前，公民获取档案信息的主要途径有去档案馆信息查阅中心查阅、档案馆网站在线查阅以及在社区服务中心的远程档案利用等。为方便去档案馆查档，公众尤其是老年人、残疾人等通常不仅希望能有更多的档案公共服务场所，而且希望这些场所有较方便的地理位置、高效便捷的办事流程、查档不需要付出过多的交通和时间成本。为此各地在档案馆建设中也充分考虑公众利用的便捷问题，如上海市档案馆信息查阅中心选址上海市外滩的中心位置，它的启用为社会公众充分利用档案与政府信息开启了方便之门。

近年来，在我国档案数字化建设加速推进的基础上，上海、浙江、江苏等省市开展了民生档案远程服务的探索，实践成果表明，远程服务极大地改善了公众民生档案利用状况，是提升档案馆公共服务能力、解决档案馆服务与公众利用矛盾的有效途径。上海市档案馆与各区档案馆建立了市区联动平台，把公众利用率较高的包括婚姻、独生子女、上山下乡、知青返沪等 8 类民生档案作为试点，开展民生档案远程查阅服务。市档案馆与区县档案馆、社区服务中心分工明确，各自履行应尽的义务，启动了在社区查档出证的新型服务机制，共享民生档案资源。原先只能在收存该档案的档案馆里才能查到的民生档案,现在凡是年满 18 周岁的居民凭身份证或社保卡,不用走出社区就可快速、免费地查阅并获取证明。这种在社区就近查档、当场出证明的便捷高效的档案利用方式,极大地方便了公众凭档案证明办理与相关事务,赢得了群众的广泛好评。2010 年上海市已在全市范围内实现了"就地查询、跨馆出证、馆社联动、全市通办"的远程联动模式,大大地提高了公众信息获取的便捷程度。

(三) 政策法规的保障度

法治社会中人们的所有社会活动,包括档案信息利用,都处于国家法律法规的制约之下,国家的方针、政策以及制度等因素,决定和影响着档案利用行为。我国历史上档案信息一直由官方控制,直到改革开放后国家才做出有关档案开放利用的决定,《中华人民共和国档案法》的颁布以法律的形式规定了公民利用档案的权利,从此公民的档案利用行为受到法律保护。实现档案工作的"两个转变"、建立"三个体系"就是将档案工作重点实现向建立覆盖人民群众的档案资源体系和方便人民群众的档案利用体系的转移,在档案馆公共服务的功能定位以及档案资源和利用体系方面进一步明确了对公众档案利用的保障。公民的档案利用行为有赖于国家强而有力的法律保障与公平公开的法律氛围。从宏观层面来说,我国已制定并实施了《中华人民共和国档案法》《政府信息公开条例》等一系列相对规范的法律法规以维护公民的信息利用权。从微观层面来说,目前,我国各省、市政府均已推出了针对公民档案利用方面具体的法规制度,这些不仅都对公民档案利用行为起到了保障和规范作用,而且还引导着公民档案利用行为的变化,使档案利用对象、利用范围不断扩大,利用途径越来越便捷。

(四) 馆藏资源的契合度

满足公众对档案信息利用的需求首先需要有内容丰富、配置合理、结构优化的馆藏档案体系作为资源基础。国家档案局、中央档案馆制发的《关于加强档案信息资源开发利用工作的意见》明确要求:"要形成定期对馆藏结构进行科学分析和规划的制度,根据历史和现实需要规划档案收集范围,加强对各类有参考和凭证档案的收集,有重点、有计划地征集散失在境内外的珍贵档案,注意征集接收具有地方特色和部门特色、反映城乡变迁等与人民群众生活密切相关的档案信息,优化馆藏档案结构。"戴志强提出公共档案馆馆藏配置应该"以人为本,以当地为主,重点优先,来源广泛"的观点,认为公共档案馆的公共性要求贯彻以人为本理念,除了要接收党政档案,还应收集贴近社会现实、贴近社会大众的各种类型的档案,使得档案馆尽可能满足社会经济发展和社会大众的信息需求。随着社会信息需求的变化,公共档案馆应及时调整馆藏结构,做到结构布局合理。公共档案馆信息服务工作必须贴近用户,做到供需对接。要注重根据档案用户的知识结构、认识规律、思维能力、使用习惯、潜在需求等来开发档案信息资源,围绕社会需求来整合档案信息资源、提供档案信息服务及产品。① 充分收集公民所需要的档案信息是当务之急,做好民生档案的服务和利用工作,不仅有利于党和政府各项民生政策的贯彻与落实,有利于人民群众充分利用档案来维护自身合法利益,也有利于各级档案馆档案公共服务质量的提升。

(五)利用环境的亲民度

任何一项活动都离不开与之共存的环境因素。从广义看,如社会政治、经济、文化等环境都在一定时期、一定范围内影响着公众的档案利用行为。此外,法规政策、信息资源以及公民获取档案信息的途径、档案利用场所所处位置、建筑设计、室内装潢布置以及设备等外在硬件条件等都可是公民档案利用的环境因素。笔者认为,上述所有环境因素在建设时都应基于以人为本理念,将方便公众作为前提基础。此外,公众档案利用时必须直接面对档案公共服务氛围、档案馆工作人员信息服务的态度及水平等软环境因素,因此,软环境的亲民度对公众的档案利用行为具有直接影响。档案馆信息利用软环境是一个系统工程,需要社会各方面成员共同参与营造。政府层面应建立健全法制建设、完备法规政策等对宏观环境予以完善;文件、档案等信息资源形成单位应主动、及时、完整移交档案资源;社会、公民持有正确的档案信息利用观和信息素养,同时,档案馆提高自身公共服务能力和服务水平,为公众营造一个温馨的档案利用环境,改善利用环境的亲民度是一个不可或缺的重要方面。

第四节　利用者需求、特点的变化及趋势

构建以公众为中心的档案馆公共服务必须时刻关注服务对象的档案利

---

① 戴志强.公共档案馆聚焦馆藏资源建设的思考[EB/OL].[2016-04-07].http://www.archives.sh.cn/dalt/daggz/201401/t20140102_40087.html.

用发展动态。改革开放后,特别是实施对个人开放现行文件及政府信息公开后,档案馆利用者群体较以往发生了巨大变化,公民利用者演变为档案利用行为的重要发起者。新时期档案馆公共服务必须重视对公众在利用过程中的心理、需求与特点的剖析,把握其变化与发展趋势,并以此作为改进和完善档案馆公共服务的必要依据。

一、利用者及其利用热点的转变

(一)利用者的变化

自 20 世纪末以来,在政府职能转型和公众权利意识增强的大背景下,一些地区档案馆利用者状况已经发生了巨大转变。"近年来,以编史修志、工作查考为目的的实际利用率呈下降走势,学术研究利用的比例逐年上升,其中各高等院校的研究生占了较大的比例,境外学者及硕士、博士研究生比例也有所增加。与此同时,个人利用档案也呈上升趋势。尤其是 2002 年上海市档案馆对个人开放现行文件后,个人利用的人次大幅度上升,据报道到市档案馆查阅文件的人员日最高时达到 200 人。"①这是 21 世纪初上海市档案馆信息利用中心工作人员撰文所述的情况,尽管它只是上海市档案馆该时段的写照,但也可视为是档案馆利用者状况发生变化的一个缩影。据了解,全国多个省市如北京、浙江、济南等地的情况也与此类似。

北京市朝阳区档案局工作人员根据工作实际撰文认为档案利用呈现出如下特点:首先,公民个人利用档案总量不断上升,由 1996 年的 25%增长到1999 年的 70%,年增长近 20%。从北京市朝阳区档案馆 1996 年—2000 年档案利用情况的统计看,在经历了 20 世纪 80 至 90 年代落实政策、编史修志工作的两次利用高峰之后,因公利用档案的人次和卷数呈逐年减少的趋势。公民个人利用档案所占比例越来越大,利用高峰时,日接待公民个人利用档案达 100 余人次。其次,普通群众解决关系个人切身利益的档案信息需求不断增多,关系社会安定、为群众排忧解难的社会要求进一步提高。公民因关系个人切身利益问题,到档案馆利用档案的情况不断增多。最后,公民个人利用档案的增多,使利用档案的人员成分越来越多样化。由于利用者受教育的程度不同、职业和工作阅历不同、个人的心态不同,因此对利用接待服务工作

---

① 徐非.近十年来上海市档案馆档案利用趋势分析[J].上海档案,2003(6):40-42.

的要求也不尽相同。①

杨崇对 1999 年—2007 年上海市浦东新区档案馆总体利用情况,特别是这期间该馆档案利用人次、卷次和馆藏档案利用率进行调研后发现:首先,从利用卷数来看,利用卷次逐年增加,并大致呈阶梯状分布。在 2003 到 2007 年的短短 5 年间,档案的利用卷次就翻了将近 20 倍。其次,从利用人次来看,以 2002 年为跳点,利用人次呈波浪式分布。从 1999 年到 2007 年的 9 年间浦东新区档案馆共接待 196 103 人次,平均每年接待 21 789 人次,其中以 2005 年 52 312 人次为上限,占全部接待人次的 28%;2007 年 38 216 人次占全部接待人数的 16%,位居第二。最后,从利用卷数和利用人次之间的关系来看,9 年里,共有 196 103 人次利用了共达 1 105 106 卷次的档案。以 2005 年为例,平均每人次利用 3.25 卷次的档案,利用卷次最多的 2007 年平均每人次利用 12.30 卷次的档案。②

对此现象,笔者曾于 2007 年对时任上海市档案馆信息查阅中心主任戴志强研究馆员做了深度访谈,了解上海市档案馆信息查阅中心的利用情况。据 2007 年度档案利用情况的统计,个人查证主要集中在支内支边、工商登记、公私合营、婚姻登记、房产问题等方面,其利用人次在全年查档总人次中的比重已上升到 35%,比工作查考利用还高出 9%,如果加上学术研究利用,公民个人查证查档利用已占档案利用总人次的 74%。再从工作查考的情况来看,其中 50% 左右是用于解决信访、落实政策、职称认定等民生问题。利用情况表明,一方面解决民生问题的查档需求居高不下,一方面行使民主权利的查档需求正在升温。人民群众不仅急需知晓政府公开信息,而且期待了解相关的未开放档案信息,那种无差别的常规利用接待方式已经难以满足需要。

(二) 公民个人利用的需求热点及成因

1. 公民个人利用的需求热点

从近年来档案馆信息查询中心查阅公众利用档案和政府公开信息的情况来看,具体查阅内容除了婚姻档案外,档案利用和政府公开信息查阅主要内容还包括:城市规划和土地利用规划、土地征用和房屋拆迁的批准文件、补偿标准、安置方案等;公共卫生、扶贫、优抚、教育、社会保障、劳动就业;重大

---

① 申玺朝,吴振泉.公民利用档案的特点及对策[J].北京档案,2002(1): 34 - 35.
② 杨崇.1999 年—2007 年上海市浦东新区档案馆总体利用情况分析[J].档案管理,2008 (6): 60.

城市基础建设项目的公开招标、中标情况及工程进度情况；政府集中采购项目目录、政府采购限额标准、采购结果及其监督情况；政府财政预算、决算和实际支出以及审计情况；政府机关的管理职能及其调整、变动情况；公务员招考和录用以及公开选任干部的条件、程序、结果等；涉及公民、法人和其他组织重大利益或者具有重大社会影响的决策、规定、规划、计划、方案等等。

以设在上海市档案馆外滩新馆的上海市档案馆信息查阅中心为例，据调查，在 2007 年 1 月 1 日至 2007 年 12 月 31 日期间，该中心共接待 1 650 人次查阅政府信息公开信息，提供相关文件 4 369 份。其中上海市房屋土地资源管理局信息查阅人次是 538 人，占全部利用人次的 32.6%，查阅是 1 507 件次，查阅内容是房屋拆迁、私房改造、物业管理、征地养老、房屋租赁等；市劳动和社会保障局信息查阅人次是 289 人，占全部利用人次的 17.5%，查阅 911 件次，查阅内容是劳动工资、劳动保障、特殊工种、退休人员生活费、工伤待遇、知青支内返沪等；市政府办公厅信息查阅人次 285 人，占全部人次的 17.3%，查阅 756 件次，查阅内容为征地、行政复议、社会保险保障、信访、落实政策等；市民政局信息查阅人次是 44 人，占全部的 2.7%，查阅 101 件次，查阅内容为转业军人安置、解困、婚姻登记等；市人事局信息查阅人次为 31 人，占全部的 1.9%，查阅 44 件次，查阅内容为人才引进、失业单位退休人员待遇、职称改革、干部离休等；市教委信息查阅人次为 35 人，占全部的 2.1%，查阅 89 件次，查阅内容为职称评定、学历认定等；市公安局信息查阅人次为 109 人，占全部的 6.6%，查阅 165 件次，查阅内容为户籍管理、交通法规等；市档案局信息查阅人次为 4 人，占全部人次的 0.2%，查阅 11 件次，查阅内容为个人档案、企业档案管理等；其他部门信息查阅人次为 315 人，占全部的 19.1%，查阅 785 件次，查阅内容为土改、平反、信息公开、退伍安置、建筑管理等。

2. 公民个人利用需求热点的成因

1）基于档案热点类型的微观分析

不少市民通过查阅政府公开信息和档案，为解决养老金待遇、知青子女落户、维护各种合法权益等切身利益问题找到了依据或凭证。不少市民表示政府信息的公开对他们帮助很大，切实保障了老百姓的权益，纷纷感言政府为老百姓办了一件大好事。公民个人查询利用政府公开文件、档案等信息的热点主要集中在与市民生活密切相关的婚姻、独生子女、劳动和社会保障、房屋产权、市政动迁以及知青和支内、支边及其子女回沪、就业就学等相关政策的政府信息和档案的查询。这些热点利用的形成，自有其特定原因：

第一，婚姻档案。婚姻档案利用及其证明开具需求高居榜首，是此阶段基层档案馆利用率最高的档案种类,包括结婚证书、离婚证书、离婚协议书等等。笔者在上海市区的调研中发现,浦东、黄浦、杨浦、虹口等区档案馆的利用服务中,多年来婚姻档案利用始终居高不下。这与公民社会生活中许多重要事项的办理需要婚姻状况证明直接相关。如普通公民的国际交往、出行日益频繁,无论是因私出国旅行、留学、探亲、移民、置业、跨国婚姻,还是因公访学、开会、考察、商务洽谈,婚姻状况证明几乎是签证时必须提供的材料之一。涉及个人房产方面的事项如房屋交易、申请、廉租房和经济适用房、产权变更、析产、贷款办理等也少不了婚姻状况证明。此外,公民财产权利纠纷、离婚、申报户口、办理包括享受满足特定条件人员提供一次性独生子女补助政策等都需要婚姻情况的证明。在遗失结婚证书或离婚证书的情况下,档案馆签章出具的审批表和协议书的复制件在有效期内有与原始证件相等同的效力。

第二,房产和动拆迁政策的档案与政府信息。随着旧城改造的推进,为保护自己的合法权益,享受国家政策,动拆迁、宅基地等房屋财产权利事项的查询要求增多。此外,源于房地产馈赠、房屋纠纷、遗产继承、交易等权利转让等目的,也推升了这类档案和政府信息的利用量。主要包括查阅动拆迁、私房落实政策、房屋产权变更、房屋性质认定及宅基地等档案和相关文件,其中利用率最高的是对市政动迁的内部政策、拆迁补偿规定的查阅,而这部分档案的主要利用对象为普通市民。在城市改造和建设的过程中,受老城区的旧城改造等因素的影响,动拆迁增加,而动拆迁的补偿等各项问题都需要根据被动迁房屋的情况并参照相关政策文件来操作,有关动拆迁规范成为动迁户最想了解的政府信息,同时,查询房屋产权、建筑执照、住宅翻修执照的人数不断增加。例如 2006 年 1 月,上海市杨浦区几户居民要求认定其住房是否属花园住宅(因为房屋的性质也是决定动迁补偿标准之一),档案部门通过查阅 60 年代以前的档案原始资料发现其确是花园住宅而非新里,及时变更了房屋性质,切实保护了老百姓的合法权利。

第三,劳动和社会保障方面的档案与政府信息。主要是对包括查阅退休工资待遇、工伤鉴定、丧失劳动力鉴定、残疾人救助、劳动合同、上山下乡、就业、工龄计算等方面信息的关注度比较高。受国家宏观政策调整、重点工作转移如产业调整企业改制,查找利用职工身份及各种退休待遇政策等均有较高频率。如支内、支边退休回城人员工资待遇标准、养老保险规定、特殊工种退休工资待遇标准等,成为退休人员查阅的热点。工龄计算结果直接关系到退休待遇等切身利益,而目前的退休工人有的还经历过"文革"上山下乡的历史阶段,往往还有工龄计算的问题,所以工龄文件的查阅者为数不少。许多下岗工人为解决工作调动、劳动保险等问题,带着满脸愁云来到档案馆,查找到了所需档案和证明材料后,兴高采烈走出档案馆。另外,工作中伤害事故的发生,使有关人员迫切想了解工伤事故的界定及相关规定。还有关系到公民申请社会保障及救济等事务,关乎个人基本生活保障的信息也是利用热点之一。

第四,独生子女档案。国家对于独生子女家庭有一定的政策倾斜。为了享受国家独生子女奖励政策,需要独生子女的证明材料,有时与知青子女落户、知青返城等政策有一定的交叉。办理计划生育相关的事务一般以当事人持有的子女"独生子女证"作为凭证。但由于该证遗失破损的情况不在少数,所以相关的文书凭证,即当事人当时填写的独生子女申请书(表)也是一大利用热点。

第五,其他信息。除上述热点外,公众利用文件、档案信息还常有查阅劳动合同、住房解困、户籍管理、交通事故处理、军转干部安置和医疗保险政策等方面内容。

2) 基于公民个人利用需求的宏观分析

分析上述公众利用较集中的档案、文件,我们可以发现,公民个人利用者需求热点的形成与社会政治经济的发展、利用者本身对档案馆信息的需求等因素直接相关。

首先,利用热点与国家政策及社会热点紧密相关。

社会环境对公民利用信息形成重大外因影响,它具有客观性,不同时间段社会热点不同。公众对档案和政府信息公开文件利用的需求热点与国家政策的出台及社会热点问题、历史事件的发生有直接的联动关系。社会政治经济的发展、新的社会热点问题的产生会促使国家颁布新的方针政策,由此形成一批相关政策的受益者,为了获取属于自己的权益,其中一部分人成为档案馆信息的需求者和利用者。例如,在旧区改造房屋动迁过程中,常常有成批的动迁区域居民到当地档案馆查阅其房产档案并要求出具相关证明;国门开放后的出国留学热、移民热直接触发了公民查阅婚姻档案的热情;福利分房结束后,逐年上涨的买房需求在催生了买房热的同时也催热了房产、城市规划建设档案与文件的查阅利用;独生子女奖励政策出台后独生子女证明的查阅、出具形成热点。进入 21 世纪,由于知青子女落户、支内与支边人员退休返城等相关政策的颁布实施,市民对知青档案、支内人员档案及其相关落实政策的政府文件的关注度和需求量显著增加。随着时间的推移,这些年解决知识青年插队落户、城市职工支援内地等历史事件遗留问题的政策已基本落实,需要解决知青子女落户和支内人员退休返城待遇并符合相关条件的人员已越来越少,近年来这类档案利用热点渐渐趋于消退。又如 2013 年上半年因房地产"国五条"等政策出台的影响,带来了一波持续近两个月的档案利用高峰。2013 年 5 月和 2014 年 9 月上海市廉租住房、共有产权保障住房(经济适用住房)政策两次放宽准入标准后,浦东新区档案馆都迎来了一个房产档案和婚姻档案利用的小高峰。

被称为"信息公开第一案"的董某诉上海市某区房地局档案信息不公开案,就发生在 2004 年 5 月 1 日《上海市政府信息公开规定》刚刚开始正式实行、上海市档案馆外滩新馆以及各区县档案馆"政府公开信息查阅服务中心"向社会全面开放之际。2004 年 5 月 10 日该案原告及律师去查阅相关政府信息,20 日就提交了书面申请,董某提出诉讼请求的法律依据就是上海市政府制定并于 2004 年 5 月 1 日正式实施的《上海市政府信息公开规定》,该规定的第十条明确列举了国家秘密、商业秘密、个人隐私等五种情形以及法律法规规定免予公开的其他情形可以不公开以外,其他政府信息都必须公开。在此法规背景下,公民要求政府公开信息的请求成为行使知情权的合法行为。

其次,利用热点与公民切身利益紧密相关。

目前我国非公务利用档案的需求逐步攀升,公民个人为学术研究以及解决财产继承、经济纠纷、婚姻关系、学历资历证明、工作调动、劳动保险等问题查阅档案的越来越多。[①] 这表明个人者越来越多地青睐可以直接解决自身利益问题的档案。如就某一房产而言,公民在首次买进该房产就会围绕它形成一系列房产档案。此后该房产的每一次交易,不仅要利用原有的档案,同时还会又产生一批新的档案。房产档案利用持续走热,与房屋不动产是大多数市民百姓所有财产中最重要的部分直接相关。如退休工资是大多数老人赖以生存、安享晚年的保障,在广大老年人晚年生活中起着极其重要的作用。有关退休待遇和房屋产权的问题自然成为公众最关心的问题之一。公众出于维护自身财产权利的需要,要求利用这些政策信息是必要使然。档案馆在满足公民这方面信息权、知情权的同时,对公民维护自身权益实际上起到了保驾护航的作用,为国家的利民政策在老百姓身上得到具体落实和体现提供了依据和凭证,利用者本身对信息需求的程度和实现能力直接促进利用者的需求。董铭一案中时值千万的房产权益,无疑是该房产档案利用诉求的直接

---

① 冯惠玲.开放: 公共档案馆的发展之路[J].档案学通讯,2004(4): 10 - 14.

动因。

最后,热点的形成是公民法律意识和维权能力大幅度提高的结果。

公众利用政府公开文件、档案信息热点的形成,是建筑在公民法律意识和权利意识大幅度提高的基础上。著名的批判理论思想家哈贝马斯(Habermas)在他的《沟通行动论》中指出:"应充分发挥民主潜力,使人们可以在自由民主的公共领域中经过理性的讨论达成共识,重建现代社会的合法性。沟通行为不单只调节不同意见或社会行为,并且会促使社会整合和人类的归属感。总之,调节社会的机制由依赖制约转为依赖理性讨论。"①董某一案就是公民利用档案进行维权的一个典型案例。这表明政府信息公开规定的实施后,公民利用政府信息的意识有了很大程度的提高——《上海市政府信息公开规定》刚一实施,就立马提起诉讼,显示了公民档案利用权利的强烈意识。据笔者调研了解到,这一时期全国发生此类案例多起。自上海市公布实施《上海市政府信息公开规定》后,与董某案类似的为行使知情权而要求查阅房产档案被拒,从而诉诸法律的案件已有多起。如2005年初上海静安区市民杨先生因要求查阅祖上遗留原址位于石门一路的房产档案被拒而将区房地局诉至法院。在政治越是民主的社会里,档案馆的信息资源成为公民共享的财富,人们对档案馆信息的需求与利用量就越大。从另一个角度来看,公众对自身信息获取权利的积极维护和争取,也反映了公众已意识到通过档案馆政府信息的查阅,可以为自己所需解决的问题寻找到依据,并认同了这一政府公共服务举措,在一定程度上体会到了一种归属感,而公民的这种法律意识和维权行动正是我国民主政治进一步深入开展所必不可少的群众基础。②

二、利用者的利用特点及网络环境下的转变

(一)利用者的利用特点

1. 利用者自身需求的导向性

档案利用者首先是档案信息的需求者,他们要求获取一定的档案信息是为了解决在社会生活中所遇到的困难、疑问以及学术研究和工作利用需求,档案利用者的信息利用需求促使其产生了利用档案的行为,并且,需求的具体方面决定了利用档案的类型。档案利用者的需求特征具有无限性、多样

① 谢立中.西方社会学名著提要[M].南昌:江西人民出版社,2001.
② 张林华.公民信息权与档案馆拓展社会服务功能[J].档案学通讯,2007(1):81-84.

性、层次性、伸缩性和可诱导性。① 从社会发展来看，档案利用者的需求具有无限性，不仅档案利用者新老交替，而且社会活动的不断发展变迁使档案利用者的需求随着经济、科学、文化的发展以及档案资源和档案利用者自身的发展而发展。

2. 接受档案馆服务的被动性

一方面，档案利用者是档案利用的发起者、利用的主体要素，另一方面，档案利用者又是档案公共服务的对象、服务的客体要素。在档案馆公共服务中，档案利用者毫无例外的必须严格遵循档案馆的规章制度，对档案信息的利用受到档案馆现有的馆藏资源、检索工具、服务平台与服务能力等档案服务体系的制约，必然地处于被动接受的地位。档案利用者只能利用档案部门获准开放的档案内容，对于国家或地方规定需要保密的档案则无权利用；只能通过档案馆及其专业网站等许可途径获取档案信息的标题，不能像阅读图书杂志、浏览网页新闻那样随时随地点击打开、了解想获得的各种各类档案信息；只能按照档案管理部门规定的利用流程利用档案，而不能根据实际需要随意改变档案利用的地点、时间等利用条件。更何况，许多普通百姓根本不了解档案的利用程序，不知道该查什么档案、到哪里去查找。此外，还有大量保存在档案馆和机关档案室的档案尚处在封闭期，公民如需要利用封闭期"不开放"档案必须依据法律规范走依申请开放程序，须经有关档案馆或者有关组织同意，并受到相关行业、部门等一系列相关规定的制约，公民在查阅利用档案过程中常常会遭遇"查不到"或"看不了"的情况。虽然档案部门会对馆藏档案进行编目整理，并以公布、出版等多种形式向社会进行推送、宣传，但还是只能"让看什么，才能看什么"，实际上对档案利用者来说还是处在被动接受的地位。凡此种种，均是利用者接受档案馆服务被动性的体现。

3. 利用者之间需求的差异性

档案馆公共服务是面向社会公众的，由于每个人都有各自不同的利用目的，导致公民个人利用、学术利用和工作利用等各种利用各有特点，档案需求差异巨大。即使同为公民个人利用，由于各人查档所解决的问题千差万别，也造成了需求的差异性。从档案利用者自身来看，其本身的社会地位、受教育程度、职业和利用目的差别，使档案利用的需求呈多层次化、个性化。社会越发展，社会所产生的职业类型越多，对档案的需求就会更多样化；又由于针对的具体问题的不同，有的档案利用者需要一次信息，有的则需要二次或三

---

① 刘国能，王湘中，孙钢.档案利用学[M].北京：中国档案出版社，1996.

次信息。利用需求的巨大差异使档案馆的信息处理更为复杂。由于利用者知识层次参差不齐，对档案馆的了解不足，使得一些并不属于档案馆职能范畴的利用也纷纷来档案馆查档。此外，政府信息公开将档案馆设为对公众开放利用的窗口，扩大了档案馆职能，而在方便公众利用的同时，又增大了利用者之间需求的差异性。

4. 利用内容与政策的相关性

公民档案利用需求与国家政策之间往往呈现出很强的相关性。鉴于社会环境、政府政策、社会档案意识、社会宣传等因素的影响，导致不同时间段社会热点不同，公民档案利用需求或被促成或被抑制，常常造成集中利用某一类档案信息的情况。比如据调查所知，因政府有关知青子女户口回城落户政策的出台，从2006年末起，支内档案的查阅逐步增多，一段时间内，档案馆查阅知识青年上山下乡档案并要求出具证明的利用需求急剧上升，导致形成了一个利用的高峰。随着时间的推移，需求逐渐下降，近年来这一利用需求渐渐趋于平息。2009年，由于政府相关政策调整及各单位信访矛盾相对突出，用于解决信访、落实政策、退休离休等的工作查考利用数量显著增加，达到约占工作查考总数的50%以上。近年，随着"二胎"政策的出台，"二胎审批档案"趋热而渐渐形成取代原先"独生子女档案"热的现象。总之，内因与外因都会促进或抑制利用者的需求，利用者档案利用的内容与国家、地区政策的颁布呈正相关，随着国家政策和社会热点的变化，利用者对档案馆信息需求热点也相应呈现出一种阶段性起伏。

（二）网络环境下利用者需求的新特点

自20世纪80年代末以来，信息技术的突飞猛进给社会带来了翻天覆地的变化，人类社会正步入一个利用计算机网络技术的信息化时代。网络环境下，数字档案馆建设应运而生，档案用户信息需求与档案馆利用服务也相应发生了巨大变化，使利用者的档案利用进入了一个新的境界，利用者的需求也出现了新的特点。档案界学者们纷纷撰文对此展开了热烈的讨论。

马仁杰等将网络时代用户需求类型分为网络用户、非网络用户和双重性用户需求，认为在网络环境下，数字档案馆信息用户利用有三个新特点。一是用户信息需求的多元化。在现代社会的网络环境中，用户越来越需要为其提供内容全面、类型完整、形式多样、来源广泛的信息。二是用户信息需求的高效化。在网络环境下，档案馆对馆藏档案进行数字化建设，并借助网络提供在线利用，档案信息内容能够及时地得到更新，档案信息的时效性充分得到了发挥,这些都构成了网络时代档案馆用户信息需求的新特点。三是用户信息需求的多样性。其多样性不仅表现在形式、内容方面,还表现为不同类型的用户呈现出不同的特点。[①]

栗旭将数字档案馆信息用户利用的新特点归纳为:档案信息需求的结构化、个性化,实现方式的便利化和社会化,实现技术的集成化和智能化。[②]

崔静将网络环境下档案用户信息需求的特点归结为:档案信息需求的个性化与精品化、全方位与综合化、开放化与社会化。用户希望能够快速、准确地获得决策所需的关键信息,以求解决问题,因而更依赖于档案馆提供更有针对性的档案信息服务。[③]

林林在《网络环境下档案信息的需求特点和服务策略》中,从用户信息行为上总结了网络环境下档案信息需求的特点,一是大众化档案信息需求激增,二是社会民生档案信息利用需求大幅增长,三是档案信息用户对档案信息服务的时效性要求提高,四是注重档案信息的个性化和精品化。网络环境下,大多数实际利用者和普通利用者更愿意选择经过加工的档案信息产品,逐渐从需要大量的一般信息转变到对特定档案信息的需求上来,档案信息精品意识逐渐增强。[④]

在现代社会网络环境中,随着利用者综合素质的提高,利用需求也全面提升,因而新的需求特点也随之产生。利用者信息需求的多元化、高效化、多样性、结构化、个性化与精品化等需求,都是社会发展进步的表现。对档案馆而言,这是提高利用服务能力的重要驱动力之一,也是提高档案公共服务水平的努力方向。

三、基于实证的档案利用趋势分析

（一）利用者需求的实证调研

从档案界对利用者档案利用需求的实际调查和研究中可以看出利用者档案利用需求及其利用行为的具体状况。

---

① 马仁杰,桑丹.试论网络环境下档案馆的用户需求与信息服务[J].档案与建设,2006
(2):41-42.
② 栗旭.数字档案馆的档案信息用户分析[J].兰台世界,2008(3):26-27.
③ 崔静.网络环境下档案用户信息需求与档案信息服务初探[J].湖北档案,2008(1):
27-29.
④ 林林.网络环境下档案信息的需求特点与服务策略[J].兰台世界,2008(8):10-11.

无锡市档案馆调查课题组通过发放问卷的形式对无锡市民档案利用需求展开调研,撰写了《关于无锡市民档案利用需求的调查分析》,其中针对档案利用者的类型调查结果显示,49.8%的利用者属于"个人事务查询利用者",24.3%的利用者属于"以凭证依据为主的利用者"。[①]

通过到四川省档案局和网上发放问卷的形式,朱桂玲对用户基本情况、档案馆内信息资源利用情况、网上档案信息资源利用情况等进行调查后,得出利用者档案信息需求目的基本数据,调查显示46.15%的属于"个人事务查询",28.02%的属于"学习科研",19.23%的属于"工作查考",6.59%的属于"编史修志"。[②]

2016年11月,笔者再次赴上海浦东新区档案馆进行调研,了解该馆档案利用服务的最新情况。据悉,2014年上海浦东新区档案馆接待量总体保持平稳,接待的总人次与2013年基本持平,档案馆本部窗口接待人次回落,但社区利用人次大幅增加,跨馆查档人次与大批量查档批次都大幅提高。从档案利用类别看,2014年浦东新区档案馆馆藏档案利用中民生档案利用是主体,其中房产档案和婚姻档案两项合计利用占比达53%,社员建房、独生子女、土地档案、知青子女回沪等民生档案利用保持总量稳定,这六大类档案占利用总量近85%。从档案利用目的分析,档案利用目的以办理民生事项和工作需要为主。房产档案、婚姻档案等民生档案的利用率高,因而以办理房屋、户口等民生事项为目的的民生档案的利用需求占了大多数,其中房屋交易、房屋动迁、产权纠纷、房屋析产、办理产证等涉及房产事项占比超过40%。2015年,浦东新区档案接待利用仍保持高位运行,总利用人次同比增长7%,婚姻档案和房产权证档案两类的利用仍占据了总利用量的半壁江山,分别占35.5%和19.2%。

(二) 档案利用的发展趋势

基于近年来档案界同仁已发表的文献及笔者团队的实证调查结果,分析档案利用需求中呈现出的发展趋势,归纳起来可以有以下几个方面。

一是利用主体的个体化趋势。从调研情况来看,公民因涉及个人切身利益问题到档案馆利用档案的情况不断增多。普通市民利用人数明显提高,以

① 无锡市档案馆调查课题组.关于无锡市民档案利用需求的调查分析[J].档案与建设,2011(2):60-61.
② 朱桂玲.网络环境下档案馆用户信息需求与服务策略研究[D].成都:四川大学,2007.

上海市档案馆信息查阅中心为例,普通市民在档案利用人数中所占比重越来越大,总体呈不断上升趋势,由 2004 年的 13.87％上升至 2005 年的 46.32％,年增长逾 20％,这在过去是从未有过的。[①] 地处基层的区、县级综合档案馆普通市民利用人数更是持续保持高位,如近年来上海市浦东新区档案馆利用部日均查档人数超 200 人,其中普通市民个人利用人数上升显著。档案信息利用主体的转变,特别是普通群众为解决个人切身利益问题而利用档案的行为不断增多、利用档案信息需求不断提高,折射出国家政策落实到公民个体、档案查询利用已被广大普通公民普遍接受的现实状况。

二是利用内容的民生化趋势。从利用档案的内容类型来看,近年来,随着政府在劳动与社会保障、医疗卫生等方面一系列民生政策措施的出台,以及群众因购房、出国、诉讼等个人事务的需要,档案信息的利用热点涉及与市民生活密切相关的劳动和社会保障、房屋产权、市政动迁、历史问题平反、独生子女、婚姻登记、支内支边等多类问题。以知情维权为目的的利用上升明显,个人维权查阅档案占总量近 30％。[②]鉴于公众在办理事务时通常被要求出具相应的凭证性材料,上述材料往往是市、区(县)档案部门中群众利用率较高的档案。即使是工作查考利用的内容,其中也有 50％左右是用于解决信访、落实政策、职称认定等民生问题。如 2015 年,浦东新区档案馆婚姻登记档案、房产权证档案、社员建房档案、独生子女档案这四类民生档案的利用量仍然较大,其总和超过利用总量的 70％。[③] 2016 年上半年,上述四类民生档案的利用量仍是主体,其总和超过利用总量的 70％。[④] 普通群众档案信息利用需求的增长,导致了查阅内容为民生档案的利用需求量上升明显。这些档案的利用直接维护了公众的利益,为公众享受社会保障和国家惠民政策提供了依据,为老百姓在社会生活中解决民生问题提供了便利。

三是查阅范围的扩大化趋势。在政府信息公开背景下,随着政府民主建设和透明化建设的逐渐深入,公众提出的档案利用需求较以往更为广泛深入,查阅内容范围呈扩大趋势,人民群众不仅需要知晓已公开的政府信息和馆藏档案,而且期待了解档案馆和政府职能机构档案室保管的未开放的档案信息,未开放档案利用需求有明显上升,公民依申请公开在档案馆利用中占比呈上升趋势。这种依申请公开通常需要利用的信息内容比较分散,不具有

---

① ②　张林华.公民信息权与档案馆拓展社会服务功能——上海市市、区部分公共档案馆信息利用情况及分析[J].档案学通讯,2007(1)：81－84.
③　资料来源《浦东新区档案馆 2015 年档案利用分析报告》。
④　资料来源《浦东新区档案馆 2016 年上半年档案利用分析报告》。

普遍性,在很大程度上甚至是个别的特殊需求,但对公民而言,却因所需信息是获取个人切身利益的必经之路而显得格外重要。例如在某市级档案馆调研中发现,来档案馆要求查阅合营、代管和经租等私房产权、政策的个人查阅者络绎不绝,涉及历史遗留问题产生的房屋产权、动拆迁纠纷矛盾仍然比较突出。其中有的查阅者已经在政府相关部门申请了信息公开后再根据其告知书来档案馆查阅,而此类档案在馆藏中多数并未开放。近年来公民对未开放档案进行依申请利用及由此产生的矛盾冲突越来越多,成为档案利用的又一趋势。

四是利用效果非确定化趋势。对档案馆服务有较以往更高要求的趋势。由于过去档案主要利用对象为机关、事业单位,利用目的主要为资政、编史修志、学术参考,因此利用需求较易满足和达到、利用效果基本是可以把握的、较为确定的。相比于学术利用、工作查考等较为单纯的利用目的,现在公民个人档案信息利用往往是基于各种各样的需求目的,有的甚至由于利用者无法清晰表述,导致检索查找难度提高、查准率降低、利用效果较以往有更多的不确定性。鉴于档案利用对象的知识层次参差不齐,许多普通群众对档案馆的了解不够,使得一些并不属于档案馆职能范畴的利用需求也纷至沓来。政府信息公开相关规定实施后,公众信息权利意识增强,有一些查阅者持信息公开告知书到档案馆后要求查阅未开放档案,依据档案法的有关规定,未开放档案向公众提供利用应由档案形成机构提供利用意见,相关的核实查证工作都需要大量的人力和时间,而部分"老上访"则借机将不满情绪转向档案馆,因此需要做好这部分利用者的说服和解释工作,这使档案利用服务的处理更为复杂,利用服务窗口工作人员往往在费尽口舌后还不被理解,成为档案馆做好利用服务工作的难点。还有许多老百姓在查阅档案和政府信息时往往不满足一般意义上的查阅利用,还要进一步刨根究底,追问"下一步我该怎么办?"因此,随着公众档案信息利用需求的增长和服务效果不确定化的增大,对档案馆利用服务的要求有相应提高的趋势。

五是利用方式的数字化趋势。随着互联网与信息技术的迅速发展,网络已经成为社会公众获取信息的主要渠道之一,采用调阅电子档案的方式提供档案利用,既能大幅提高服务效率,也有利于保护档案实体,成为档案利用工作的发展方向。近年来,各地档案馆积极推进数字档案馆建设,数字档案利用的比例逐步提高。如上海浦东新区档案馆提供数字档案利用后,打印复印、纸张消耗的情况得到有效控制。2010 年电子档案的直接利用占比仅为38%,到 2012 年首次突破 50%,2014 年达到 65%,2015 年提升至 71%。特别是随着 2015 年馆藏存量档案全文数字化工程的展开，档案数字化率逐步提高，减少了窗口的调档复印工作量，提高了查档服务效率。2015 年，尽管利用总量有所增加，但窗口纸张消耗量已经呈现下降趋势，普通纸张打印复印量微增 2.1%，图纸复印打印量下降 6.8%，做到了保障服务与环保节约两不误。①

六是利用途径的社区化趋势。网络环境打破了时间空间的限制，使用户能够无障碍地与档案部门进行平等交流，用户可以轻松查询自己所需的档案并及时获取反馈信息，节约了时间、精力、出行等各类成本支出。以上海市浦东新区档案馆为例，2014 年浦东新区档案馆本部窗口接待人次回落，但社区事务受理服务中心接待利用人次大幅增加，跨馆查档人次与大批量查档批次都大幅提高，44 家街镇社区事务受理服务中心档案利用窗口受理量同比大幅增加近八成。2015 年 9 月，档案馆在"查档不出村"基础上升级推出了民生档案"就近取件"服务，每个月就有数十人在就近的村居委申请获取了档案利用业务。2015 年该馆远程利用量较上一年增长明显，其中跨馆利用量同比增长149%，社区利用量同比增长 58.7%。② 2016 年上半年，社区民生档案利用量同比增幅达 31.2%。社区工作人员在办理有关业务时，引导群众就地查阅所需的档案，实现了"一站式"服务，受到群众的广泛欢迎。

七是利用模式的远程化趋势。近年来，公众民生档案远程共享利用要求不断提高，上海、天津、浙江、江苏、广东、长春、武汉、青岛、成都等越来越多省市开展了民生档案远程服务的探索，实践成果表明，远程服务极大地改善了公众民生档案利用状况，基于网络的民生档案远程共享利用越来越受到公众的关注和欢迎。如在上海市实行全市范围"就地查询、跨馆出证、馆社联动、全市通办"前提下，该市浦东新区档案馆 2014 年中跨档案馆利用数量同比增长超过 124%。③ 浦东新区档案馆又在全国率先开展跨省馆际查阅出证，先后与浙江省宁波市档案馆、杭州市档案馆、四川省成都市档案馆和江苏省南京市档案馆开通跨省跨馆利用，2015 年，浦东新区民生档案跨省服务的合作伙伴已拓展到 8 家，延伸至华东、华北、西南、东北、华南等多个地区，辐射全国的网络框架初具雏形，通过该档案利用平台查阅档案的人次大幅增长。此外，2015 年下半年，浦东新区民生档案自助服务终端开始在档案馆、婚姻管理所和房地产交易中心三个办公地点试运行，先期提供婚姻档案自助查阅服

①② 资料来源《浦东新区档案馆 2015 年档案利用分析报告》。
③ 资料来源《浦东新区档案馆 2014 年档案利用分析报告》。

务。这种全自助的档案查阅方式有效分流了窗口压力,减少了群众来回奔波,提高了档案利用效率,一经推出就受到群众和有关单位的欢迎,2016年上半年,累计为3 000多人次提供了服务。2016年初,微信及"市民云"查档预约的开通,浦东新区民生档案远程利用服务接轨"互联网+"时代,拓展到了移动终端,使档案利用进一步突破了时空限制,实现了又一次能级提升。① 档案利用途径的"互联网+"趋势将越来越强劲。

从上海地区档案馆服务的调研现状与分析结果以及全国的档案馆服务情况来看,公民个人档案利用活动在总体利用人数中呈现出上升的趋势。上述变化表明,公民对国家有关档案利用的政策法规已了解得越来越深入,个体信息权利意识已不断提升,与此相应的是公民个人档案利用的能力和行动也相应提高,民生档案服务利用已成为我国档案工作的一个重要组成部分和发展方向。公众档案利用的途径和方式越来越便捷、优化。上述这些公民档案利用的特点转变和发展趋势对档案馆工作提出了新的要求,对今后我国档案馆公共服务工作以及档案资源体系建设等都具有重要的导向作用。

---

① 见《浦东新区档案馆2016年上半年档案利用分析报告》。

第三章 档案馆公共服务的历程：
公民信息权溯源

第一节 国外档案开放与政府信息
公开立法的演进

一、档案开放的渊源

在向阶级社会过渡的进程中，"权力观念、地位等级观念、财产观念在原始的平等关系瓦解的同时逐渐形成。"①自古以来，作为统治工具的政府行政信息及档案一直都得到统治者的高度重视，因为它们不仅是权力的象征，更是统治者行使权力的记录，长期被少数特权阶层垄断，其利用被限制在极小的范围内。

公民信息权利的实现经历了由封闭到开放的曲折过程。档案被古代统治者称为"护胸甲"，是国家"插入鞘中的剑"，一语道破档案对维护其统治地位重要作用的天机。利器岂能落入被统治者手中，秘藏和特权化利用成为必然。法国学者米歇尔·迪香(Michel Duchein)有精辟的论述："在古代对由国王和教父设置的档案保管库的利用，严格地限制在对档案保管负有责任的公务官员或得到最高当局批准的人员的范围内。实际上，档案的保管经常与权利的形式相联系。掌握历史资料是进行统治和行使管理的主要手段之一。所以利用档案是一种特权，而不是权利。"②公民受制于国家权力的同时渴望拥有自己的信息权利。

---

① 周仲秋.平等观念的历程[M].海口：海南出版社，2002：1.
② 迪香.检索、利用和传播档案信息的障碍[J].孙钢，译.档案学参考，1985(11)：22-24.

十四五世纪,欧洲文艺复兴运动的兴起和发展,强烈冲击了欧洲封建权威和神学在人们思想意识形态方面的统治,打破了神学和权威思想对人们的禁锢。文艺复兴运动倡导人性、自由、民主,进一步在政治上提出了民主政体的主张,对欧洲公民民主权利的推进产生了重大影响。后来欧美国家纷纷建立国家档案馆,在深谙原始文件材料价值的历史学家要求开放利用档案的强烈呼吁以及欧洲档案人员的积极呼应下,这些呼声"终于使档案馆密闭的大门启开了一条缝。历史学家得到特许后可以通过这条缝来窥探档案。但是,君主仍然可以行使权力,在不说明任何理由的情况下拒绝批准"①。

1776 年的美国《独立宣言》和 1789 年的法国《人权与公民权利宣言》都是人民主权思想的深刻体现,"公民权利体系的内容有明显的进步,民主、自由、平等一类的原则已居于核心的位置;社会权利体系在传统的私法权利体系和公法权利体系的中间崛起。"②公民权利的基本主题可概括为人人自由、人人平等、私有财产不可侵犯、主权在民等。1790 年,世界上第一个近现代意义的向公众开放的国家档案馆——法国国家档案馆成立,原本属于专制统治阶级的档案库及其档案转变为公共财产。1794 年 6 月 24 日著名的法国《穑月七日档案法令》首次以法律的形式确立向公众开放档案的理念,档案公开原则提出,"档案馆不再是政权的附属物,而应担负起为公众服务的职责。"因此任何公民都享有利用档案和要求提供档案服务的权利。作为公民民主权利体现的档案公开原则也因此被誉为"档案的人权宣言"。从此拉开了档案利用由封闭向开放转变,由少数人的特权向公众权利转变的序幕。③ 尽管公开的过程中遇到了种种阻力,有保密与公开的矛盾、封闭与公开的斗争,使公开原则"在很长一段时间内只不过是粉饰门面而已"④,但其里程碑意义已经确立。随着档案开放原则的广泛传播,其影响逐步扩展至其他国家,成为各国档案法制建设的主要原则之一,同时也成为公民信息权获取的一个重要依据。

二、各国政府信息公开立法进程

(一)瑞典

瑞典是世界上第一个建立信息公开法律制度的国家。在多年的王权与

① 韩玉梅.外国现代档案管理教程[M].北京:中国人民大学出版社,1995:175.
② 夏勇.走向权利的时代[M].北京:社会科学文献出版社,2007:5.
③ 韩玉梅.外国现代档案管理教程[M].北京:中国人民大学出版社,1995:176.
④ 迪香.检索.利用和传播档案信息的障碍[J].孙钢,译.档案学参考,1985(11):22-24.

国会政治斗争后，1766 年著名的《出版自由法》终于产生，因此瑞典政府信息公开制度的建立可称得上是王权与国会政治斗争的重要成果。该法也是世界上第一部从宪法层面确认公民信息自由的法律。《出版自由法》规定公民有接近公文、文书的权利，并对政府信息公开的方式、程序等作了具体规定，并在修改后一直沿用至今，与其后几部法律《表达自由法》《政府宪章》和《保密法》共同构成了瑞典信息公开制度的完整体系。1991 年通过的《表达自由法》主要对电视、网络等新兴媒体的表达自由进行规定，以形成新形势下对《出版自由法》内容的补充和追加。另外通过《保密法》对公民信息权利的自由予以具体限制。上述信息公开法律皆属宪法性法律，证明了瑞典对公民信息权高度重视的传统精神。

（二）美国

早在美国独立初期，《独立宣言》和美国宪法就确立了人民主权原则。但第二次世界大战前美国政府机构的行政信息是不公开的，公民也无权要求政府公开信息。直到二战结束后，随着美国科技、经济的腾飞，民主政治进一步发展，当公民民主权利意识普遍高涨时，就会要求国家政府行政要民主、透明，公民对政府信息的需求就高。为保障公民的信息权，1946 年美国政府制定的《行政程序法》率先规定公众可以利用政府的文件，但同时设定了非常广泛的限制，如行政机关为了公共利益可以拒绝信息的公开，而公共利益是一个非常不确定的概念。另外，该法没有规定救济手段，即当行政机关拒绝提供有关文件信息时，要求了解或得到文件的公民不具有法律上的强制手段。[1] 因此，行政机关仍然和过去一样大量拒绝公众得到政府信息的要求。

此后该法律修改的活动在刚开始就遭到了行政机关的极大反对，同时也没有得到国会议员的普遍支持。但是，美国的社会舆论包括律师界、新闻界反应强烈，因政府文件保密而得不到证据及有价值的新闻信息和文件，强烈要求改变现行制度。一些行政改良人士也认为政府信息公开是改革行政的需要，完全符合当代社会的公共利益。在 1966 年《信息自由法》的制定过程中，国会在多年以来经过多次听证之后，在社会各界的强烈呼声中，终于认识到修改 1946 年法律的重要性，制定了《信息自由法》，以代替 1946 年《行政程序法》中的相关规定，[2]从而在一定程度上消弭了《行政程序法》中原存在的不

---

① 王名扬.美国行政法[M].北京：中国法制出版社,2005：947.
② 王名扬.美国行政法[M].北京：中国法制出版社,2005：948.

利于信息公开的因素。《信息自由法》不仅是当代美国政治生活中一项至关重要的法律,而且是国际社会信息公开法制建设中最具代表性和示范性意义的法律,在整个国际社会中受到普遍关注。

1967 年 7 月 4 日,《信息自由法》开始实施。该法的立法原则是:政府信息以公开为原则,不公开为例外,列举了免除公开的九项内容,除此以外,联邦政府的一切文件和档案原则上向所有人开放;政府信息面前人人平等,公民可以向任何一级政府机构提出查询、索取复印件的申请;政府拒绝提供信息要负举证责任;法院具有重新审理的责任。虽然这是美国政府信息公开的重大发展,但要达到该法预定的目标从而保障公民的信息权,仍然存在不少障碍。有意见认为这个法律存在诸如行政机关可以利用免除公开的信息拒绝提供全部文件及行政机关在提供文件时可以采取拖延手法等缺点。为此,美国国会对该法进行了一系列修改。1974 年 12 月制定的《隐私权法》则规定了行政机关对个人信息的搜集、利用和传播必须遵守的规则:个人有权知道自己被政府机构记录的个人信息及其使用情况;个人有权查询和请求修改关于自己的个人信息记录;为某一目的而采集的公民个人信息,未经本人许可,不得用于其他目的等,从而解决了信息公开与保护个人隐私的关系。而形成于 1976 年的《阳光下的政府法》是继《信息自由法》后,美国国会在 70 年代继续制定相关法律,扩大行政公开范围的一部重要法律,是《信息自由法》的重要补充。这部法律主要是关于合议制行政机关的会议公开的规定,它要求除符合该法规定并列举豁免公开会议的十种情况外,合议制行政机关的会议包括其中的每一部分都必须公开,公众可以对会议进行旁听并有权取得会议的信息和文件。与《信息自由法》适用于政府文件的公开不同,《阳光下的政府法》的对象适用于合议制行政机关会议的公开。

上述三部法律构成美国政府信息公开制度的主体。此外美国还出台了有关信息收集的《文书工作缩减法》、关于协调联邦政府各机构信息活动的文件《联邦政府信息资源管理》。另外还有《计算机信息系统安全法》《档案法》《电子情报自由法》等,各州也分别制定了有关政府信息公开的法律法规。一系列法律法规的颁布,使美国在政府信息公开方面形成了较为完备的法律体系。因此,"美国政府信息公开立法不仅从时间上看比西方许多国家早,而且较为完备,堪称政府信息公开的典范。"[①]20 世纪 90 年代,克林顿政府为了适应计算机技术的广泛应用及政府信息电子化带来的影响,又一次对《信息自

---

① 　马长林,等.档案信息公开理论与方法[M].上海:上海社会科学院出版社,2007:43.

由法》进行重大修改,将电子信息置于文件信息同等地位,故该法又被称为《电子信息自由法》。它规定 1996 年 11 月 1 日以后形成的文件必须在一年内使之可以通过 Internet 等计算机网络获得①,这样不仅扩大了公民获取信息的范围,而且使公众可以更快捷、方便地获取包括电子信息在内的政府信息。

自 20 世纪 70 年代以来,在美国《信息自由法》的影响下,世界各国纷纷制定了有关信息公开的法律,使得政府信息公开制度成为当代各国公开立法领域中极有创造性的一项制度。

(三) 挪威等欧洲国家

欧洲国家中,挪威于 1970 年制定了《行政公开法》,该法规定,政府的一般文件应当为全体国民所利用,除了法令限制的某些信息,并对利用行政机关的文件及限制范围作了规定。丹麦于 1970 年制定《行政文书公开法》,与挪威基本相同,丹麦信息公开法律规定的实施机关主要有国家行政机关、地方公共团体和公共机构。1976 年德国制定了《行政程序法》,1977 年爱尔兰通过了《信息自由法》,1980 年荷兰施行《政府信息条例》,1983 年芬兰通过了《官方文件公开条例》,俄罗斯于 1995 年发布了《信息化和信息保护法》。欧洲大多数国家都已制定了政府信息公开立法。

(四) 加拿大等英联邦国家

英联邦国家中,加拿大的《信息获取法》在 20 世纪 80 年代制定,其目的是确认和保障公民按规定获取政府机关信息的权利,它采用独立于政府机构的信息披露决定复审制度。在美国《信息自由法》出台后,澳大利亚迫于国内外形势,开始研究信息公开立法问题,在专设机构提出的报告和信息自由法案的基础上,参众两院经多次讨论并于 1981 年通过了《信息自由法》,并于 1982 年开始实施,此后进行了多次修正。"短短 20 年,澳大利亚已先后三次通过修正案并对该法的实施进行了大规模的检审。民众、新闻媒体、政府官员乃至法院等多种政治力量都对立法起到了促进作用,《信息自由法》是在多元利益集团的互动博弈的结果。"②有着保密文化传统的英国经过近 30 年的努力,于 2000 年 11 月通过了《政府信息公开法》。"英国信息公开法的形

①　周晓英,王英玮.政务信息管理[M].北京:中国人民大学出版社,2004：327.
②　马长林,等.档案信息公开理论与方法[M].上海:上海社会科学院出版社,2007：48.

成过程,实际上是改造保密文化传统的过程。"① 该法是在非政府组织等民间力量的大力推动下,通过对《官方保密法》《公务员秘密法》等一系列法案的制定和修改,采用先制定单行法律的分散、渐进的立法模式,最终形成了《政府信息公开法》。

(五) 日本等亚洲国家

亚洲国家中,日本在信息公开立法和实施上处于领先地位。日本的政府信息公开制度是在世界各国纷纷制定信息公开法的国际环境下,在国内民间团体、非政府组织的强烈要求和地方信息公开条例的制定、实施的推动下,最终得以确立的。早在 20 世纪 60 年代,日本就有自由人权协会等社会团体倡导建立政府信息公开制度,后逐渐发展并影响全国。各在野党、地方自治体和非政府组织对此反应积极,在野党分别向国会递交法案。但政府和执政党直至 20 世纪 90 年代初才开始政府信息公开的立法建设,《关于行政机关信息公开法》于 1999 年 5 月颁布。韩国信息公开立法的一大特点是自下而上,从地方到中央逐步展开的。自 1991 年韩国有了第一个地方性的信息公开条例并被韩国最高法院认定为合宪后,韩国其他地方立法机关纷纷制定类似条例,到 1997 年 6 月,韩国已有 178 个地方立法机关制定了信息公开条例。② 而在 1996 年,韩国国家层面的《公共机关信息公开法》在各地的影响和推动下出台,并于 1998 年初开始实施。此外,新加坡、菲律宾等国也已完成政府信息公开立法。

经历几个世纪民主权利思想的浸润与渗透,信息利用逐步成为各国人权的表现形式之一,为广大公民提供政府信息成为各国政府推进民主的一种手段。尽管政府信息公开在西方一些国家已有很长的历史,但大多数国家是最近几十年乃至最近几年、十几年才开始加大政府信息公开力度。③ 政府信息公开法制建设的发展已成为当今各国政府法制发展的重点领域。不论处于世界上哪个区域,也不论国家性质,国际上法治国家都重视政府信息公开的法制建设,信息公开被视为一项民主权利,公民获取和利用政府信息被认为是政府行政透明公开,并得到公民信任的表现。政府信息公开是民主法治国

---

① 马长林,等.档案信息公开理论与方法[M].上海:上海社会科学院出版社,2007:28.
② 马长林,等.档案信息公开理论与方法[M].上海:上海社会科学院出版社,2007:49.
③ 莫于川,等.中华人民共和国政府信息公开条例释义[M].北京:中国法制出版社 2008:2.

家的通行做法,民主开放、重视公民信息权利是各国政府行政发展不可逆转的必然趋势。

三、国外政府信息公开立法的规律与趋势

考察国外政府信息公开立法的状况,我们可以发现这样一些规律和特点。

1. 政府信息公开法制建设与各国国情密切相关

从上述国外政府信息公开的立法我们不难看出,信息公开法的颁布在地区上呈现差异性:在欧洲、北美等经济发达地区,颁布信息公开法的国家数量比例高而且时间早,亚洲、非洲等地区实行信息公开立法的国家数量相对较少,并且大多集中在经济比较发达国家。可以发现,各个国家政府信息公开发展状况与该国的政治体制、经济发展阶段、社会结构以及公民民主意识有着密不可分的关系。一般而言,由于发达国家的经济、科学技术、文化有着较高的发展水平,这些国家不仅有坚实的物质基础,而且公民具有较强的民主观念和权利意识,对民主政治的要求相应较高。相对而言,发展中国家的政治、科学技术、经济、文化的发展不够发达,公民的民主权利意识比较淡薄,这些都对政府信息公开法制建设、实现公民信息权的重视程度形成直接影响。

2. 各国政府信息公开法制建设具有不同的模式和机制

国外政府信息公开立法模式归纳起来有两种:一种是单纯制定一项法律规定行政机关向社会公众开放其信息的,以满足社会公众对信息的需求,如墨西哥2002年公布的《信息公开法》;另一种是通过信息公开将行政管理过程向社会和公众开放,除非法律另有规定,任何公民都有权了解与行政管理有关的政府信息,从而使政府行政过程接受全民的监督,如美国的信息公开立法。各国政府信息公开法制的模式和体系取决于已有的政治文化和法律体系。各国政府信息公开立法中对适用主体的规定上存在不同模式,有的国家司法机关受信息公开法的调整,如英国、瑞典、奥地利、法国、希腊和雅典;一些国家将法院排除在外,如西班牙、葡萄牙、荷兰、意大利、德国等;而在苏格兰等地,其信息自由法还适用于议会。① 另外,在监督机制上,有些国家由信息专员(CIO)实施对政府信息公开的监督,有些则由议会监督专员负责监督。这实际上是不同国家不同的法律和权力体系在政府信息公开法

---

① 肖竹.全球政府信息公开的基本特点与发展趋势[N].中国改革报,2008－04－02(6).

制上的体现。

3. 各国政府信息公开立法呈现出公民信息权利逐步扩大的趋势

20 世纪初期,各国信息公开立法制度中表现出的特点有:公民不能向政府请求公开信息;政府公开信息多采用主动公开方式;公开内容也多为便于统治而需要公布的信息;公民仅享有向政府请求排除妨碍的请求权。根据该阶段信息公开制度的特点,学者们一般认为初期阶段的信息公开的基本权力基础是"表达自由",属于自由权性质。随着信息社会的到来以及民主政治的发展,信息公开制度公开方式在原有的请求国家排除妨碍的基础上,公民逐渐享有请求行政机关提供信息的请求权;行政机关提供信息成为义务,其中请求公开尤其是现代国家的重点;国家不仅仅是为了统治的需要任意公布信息,还是为了满足公民个人人格发展的需要。① 与此同时,法律的适用主体和权利客体范围逐步扩大,受信息公开法调整的政府机关逐渐增多、公民可获取利用的信息范围越来越大,从最初"通过启开的一条门缝窥探",已发展为有条件的开放利用。公民可利用的信息形式从单一的纸质扩大为各种载体的信息,信息可被利用的时间则趋于加快。

总之,世界各国对于公民信息利用权利已从最初的法定权利实现了向实有权利的转化,公民信息权的理念已深入人心。虽然即使在以主张人权著称的美国等发达国家,信息公开法律实施的过程中也会有种种波折,如政府机关不适当地拒绝公民的信息公开请求等,"政府依然保守了太多不应保守的秘密,太多需要公开的内容依然没有公开"②,但是可以显见全球政府信息公开的历史潮流已是无法阻挡。

第二节　我国档案开放与政府
信息公开的发展变迁

一、我国古代的档案封闭

公民信息权是民主社会的产物,在我国古代专制社会中虽然也有一定

---

① 刘飞宇.转型中国的行政信息公开制度[M].北京:中国人民大学出版社,2006:20.
② 斯蒂格利茨.自由、知情权和公共话语——透明化在公共生活中的作用[J].宋华琳,译.环球法律评论,2002 秋季号.

"公开"的因素，但国家公布法律等信息纯粹是基于管理与治民的需要，不具备任何民主政治上的意义。皇权的权威往往要借助神权的力量以显示其至高无上，行政信息的保密几乎是每一个统治者行使权力的必需。在我国漫长的封建社会中，作为权力象征的现行文件和档案是为统治者服务的御用工具，一直处于严格的封闭状态，只有为数极少的官员才有机会接触。至于信息利用是统治者的特权，普通公众根本无权问津。我国历代统治者不仅相继建立"天府""石渠阁""架阁库""皇史宬""内阁大库"等规模宏大的专门建筑设施，把档案密藏于"石室金匮"中，而且还制定了各种严刑酷律以严防泄密。如秦代档案正本存中央禁室，私入禁室偷看、改削者死罪。① 与世界各国一样，我国古代档案馆(库)也具有附属性、封闭型、世袭性、单一性的特点。② 即古代档案馆(库)是国家权力的附属物，不具有独立机构的地位，直接受控于国家权力；对外严加保密，不向社会或公众开放；管理者可世代相传；档案机构的性质与馆藏档案来源单一，仅收藏有来源于国家行政管理的文件、档案。

二、档案馆走向开放的历史性转折

在我国，由于 1949 年以来文件、档案工作一直是由政府机构内设置的机要秘书性质部门和人员负责，故长期以来"封闭"成为其特征。

50 年代末，我国明确了档案馆的性质：省(县)档案馆是省(县)政府直属的文化事业机构。由于有的县档案馆还承担着县委机关档案室工作，故同时又是隶属于县委秘书部门的机构。各级地方档案馆的基本任务是：集中各级机关需要长期和永久保管的档案，积极提供利用，为地方党政领导工作、生产建设和科学研究服务；并在当地党委的统一领导下，参加或承担地方史志的编修工作。③ 但是鉴于当时的实际情况，档案工作整体都被视为机要工作，强调档案工作的政治性、机要性，从而使档案馆作为独立文化事业机构的性质被淡化，在很长一段时间内，档案馆始终被人们视作闲人免进的机关重地，是一级保密单位。

作为保存"社会记忆"档案信息的专门场所，档案馆在成为政府信息公开指定机构之前，它的大门从封闭到开放已经历了三次历史性转折。

---

① 张世林.档案信息利用法律研究[M].北京：中国法制出版社,2004：244.
② 王德俊.档案立法、档案机构和档案基础建设的连续性与变化[M]//国家档案局,中央档案馆.第十三届国际档案大会文件报告集.北京：档案出版社,1997：101.
③ 邹家伟,等.中国档案事业简史[M].北京：中国人民大学出版社,1985：80.

（一）第一次历史性转折

十一届三中全会后，档案馆的开放迎来了第一次历史性转折。在改革开放宽松的外在环境形势下，我国哲学社会科学界带头倡议，鉴于社会各界尤其学术界的迫切要求，1980年5月中共中央书记处正式做出了向史学界和有关部门开放历史档案的决定。这一决策"打破了我国千百年来档案只为官用不准民用的禁锢"。① 国家档案局在当年召开的全国档案工作会议上部署了各级国家档案馆开放1949年前历史档案的工作。1985年，全国档案工作的管理体制进行改革，把原来由各级党委秘书长直接领导（不设秘书长的县委由办公室主任直接领导）的地方各级档案馆改为归口各级档案局管理。这一改革措施，为把档案馆建设成脱离对国家政治机器的依附，成为相对独立的文化事业机构奠定了基础。② 1986年，国家档案局印发《档案馆开放档案暂行办法》，扩大了档案向社会开放的范围，"中华人民共和国公民和组织持有合法证明，可以利用已经开放的档案"。利用对象从学术界扩展到每一个公民，它表明档案向公民个人公开迈出了关键的一步。

我国档案利用服务专家戴志强认为，从1980年5月至1987年底，这一时期的档案开放工作由于各级国家档案馆基础工作等条件相对薄弱，反映出起步阶段的一些特点：① 开放范围仅限于馆藏旧政权档案和革命历史档案资料；② 检索手段不仅是手工检索，而且仅有案卷目录和少量专题文件卡片；③ 原件利用难以满足"多人共用"的需要；④ 利用目的单位工作查考、编史修志为主；⑤ 服务方式以接待查阅为主；⑥ 利用制度很不完善，基本上以馆长审批决定为主。③

（二）第二次历史性转折

1987年9月，《档案法》的颁布为档案馆的开放迎来了第二次历史性转折。在总结我国实际情况并参考国际惯例的基础上做出"国家档案馆保管的

① 马长林,戴志强,等.档案信息公开理论与方法[M].上海：上海社会科学院出版社,2007：14.
② 黄菊艳.新世纪综合档案馆的走向[M]//中国首届档案学博士论坛论文集编委会.21世纪的社会记忆——中国首届档案学博士论坛论文集.北京：中国人民大学出版社,2001：130.
③ 戴志强.综合档案馆深化档案开放工作的思考[EB/OL].http://www.archives.sh.cn/dalt/daggz/201203/t20120313_9715.html.

档案,一般应当自形成之日起满三十年向社会开放"的规定。自 1988 年 1 月 1 日《档案法》的正式实施起,档案开放作为我国档案工作的一项根本制度,使公民利用档案的基本权利以法律条文的方式得到了规范和确认,我国档案开放工作进入了"法治"阶段。

从 1988 年 1 月至 2008 年 4 月是我国档案开放工作的发展阶段,这一阶段档案开放工作的特点是:① 开放范围由 1949 年前历史档案扩大到 1949 年后形成已满 30 年的党政档案等;② 检索手段开始以计算机检索唱主角,并向社会公布案卷级开放目录;③ 尽管档案利用仍以原件为主,但档案缩微胶片、档案文献汇编,甚至全文数字化档案已部分取代档案原件提供利用;④ 在利用目的上尽管仍是工作查考、学术研究查档占多数,但百姓个人查档情况发生了从无到有、由少到多的变化;⑤ 服务方式从开放档案的查阅接待发展到举办展览、出版史料、学生课堂、网上服务等多种途径的主动服务;⑥ 利用制度方面逐步建立了与《档案法》及地方法规配套的、以档案开放利用为中心的管理制度。部分档案馆还设立了专家咨询性质的档案鉴定委员会。①

(三) 第三次历史性转折

进入新世纪,社会信息化发展及政府职能进一步转型,各地在政府信息公开法制化基础上的实践,特别是 2008 年 5 月 1 日《政府信息公开条例》在全国范围的正式实施,使档案馆第三次面临历史性转折机遇。《政府信息公开条例》第十六条"各地人民政府应当在国家档案馆、公共图书馆设置政府信息查阅场所,并配备相应的设施、设备,为公民、法人或者其他组织获取政府信息提供便利"中把"档案馆作为政府信息公开场所"这一条款明确写入了各地政府信息公开规定中,以法规的形式规定了档案馆所要承担的职责,使之成为信息公开服务社会的一个重要组成部分和指定场所,确立了档案馆作为政府公开信息集中查阅"窗口"的地位。

三、政府信息公开的发展历程

(一) 发展阶段的划分

有研究者认为,我国政府信息公开制度的发展沿革分为四个阶段,一是

---

① 戴志强.综合档案馆深化档案开放工作的思考[EB/OL].http://www.archives.sh.cn/dalt/daggz/201203/t20120313_9715.html.

1949 年前后的萌芽阶段;二是 1954—1978 年的初步形成阶段;三是 1978—1992 年的制度转型阶段;四是稳步发展阶段。①

　　对此笔者持不同观点:中华人民共和国成立初期,我国政府信息主要还是由国家控制,不对公众公开。信息公开的内容主要是法令、报告、政府组成人员等公共信息,公布的载体主要是《人民日报》和新华社的通告,这些公开措施是作为保密的例外形态而存在的,计划经济体制及对于政府行政的固有观念使这种公开仍然只是处于为便于公共权力行使的目的状态,是实现中央政权的辅助性行政措施。因此这种主动公开方式实质上并没有民主政治和公民权利上的意义,也就是说,所谓信息公开的萌芽应后移至 1954—1978 年即第二阶段才出现。1954 年我国第一届全国人民代表大会通过了《中华人民共和国宪法》,该法第十七条规定:"一切国家机关必须依靠人民群众,经常保持同人民群众的密切联系,倾听群众的意见,接受群众的监督。"而实现监督必须是在公众了解行政信息的前提下,但这里并没有我国政府向公众公开信息的具体规定,况且公民权利以总体的形式存在,离公民个人的实有权利还有距离。因而,笔者认为此阶段只能看作是我国进入宪政时期开始具有一种行政监督意向或称行政信息公开萌芽的显现。

　　1978 年党中央召开十一届三中全会后,我国开始了经济市场化、政治民主化和国家法制化进程。国内政治经济改革的客观形势,国际上民主政治的发展潮流,国门的开放和公众经济物质生活的日渐富足,使公民的权利意识呈现觉醒并增强的态势。1984 年 9 月,邓小平同志提出"开放信息资源,服务四化建设",国家一系列方针政策也都提出重视发展社会主义民主政治的明确要求,把公开作为保障公民实现民主选举、民主决策、民主管理和民主监督的重要途径。1987 年党的十三大报告明确要求:"提高领导机关的开放程度,重大事情让人民知道,重大问题经人民讨论。"1989 年,李鹏在政府工作报告中明确指出:"处理同广大人民群众利害相关的事情,要积极推进公开的办事制度,公开办事结果,要增加政府活动的透明性,强化各种制约机制,使各级政府权力的行使都严格置于法规制度的规范约束和广大群众的监督之下。"

　　转型时期无论在国家领导层面还是学者研究层面,强调论证的都是政府信息公开对行政管理顺利进行的监督保障意义,发布行政信息作为政府机关的一种权力而非应尽的义务。尽管是以行政机关主动公开信息和档案

---

① 朱春霞.论信息公开[D].上海:复旦大学,2005:48.

馆已公开档案为主,公开范围较窄,但已出现对公益、私益的衡量,这在我国政府信息公开制度的发展过程中是一大进展。[①] 信息公开的内容和方式在原有基础上有所增加,而且与以前相比,人们已具有一定程度信息公开观念和信息权利意识。因此笔者认为,这一阶段应作为信息公开初步形成阶段。

进入 20 世纪 90 年代,随着市场经济体制的逐步建立、民主制度的不断完善,政府为民服务的意识和公民的信息权利意识明显增强,我国已进入信息公开快速发展阶段。党的十五大、十六大报告均提出了比以前更高的目标,十七大报告更是以大量篇幅提出推进政务公开、保障公民相关权利,如"扩大人民民主,保证人民当家做主。人民当家做主是社会主义民主政治的本质和核心。要健全民主制度,丰富民主形式,拓宽民主渠道,依法实行民主选举、民主决策、民主管理、民主监督,保障人民的知情权、参与权、表达权、监督权","确保权力正确行使,必须让权力在阳光下运行","完善各类公开办事制度,提高政府工作透明度和公信力"等。我国一些法律法规之中也不断出现有关行政公开的法律法规,如《立法法》和《行政处罚法》中都有涉及政府信息公开的内容。

（二）特定事件的促进

2001 年 12 月,我国经过 10 年的努力终于成功加入了世界贸易组织(WTO),这不仅意味着我国的经济将会更快地融入世界经济发展的轨道,而且意味着中国必须严格遵从世界贸易组织的规则。WTO 有一项重要的基本原则就是透明度原则,是指一国的国内法律、法规。规章、政策以及各种实际措施的公开性和政府行为的可预见性。透明度原则目的就是要防止和清除成员国政府的不公行行政惯例给国际贸易带来的障碍,同时便于对成员国政府执行世贸组织各项协定和履行市场开放的承诺进行监督。信息公开作为基本要求几乎贯穿于 WTO 的所有法律文件中,入世就需要让大量的境外企业和商业机构了解我国各种相关的贸易和保障政策,尽可能向社会公布各种可以公开的信息,从不透明、半透明政府向透明政府转变,从而营造出一个公平的竞争环境。加入世贸组织的这些制度要求无疑给我国政府信息公开制度的推进带来了积极因素。"加入世贸组织后,许多成员国要求我国认真履行透明度原则以及我国入世关于透明度的具体承诺,这将成为推动我国政府

---

① 朱春霞.论信息公开[D].上海:复旦大学,2005:51.

信息公开法治化的强大动力。"①

2002 年底,"非典"病例开始在中国南方一些地区出现,政府有关部门对信息垄断未及时公开,直至数月后才对外界发布新闻。2003 年 4 月中旬时任国家卫生部部长张文康接受凤凰卫视采访时表示:中国的国情不适合每天在报纸上报告疫情,尤其不适合铺天盖地,风声鹤唳,弄到老百姓生活都不安宁。② 由于信息公开不及时,使社会和广大公民不能及时从正规渠道获取信息并掌握情况,谣言大行其道,导致公众对政府的信任度降低。"非典"之后,社会各界特别是学术界、媒体及互联网关于信息公开的讨论十分热烈。受各方的关注和呼吁,相关立法进程明显加快。③ 除上述事件外,广西南丹矿井透水案、禽流感事件等都使公民对政府信息公开的重要性及自我信息权、知情权的实现有了进一步认识,社会各界关于信息公开立法的呼声日渐高涨,客观上对中国政府信息公开的加速推进起到了促进作用。

(三) 各地立法的进程

近年来,我国各地方政府和国家机关系统纷纷以各种方式推行政务公开,并分别制定出台了关于政府信息公开专门规定,各地的信息公开实践极大地推动了我国信息公开的进程。

2002 年 11 月 6 日,广州市人民政府公布《广州市政府信息公开规定》,并于次年 1 月 1 日开始实施。该规定是中国内地第一部系统地规范政府信息公开的地方性规章。在这个规章中明确提出:政府是信息公开的义务人,老百姓是信息公开的权利人,并把信息公开纳入政府日常工作范围。2004 年 1 月 20 日上海市人民政府发布《上海市政府信息公开规定》。作为全国第一个省级政府信息公开规章,该规定在提高政府管理的公开性和透明度、保障公民的信息权和维护自身合法权益、形成全社会对政府行政行为的监督机制等方面做出一系列具体规定。随后,全国各地政府纷纷出台政府信息公开规定。据 2006 年的一项调研成果表明:全国 31 个省、自治区、直辖市政府已建立政务公开制度;15 个副省级城市建立了政府信息公开制度;中央有 36 个部委制

---

① 韩大元,杨福忠.试论我国政府信息公开法治化[J].国家行政学院学报,2004(2):58-62.

② 王芳.阳光下的政府——政府信息行为的路径与激励[M].天津:南开大学出版社,2007:156.

③ 王芳.阳光下的政府——政府信息行为的路径与激励[M].天津:南开大学出版社,2007:158.

定了政务公开规范性文件。各地、各部门已普遍建立政务公开基本制度，有的还建立了政务公开考核评议制度和责任追究制度。① 地方政府关于信息公开的规定不仅为这些地区政府信息公开建立了法规保障，而且为国家层面的政府信息公开立法起到了前期探索的作用。

我国各地政府在法制化的基础上进行信息公开的初步探索。2000 年 4 月，深圳市档案局试办了全国首家文件档案信息服务中心，在全国开已公开现行文件利用之先河，为社会公众提供党和政府有关现行政策法规文件、档案信息等方面的查询和阅览。2001 年后，北京、上海、江苏、山东、浙江等省市相继开展了政府信息公开工作，越来越多的档案机构建立了"政府公开信息集中查阅中心"，政府信息查阅工作在全国全面展开。截至 2006 年全国已有近 2 500 个县以上国家档案馆开展了该项工作，占国家档案馆总数的 80％以上。② 其中北京、上海、广东地区已达到了百分之百。各地区都把档案馆推向了政府信息公开的前沿。"档案馆作为政府信息公开场所"这一条款明确写入了各地政府信息公开规定中，不仅把档案馆前几年开展的已公开现行文件利用工作提升到政府信息公开的层面上，而且确立了档案馆作为政府公开信息集中查阅"窗口"的重要地位。

2002 年底，北京市初步实现政府面向全社会的审批、管理和服务业务上网以及政府内部电子化、网络化办公，到 2005 年底，将建成电子政务网络系统和信息资源库，开展网上互交式办公。与此同时，上海市建立公众信息服务系统，实行政府审批事项的协同处理，提供面向全社会服务的共享信息资料。上海市政府编制了《上海市政府信息公开目录》并通过政府门户网站等载体和形式主动公开政府信息。上海市档案馆新馆开馆，作为市政府信息公开的窗口，提供政府信息的集中查阅。在此基础上，上海各区县档案馆全部开设政府公开信息集中查阅。除此之外，市民还可通过拨打咨询热线电话、发送电子邮件、现场咨询等途径获取政府信息。从全国范围来看，各地档案局(馆)在相关政策的支持下相继开展了现行文件利用服务工作。

作为政府信息公开的指定场所，档案馆为公众获取信息提供了更广泛的平台，加快了档案馆参与公共服务的进程。档案馆越来越多地承担起了政府

---

① 莫于川,等.中华人民共和国政府信息公开条例释义[M].北京：中国法制出版社,2008：4.

② 档案事业发展综述[EB/OL].http：//www.gov.cn/test/2005－06/29/content_10902.htm.

信息公开工作,从接受公开文件目录及文件、主动公开政府信息到受理信息公开申请等等,全面对社会提供现行文件利用服务。我国的综合档案馆不再是过去那种提供单一档案信息服务的机构,而是正在走向开放、走向公共档案馆的发展之路。

第三节　政府信息公开制度的分析与比较

《政府信息公开条例》是我国第一部全国性的政府信息公开法律制度,虽然它的颁布仅仅是起步,没有像世界上大多数国家那样放到信息公开"法"的地位上,但《政府信息公开条例》明确了政府机关有公开政府信息的义务,公民则享有相应的一系列权利。因此,条例出台后,受到了各方关注,还被评选为 2007 年"十大宪政事件之一"。《政府信息公开条例》立法专家接受记者采访时指出,"条例的颁布对于公众来说,最直接的意义就是公众获取政府信息,有了直接的法律依据;对于政府部门来讲,公开就是义务,公开成了政府必须履行的职责,'不管你主观上愿意、不愿意公开,其实没有选择,那是你必须做的'","条例的出台对于阳光政府的建设、政府信息为公众充分利用,以及对于公众参与行政管理都具有十分重要的意义"。①

本研究并非以信息公开法规制度为主要研究对象,但鉴于信息公开制度与本研究的密切关系,故需对《政府信息公开条例》等我国信息公开法规中有关公民信息权的若干制度规定做简要分析,以利于后面的研究。下面着重从《政府信息公开条例》的基本原则、范围、方式与程序等制度规定以及组织、监督保障机制等直接有关公民信息权方面的规定进行解读,以便考察我国政府信息公开制度实施中公开什么、怎样公开以及如何保障公开等公民信息权的具体落实问题。

一、《政府信息公开条例》中有关公民信息权规定的解读

《政府信息公开条例》于 2007 年 4 月 5 日正式颁布出台,2008 年 5 月 1 日起在全国范围实施。这部条例的出台,标志着中国各级政府迈向"公开时

---

① 郄建荣.各级地方政府　你们准备好了吗? [N].法制日报,2008 - 01 - 28(7).

代"，成为继行政许可法之后政府的"又一次自我革命"。①

（一）基本原则

原则具有宏观指导意义，《政府信息公开条例》的基本原则是权利和义务等各个主体在信息公开实践时必须遵循的基本准则。分析《政府信息公开条例》，可见其基本原则大致上属于国际通行的信息公开原则：

（1）公开原则。这是信息公开制度中最为基本、最为核心的原则。它强调公开是原则，不公开是例外。由于政府信息公开实践中的一个最大难题在于合理地确定公开与不公开的范围，为避免传统思维方式的影响，避免国家机关工作人员以各种借口扩大不公开的范围，架空政府信息公开制度，有必要将公开作为原则确立下来。② 公开原则使公开范围达到最大化，使公众和机关工作人员改变以往的思维定式与工作方式，体现了政府信息公开制度的基本精神。

（2）权利原则。权利原则始终贯穿于《政府信息公开条例》的各个条款中，成为整部条例的基础和基石。明确公众有获得政府信息的权利，是为了将信息公开作为政府机关的一项义务而不仅仅是一种办事制度。如果信息公开仅仅是作为政府机关的一种办事制度，就意味着政府信息可以公开，也可以不公开，随意性比较大，实施中缺乏保障和制约。③ 将信息公开作为一项权利设置，可以使整个条例更具有可操作性，这也是各国现行信息公开制度通行的基本原则。

（3）及时原则。政府信息与瞬息万变的社会生活密切相关，一般都具有较强的时效性，随着时间的推移，会降低信息对人们的参考利用价值，难以达到公开的效果和目的。《政府信息公开条例》规定行政机关应当编制、公布政府信息公开目录和指南并及时更新，对属于主动公开范围的政府信息原则上应当在其形成或者变更之日起 20 个工作日内予以公开。及时原则要求缩小信息形成与信息发布之间的时间差，这样能最大限度地增强政府行政的透明度，同时使公开义务主体严格按照公开程序进行公开活动，避免推托、延迟等现象的发生，提高信息公开的有效度。

（4）安全原则。即利益平衡原则。政府信息公开是一项以落实和保障公民信息权力为目的的制度，其制度构建应当始终坚持权利本位。但是，对个

---

① 国网.对于政府信息公开的三点期待[N].江苏科技报,2008 - 04 - 21(A10).
②③ 周汉华.中国政府信息公开问题的深度分析[J].中国信息界,2003(10S)：8 - 12.

人权利的实现和保障不等于应当无视公共权力和利益,因此《政府信息公开条例》第八条规定:"行政机关公开政府信息,不得危及国家安全、公共安全、经济安全和社会安全。"个人或组织在行使其信息公开权利时,不得侵犯包括个人隐私、商业秘密等其他个人和组织的合法权益,以及国家秘密和社会公共利益。

此外,《政府信息公开条例》还有免费原则、便民原则、准确性原则及救济原则等,在此不具体详述。受《档案法》规范的档案信息公开还确定了自由利用原则、安全原则和公开便民原则等与此相类似的原则。

(二)公开范围

公开政府信息的范围是政府信息公开制度的核心。信息法能否真正保障公众的信息知情权,主要表现在信息公开范围的大小。原先的政务公开大多是办事制度公开,有些地方形象地称之为办事过程与结果的"两公开"。条例的制定,将大大地扩大公开的范围,政府机关不但要公开办事程序与结果,还要公开手中掌握的大量信息。① 《政府信息公开条例》有关政府信息的公开范围有主动公开范围和依申请公开两种范围。

1. 主动公开范围

《政府信息公开条例》第二章就政府信息的公开范围作了完整规定,首先规定了属于政府主动公开信息范围的基本要求,然后列举式地规定了各级政府除了主动公开的信息外,还应重点公开的政府信息。《政府信息公开条例》第九条规定了行政机关对符合四项基本要求的信息应当主动公开,分别是:

(1)涉及公民、法人或者其他组织切身利益的;

(2)需要社会公众广泛知晓或者参与的;

(3)反映本行政机关机构设置、职能、办事程序等情况的;

(4)其他依照法律、法规和国家有关机关规定应当主动公开的。

行政机关应当按照上述要求,确定主动公开政府信息的具体内容。为了保证主动公开的要求能够落到实处,条例还根据县级以上各级人民政府及其部门、乡(镇)人民政府的工作职责,规定了县级以上政府及其部门应当重点公开的十一条事项,以及市、县政府和乡镇政府应当重点公开的事项等(详见《政府信息公开条例》第十条至第十二条规定)。

---

① 周汉华.政府信息公开条例将带来六大变化[N].人民日报,2007－02－14(13).

2. 依申请公开范围

如果说公开政府信息的范围是政府信息公开制度的核心的话，那么依申请公开则是核心中的矛盾焦点。依申请公开在政府信息公开制度中占有重要位置，其核心是公众的信息公开请求权。依申请公开政府信息，通常直接影响个人和组织的权利行使，对申请者的利益和主张具有极其密切关系，并且在一定情况下可能和国家利益、公共权力以及其他个人的权力和利益发生矛盾。因此，依申请公开制度的确定与运行往往比较复杂。政府信息公开过程中形成的诉讼案，以依申请公开者居多。

如果说主动公开范围是政府"想要公民知情"的信息，那么依申请公开范围就是"公民想要得到"的信息。依申请公开是不断强化政府公共服务职能以及大力推进政府信息公开的形势下，我国政府为满足公民信息权的一项积极举措，也是国际上政府信息公开制度的通行惯例。《政府信息公开条例》中对依申请公开范围无具体规定，只是在第十三条规定了"公民、法人或者其他组织还可以根据自身生产、生活、科研等特殊需要，向国务院部门、地方各级人民政府及县级以上地方人民政府部门申请获取相关政府信息"这一权利。

关于依申请公开范围的设置，需要各方面因素的权衡。首先有关特殊性的考虑。正如国务院法制办公室领导在国务院新闻办公室召开的新闻发布会上答记者问所解释的，"依申请公开是政府机关满足特定主体获取政府信息的需要，是对特殊人群点对点的服务。因为政府信息量大、面广，涉及社会生产、生活的各个方面，有相当一部分人和事因为生产、工作、科研的需要，需要特殊的信息服务，依法申请信息公开就是为这种特殊需要而设立的一项制度。"①此外有关安全性和保密机制的考虑。依申请公开的信息不等于申请后一定能公开，相反，相当部分的被申请公开信息属于不公开范围。

3. 法规制度对信息公开的规制

（1）《政府信息公开条例》中就以多个条款对政府信息公开的内容范围、保密要求及审查机制等方面进行了限制。例如，第八条"行政机关公开政府信息，不得危及国家安全、公共安全、经济安全和社会稳定"；第十四条"行政机关应当建立健全政府信息发布保密审查机制，明确审查的程序和责任"，"行政机关在公开政府信息前，应当依照《保守国家秘密法》以及其他法律、法

---

① 国网.对于政府信息公开的三点期待[N].江苏科技报,2008－04－21(A10).

规和国家有关规定对拟公开的政府信息进行审查","行政机关对政府信息不能确定是否可以公开时,应当依照法律、法规和国家有关规定报有关主管部门或者同级保密工作部门确定","行政机关不得公开涉及国家秘密、商业秘密、个人隐私的政府信息";"行政机关发布政府信息涉及其他行政机关的,应当与有关行政机关进行沟通、确认,保证行政机关发布的政府信息准确一致。行政机关发布政府信息依照国家有关规定需要批准的,未经批准不得发布"等等。

(2) 对依申请公开的政府信息,《政府信息公开条例》第二十三条规定:"行政机关认为申请公开的政府信息涉及商业秘密、个人隐私,公开后可能损害第三方合法权益的,应当书面征求第三方的意见;第三方不同意公开的,不得公开。"此外,依申请公开政府信息往往还受如地方法规、行业业务法规、规则等等的限制。

(3) 属于档案范畴信息的公开利用须受《档案法》调整,《档案法》第十九条规定:"国家档案馆保管的档案,一般应当自形成之日起满 30 年向社会开放。经济、科学、技术、文化等类档案向社会开放的期限,可以少于 30 年;涉及国家安全或者重大利益以及其他到期不宜开放的档案向社会开放的期限,可以多于 30 年,具体期限由国家档案行政管理部门制订,报国务院批准施行。"第二十二条规定:"属于国家所有的档案,由国家授权的档案馆或者有关机关公布;未经档案馆或者有关机关同意,任何组织和个人无权公布。集体所有和个人所有的档案,档案的所有权公布,必须遵守国家有关规定,不得损害国家安全和利益,不得侵犯他人的合法权益。"

(4) 档案信息的依申请公开还要接受《档案法实施办法》等《档案法》配套法规的限制。如《档案法实施办法》第二十二条规定,公民需要利用档案机构保存档案的,须经档案保存单位同意。《机关档案工作条例》第二十一条规定:"机关档案室的提供利用不同于国家综合档案馆提供利用。机关档案部门保管的档案,是现行档案,主要供本机关和上级主管机关使用,不属于开放范围。对外提供利用需经上级主管机关批准。"

(5)《中华人民共和国行政复议法》第二十三条对依申请公开也有相关规定:"申请人、第三人可以查阅被申请人提出的书面答复、做出具体行政行为的证据、依据和其他有关材料,除涉及国家秘密、商业秘密或者个人隐私外,行政复议机关不得拒绝。"此外,档案信息的依申请公开还要接受《保密法》等一些保密法规的制约。

对信息公开范围的限制是世界各国的通行惯例,就犹如电脑中的"防火墙"一样，信息公开中安全保密是不可或缺的重要部分。而依申请公开信息的范围通常则需受到更为严格的限制。毫无疑问，这种制度设计对国家及公民信息安全的保护有其合理的一面。但令人遗憾的是，这种种规定中有不少条款和概念本身就含糊、模棱两可，如"不得危及国家安全、公共安全、经济安全和社会稳定""行政机关不得公开涉及国家秘密、商业秘密、个人隐私的政府信息"等如何界定？而这往往会给相关机关随意不公开信息提供了借口和机会，也给公众信息权的实现增加难度和不确定因素。

（三）公开方式

《政府信息公开条例》中规定的主动公开和依申请公开方式分别属于依职权行政行为和依申请行政行为。政府信息公开实行主动公开和依申请公开双向流程，这不仅是国际惯例，也是世界各地政府信息公开制度的主要内容之一。

1. 主动公开方式及其途径

主动公开即行政机关主动将某些信息向社会公众予以公开的行为。《政府信息公开条例》规定"行政机关应当编制、公布政府信息公开目录和指南并及时更新，对属于主动公开范围的政府信息原则上应当在其形成或者变更之日起 20 个工作日内予以公开"。《政府信息公开条例》第十六条规定："行政机关可以根据需要设立公共查阅室、资料索取点、信息公告栏、电子信息屏等场所、设施，公开政府信息。"我国政府信息主动公开的途径多种多样，如在国家档案馆、公共图书馆设置政府信息查阅场所、政府机关办公地点等，近年来通过网站、热线、媒体以及微博、微信公众号等新媒体方式公开信息也越来越盛行。

（1）档案馆等政府信息查阅点。《政府信息公开条例》赋予各级国家档案馆为公众、法人或者其他组织提供政府公开信息的重要职能，在第三章第十六条中明确规定"各级人民政府应当在国家档案馆、公共图书馆设置政府信息查阅场所，并配备相应的设施、设备，为公民、法人或者其他组织获取政府信息提供便利"，明确了各级国家档案馆在政府信息公开工作中的目标、地位和任务。此外，北京、上海、江苏等一些省市打造政务服务中心、市民服务中心等政府信息公开平台，服务保障能力显著提升。如 2015 年四川省在全省各级政务服务中心开设查阅点 5 747 个，接待人数 838 万人次；各级档案馆开设政府信息公开查阅点 554 个，接待人数 94 万人次；各级图书馆开设查阅点

1 161个,接待人数188万人次。① 2015年江苏省近2万平方米的省政务服务中心正式挂牌运行。53家省级机关、386项行政审批事项和43项公共服务事项进驻中心集中办理,对外实行"一窗式受理、一表制申报、一次性收费、一站式服务",8个分中心同步开展服务,成为全省政务公开和政务服务的"旗舰"平台。② 上海则在全市各个街道建立市民服务中心,把信息送到了社区。

(2) 政府门户网站。网络技术以其独特的优势,使政府网站正在逐渐成为公民了解各项信息的上佳通道。每年全国各地政府机构在政府门户网站发布本地区政府信息公开工作年度报告已成制度。我国各地政府机关建立起来的门户网站,各种信息网上查询、利用的便利性,使通过网络向公众公布信息的方式已越来越普遍。如四川省2015年全省各级行政机关2015年通过政府网站公开政府信息4 362 472条。其中,省政府网站公开政府信息114 087条,市(州)各级行政机关通过政府网站公开政府信息3 911 633条,省直各部门通过政府网站公开政府信息336 752条。③ 2015年上海市改版"中国上海"门户网站,优化栏目设置,更加关注公众信息需求,政府信息公开专栏访问量超过7 000万,有效发挥了政府网站在政府信息公开中的第一平台作用。④ 2015年江苏省新设立江苏省政府门户网站管理中心,统筹负责网站建设管理和服务,开展全省政府网站专项整治行动,对不合格网站及时督促整改,永久关停482家,精简率10.7%;优化栏目1.5万个,更新"僵尸"栏目1.1万个;完善办事服务5.8万项,信息更新的及时性、网站内容的准确性有了较大改观,互动回应、办事功能等栏目不断完善;与民生密切相关的一批政府部门网站受到公众广泛关注,省人力资源保障厅网站全年浏览量达到2.7亿次,政府信息公开频道访问量达到165.3万次,是2014年访问量的4.5倍。⑤ 北京依托"首都之窗"政务门户网站,搭建了"一站式"政务服务平台,实现信息发布、网络、实体政务服务系统有效对接。此外,还采用政务云平台的方式,整合现有资源建立"1+16+N"网上政府服务大厅体系,实现全市四级

---

①③ 四川省人民政府.四川省2015年政府信息公开工作年度报告[EB/OL].http://www.sc.gov.cn/10954/11064/2016/3/31/10374572.shtml.

②⑤ 江苏省人民政府.江苏省人民政府2015年度政府信息公开报告[EB/OL].http://www.gov.cn/xinwen/2016-03/31/content_5060088.htm.

④ 上海市人民政府办公厅.2015年上海市政府信息公开工作年度报告[EB/OL].http://www.shanghai.gov.cn/shanghai/newshanghai/pdf2015/gk.pdf.

政务服务体系的互联互通和资源共享，①将政府网站打造成政府信息发布、互动交流和公共服务的平台。

（3）媒体与在线公开。四川省 2015 年全省各级行政机关通过报刊、广播、电视等其他方式公开政府信息 3 698 250 条。其中，市（州）各级行政机关公开政府信息 3 689 749 条，省政府及其部门公开政府信息 8 501 条。② 鉴于网络的交互性、发布性强等优势，"政府在线""在线访谈"等政府信息公开方式也在各地频繁采用。2008 年 5 月 1 日，《政府信息公开条例》即将正式实施之际，上海市政府网站"在线访谈"栏目正式开通。"3 条通道条条爆满，5 834 个问题热议民生，逾 3 万人在线观看，这是'在线访谈'开通首日的热火场景。"③这些年来，这一栏目根据政府工作重点、社会热点、百姓关注的民生问题，经常邀请市领导和区县、委办局负责人进行在线访谈。这一方式有助于进一步推进政府信息公开，使政府与市民沟通的渠道更加便捷通畅。2015 年北京组织市发展改革委、市环保局、市交通委等部门主要负责人，走进"市民对话一把手"直播节目，从雾霾治理、交通治堵等热点问题切入，直面舆论热点、真诚对话沟通。④

（4）政府公报。作为对政府信息进行集中公开的一种载体，政府公报已被全国各省市广泛采用。如《上海市人民政府公报》创办于 2001 年 1 月，为半月刊，分电子版和印刷版，两者同步发行。⑤ 市民可以在"中国上海"网站（http//：www.shanghai.gov.cn）和东方网（http//：www.eastday.com）上自由浏览和下载。每月的 5 日和 20 日上海市人民政府公报印刷版会按时摆放到一些书报亭、书店和邮局等场所供市民免费领取。

（5）新媒体。随着社会上新媒体的广泛兴起，政务新媒体蓬勃发展，成为信息公开一支新兴力量。江苏省全省范围内政务微博认证的账号达 11 220 个，其中粉丝数超过 50 万的有 30 个；政务微信公众号 611 个。"南京发布""江宁公安在线""无锡发布""常州车管所""宿迁之声""江苏微旅游"等一批明星微博、微信公众号位居全国前列。以"交汇点""我的南京""南京掌上公

---

①④　北京市人民政府办公厅.2015 年北京市政府信息公开工作年度报告［EB/OL］.http://zhengwu.beijing.gov.cn/zwzt/2015xxgkbn/t1428667.htm.

②　四川省人民政府.四川省 2015 年政府信息公开工作年度报告［EB/OL］.http://www.sc.gov.cn/10954/11064/2016/3/31/10374572.shtml.

③　郑红.政府公开信息 26 万条　市民近八成申请获满足——韩正成"在线访谈"首位嘉宾，与 3 万网友热议民生［N］.解放日报，2008-05-01(1).

⑤　刘恒,等.政府信息公开制度［M］.北京：中国社会科学出版社,2004：80.

交""无锡交警"为代表的一批手机客户端脱颖而出,打造出更加人性化、本地化的政府形象。政务新媒体成为信息公开的"新锐"。① 四川省 2015 年全省各级行政机关通过政务微博公开政府信息 1 020 771 条、微信 177 174条。② "上海发布"政务微博发布信息约 9 000 条,粉丝 1 172 万,继续居全国省区市政务微博首位;"上海发布"的政务微信进一步强化便民服务功能,初步构建起上海市民指尖一站式服务大厅,影响力位列全国省区市政务微信订阅号第一名。③ 北京在千龙网、"北京发布"政务微博、微信等网络媒体,刊发登载深度解读稿件近百篇,以图文并茂、可视易懂的方式向公众解惑释疑。④

近年来,各省市越来越重视信息公开方式的亲民化、开放化、便民化。除了发布微博、微信等方式外,2015 年江苏省组织省教育厅、卫生计生委、民政厅、人社厅、物价局等 10 家省级部门走进社区,与居民面对面交流义务教育、医疗卫生、养老与社会救助、就业扶持、物价收费等政策热点。编印《2014 年民生政策汇编》,在全省 223 个政务服务中心、图书馆和档案馆免费赠送公众。

此外,政府信息公开的具体方式还包括新闻发布会以及广播、电视、报刊等。在广大农村地区,公告橱窗、张榜公布等更加传统的形式仍在为公众了解和获知各类政府信息发挥着积极作用。

如图 3-1 所示,北京市 2016 年主动公开政府信息 1 000 912 条,主动公开规范性文件 9 660 件,主动公开重点领域政府信息 732 739 条。

2. 依申请公开方式及其程序

依申请公开即只有在信息申请人申请时,行政机关才决定是否公开。《政府信息公开条例》中对政府信息公开申请应当包括的具体规定中并没有要求申请人说明申请理由,可见《政府信息公开条例》体现了依申请公开方式的重要原则:申请人无须证明申请获取信息的合理性,而政府如果拒绝公开则必须承担举证责任。

---

① 江苏省人民政府.江苏省人民政府 2015 年度政府信息公开报告[EB/OL].http://www.gov.cn/xinwen/2016-03/31/content_5060088.htm.
② 四川省人民政府.四川省 2015 年政府信息公开工作年度报告[EB/OL].http://www.sc.gov.cn/10954/11064/2016/3/31/10374572.shtml.
③ 上海市人民政府办公厅.2015 年上海市政府信息公开工作年度报告[EB/OL].http://www.shanghai.gov.cn/shanghai/newshanghai/pdf2015/gk.pdf.
④ 北京市人民政府办公厅.2015 年北京市政府信息公开工作年度报告[EB/OL].http://zhengwu.beijing.gov.cn/zwzt/2015xxgknb/t1428667.htm.

主动公开情况

2016年主动公开政府信息1000912条，主动公开规范性文件9660件，主动公开重点领域政府信息732739条。
（因同一政府信息可以多种渠道和方式公开，故分类之和大于主动公开总数）

政府公报公开政府信息	政府网站公开政府信息	政务微博公开政府信息	政务微信公开政府信息	其他方式公开政府信息
4899 条	921908 条	226278 条	66479 条	75367 条

图 3-1　北京市 2016 年主动公开政府信息情况

资料来源：北京市人民政府办公厅.2016 年北京市政府信息公开工作年度报告[EB/OL].http://zhengwu.beijing.gov.cn/zwzt/2016nb/.

　　根据《政府信息公开条例》，公民申请政府信息必须到信息保存机关查询，然后按步骤进行。向行政机关申请获取政府信息的，应当采用书面形式（包括数据电文形式）；采用书面形式确有困难的，申请人可以口头提出，由受理该申请的行政机关代为填写政府信息公开申请。对申请公开的政府信息，行政机关根据下列 4 种情况分别做出答复：属于公开范围的，应当告知申请人获取该政府信息的方式和途径；属于不予公开范围的，应当告知申请人并说明理由；依法不属于本行政机关公开或者该政府信息不存在的，应当告知申请人，对能够确定该政府信息的公开机关的，应当告知申请人该行政机关的名称、联系方式；申请内容不明确的，应当告知申请人做出更改、补充；对申请公开的政府信息中含有不应当公开的内容，但是能够作区分处理的，行政机关应当向申请人提供可以公开的信息内容。行政机关认为申请公开的政府信息涉及商业秘密、个人隐私，公开后可能损害第三方合法权益的，应当书面征求第三方的意见；第三方不同意公开的，不得公开。但行政机关认为不公开可能对公共利益造成重大影响的，应当公开，并书面通知第三方。另外，行政机关收到政府信息公开申请，能够当场答复的，应当当场予以答复；不能当场答复的，应当自收到申请之日起 15 个工作日内予以答复；如需延长答复期限的，应当经政府信息公开工作机构负责人同意，并告知申请人，延长答复的期限最长不得超过 15 个工作日。

　　我国的政府信息公开工作年度报告制度要求国家各职能机关、地方政府每年均要对本机关、本地区政府信息的公开情况进行全面报告。其中依申请公开情况作为信息公开的重要部分是每年各机构年度报告的"必选题"。在这部分内容中,应报告诸如申请、答复、依申请公开政府信息收费等具体情况。此外,政府信息公开工作年度报告还要求将每年公民和组织按照法律、法规规定利用政府信息受阻而要求有关部门加以干预或司法救济如行政复议、行政诉讼、举报等情况做出具体报告。

从图3-2可以看到北京市从2008年开始实行政府信息公开以来依申请公开的情况,北京市的政府信息依申请公开从2008年起的3 631件几乎是一路上升到2014年的34 766件的峰值,2015年才有所回落达到32 271件。2016年北京市全市申请总数为34 200件,其中按时办结数为31 290件,延期办结数1 859件,其余未到答复期的按照《政府信息公开条例》时限规定在2017年答复。数年的数据统计表明,公众对依申请公开有较大的需求,同时,政府相关部门严格依照法规制度的规定进行办理。

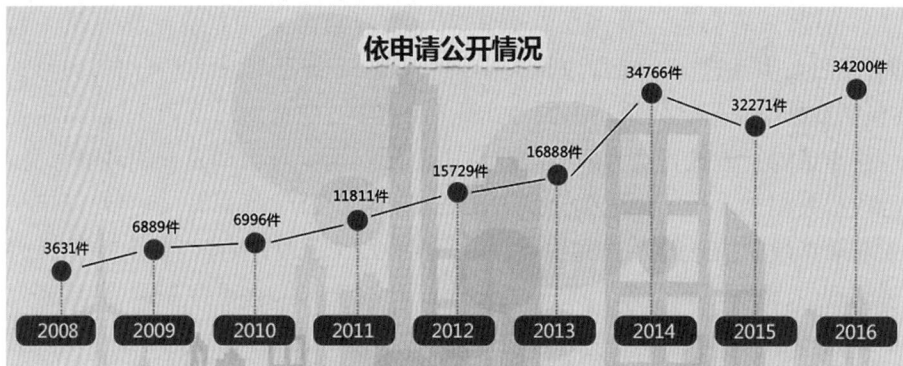

依申请公开情况

- 2008 3631件
- 2009 6889件
- 2010 6996件
- 2011 11811件
- 2012 15729件
- 2013 16888件
- 2014 34766件
- 2015 32271件
- 2016 34200件

图3-2 北京市2008至2016年政府信息依申请公开情况

资料来源:北京市人民政府办公厅.2016年北京市政府信息公开工作年度报告[EB/OL].http://zhengwu.beijing.gov.cn/zwzt/2016nb/.

二、我国政府信息公开的组织与保障机制分析

(一)组织机制

(1)组织领导机制。《政府信息公开条例》第三条明确规定:"国务院办公厅是全国政府信息公开工作的主管部门,负责推进、指导、协调、监督全国的政府信息公开工作","县级以上地方人民政府办公厅(室)或者县级以上地方人民政府确定的其他政府信息公开工作主管部门负责推进、指导、协调、监督

本行政区域的政府信息公开工作"。各级人民政府则应当加强对政府信息公开工作的组织领导。国务院办公厅是全国政府信息公开的主管机关,地方则由县级以上地方人民政府办公厅(室)或者县级以上地方人民政府确定的其他政府信息公开工作主管部门负责。政府信息公开的工作主管机关确定为政府部门的办公厅(室)负责,这主要是考虑政府部门的办公厅(室)具有担当组织协调的任务,能够解决信息公开当中所遇到的一些问题,能够起到指导者、协调者、督促者的作用。[1]　为照顾各地区现实情况,地方政府信息公开的工作主管部门也可由其他部门承担。目前,全国除香港、澳门特别行政区和台湾省外,在31个省、自治区和直辖市中,将政府信息公开的工作主管部门设在政府办公厅的有23个,设在监察部门的有6个,设在法制部门和信息化主管部门的各有1个。[2]　以上海市为例,全市成立了由分管副市长担任召集人,由市政府办公厅、市信息化委员会、市监察委员会、市政府法制办、市政府新闻办公室、市档案局等10个相关部门组成的市政府信息公开联席会议,负责研究、协调推进政府信息公开中的重要问题,明确各有关机关、部门的工作任务。市、区(县)信息化委员会负责组织、指导、推动本级范围内的信息公开工作。

(2) 公开主体。《政府信息公开条例》规定的政府信息公开主体主要是行政机关和法律法规授权的具有管理公共事务职能的组织,它们是政府信息的拥有者,也是政府信息公开义务的承担者。在我国政府信息公开义务主体范围中不包括各级人民代表大会、人民法院和人民检察院等立法、司法审判机关。以下三类机构一起构成我国政府信息公开的义务主体。

第一类是行政机关。行政机关是我国政府信息公开的主要机构,承担着我国政府信息公开的主要义务。《政府信息公开条例》明确规定"行政机关应当及时、准确地公开政府信息"。

第二类是法律法规授权的具有管理公共事务职能的组织,包括地震局、气象局、银监会等单位。

第三类是与群众利益密切相关的公共企事业单位,如教育、医疗卫生、计划生育、供水、供电、供气、供热、环保、公共交通等单位,它们在提供社会公共服务过程中也制作、获取了大量社会公共信息。公开这些与人民群众生产、生活密切相关的社会公共信息,有利于更好地保障广大人民群众获取信息、

---

[1]　国网.对于政府信息公开的三点期待[N].江苏科技报,2008 - 04 - 21(A10).

[2]　曹康泰.中华人民共和国政府信息公开条例读本[M].北京：人民出版社,2007：36.

利用信息的合法权益。为此，《政府信息公开条例》也将这部分公共企事业单位纳入了调整范围："与人民群众利益密切相关的公共企事业单位在提供社会公共服务过程中制作、获取的信息的公开，参照本条例执行，具体办法由国务院有关主管部门或者机构制定。"

（3）公开义务的分工。《政府信息公开条例》一般遵循"谁制作谁公开，谁保存谁公开"的原则，即行政机关制作的政府信息，由制作该政府信息的行政机关负责公开；行政机关从公民、法人或者其他组织获取的政府信息，由保存该信息的行政机关负责公开。

档案信息的公开，由于根据我国法律法规，政府现行文件在办毕归档之后，为工作需要应在原单位档案室保存一段时间，再按规定移交到档案馆，因此，档案信息公开可以分为两个阶段：机关档案室保管阶段和档案馆保管阶段。

在机关档案室阶段，《机关档案工作条例》规定："机关档案部门保管的档案，是现行档案，主要供本机关和上级主管机关使用，不属于开放范围。对外提供利用需经上级主管机关批准。"明确了档案保存机关的上级主管机关是决定机关档案室保管阶段该档案信息是否公开的主体。在档案移交到档案馆保管阶段，《档案法》规定："属于国家所有的档案，由国家授权的档案馆或者有关机关公布。"表明各级国家档案馆具有在遵照国家法律法规的基础上决定本馆馆藏档案是否公开的法定职能。

（二）监督保障机制

公民知情权的有效实现，取决于各级政府及其工作部门对《政府信息公开条例》的严格执行，同时也取决于对违反《政府信息公开条例》行为责任的严肃追究和对侵犯公民信息获取权的有效救济。

为突出对权利的保护，《政府信息公开条例》中专门设立了"监督和保障"一章，规定了各级人民政府应当定期对政府信息公开工作进行考核、评议；政府信息公开工作主管部门和监察机关则负责对各行政机关的政府信息公开实施情况进行监督检查；各级行政机关要在每年的3月31日前公布本行政机关的政府信息公开工作年度报告，并且对年度工作报告的内容作了详细的规定。此外，公民、法人和团体组织还可以对不履行政府信息公开义务的机关进行举报，对违反《政府信息公开条例》规定的行政机关要进行处罚。如果认为行政机关在政府信息公开工作中的具体行政行为侵犯其合法权益，公民可以依法申请行政复议或者提起行政诉讼。

在我国政府信息公开中一旦信息权利受到损害，公民可以采取的救济方式主要有：行政复议救济和司法救济。行政复议是指对信息公开决定不满者，可以向接受公开申请的政府机关或上一级政府机关提出异议申述，甚至提起行政诉讼而获得司法救济。司法救济是对政府公共权力限制的同时对公民权利的保护，一般被认为是最具有权威和最公正的救济途径。

三、中美政府信息公开制度的若干比较

政府信息公开是我国新时期建设的新问题，理论和实践上许多问题有待进一步深入研究。美国政府信息公开制度实行较早，其《信息自由法》是国际社会信息公开法制建设中最具代表性和示范性意义的法律。虽然由于国情的诸多差异，中国与美国政府信息公开制度有不少差别，但他们的很多做法对我国具有很深的启示意义，值得研究、借鉴。

（一）立法模式比较

我国《政府信息公开条例》与美国的立法模式差别较大。《政府信息公开条例》对政府信息公开内容的规定分三个层次。首先是政府原则上公开政府信息的规定。其次是应公开事项的列举式规定，如第九条列举了所有行政机关应主动公开的政府信息等。再次对不予公开的事项（如第十四条）进行原则性而非列举式的规定。虽然公开内容涵盖广泛，但是从立法方式来说，属列举式而非排除式。

美国信息公开的立法模式是原则上公开，然后对不予公开的事项进行列举式的规定的排除式，只要信息不属于除外规定的情形就应当一律公开。因此《信息自由法》没有逐条列出政府信息公开的内容，只是把豁免公开的信息种类逐条列出，对于九类例外公开进行了列举，除了这九类信息政府机关可以拒绝公开之外，其他政府文件必须公开。关于这九条信息，政府机关可以拒绝公开政府文件。当然，如果公开政府文件并不会对国家利益或社会造成损害，政府机关也可以公开例外范围内的某些材料，但不能是国家秘密或商业秘密。

虽然中美信息公开制度关于公开内容都采用列举方式，但我国是"对公开事项的列举"，这与美国"对不公开事项的列举"在公开程度上相比显然形成很大差距。"对公开事项的列举"固然有利于公众的监督，防止行政机关不予公布一些重要的信息。但是在我国信息公开基础未达到一定高度、行政机关公务员的信息公开理念和办事方式等还没完全转变前，对一些在《政府信

息公开条例》中没有列举,行政机关可以主动公开、也可以不主动公开的信息,就留存了一个"选择故意"问题以及巨大的权力空间。事实上,这部分信息不仅数量巨大而且价值重大,通常因事关公民权利和利益而备受公民的关注。而这其中的权力空间,往往会被一些行政机关人员根据利益原则刻意地、"合法"地选择利用并尽量扩大,从而影响政府信息的公共服务效能,侵害公民的信息权。

(二)实施机关比较

《政府信息公开条例》规定的政府信息公开主体主要是行政机关和法律法规授权的具有管理公共事务职能的组织如教育机构、公共交通等,行政机关是我国政府信息公开的主要机构,而这些与群众利益密切相关的公共机构在提供社会公共服务过程中也制作、获取了大量社会公共信息,公开这些与人民群众生产、生活密切相关的社会公共信息,有利于更好地保障广大人民群众获取信息、利用信息的合法利益。上述公开主体是政府信息的拥有者,也是政府信息公开义务的承担者。

美国的《信息自由法》适用于联邦政府行政机关所拥有的文件。美国对"机关"所采用的是一种功能性的定义标准,即仅仅履行咨询与协助职能的部门不属于机关。除此以外,其他的部门均属于机关。[①]

从上可以看出,中美政府信息公开的实施机关都主要是政府机关以及各种政府控制和管制的组织。司法机关和私营企业都不属于政府信息公开的实施机关,他们可以不公开自己所产生和收集的信息。

(三)获取途径比较

《政府信息公开条例》赋予国家机关及时公开政府信息职责的同时也赋予各级档案馆为公众、法人或其他组织提供政府公开信息的重要职能,国家档案馆在集中收集和综合管理上具有优势,成为公民对政府公开信息集中查阅的指定场所,并配备相应的设施、设备,为公民、法人或其他组织获取政府信息提供便利;明确了各级档案馆在政府信息公开中的地位、任务及其与行政机关在政府信息公开中的关系。其他获取途径还有信息服务中心、网络、电视、广播、报刊等。

与我国政府信息集中于档案馆或信息服务中心这一类公共场所的做法

---

① 周汉华.外国政府信息公开制度比较[M].北京:中国法制出版社,2003:51.

不同，美国一些重要的政府信息必须集中在一定的载体——"联邦登记"上进行公布，即联邦登记制度。联邦登记上公布的文件是对全体公民完全公开的信息。《信息自由法》规定，适合于全体公众的文件必须及时地公布于联邦登记上。公布这些文件的目的是让公众知晓怎样对行政机关提出意见和请求，行政决定由谁、在哪个地方、根据什么程序做出，以及行政机关其他一些最基本的问题。

目前，虽然我国还没有各政府机关公布信息的统一性刊物，但是许多省市已经建立了政府公报制度，一些关系民生的重要文件定期在政府公报上公布以便公众知晓。

（四）公开方式比较

如前文所述，我国政府信息公开的方式主要有主动公开和依申请公开。

美国《信息自由法》规定了公众了解和取得政府文件的方法，主动公开方式主要有三种：一是有些政府文件必须在"联邦登记"上进行公布，公众通过"联邦登记"获得政府文件。二是有些政府文件不需要在"联邦登记"上公布，但必须通过建立出售情报出版物制度等方式主动公开。三是既不登记又不主动公开的政府文件，公众可以通过申请公开。前两种方式行政机关必须自动负责公开，不论公众请求与否。

中美两国的政府信息公开制度都对政府信息的依申请公开做出了详细的规定。对于政府信息的申请人，两国基本上都没有什么限制。总的来说，一切机关、团体、组织和公民个人，即任何人都有权请求负有公开义务的主体履行其公开义务，并没有要求申请人说明申请理由。

（五）公开机制比较

我国《政府信息公开条例》与美国《信息自由法》最不同的地方表现在信息发布协调机制和保密审查机制的设立上。《政府信息公开条例》规定："行政机关发布政府信息涉及其他行政机关的，应当与有关行政机关进行沟通、确认，保证行政机关发布的政府信息准确一致。行政机关发布政府信息依照国家有关规定需要批准的，未经批准不得发布。""行政机关应当建立健全政府信息发布保密审查机制，明确审查的程序和责任。""行政机关在公开政府信息前，应当依照《保守国家秘密法》以及其他法律、法规和国家有关规定对拟公开的政府信息进行审查。""行政机关对政府信息不能确定是否可以公开时，应当依照法律、法规和国家有关规定报有关主管部门或者同级保密工作部门确定。"《政府信息公开条例》还对未按政府信息发布保密审查机制的情况规定了制裁措施,可见我国信息公开保密审查机制规定之严。

美国的《信息自由法》则没有规定在信息发布前应遵守哪些保密措施或者是审查机制,只是规定可以免除公开的九类事项,其他信息一律对外公开。当然,这并不是说美国政府机关在信息公开前可以不经过审查直接公开,各政府机关在信息公开前也要审查,但审查是以上述九条为标准,目的为确定所公开信息是否属于可例外公开的事项。

信息发布协调机制和保密审查机制,是我国与美国信息公开制度区别显著之处。相比之下,我国的信息发布协调机制和保密审查机制要严格得多。这种审查机制,为防止国家秘密泄露设立了最后的防线,有可能在信息公开前把一批先前"漏网"的国家秘密保守下来。但从另一角度看,我国政府信息公开公布刚刚起步,长期以来政府机关人员保密意识远远强于信息公开意识,这种信息公开机制容易造成"保密至上"的错误导向,使一些相关机关明哲保身,更为其因种种自利性因素而不公开信息提供方便,给我国原本并不平坦的政府信息公开之路设置一些人为的障碍。

(六)主管机构比较

《政府信息公开条例》明确规定国务院办公厅是全国政府信息公开工作的主管部门,地方则由人民政府办公厅(室)或者县级以上地方人民政府确定的其他政府信息公开工作主管部门负责。

美国的政府信息公开主要由政府信息首席官(CIO)主管。政府 CIO 是在政府部门中负责信息技术系统战略策划、规划、协调和实施的高级官员。在政府的每一级机构中设立一名主管信息资源的 CIO,在较高层次上全面负责本机构信息资源的管理、开发和利用,直接参与最高的决策管理。

《政府信息公开条例》的出台标志着我国政府正在迈向"信息公开时代",同时也意味着我国几千年来自上而下由大权力监督小权力的权力监督和制约方式,向自下而上由公民权利监督和制约公共权力的转变,这是一次政府的"自我变革"。"它山之石可以攻玉",我国立法实践刚刚展开,需要立足于我国现实,在实践中应借鉴、研究他国经验以不断发展、完善我国的政府信息公开制度及实践。①

---

① 张林华,宋彩珍.中美政府信息公开制度若干比较分析[J].档案时空,2008(6):12-14.

第四节　档案公共服务中的权力与权利

法律法规是规范人们行为的准绳，它属于对社会进行正式控制的范畴。无论是国家机关行使的公共权力还是属于公民的私人权利，无一不维系于法律制度这根红线。

在每一种制度中，不同的主体所获得的权力与权利往往各不相同，在法律法规的规制下，各主体所占有的资源和权力空间有多寡之别。一旦你的位置被确定，社会就会把一个大小与你的位置高低相适应的权利界定在你的位置上。一定的位置，总是几乎固定地有一个大小与之相适应的权利范围和社会资源享有范围。① 在社会转型背景下，法律给个人、组织及政府的活动空间划定界限，并给予一个相应的权力结构，以此规范各种主体的行为方式。

一、档案公共服务中相关主体的权力与义务

（一）义务主体行政机关的权力与义务

政府是受人民委托行使国家权力的机关，它在为公众和社会提供服务的过程中，有责任、有义务向公众汇报它的工作方针、政策，它的工作程序、工作过程应当是开放的，反映其活动的记录如政府信息（包括现行文件和档案）应该依法向社会公开。在政治民主化的今天，公民应当有权知晓影响其切身利益的政策和措施。及时、准确地公开政府信息，满足社会成员的信息需求及权利，是政府的责任和义务。只有行政机关承担起相应义务，积极主动地向社会公开政府信息，公民的信息权利才有可能实现和满足。

根据我国《档案法》和《政府信息公开条例》的规定，作为档案和政府信息的形成者和掌握者，行政机关在档案和政府信息公开过程中应具有的基本权力主要是开放权、公布权、决定权和解释权等权力。

（1）开放权。即行政机关应根据国家相关政策与法规，主动开放其职能行使过程中所形成的信息的权力。现行《政府信息公开条例》第六条、第十七条规定："行政机关应当及时、准确地公开政府信息"；"行政机关制作的政府

---

① 郑杭生，等.转型中的中国社会和中国社会的转型[M].北京：首都师范大学出版社，1996.

信息,由制作该政府信息的行政机关负责公开;行政机关从公民、法人或者其他组织获取的政府信息,由保存该政府信息的行政机关负责公开"。此外,《政府信息公开条例》还具体规定了行政机关在政府信息公开制度中的原则、范围、方式、场所及程序等。我国在政府信息公开中公开权是遵循"谁制作谁公开,谁保存谁公开"的原则,行政机关作为信息资源的形成者和拥有者,成为信息公开的义务和责任主体,根据法律规定决定本机关可以公开的档案和文件信息内容,这是行政机关与档案馆等其他实施信息公开主体的最大区别,同时也成为信息公开的基本前提。与开放权相对应,行政机关也依法享有对属于保密范围内信息予以保密的权力。

(2)公布权。即根据国家相关政策与法规规定,行政机关拥有对其职能行使过程中所形成的信息向社会公布的权力,包括根据信息内容决定档案和政府信息是否公开发布,以及何时、何地、通过何种方式予以公开发布的权力。信息公布权作为对信息的一种处分权力,是所有权的一种基本权能及重要表现形式,信息公布权源自信息的所有权,信息归谁所有,其公布权也就归属于谁。《政府信息公开条例》第十五条规定"行政机关应当将主动公开的政府信息,通过政府公报、政府网站、新闻发布会以及报刊、广播、电视等便于公众知晓的方式公开",行政机关可以通过这些方式,运用其所享有的公布权,向社会发布其所拥有的政府信息。开放权与公布权不同,《档案法实施办法》规定,"利用者只有利用权而无公布权,无权首次向社会公开"。可见,"公布"是指档案馆或有关机关通过特定形式首次向社会公开信息。而"开放"则是指将原来处于封闭状态的信息依法向全社会公开,供全社会利用。

(3)决定权。即行政机关有权根据有关法律法规对其职能行使过程中所形成的信息针对公民的开放请求做出开放或拒绝开放的决定。《档案法实施办法》第二十二条规定:机关、团体、企事业单位和其他组织的档案机构保存的尚未向档案馆移交的档案,其他机关、团体、企事业单位和组织以及中国公民需要利用的,须经档案保存单位同意。《机关档案工作条例》第二十一条规定:"机关档案部门保管的档案,是现行档案,主要供本机关和上级主管机关使用,不属于开放范围。对外提供利用需经上级主管机关批准。"故行政机关具有未开放档案利用的决定权力。《政府信息公开条例》第二十一条规定:"对申请公开的政府信息,行政机关根据情况分别作出答复。"行政机关必须认真对待公民的公开申请,严格按照《政府信息公开条例》等法规规定的公开范围和程序予以办理,并对不批准的申请予以正当理由,不得滥用自己的决定权。

（4）解释权。即行政机关依法享有对其在职能行使过程中所形成的文件内容进行解释的权利。《政府信息公开条例》第二十四条规定,对申请公开的政府信息,"能够当场答复的,应当当场予以答复;对不能当场答复的,应当自收到之日起 15 个工作日之内予以答复,若需延长答复期限的,应当经政府信息公开工作机构负责人同意,并告知申请人,延长答复的期限最长不得超过15 个工作日。"作为文件形成机关,不仅对对象性文件的形成背景、文件性质、密级程度以及文件产生的目的和作用有较为详尽的理解和把握,而且仍然控制着这些文件的所有权,由这些部门承担相应的解释义务最具合理性和可行性。①

作为档案和政府信息公开的法定义务主体,行政机关在拥有上述权力的同时,也必须承担相应的义务。在公开过程中,行政机关还必须承担相应的告知义务、受理义务、服务义务和保密义务。②

1. 告知义务

指政府机关应充分宣传以告知社会有关方面和公众政府信息公开制度的原则、范围、方式、场所及程序等。《政府信息公开条例》第二十一、二十三、二十四条对此有明确规定。在接受公开申请后应告知申请者相关决定,对其所做出的拒绝开放信息的决定不仅要告知申请者决定结果,还需告知理由。在被请求开放文件涉及第三方利益时,应及时告知所涉及的第三方,并给予其提出异议的机会。在行政机关认为不公开可能对公共利益造成重大影响而应予公开时,必须将公开的政府信息内容和理由书面告知第三方。

2. 受理义务

指政府机关有义务接受并处理各种政府信息开放的请求申请并给予开放请求者明确的答复。《政府信息公开条例》第二十至二十四条对行政机关的受理义务做出明确规定,包括要求不管对申请所做决定如何都应在一定期限内给予开放请求者明确的答复,以及受理的程序等。受理义务使行政机关有对社会提供信息服务的职能,社会其他组织和公民个人有可能利用机关内所保存的信息,改变了许多机关信息工作的服务对象主要是为本机关工作的局面。随着改革开放的深入和机关职能的转变,机关档案室走向社会公共服务领域,履行受理义务将越来越频繁。

---

① 陈静海.解析现行文件开放主体之一——责任主体和服务主体[J].档案管理,2006 (6)：31 - 33.
② 周毅,等.政府信息公开进程中的现行文件开放研究[M].北京：群言出版社,2007：36.

3. 服务义务

指政府机关应在能力、条件和政策法律许可的范围内,为利用者提供便利条件和信息服务。行政机关有为公民利用信息提供服务、给予方便的义务。如《政府信息公开条例》第十六条规定,行政机关根据需要设立公共查阅室、资料索取点、信息公告栏、电子信息屏等场所、设施;第十九条要求行政机关应当编制、公布政府信息公开指南和目录,并要及时更新;第二十条和第二十八条则要求对存在各种困难和障碍的申请公开政府信息的公民,行政机关应为其提供必要的帮助和服务。

4. 保密义务

指政府机关必须根据政策和法律的规定,对不宜公开和需要保密的政府信息、商业信息和个人信息承担保密义务。《政府信息公开条例》以多个条款对政府信息公开的保密要求及审查机制等方面进行了规制。如第八条要求行政机关公开政府信息,不得危及国家安全、公共安全、经济安全和社会稳定;第十四条规定行政机关不得公开涉及国家秘密、商业秘密、个人隐私的政府信息;行政机关应当建立健全政府信息发布保密审查机制,明确审查的程序和责任等等。

充分认识行政机关在档案和政府信息公开中的权力和义务,明晰其开放主体地位和责任,不仅有利于政府行政机关履行其档案和政府信息公开的职责和义务,而且对于政府机关在行使其行政管理职能过程中保持公正、廉洁、高效的良好氛围,从而推进我国民主政治和透明政府建设有着深远意义。

(二)服务主体档案馆的权力与义务

国家档案机构包括各级档案行政管理机构和档案管理机构,即各级国家档案局和档案馆。前者主要行使政府公开信息和档案的行政管理方面工作职能,后者是集中保管档案和政府公开信息的科学文化事业机构,是对信息进行科学管理并为公众提供利用服务的主要职能部门。档案馆这一档案与政府信息公共服务的特定场所拥有源源不断的信息资源优势。国家授权档案机构行使国有档案和政府信息的行政管理权和实体保管权,《档案法实施办法》第二条规定:"《档案法》第二条所称对国家和社会有保存价值的档案,属于国家所有的,由国家档案局会同国家有关部门确定具体范围;属于集体、个人所有以及其他不属于国家所有的,由省、自治区、直辖市人民政府档案行政管理部门征得国家档案局同意后确定具体范围。"因此,各级档案局的基本职能之一就是代表国家进行我国档案事业的行政管理，并授权档案馆从事档案等信息的保管等具体工作。作为档案事业主体的国家档案馆履行档案的管理权、使用权和公布权，并在各项服务中维护档案的完整与安全，便于社会各方面的利用。

有学者根据《档案法》及《档案法实施办法》的规定归纳了国家档案局、馆的权力和义务，即各级国家档案局具有下列权力：档案利用活动的行政管理权、制定和实施档案利用与开放的行政规章制度权、利用活动中的行政监察检查权、利用活动中的行政处罚权、对利用活动中的行政处罚权、行政许可和免除权、档案利用活动的协调权、对利用活动中的违法行为行使行政处罚的决定权、依法确认或做出某种利用行为权、利用活动中的签订和执行行政合同权。同时，各级国家档案局的义务包括：依法正确行使档案行政管理部门关于档案利用权，履行并监督下级档案行政管理部门职权的实施，保障档案机构及其工作人员和社会组织、公民、政党的档案利用权，组织、指导、监督档案管理机构关于档案开放、公布等利用活动的合法进行。各级国家档案馆的权力包括：根据法律、法规、规章制度制定档案利用管理制度和办法，依法对本馆保管的档案进行公布和开放，依照授权制定专业档案工作利用方面的业务标准和技术规范，对接受捐赠和寄存档案的管理和提供利用，对本馆的档案史料进行加工和编研，对利用活动中的违法行为依授权进行处理。各级国家档案馆的义务包括：对国有档案和保存在国家档案馆的档案依法进行提供利用，依法维护档案所有者合法权益，依法保障档案利用者利用档案权利不受侵犯。①

笔者认为档案馆具备的与公共服务直接相关的权力主要体现在对信息的管理权、使用权和公布权以及为公众提供信息服务的义务上。

（1）管理权。《档案法》第八条规定："中央和县级以上地方各级各类档案馆，是集中管理档案的文化事业机构，负责接收、收集、整理、保管和提供利用各分管范围内的档案。"这里的管理是一个包括档案接收、收集、整理、保管和提供利用等内容的广义的概念，法律授权档案馆通过收集和接收机关、企事业单位移交的档案，对档案信息资源进行科学管理、系统开发，保证档案的完整、系统、安全，以达到社会利用共享的目的。

（2）使用权。对于国家所有档案信息的使用权，包括对档案信息的阅览、复制和摘录以及编研。法律规定，国家将使用权无偿转移给全体社会公民和

---

① 张世林.档案信息利用法律研究[M].北京：中国法制出版社，2004：25.

组织使用,由档案的非所有人依照法律的规定行使档案的使用权。① 作为档案信息管理者,档案馆还拥有使用其所保管的信息资源根据需要进行档案信息编研、开发各种文献资料的权力。开发档案资源是档案馆的重要职责,档案馆应广泛采取各种方式,积极运用这项权能做好档案信息编研、开发工作,为社会各个方面服务,为优化"社会记忆"尽责。

(3) 开放权。《档案法实施办法》第二十条规定:各级国家档案馆保管的档案应当按照《档案法》的有关规定,分期分批地向社会开放,并同时公布开放档案的目录。第二十二条规定:机关、团体、企事业单位和其他组织以及中国公民利用档案馆保存的未开放的档案,需经保存该档案的档案馆同意,必要时还须经有关的档案行政管理部门审查同意。因此,各级国家档案馆是档案开放的主体。

(4) 公布权。公布权是源自所有权的一种信息处置权,非档案所有者必须得到授权或同意才能获得公布档案的权力。在我国,国有档案公布既是档案部门的一项权力,也是其职责。《档案法》第十九条规定:"档案馆应当定期公布开放档案目录,并为档案的利用创造条件,简化手续,提供方便。"第二十二条规定:"属于国家所有的档案,由国家授权的档案馆或者有关机关公布;未经档案馆或者有关机关同意,任何组织和个人无权公布。"这表明国有档案公布权是档案馆的专有权,档案馆作为国家信息保存与提供利用的专门机构,有权决定其馆藏的国有档案信息是否公开发布,以及于何时、何地、通过何种方式与表现形式予以公开发布,依法公布档案、定期开放档案、为利用者提供服务是其权利与义务。

(三) 利用主体公民的权利

公民权利是一种私人权利,是与公共权力相对应的概念,公民作为社会主体和国家的主人在档案开放和政府信息公开中应享有哪些具体权利? 概括起来,笔者认为我国有关档案开放和信息公开法律法规中规定公民的权利至少应有信息利用权、开放请求权和诉讼救济权三种。

1. 利用权

公民信息利用权又称为知情权或获得权,是公民和组织根据自己的需要在法律制度所规定的范围之内利用档案和政府信息等有关信息、公民和组织

---

① 张世林.档案所有权新探[M]//中国首届档案学博士论坛论文集编委会.21世纪的社会记忆——中国首届档案学博士论坛论文集.北京:中国人民大学出版社,2001:172.

有权要求国家政府有关机关提供档案和政府信息以达到利用目的的一种个体权利。《政府信息公开条例》总则第一条规定："为了保障公民、法人和其他组织依法获取政府信息，提高政府工作的透明度，促进依法行政，充分发挥政府信息对人民群众生产、生活和经济社会活动的服务作用，制定本条例。"《档案法实施办法》第二十二条规定："中华人民共和国公民和组织，可以利用已经开放的档案；外国人或者外国组织经有关主管部门的介绍和档案馆的同意，可以利用我国已经开放的档案。"因此，我国公民和组织只需持合法证明，就可以利用政府公开的信息以及国家档案馆已公开的档案。

公民信息利用权是对政府机关自由决定不开放信息的权力进行必要的限制，政府对公民的信息利用有解答和提供信息利用的义务。这一权能首先是一种私权，在一定程度上往往也是公民其他基本权利如财产权、行政监督权等得以实现的前提，对权利主体而言获取档案和政府信息是最基本的权利。为此，必须确保公民能够接触并获得所有应有信息。档案和政府信息具有公共财产的性质，政府机构制定法律、法规、规章以及其他规范性文件，其收集、利用、传播、保存和负责处置信息所需的经费，均是来源于纳税人的税金，[①]档案和政府信息应当为所有公民所知晓或利用，而不应归政府所独享，或成为少数人的特权。

公民在档案和政府信息利用的过程中，通常有两种方式。一种是公民通过新闻媒体、国家机关的政府公报等方式，被动地获知所发布的信息。这种被动的信息获取方式局限于政府行政机关主动公开范围内的信息。另一种是通过公民自己主动要求去查阅获取档案和政府信息的方式，如去档案馆、社区服务中心或在网络上查阅相关信息。各人各自境遇不同，所需档案和政府信息各异，因此，后者成为公民信息利用权实现的常用方式。

2. 请求权

依申请利用权利是指任何自然人或法人（包括非本国国民）有权向政府机关或档案馆请求开放相关现行文件，政府机构对其开放请求必须做出可以或不可以开放的决定。[②] 公民如果仅限于被动地接受信息，那么知情权永远都不具有实际意义，而公民个人权利也最终无从保障。既然公民信息权、知情权的宪法基础在于人民主权、民主主义的参政议政、维护个人基本权利、发

①　应松年，陈天本.政府信息公开法律制度研究[J].国家行政学院学报，2002(4)：59-64.
②　周毅.对现行文件开放若干理论问题的探索[J].档案学通讯，2003(4)：17-21.

展个人人格等等,而国家秘密又有不断膨胀的趋势,那么公民信息权、知情权就必须具有请求权的性质,必须是一种积极主动地寻求获取信息、要求有关部门公开信息的权利。

相比于信息利用权,依申请利用权应具有更高层次的意义。在政府职能转化已使社会整体与公民个体分别产生实质性变化的今天,人们已无法满足仅仅被动获取来自国家政府政策宣传的信息利用权,公民个体利益和主张要求公民根据各自独特的需求获取具有与其本人更直接关系的档案和政府信息。如果档案和政府信息公开决定权完全掌握在政府行政机关手上,由行政机关单方决定公布什么信息、何时公布、怎样公布,公众只能被动接受的话,公民信息权、知情权必将残缺,甚至有随时被剥夺的危险。只有赋予了公民获取档案和政府信息的申请权,公民信息权、知情权才有可能真正得到保障。

依申请利用是依法主动开放的有效补充。在已经公开的馆藏档案信息或已公开政府信息无法满足利用需求的情况下,公民还可以要求对自己需要的不属于公开范围的政府信息或因尚在封闭期以内等原因不予公开的档案信息启动依申请利用程序。与信息利用权相比,依申请公开权通常直接影响个人和组织的权利行使,与申请者的利益和主张有极其密切的关系,与此同时,依申请公开权涉及国家机密、商业秘密、个人隐私的概率往往比信息利用权高得多,在一定情况下可能和国家权力、公共权力以及其他个人的权益发生矛盾冲突。法律法规中对依申请公开权能的获取,规定了一系列保密审查机制及相关机关批准程序等方面的限制,因此,该权能的获取往往较一般的信息利用权的实现复杂得多。档案馆公共服务中出现的诉讼案,大多都集中在依申请公开利用案例中,依申请公开利用成为档案开放和政府信息公开中的矛盾焦点。因此可以认为,依申请利用权利的实现是衡量档案和政府信息公开程度的一个重要标志。

相比于《档案法》体系,《政府信息公开条例》的依申请公开更具开放性。从开放申请权能的资格来看,《政府信息公开条例》第十三条规定:"公民、法人或者其他组织还可以根据自身生产、生活、科研等特殊需要,向国务院部门、地方各级人民政府及县级以上地方人民政府部门申请获取相关政府信息。"公民享有平等的申请权利,这种权利不应因申请人的身份、地位的不同而不同,申请人没有资格的限制,也不需要说明任何申请理由。公民可以根据自己的现实需要来要求行政机关公开有关的政府信息,不仅和信息有关的直接当事人可以申请获取,其他任何人都可以申请。这与世界各国的信息公开法对申请人一般不做主体资格、主观动机目的的限制相一致。从获取方式和程序来看，《政府信息公开条例》体现了依申请公开方式的重要原则：申请人无须证明申请获取信息的合理性，而政府如果拒绝公开则必须承担举证责任。作为公共产品，政府信息的提供，应当以不收费为原则，只能向申请人收取预先确定标准的成本费用，不得收取其他费用。为公民免费获取档案和政府信息的权利提供了法律保障，这也是世界各国和地区通行的做法。公民开放请求权意味着以往完全掌握在国家机关公共权力手中的档案和政府信息公开权开始有了向普通公民转化的可能。

3. 救济权

救济权是指当公民和组织按照法律、法规规定利用政府信息的权利受到不法阻碍或侵害，有权要求相关部门加以干预或寻求司法保护。这是一项要求国家履行保护义务的权利。权利依赖救济，救济是防止对权利的侵害以及当权利受到侵害时矫正和补救手段。想使法律所赋予有关主体的权利成为现实的、可靠的权利，就必须以有效的方式、手段为依托。当公民对档案开放和政府信息公开发生争议时，如信息公开义务主体没有正当的理由而拒绝提供信息，权利主体应有请求法律救济的权利以保护其信息权的实现。否则，当具有强大公权力的行政机关凭借其强势地位剥夺、侵害公民获取档案和政府信息私权利的时候，就缺乏足够有效的措施对其予以限制和制约，公民实际上就难以真正享受到档案和政府信息利用的权利。因此，《政府信息公开条例》规定政府信息公开中公民等权利主体在利用政府信息的权利受到不法阻碍或侵害时，可向上级行政机关、监察机关或政府信息公开工作主管部门举报直至提起诉讼。通过举报制度、行政复议制度和行政诉讼制度对公民权利予以救济。

行政复议是对行政行为进行行政机关内部控制的有效手段，同样也是对政府机关有关信息公开行为的控制。对行政机关做出的关于档案开放和政府信息公开的各项决定不满者，应当允许他们向法院提起行政诉讼，从而获得司法救济。司法救济一般被认为是最具有权威和最公正的救济途径，真正实行法治的国家一般都将法院的裁判作为最终裁判。[①] 司法救济的实际价值决定了如果没有这种救济方式的存在，其他救济途径不可能有效地发挥作用。因为司法救济是由司法机关代表国家来实施，以国家强制力来保证救济的获得和实现。它的存在，使在通过其他救济均不能有效达到目的的情况

---

① 马长林，戴志强，等.档案信息公开理论与方法[M].上海：上海社会科学院出版社，2007：216.

下，可以最终通过司法途径而得以实现，从而保障公平与正义。

救济制度完善与否决定了公民信息利用权、知情权能否得到有效保护。由于对公民信息利用权、知情权这类权利的侵犯大多来自国家机关，所以在侵权行为发生之后，采用和解、调解或仲裁的救济方式都不太恰当。这意味着，公民信息权、知情权受侵害之后通常只能通过诉讼途径获得救济。救济法规对政府机构及其工作人员具有法律约束力，防止行政机关利用其行政自由裁量权对公民信息权的侵犯，否则就要承担法律责任。在我国，档案开放和政府信息公开相应的制度建设还并不完备，实施过程中会出现各种障碍，通过行政复议和诉讼机制，能发现行政机关不正当、不规范的行政行为并加以限制和改进，救济制度在制约政府公权力的同时，也使公众的信息权、知情权等权利得到有效保障。

二、档案公共服务中公共权力与私人权利的特性

（一）公共权力及其特性

1. 公共权力

关于权力的界定，政治学、法学等各个学科都已有许多不同的观点。在社会学领域，德国社会学家和官僚组织模式的创立者马克斯·韦伯(Max Weber)认为权力是这样一种可能性，即"出于某种社会关系内的一员能够不顾抵制而实现某个人意志的可能性，而不管这一可能性所依赖的基础是什么"。韦伯在其官僚组织理论中提出了三种权威模式：一是传统的权威模式。该模式以控制为基础，是从过去传下来的，并可能始终存在下去，认为古老的传统是不可侵犯的。合法性是与公民意识到自己服从于传统手段取得领导地位的人的忠诚密切相关的。统治者以传统驱使力量使当事者服从，如果统治者放荡不羁，超越了传统的范围，那么就有可能被废黜。二是神授的权威模式。权力行使者所占据的社会地位并不被传统所尊崇，其不受传统规则的约束。三是合法合理的权威。此种权威建立在法规体系的基础上，人们合理地发展了各种法规。韦伯认为产业革命以后第三种权威正式确立。[①] 根据韦伯的理论，现代行政机构已经发展成为一个完整的、有组织的权力载体。

公共权力是一种国家权力，是国家在其职责范围内拥有的，对社会或他

---

① 韦伯.经济与社会[M].林荣远，译.北京：商务印书馆，1997：263.

人的强制力量和支配力量。① 社会的正常运行需要一定的社会规则及秩序的存在,权力是达到这一目的的必要手段。公共权力就是由国家依法赋予、并由国家强制力作后盾、以管理社会公共事务和谋取公共利益为目的的一种国家强制权力。

关于公共权力的产生,有社会契约论、君权神授论、自然法论等理论。尽管这些理论观点之间有差异,但无论哪一种理论都反映了公共权力管理公共事务的本质属性。公共权力是国家政权维持的根基,而公共权力的这种强制力量和支配力量,需要通过法律制度取得并实现。通常人们认为公共权力是国家意志的表现,而法律就是公共权力的表征。

2. 公共权力的特性

档案公共服务中,政府行政机关和档案馆的公共权力及其运作具有以下特性。

第一,公共性。

这是公共权力的固有特性。公共权力产生于公共生活的需要,基于维护公众利益而产生,公共利益是与全体公民有关的共同利益,即是社会的整体利益。公共权力的目的是为保护公共利益,因此,公共权力本质上是应该为公众的利益服务的。倘若出现以权谋私或阻碍公众权利实现等现象,则应看作是公共权力的异化。

信息权的理论依据来源于民主政治的思想理念,既然公共权力机关是受公民的委托管理公共事务,则其管理活动就应当向公民公开,这样不仅可以促进公民与公共权力机关之间的沟通,还可以使公民对公共权力进行监督,防止权力滥用。信息资源是社会的公共财富,而政府信息是信息资源中的重要组成部分,政府掌握着绝大部分的信息资源,随着社会信息化的发展,政府作为社会管理者与公共服务的提供者,它所持有的档案与文件信息资源数量日益增加。因此,政府负有对全社会提供和发布档案与政府信息的责任。政府信息公开法规的实施,可以看作是我国政府行使这一公共权力的具体步骤。

第二,强制性与支配性。

公共权力是为利益的目的由国家行政机关行使的强制力,其实施效果必然具有强制性和支配性。政府机构行使公共权力通常以法律规范为依据和后盾,其强制性和支配性的合法性毋庸置疑。"任何权力现象,不论它产生于何种根源,不论它具有何等的合法性,不论它具有何种目的,也不论它的施行

---

① 卓泽渊.法理学[M].北京:法律出版社,1998:114.

方法如何,都蕴含着某一个人或集团对另一个或若干个人或集团施加作用的可能性。"①表明权力是一种发生于相互作用中的关系过程。而在此关系过程中,公民个人对于已经形成的法律规则只能服从,公共权力的强制性正是建立在法律规则和个人的服从之上,即使公民基于个人利益对此法律规则不满,甚至提出意见。"服从哪怕是他认为不正义的规则是法制的基本要求,不管行政典则如何制定,也不论他们规定的是什么,其一旦成为正式典则公民个人就只能服从,而此外再无别的选择。"②

公共权力在运行过程中,它的这种强制性和支配性使权利的让渡者公民和权利的行使者政府行政机关和档案馆之间的关系演变为被支配者和支配者的关系。人们往往在感受到权力的力量并承受其压力的时候对权力乃至权力的代行者产生畏惧甚至尊奉的观念和心理。这种观念下,那些掌握着权力的人们就可以利用自己特殊的地位谋取特权,使权力逐步成为压迫人民的工具或成为非法行为的"辩护人"。③ 韦伯在《经济与社会》一书中对"现代官僚制度"作了如下描述:"① 在其固定的和官方的权限范围方面具有理论原则,这种理论原则一般是以法规形式来加以规定的,也就是说用法律或行政法规来规定的。② 机关中的层级结构与各种按等级赋予上级机关对下级机关的监督关系。③ 现代机关的管理工作是以书面文件为基础的。"点出了公共权力在强制性和支配性特性下运作的机理。我国法律制度规定了政府行政机关和档案馆代表国家行使公共服务的公权力,本节开头就已经分析了政府行政机关及档案馆在档案开放和政府信息公开中的权力与义务。同任何权力关系一样,在档案公共服务的权力关系中支配性特征必不可少。如《政府信息公开条例》第十四、十七条等诸多条款在信息发布协调机制和保密审查机制的设立上,都规定了政府行政机关的决定性支配权力:"行政机关在公开政府信息前,应当依照《保守国家秘密法》以及其他法律、法规和国家有关规定对拟公开的政府信息进行审查","行政机关制作的政府信息,由制作该政府信息的行政机关负责公开"等等。

第三,扩张性。

对公共权力而言,法无明文规定(授权)的,不得行之。但权力的运行过程具有一定的扩张性,即权力往往被滥用。为了自身的利益,由权力掌握者

---

① 克罗齐埃.被封锁的社会[M].狄玉明,刘培龙,译.北京:商务印书馆,1999:25.
② 关保英.行政法的私权文化与潜能[M].济南:山东人民出版社,2003:345.
③ 宫晓东."维系之道"的道之维系——档案法治论[M].北京:中国档案出版社,2005:38.

结成的利益集团就有不断扩张权力的可能性。"一切有权利的人都容易滥用权力，这是万古不变的一条经验。有权的人使用权力一直到有界限的地方才休止……要防止滥用权力，就必须用权力制约权力。"①法律在本质上是对专制权力行使的一种限制和规范，就是要通过法律的规制，达到防止权力滥用的目的。

自由裁量权是公共权力拥有者在档案公共服务中权力扩张的重要方式。现代国家的政府职能无所不在、广泛渗透于人们生活的方方面面，同时行政职能的扩大不仅仅表现在量的增加上，而且有了质的变化——行政机关在受到法律约束之外，还拥有了较多的自由裁量权。所以在实施行政行为时难免仅考虑行政机关一方的立场，不愿主动公开公共行政中的有关资料，甚至千方百计予以隐匿，特别是与公民有一定关系的公共行政活动总是缺乏透明性。在信息公开第一案中，某区房地产信息中心就是采用将例外事项免于开放的权力扩大(声称涉及第三人私人信息)的方式，以规避对原告所诉求信息的公开。

在规则范围内，个人和公共权力机构成为两个不可割裂的存在物，规则和公共权力机构常常把人置于了由它所设计的结构之下，在这样的结构中人所服从的不再是他的理性所确定的目标，而是结构本身的目标。② 在档案公共服务场域中，在规则范围内，公民权利与公共权力必然地形成一定的密不可分的关系，公共权力对社会的管理寓于权力的运作之中。

(二) 公民权利及其特性

对应于公共权力，公民权利是一种私人权利。有学者认为，公民权利具有对象性、个体性、具体性和有限性的特点，③在此基础上，笔者认为，档案公共服务中公民权利及其运作具有以下特性。

第一，对象性。

公民的信息权是一种资格，档案公共服务中公民信息权利的实现必然涉及档案信息公开的权利和义务的承担者，若没有政府行政机关承担信息公开义务，公民的信息权力就没有基础和对象。换句话说，公民信息权利的实现需要政府行政机关及档案馆的支持和配合，否则，作为权利主体的公民根

---

① 孟德斯鸠.论法的精神[M].张雁深，译.北京：商务印书馆，1987：154.
② 关保英.行政法的私权文化与潜能[M].济南：山东人民出版社，2003：382.
③ 辛世俊.公民权利意识研究[M].郑州：郑州大学出版社，2006：55.

本无法实现他的信息权和知情权。根据政府信息公开条例规定,他只能寻求救济,诉诸法律,请求国家权力的保护。以上海市民董某状告上海市徐汇区房地局信息不公开一案为例,作为档案信息利用的权利主体,董某想要查阅房地产档案,需要取得义务主体区房地局信息中心这个特定对象的支持,鉴于查档要求被房地局拒绝,才到法院起诉寻求救助,期望通过法律对该特定对象起作用。①

第二,个体性。

权利是公民个人对抗组织、他人或公共权力对自己各种利益、自由等侵犯的手段。公民权利的实现必然落实到具体某个人的身上,否则所谓的权利只能是纸上谈兵。"社会是一个由各种各样的相互联系的位置或地位组成的网络,其中个体在这个系统中扮演各自的角色。对于每一种,每一群,每一类地位,都能区分出各种不同的有关如何承担义务的期望。"②"利益或者公共利益只有通过个体的行为才能得到证明。第一,利益应当是一种个人满足。第二,利益应当是一种个人才智的发展。第三,利益应当是一种较少约束。然而,对于一个以公共利益为借口的行政行为或过程,可能行政法中的任何一个人都没有得到来自这种公共利益的实惠,这样就是公共利益的概念成了一个无法证明的虚假概念。"③公民的信息权应是能具体落实到每一个公民身上的,只有当公民个体也能成为信息权的权利主体和受益者,公民信息权才能称其为真正意义上的权利。

第三,有限性。

首先,公民个人能否实现信息权取决于国家法律法规的建立,必须以法律制度为前提,没有相关法律支持,公民实现所谓的权利属于不合法的行为。正因此,上海市政府信息公开规定刚一出台,立即受到市民的关注,"上海的信息公开规定新鲜出炉,就被市民活学活用,打起了官司。"④据笔者调查,《上海市政府信息公开规定》颁布不久,与该案类似的为行使信息权被拒而诉诸法律的案件就有多起。究其原因,就在于市民在法规出台后找到了法律依据。其次,公民的信息权利必须是有界限的。档案法律法规和信息公开条例是公民信息权利自由的尺度,每个公民都可以享有其信息权利和自由。但同时这种权利和自由又受到相关法律法规的严格限制,并不是"想查什么就能

①④　沈颖,陈中小路.信息公开第一案的阳光效应[N].南方周末,2004-09-02(5).

②　特纳.社会学理论的结构(上、下)[M].吴曲辉,等译.北京:华夏出版社,2001:431.

③　关保英.行政法的私权文化与潜能[M].济南:山东人民出版社,2003:343.

查什么"，而是获取信息的权利只能被限定在法律规定的有限范围内。最后，公民享受信息权利还有其本身条件上的制约，即对公民权利而言，不仅法无禁止便自由，而且还要具有自由者的身份，才能享有权利。

第四，具体性。

公民权利是社会关系的反映，也是人们对现实社会关系的一种规定。即使国家颁布实施了档案和政府信息公开的法律法规，公民信息权利的享受与实现很大程度上仍然受到具体情况的制约，其权利的真正实现存在具体性。公民个人权利往往对应一个或若干个法律、法规或行政规则，对应一个或若干个行政管理机构，个人只有在上述规则为依据并在行政机构的监管下才能实现权利。[①] 公民信息权利绝对不是其单方面可实现的，而是在实践过程中相关社会关系互动的结果，除了有形的法律法规的具体规定外，还体现在档案开放和政府信息公开义务主体行政机关和服务主体档案馆对其公开义务界限的认可上。如前文所提及的董某状告房地局信息不公开一案中，房地产局信息中心以《房地产登记材料查阅规定》中的具体规定作为拒绝董某查阅房地产档案的法规依据就是典型案例。另外，作为权利主体公民出于各自情况的具体性，所提出档案查询要求的背景、内容、目的、方式会有一定具体性，与此相应，档案公共服务中义务或服务主体处理公民利用需求的方式也会有具体性。

三、档案公共服务中公民权利与公共权力的关系

凡是有管理活动的地方就必然存在着权力与权利。人是社会性的存在物，追求社会秩序进行社会管理的过程同时也是公权与私权实践的过程。公民权利与公共权力之间存在着既对立又统一的关系，它们是一对矛盾的统一体，相互作用并相互影响。

（一）公民权利与公共权力的联系

一方面，公共权力因人民的让与而来。一切公共权力都应当且只能来源于公民权利，其存在的价值就在于保护公民私人权利免受不法侵害。公民之所以愿意自我限制和出让个人权利，是因为把个人权利拿出一部分由更具专业精神的人来统一行使，从而能使行政管理更加有效。"公民的权利是国家

---

① 　关保英.行政法的私权文化与潜能[M].济南：山东人民出版社，2003：127.

权力的源泉,也是国家权力配置和运作的目的和界限。公权只有为了保障主体权利的实现,协调权利之间的冲突,制止权利之间的相互侵犯,维护和促进权利平衡,才是合法的和正当的。"①另一方面,公民权利的实现又要排除公共权力的干涉和妨碍。此外,如果当公民权利的实现受阻,还必须有赖于公共权力予以全面保障。

在档案公共服务中,作为义务主体和服务主体的行政机关和档案馆,他们的公共权力与公民的信息权利联系密切:公民信息权的实现必然要求公共权力为其提供条件,离开了行政机关及档案馆对档案和政府信息的管理、公开和提供利用等公共权力的实施,公民的信息权利便无从实现;没有公民的信息权利,行政机关及档案馆对信息的公共权力也就失去存在的基础和价值。之间的界线以档案法律法规和信息公开条例的规定为准,一旦义务主体和服务主体在档案公共服务中公共权力越界就必然会对公民个人权利造成侵害,要坚持信息权,就需要政府相应机关的保障以及司法救济。反之,非法的公民个人信息权利也会侵蚀公共权力。在档案公共服务中按法律法规规定,正确行使公共权力和公民权利是保持两者平衡的唯一途径。

(二)公民权利与公共权力的区别

笔者认为,档案公共服务中公民权利与公共权力的区别主要有以下表现:

其一,公民权利与公共权力的主体不同。档案公共服务中公共权力的主体主要包括作为义务主体的政府行政机关和作为服务主体的档案机关;公民权利的主体主要是指公民、法人和其他组织,国家和国家机关一般不会作为私权的主体出现。

其二,公民权利与公共权力的目的不同。档案公共服务中公民权利实现的目的大多是为了满足个人的要求,如个人权益、利益、爱好等方面的需求。就目前而言,公众进行档案和政府信息查阅的热点主要集中在婚姻、房屋产权、社会保障、户籍、工资待遇等方面;公共权力则是以管理档案公共服务中公共事务,谋取公共利益,实施国家档案公共服务的职能为目的。

其三,公民权利与公共权力的地位不同。在实践过程中,行政机关被认为是公共权力代表,公民个人的信息权则是私人权利,"行政权力是指国家行政机关执行法律规范、实施行政管理活动的权利,是国家权力的一个重要组成部分。国家权力机关对国家和公共事务实施管理活动的过程就是运用行

---

① 傅兆龙.国家权力制约论[M].南京:南京出版社,1991.

政权的过程。同国家其他权力相比较,行政权具有主动性、广泛性、自由量裁性的特点,同个人、社会其他组织的权利相比较,还具有强制性、单方性、优益性的特点。"①显而易见,以我国传统理论与惯习来看,当公民个人的私权与国家公权发生冲突后以公权为准。公民个人的信息权利与行政机关的公共权力相比具有地位不对等性,政府行政机关的公共权力具有明显的强势地位。

其四,公民权利与公共权力实现的手段不同。档案公共服务中公共权力的实现依赖于行政机关和档案馆等权力主体的作为,在一定程度上需要信息利用权利主体公民、法人和其他组织的服从;公民权利则不同,其利益实现主要是通过权利主体公民个人、法人和其他组织的信息利用行为来实现。当权利主体公民的信息权行使受到外力干扰和阻碍时,公民本身没有任何强制手段,只能借助于国家法制力量、借助于公共权力来排除这种阻碍。

（三）公民权利与公共权力关系的处理

档案公共服务是现代社会中政府和档案馆的一项基本义务和职能,同时也是公民的一项基本权利,档案公共服务中公共权力与公民权利是相辅相成的关系,档案公共服务中应切实处理好公共权力与公民权利之间的关系。

（1）应认识到档案公共服务中的公共权力来自人民。从公民的角度出发,政府是为公民服务的机构,公民对政府机关拥有的档案信息有要求公开的权利,政府机关有提供利用和解答的义务;从政府的角度出发,公民是政府政策的接受者,应尽可能公开各种政府信息让公众知晓并落实。从性质上讲,档案公共服务中的信息资源是政府利用公民所纳的税金在行政管理过程中形成、使用并于此后进行管理控制,应具有公共产品的性质。这就如同税收"取之于民,用之于民"一样,政府也应当将其拥有的行政公共信息及时向人民公布。因此公共权力的行使主体应当充分意识到其档案公共服务中的职责和义务,不应敷衍,更不能看作是对公众的"恩赐",应以人为本、及时主动地向公众提供档案公共服务,满足公众的信息权利需求。

（2）应认识到档案公共服务是公民信息权利实现的重要途径。同世界上其他各国一样,政府已成为国家的信息资源中心,"是最大的信息创建者、采集者、发布者和消费者","政府部门掌握着全社会80％以上的信息资源"。如果政府不承担起信息公共服务的义务,那么作为个体的一般普通民众很难真

---

① 罗豪才.行政法学[M].北京：中国政法大学出版社,1996：3.

正享有信息权利。因此,档案馆公共服务的开展直接关系到整个社会公共信息资源的开发利用,关系到每个公民及社会组织的切身利益。公民享有信息权是档案公共服务的理论基础,档案公共服务相关法律法规是公民信息权的制度保障。

(3) 法律应确保档案公共服务中公共权力与公民权利的平衡。权利与权力是一对矛盾的两个方面,矛盾的发展必然存在博弈。档案馆公共服务中的公民权利与公共权力关系也包含着权力与权利的运作及博弈。"越是有能力影响对方的处境,那么他就越不易受对方的侵害,控制对方的权力就更大。因此,关键在于竭力把对方控制在某种特定的行为之中,同时,要使自己有充分的自由以保证实现自己的良好愿望。"[1]法律既要对公共权力的专制实施限制,又要防止公民权利的无政府状态,以法律关系的形式使行为主体之间发生联系,将他们的权利和义务统一在法律关系中。

"国家是法存在与发展的政治基础与有力保障;法是实现国家职能、完善国家机构、巩固与发展国家政权的基本手段和重要工具。"[2]法律与公共权力、公民权利有着密切的关系:一方面法律并不能依靠其自身获取力量,法律的权威需要权力的支持甚至主要来源于权力;另一方面,权力与权利又必须受到法律的指引和约束,否则就不能成为法制意义上的合法权力与权利。

---

① 克罗齐埃.被封锁的社会[M].狄玉明,刘培龙,译.北京:商务印书馆,1999:28.
② 沈宗灵.法理学[M].北京:高等教育出版社,1994:8.

第四章　档案馆公共服务的促进：政府信息公开实施

第一节　政府信息公开的先行条件

我国正处在社会转型之中,这是由庞大的政府集中型计划控制体制向分散型市场调节体制逐渐变迁的一个异常复杂的变革过程。在这个过程中,政府始终扮演着一种主导全局的角色,能否或在多大程度上"自觉革命",由过去的无所不为、无所不能、无所不管的"万能大帝"的角色,转变为在社会化的市场经济大环境中以其精干高效的组织机构办它应办、能够办好的大事情这样一个全新的角色。① 在社会转型背景下,政务公开、电子政务以及服务型政府的逐步实施为政府信息公开创造了先行条件。

一、政务公开：信息公开环境基础

我国从 20 世纪 70 年代末就开始启动了政务公开化的进程,根据不完全统计,自 1979 年至 2006 年,中央政府部门共制定 30 部政务、政府信息公开的法规文件,75 家地方党政部门颁发了政务、政府信息公开的法规文件。② 1989 年李鹏总理的《政府工作报告》已提到"办事公开",包括办事制度的公开和办事结果的公开,公开的范围是"同广大人民利害相关的事情",公开的目

---

① 李宝元.转型发展中政府的角色定位及转换[J].财经问题研究,2001(1)：25-28.
② 黎霞.档案馆开展政府信息公开工作理论与实践的回顾[EB/OL].[2008-02-25].
http://www.archives.sh.cn/dalt/daggz/201203/t20120313_9550.html.

的是为"党和国家机关保持廉洁,使各级政府权力的行使都严格置于法规制度的规范和广大群众的监督之下"。

20 世纪 90 年代以后,随着我国经济体制改革的不断深入,政治体制改革的任务也更为艰巨,民主与法制的发展步伐不断加快。1991 年中央就对在广大农村推行政务公开进行了部署,在有关农村工作的决定中提出了建立村务公开制度。1997 年党的十五大报告中,要求城乡基层政权机关和基层群众性组织"实行政务和财务公开,让群众参与讨论和决定基层公共事务和公益事业,对干部实行民主监督";"坚持公平、公正、公开的原则,直接涉及群众切身利益的部门要实行公开办事制度";完善民主监督机制。1999 年中央发布文件,要求在乡镇一级政府进行政务公开的试点和推广工作。

进入 21 世纪,政务公开越来越受到重视并提上议事日程。2000 年 12 月中共中央办公厅、国务院办公厅发出《关于在全国乡镇政权机关全面推行政务公开制度的通知》,对乡镇政权机关全面推行政务公开进行部署并提出要求,将"方便群众,有利于群众行使监督权"作为政务公开的一项基本原则。继村务公开后,各国家机关系统、各地方政府及企事业单位也开始在推进信息公开方面进行了改革实践,纷纷以各种方式推行厂务公开、检务公开、警务公开等政务公开措施。2005 年 3 月,中共中央办公厅、国务院办公厅印发了《关于进一步推行政务公开的意见》,明确阐述了推行政务公开的重要性,对政务公开的指导思想、基本原则、工作目标、主要任务、重点内容和形式作了较为详细的界定和说明,并对建立健全政务公开的法规制度作了要求和部署。要求政务公开要严格按照法律法规和有关政策规定,对各类行政管理和公共服务事项,除涉及国家秘密和依法受到保护的商业秘密、个人隐私之外,都要如实公开;要按照规定的制度和程序,对应该公开的事项,采用方便、快捷的方式及时公开。基于"方便老百姓办事"的要求,我国各地推行的政务公开以"公开办事程序、公开办事依据、公开办事结果"为主。时至今日,我国各地政务公开的做法多种多样,在公开实践中,各地创造了许多新方法。

有学者提出政务公开应分微观和宏观两个层次:微观意义上的政务公开是指行政机关依照法定程序向公众或者特定的公民提供有关资料的法律行为,行政机关拒不实施或者不依法实施该行为的,关系人可以起诉;宏观意义上的政务公开是行政管理中的一项法律制度,即由有关行政机关向公众或者特定公民提供资料的范围、主体、程序、法律后果等要素组成的法律制度。[①] 各地的政务

---

① 应松年.比较行政程序法[M].北京:中国法制出版社,1999:309.

公开实践,实质上是政府信息公开主动公开形式的探索。政务公开仅属于办事制度层面的公开,主要是要求行政机关主动公开其行政事务。而政府信息公开的内涵和外延都相对更广,是行政机关通过公众便于接受的方式和途径主动或依申请公开其政务运作过程,公开有利于公众实现其权利的信息资源,它不仅要求政府事务公开,而且要求政府应当将其行使行政职权过程中的信息公开,即权力运行的依据、过程、运行的结果都应公开,属于一种权利型公开。政务公开及政府信息公开制度是政府职能转变、建设服务型政府的重要措施之一,是有助于推进我国的民主政治建设,改善政府与人民群众之间的联系,完善政府行政管理与促进公民权利实现良性互动的机制。政务公开在全国范围内的广泛推进为政府信息公开的全面实施奠定了基础。

二、电子政务：信息公开"助推器"

电子政务即运用计算机和网络技术,将机关内、外部管理和服务职能转移到网络上去完成,同时实现政府组织结构和工作流程的整合和优化。电子政务意味着政府通过网络去处理其公共管理事务,政府管理方式发生重大的改变。网络超越时间和空间限制的特性打破了部门分隔的制约,为社会公众及政府机构提供一体化高效优质的服务,同时还意味着促进社会结构的创新和对社会心理层面的剧烈冲击。以信息技术为中心的高新技术成为社会发展与现代化进程的快速推进因素。

20世纪80年代中期中央和一些地方党政机关就已开展办公自动化工作,可以看作是政府信息化的序曲。1993年启动的"三金工程"①,其重点是建设信息化的基础设施,为政府信息化进行物质准备。1999年1月,中国电信联合40多家部委(办、局)的信息主管部门,共同倡议发起"政府上网工程"。这项工程的主旨是推动各级政府部门开通自己的互联网站,并推出政务公开、领导人电子信箱等服务。政府上网工程的实施促进了政府由管理型向管理服务型的角色转换,各地、各级政府纷纷采取措施,实施了不同程度、不同范围的"政务公开",从而为政府系统的信息化建设打下了坚实的基础。我国

---

① 1993年起启动的"三金工程"即金桥、金关、金卡。金桥是国家公用信息平台,其目标是建设中国的"信息准高速国道"。金关工程即国家经济贸易信息网络工程,可延伸到用计算机对整个国家的物资市场流动实施高效管理。金卡工程即从电子货币工程起步,跨入电子货币时代,并逐步将信用卡发展成为个人与社会的全面信息凭证,如个人身份、经历、储蓄记录、刑事记录等。

政府信息化进入了一个全面发展的重要时期,此后短短一年时间里,全国各级政府部门申请的 gov.cn 域名就达到两千多个,而且还开发出大量成功的网上应用项目,①"政府上网工程"成为政务公开标志性活动。国务院办公厅 2001 年颁布《全国政府系统政务信息化建设 2001—2005 年规划纲要》,有力推动了政府网站建设步伐的加快。2006 年 1 月 1 日,中央政府门户网站正式开通,标志着中国政府网站体系基本形成。据中国互联网络信息中心(CNNIC)统计,截至 2006 年,gov.cn 下注册的域名总数发展到近 1.2 万个。96% 的国务院部门建成了政府网站,约 90% 的省级政府、96% 的地市级政府、77% 的县级政府都拥有政府网站。至 2007 年,97% 的省级政府、96.7% 的地市级政府、87% 的县级政府拥有了自己的网站,政府网站的总体拥有率达 86%。② 2016 年 1 月 22 日,中国互联网络信息中心(CNNIC)发布第 37 次《中国互联网络发展状况统计报告》显示,截至 2015 年 12 月,中国网民规模达 6.88 亿,互联网普及率达到 50.3%。同时,移动互联网塑造了全新的社会生活形态,互联网对于整体社会的影响已进入到新的阶段。③ 截至 2015 年 7 月 7 日,全国各地区、各部门通过全国政府网站信息报送系统上报的政府网站共 85 890 个,其中地方 82 674 个,国务院部门 3 216 个。④ 我国制定的《2006—2020 年国家信息化发展战略》制定了电子政务行动计划,提出要整合电子政务网络,规范政务基础信息的采集和应用,建设政务信息资源目录体系,推动政府信息公开。2017 年 1 月 22 日下午,中国互联网络信息中心(CNNIC)在京发布第 39 次《中国互联网络发展状况统计报告》(以下简称为《报告》)。《报告》显示了截至 2016 年 12 月我国互联网络发展状况的一系列统计数据:

".CN"注册保有量超过 2 000 万,居全球国家域名第一

截至 2016 年 12 月,中国".CN"域名总数为 2 061 万,年增长 25.9%,占中国域名总数比例为 48.7%。".中国"域名总数为 47.4 万,年增长 34.4%。

---

① 杜治洲.电子政务与政府管理模式的互动[M].北京:中国经济出版社,2006:4.
② 中国互联网络信息中心.第 37 次《中国互联网络发展状况统计报告》[EB/OL].http://www.cnnic.net.cn/index/oe/index.htm.
③ 中国互联网络信息中心.第 37 次《中国互联网络发展状况统计报告》[EB/OL].[2016-01-22].http://www.cac.gov.cn/2016-01/22/c_1117860830.htm.
④ 荆楚网-楚天都市报.政府网站数量摸清全国共计 85 890 个[EB/OL].[2015-07-21].http://tech.sina.com.cn/i/2015-07-21/doc-ifxfaswm0929792.shtml.

中国网民规模达 7.31 亿,相当于欧洲人口总量

截至 2016 年 12 月,我国网民规模达 7.31 亿,普及率达到 53.2%,超过全球平均水平 3.1%,超过亚洲平均水平 7.6%。全年共计新增网民 4 299 万人,增长率为 6.2%。中国网民规模已经相当于欧洲人口总量。

手机网民占比达 95.1%,线下手机支付习惯已经形成

截至 2016 年 12 月,我国手机网民规模达 6.95 亿,增长率连续三年超过 10%。台式电脑、笔记本电脑的使用率均出现下降,手机不断挤占其他个人上网设备的使用。移动互联网与线下经济联系日益紧密,2016 年,我国手机网上支付用户规模增长迅速,达到 4.69 亿,年增长率为 31.2%,网民手机网上支付的使用比例由 57.7% 提升至 67.5%。手机支付向线下支付领域的快速渗透,极大丰富了支付场景,有 50.3% 的网民在线下实体店购物时使用手机支付结算。

共享出行进入规范化发展期,互联网构建透明公益新生态

网络预约专车用户规模为 1.68 亿,比 2016 年上半年增加 4 616 万,增长率为 37.9%。网约车作为共享经济的代表性服务,在盘活车辆资源、满足用户出行需求方面发挥了重要作用,并随着相关政策的出台进入规范发展期。截至 2016 年底,有 32.5% 的中国网民使用过互联网进行慈善行为,用户规模达到 2.38 亿。以互联网为载体的募捐、公益众筹、社交圈筹款等公益新模式推动慈善捐助的过程阳光化、操作便捷化、形式多样化。

三成网民使用线上政务办事,互联网推动服务型政府建设及信息公开

截至 2016 年 12 月,我国包括支付宝/微信城市服务,政府微信公众号、网站、微博、手机端应用等在内的在线政务服务用户规模达到 2.39 亿,占总体网民的 32.7%。互联网政务服务各平台的互联互通及服务内容细化,大幅提升政务服务智慧化水平,提高用户生活幸福感和满意度。各级政府及机构加快"两微一端"线上布局,推动互联网政务信息公开向移动、即时、透明的方向发展。

中国上市互联网企业数量达到 91 家,总市值突破 5 万亿

截至 2016 年 12 月底,我国境内外上市互联网企业数量达到 91 家,总体市值为 5.4 万亿人民币。其中腾讯公司和阿里巴巴公司的市值总和超过 3 万亿人民币,两家公司作为中国互联网企业的代表,占中国上市互联网企业总市值的 57%。

中国企业信息化基础全面普及，"互联网+"传统产业融合加速

2016 年，企业的计算机使用、互联网使用以及宽带接入已全面普及，分别达 99.0%、95.6%和 93.7%，相比 2015 年分别上升 3.8%、6.6%和 7.4%。此外，在信息沟通类互联网应用、财务与人力资源管理等内部支撑类应用方面，企业互联网活动的开展比例均保持上升态势。企业在线销售、在线采购的开展比例实现超过 10%的增长，分别达 45.3%和 45.6%。在传统媒体与新媒体加快融合发展的趋势下，互联网在企业营销体系中扮演的角色愈发重要，互联网营销推广比例达 38.7%。六成企业建有信息化系统，相比 2015 年提高 13.4%。在供应链升级改造过程中，企业日益重视并充分发挥互联网的作用。[①]

信息技术已成为当代最先进、最活跃的生产要素，它在社会政治、经济、文化等领域广泛应用，并使这些领域产生跨越式发展。电子政务建设作为政府管理信息化的核心内容，使机关行政管理方式发生了重大变革，对政府信息公开起到了"助推器"的作用。许多地方和部门非常重视本单位政务公开信息系统建设，充分利用网络资源，建设政府门户网站并不断改版完善，整合信息资源，加强统一管理，突出政务公开和窗口服务，加强与社会公众的交流互动，取得较好效果。由于信息化的加速，使大量繁杂的行政管理和日常事务通过设定的程序在网上处理，使领导和机关公务人员从事务堆中解脱出来，有更多的时间面对群众，深入实际、调查研究。实行电子政务后，网络特有的超越时间、空间的特性打破了部门分隔的制约，大量的政府资源得到公开，扩大了信息流通渠道；同时也改变了职能部门之间各自为政的局面，使各部门的职权行为有了公开统一的标准和规定，便于社会公众的监督；打破垄断，实现信息资源的共享，信息的价值在这种共享和流动中得到更大的体现，为公众及政府机构本身提供一体化的高效、优质的信息管理和服务。信息资源的流通和共享，使政府信息构成一个完整的信息系统，对提高政府行政效率产生了直接效用。同时使削减多余的机构和中间环节具有了可能，在提高政府工作效率的同时降低了行政成本。

我国体制改革的深入开展对政府机关提出了精简机构、提高工作效率、

---

① 中国互联网络信息中心.第 39 次《中国互联网络发展状况统计报告》[EB/OL]. [2017-01-23]. http://www.cnnic.net.cn/hlwfzyj/hlwxzbg/hlwtjbg/201701/t20170122_66437.htm

以人为本便民利民的要求。信息社会的政府和政府管理完全不同于工业社会的政府和政府管理，信息化使愈来愈多的政府部门及其公务人员由网络联系起来，越来越多的公共事务可以在网络上自动处理。电子政务打破了原有政府部门之间的物理界限，这在一定程度上破解了传统行政组织部门之间条块分割、等级森严的格局，使行政组织的结构形态由高耸向扁平化、网络化转变。

三、机构转型：控制之"手"走向"无形"

我国的体制改革对传统的政府行政模式产生了深刻的影响。在计划经济体制下，政府权力高度集中，几乎由政府包揽了一切。经济活动完全由政府集中计划，以行政手段进行调控，用指令性计划开展管理，管理的范围由宏观经济领域直接延伸到微观经济领域。这使得政府成为无所不在、无所不能的机构。政府采用这种事无巨细一律大包大揽的办法对社会生活的各个领域进行全面的直接管理和控制，其最直接后果是政府包揽了过多的社会功能。对此我国著名社会学家郑杭生教授作了一个非常形象的比喻：假如我们将整个控制体系看作一只手，那么在计划经济体制下，政府的行政控制就是这只"手"上的"大拇指"，它粗壮有力，牢牢地控制着社会运行，并且在很大程度上代替了经济、文化等控制之"指"，使社会处于高度整合状态，顺利地按照政府的意志进行运转。与此不同的是，在市场经济体制下，政府的行政控制逐渐减弱，政府对社会的控制主要是通过制定规则来进行的，控制之"手"由"有形"走向"无形"。① 对政府来说，转型就是转换其角色及职能。即从微观领域转换到宏观领域，从直接的、参与式管理转变为间接的、法治化管理，政府应逐渐承担起公共服务职能。对此，有学者将我国政府机构的转型归纳为以下方面：行政职能由管制职能向服务职能转化；行政过程由暗箱操作向行政公开转化；行政决策由集中决策向民主决策转化；权力结构由集权式向分权式转化；行政机构由臃肿向精干转化；行政人员由管理型向管理知识型转化。②

政府的公共服务职能是其最重要的一个职能，服务型政府是现代政府的

---

① 郑杭生，等.转型中的中国社会和中国社会的转型[M].北京：首都师范大学出版社，1996：177.

② 崔建宇.电子政府对传统行政的影响[J].山西青年管理干部学院学报，2000(4)：1-4.

发展方向,机构转型使政府由公共权力的行使者向为民服务转化。每个权利主体都是平等的,都有权共享信息资源,政府可以通过网络等各种途径为社会公众提供快捷、全面的服务。

四、职能转变:行政权力接受监督

我国行政管理领域,长期以来权力膨胀与失控的问题较为突出。如果不受任何约束,极易走向个人专断和专横,危及公民权益;行政权力的支配权力和强制力与人性的贪权弱点相结合,将衍生权力的任意性和腐败性,如果对行政机关及其工作人员的活动不加以适当控制,行政权的支配力将转变成侵犯力,侵害公民权益。权力的公共性、等级性、整合性、工具性等性质,使它能够维护公共秩序,实现社会民主的公共利益,避免人类社会陷入无休止的混乱和无序状态。但是,权力的扩张性、干预性、支配性及腐蚀性,又使不受制约和监督的权力极易蜕变为少数专断者谋取私利、损害公众利益的工具,政府机关行政权力的行使应当接受来自公众的监督。作为社会治理的一个管理主体,政府的权力应是有限的,因此,监督并制约政府机关行政权力的使用,是维护公民利益、保证公平正义不可缺少的必要措施。计划经济时代,国家和公共事务的管理强调行政隶属关系,表现为政府对社会的信息资源尤其是公共行政文件和档案信息资源在公共服务方面实行控制和垄断,包括信息利用权利在内的公民权利行使不畅。

随着社会主义市场经济体制的逐步确立,转变政府职能成为改革的重点,它意味着政府行政权力、管理方式的转变,由管理型政府向服务型政府转变,通过改革实现公共权力的合理分配,最大限度地还权于民,转变政府职能。然而,在实践层面,特别是有些与此直接相关的行政机关的官员在心态等诸多方面还没有完全转变过来,还存在着不相适应的现象,这不能不对政府职能转变及政府信息公共服务形成持久的影响。政府必须改变以往传统型政府行政不公开、官僚作风严重的弊端,行政机关不仅主动为老百姓提供服务,而且主动向广大公众公开办事过程和结果,这就等于政府行政机关将其行政权力的运用情况"曝光"在被行政人面前,这必然使其违规"自由发挥"的余地受到限制,"暗箱操作"损害公民利益的空间被堵。虽然有些行政者并不乐意如此,"事实上应当为公众服务的所谓公仆却更愿意保守信息秘密。保密使得政府可以通过对特定领域知识的排他性占有,来扩张自己的实际权力,使得即使是言论自由也很难对政府权力加以有效控制。"①在政务公开和电子政务环境下,政府机构就应将大量政府行政信息通过在网上公布,建立适应网络时代的管理新模式,不仅简化办公流程,有利于大幅度节约政府成本,提高工作效率,使政府工作进一步公开透明,还扩大了与公众的信息交流,有利于转变政府作风,防止腐败现象的发生。让权力在阳光下运行,是公正、合理地行使权力、防止权力行使者腐败变质、滥用权力的最有效措施。把政府信息公开规定为行政机关的义务,可以在充分实现公共信息社会共享,保障公民信息权的同时,强化权力制约和监督,形成权力监控和拒腐倡廉长效机制,从而从根本上遏制因公民和官员信息不对称而造成的权钱交易,减少腐败行为的发生。

第二节　档案馆公共服务的又一主题

一、各地档案馆政府信息公共服务的探索

（一）已公开现行文件利用

进入 21 世纪,社会信息化发展及政府职能进一步转型。2000 年 4 月,深圳市档案局尝试创办了全国首家文件档案资料服务中心,在全国首先开展已公开现行文件利用,为社会公众提供党和政府有关现行政策法规文件、档案信息等方面的查询和阅览。2001 年后,北京、上海、江苏、山东、浙江等省市相继开展了已公开现行文件利用,这项服务遂在全国范围的档案馆全面铺开。

各地档案馆从自身实际出发,创造性地开展工作,形成了几种不同的服务模式。① 深圳模式。以深圳市文档资料服务中心为代表,政府在一个行政区域内建立一个统一管理文件的机构——文件中心,专门开展现行文件的利用。② 昌平模式。以北京市昌平区档案馆现行文件阅览室为代表,档案馆在利用室或阅览室的基础上,大量收集现行文件并开展利用,昌平区现行文件阅览点遍布城乡,包括社区。③ 西城模式。以北京市西城区档案馆为代表,档案馆利用网络设施为没有上网条件的利用者免费提供现行文件的检索和阅览服务。④ 上海模式。上海市、区许多档案馆建立现行文件阅览室,并且

---

① 斯蒂格利茨.自由、知情权和公共话语——透明化在公共生活中的作用[J].宋华琳,
　译.环球法律评论,2002 秋季号.

还在现行文件阅览室基础上设立了政府信息公开受理点。⑤ 济南模式。以济南市档案局为代表,在建设包括档案馆馆藏目录、属于接收范围但未到进馆期限的档案与资料目录、反映地方特色的信息和有关专业档案信息在内的区域性档案资料目录信息中心的过程中,将现行文件公开工作作为其中一项重要的工作内容。

此外,许多档案馆还经常开展档案、文件下乡、进社区活动,把文件送到百姓手上。① 一些档案馆在实践的基础上,积极探索现行公开文件收集和利用的有效途径,如将报送工作作为考核各单位档案工作的重点内容和评选条件之一,利用新闻媒体及时收集、利用现代化手段从网上收集、根据利用需要重点收集等,进一步满足了群众的需要。许多档案馆建立"首问制"跟踪服务,谁先接待查阅者,谁就负责到底,并就百姓关心的问题编制查询目录或进行专题文件汇编,收集相关资料编成宣传手册,以备群众查询。

已公开现行文件利用工作由萌芽到普及,从一开始就表现出很强的生命力,随着这项工作在全国稳步推进,其服务领域不断扩大,服务内容不断充实,服务水平不断提高。2004 年 6 月,开展这项工作的档案馆达到全国的三分之一。在 2004 年底召开的全国档案局长馆长会议上,国家档案局中央档案馆又把此项工作作为 2005 年的一项重要任务进行了部署。截至 2005 年,全国已有 2 367 个国家档案馆开展了已公开现行文件利用工作,占总数的 76%,比 2004 年增加了一倍多。其中北京市、天津市、上海市、黑龙江省、山东省、广东省、云南省都达到了 100%,浙江省、湖北省达到了 90%以上,吉林省、河南省、广西壮族自治区、重庆市、贵州省、陕西省、青海省也都达到了 80%以上。已累计接待利用者 100 余万人次,提供文件 110 余万件次,成为档案馆利用工作的新亮点。②

档案馆开展已公开现行文件利用服务工作,为公众获取信息提供了更广泛的平台,为档案馆成为政府信息公开指定场所奠定了基础,加快了档案馆参与政府信息公共服务的进程。档案馆也越来越多地主动承担了政府信息公共服务工作,从接受公开文件目录及文件、主动公开政府信息到受理信息公开申请等等,全面对社会提供现行文件利用服务。档案馆不再是过去那种提供单一档案信息服务的机构,它的大门正进一步向普通公民打开,向公共

① 黎霞.档案馆开展政府信息公开工作理论与实践的回顾[EB/OL].[2008 - 02 - 25]. http://www.archives.sh.cn/dalt/daggz/201203/t20120313_9550.html.
② 毛福民.在全国已公开现行文件利用工作现场会上的讲话[J].中国档案,2005(9):10 - 14.

信息服务场所的方向发展。

（二）档案馆成为政府信息公开指定场所

在档案部门开展已公开现行文件利用阶段，《宪法》是档案馆实施这一公共服务行为的主要法律基础，根据《宪法》的有关规定，开展已公开现行文件利用工作是确保人民群众知情权的一个重要方面。此外，按照我国《立法法》的要求，档案部门开展已公开现行文件利用工作是让公民知晓其应遵守的国家法律、规定、办法的一种有效形式。《档案法实施办法》第二十条规定"经济、科学、技术、文化等类档案，可随时向社会开放"，实际上也是档案馆开展政府信息公开工作的法规依据。

2001年8月2日深圳市人民政府第三届三十四次常务会议审议通过了《深圳经济特区档案条例（草案）》，规定了现行文件的公开制度，首次将集中管理市属机关文件和提供利用的条款以立法的形式予以确认，使已公开现行文件利用合法化。截至2004年底，共有上海、北京等8个计划单列市都已制定了地方性档案法规，由于现行文件管理和服务主要是伴随着政府行政体制改革和政务公开而产生的，是档案工作管理和服务创新的大胆探索和有益尝试，是推进政务信息公开的重要举措。

一些地方人民代表大会常务委员会在对档案法规进行修订时，增加了有关现行文件管理和服务的事项，如2004年11月，上海市人民代表大会常务委员会在修订《上海市档案条例》时，将"市和区、县综合档案馆是同级人民政府公开信息的集中查阅场所，应当提供其保管的政府机关主动公开的政府信息，方便公众查阅"列入法规。这是全国第一家以地方法规的形式明确档案馆为本地区政务信息公开场所。山东省委办公厅山东省人民政府办公厅印发的《关于已公开现行文件送交利用实施办法》的通知要求：山东省各级综合档案馆为本级党委、政府面向社会公众提供已公开现行文件和政务信息集中查阅利用的场所。深圳市委办公厅在《关于市区两级档案馆作为我市政务信息公开场所的通知》中提出，市委、市政府决定将市、区两级档案馆作为深圳市政务信息公开场所。杭州市人民政府令发布的《杭州市政府信息公开规定》，也将各级各类档案馆及现行文件查阅服务中心作为公开政府信息的场所之一。①

---

① 毛福民.在全国已公开现行文件利用工作现场会上的讲话[J].中国档案,2005(9)：10-14.

2007 年 4 月《政府信息公开条例》颁布后,国家档案局、中央档案馆领导对此高度重视,很快成立了政府信息公开筹备工作领导小组,制定筹备工作方案。2008 年 3 月 26 日,中央档案馆向国务院办公厅请示,提出"中央档案馆作为中央级国家档案馆,拟设置'中央国家机关政府公开信息查阅中心'","拟建立政府网站公共检索点,与有关中央国家机关政府网站建立链接,为公民、法人或者其他组织查阅各中央国家机关政府网站上公布的公开信息提供服务;同时配置《国务院公报》、各部门法规汇编等中央国家机关公开出版的政务资料,供利用者查阅"。2008 年 4 月 2 日,国务院办公厅秘书局复函指出:"贵馆关于设置中央国家机关政府公开信息查阅中心工作方案,符合《政府信息公开条例》规定和要求,且体现了中央国家机关的特点。"接到国务院办公厅的复函后,中央国家机关政府公开信息查阅中心于 2008 年 5 月 1 日正式向社会开放。①

《政府信息公开条例》和各地的政府信息公开规定中均明确提出,其立法的目的是保障个人和组织的知情权,规范政府信息公开,增加行政活动的透明度,监督政府机关依法行使职权。档案馆主动开展已公开现行文件利用服务,实质上是改革开放背景下满足公众信息利用需求的一项利民举措,为广大人民群众提供了一个已公开现行文件利用的公共服务平台。

二、政府信息公共服务实践——以上海市档案馆为例

上海是全国第一个以地方法规的形式明确档案馆为政府信息公开场所的省市(直辖市)级城市,其政府信息公共服务探索在全国范围内具有试点意义。上海市作为政府信息公开的试点地区,起步较早、运作较规范。作为国际化大都市,市民的文化素质相对较高、公民权利意识普遍较强,客观上开展政府信息公开的环境基础较好。21 世纪初,笔者以上海地区档案馆为研究样本,对档案馆政府信息公共服务展开调研,希望通过实证研究,对我国档案馆的公共服务进程获得启示和认识。调研显示,从 2002 年起,上海地区档案馆的政府信息公共服务探索分为试点和实施两个阶段。

(一)试点阶段

2002 年 9 月至 2004 年 4 月 30 日为第一阶段,也是试点阶段。2002 年上

---

① 吴昆峰.中央国家机关信息公开的一扇窗口[J].中国档案,2009(10):64-65.

海市委办公厅发文要求市及区、县档案馆要拓展服务功能,设置现行文件阅览窗口,向社会提供与人民群众关系密切、需要公开的政务信息。同时要求建立现行文件资料送交制度,各级党委、政府的职能部门在印发与群众切身利益相关,要求各单位贯彻执行,能够公开的政策、规定等文件和编写相应的文献资料时,要抄送同级综合档案馆,以便按规定及时供群众查阅、利用。①

接着,经市委办公厅和市政府办公厅审核同意,上海市档案局制发文件,明确了现行文件的收集范围、送交时间和交接方法等一系列具体措施。② 上海市档案馆开展了市政府各职能部门已公开现行文件集中查阅服务工作,共提供已公开现行文件 2 万多份,接待查阅利用者 8 000 多人次。③ 在第一阶段中,上海市和各区县档案馆开展已公开现行文件利用工作,为此后开展档案馆的政府公开信息集中查阅奠定了基础,为在全国范围全面推广这项公共服务进行了有益的尝试。

(二)实施阶段

1. 上海市档案馆档案资料与政府公开信息查阅服务中心设立

从 2004 年 5 月 1 日开始至 2007 年 4 月初为第二阶段。2004 年 5 月 1 日《上海市政府信息公开规定》正式实行,上海市档案馆外滩新馆的上海市档案馆政府公开信息、档案文件资料查阅服务中心(以下简称"查阅服务中心")和各区、县档案馆的政府公开信息查阅服务点向社会全面开放。上海市政府要求各部门充分利用市档案馆外滩新馆的资源和功能,按时向该馆提供本部门的公开信息目录及相关文件。上海市委、市政府对政府信息公开高度重视,给予档案馆建设以极大的支持,将处于外滩景观区的近代优秀保护建筑改建成市档案馆对外开放和服务的基地。上海市档案馆外滩新馆总建筑面积9 200 平方米,其中五、六楼设立政府公开信息、档案文件资料查阅服务中心,并专设文本、电子阅览大厅,另外还有展厅、"学生课堂"、"档案工作者之家"和公共休闲场地,使之具有决策参考、展览教育、社会课堂、咨询利用、信息积聚和传播、市场服务、学术交流、文化休闲等功能,成为展现上海这座国

---

① 引自上海市委办公厅文件《关于进一步加强本市档案工作的若干意见》(2002 年)。
② 摘自上海市档案局文件《上海市级机关公开性现行文件的收集和送交试行办法》(2002 年)。
③ 摘自上海市档案馆文件《把握机遇发挥优势深入推进政府公开信息利用服务工作》(2007 年 9 月 27 日)。

际化大都市发展轨迹的新窗口,为实现市委、市政府提出的"力争使本市的档案设施总体上达到国际先进水平"的要求奠定了物质基础。上海市档案馆外滩新馆的启用为社会公众充分利用档案与政府信息资源开启了方便之门,不仅拥有优雅舒适的环境还提供先进的公共服务包括残障人士服务设施。从该档案馆的选址、室内设计、设施配备等,可以看出政府信息公开场所的设置正越来越为信息利用者着想,把体现公民权利和利益置于重要位置。

与此同时,上海市政府要求各区、县政府利用各区县档案馆的场地资源和服务功能,做好本区县的政府公开信息查阅服务工作,为公众提供更便捷、更有效的信息服务。上海市各区县政府对政府信息公开高度重视,纷纷采取增设电脑、专辟用房等措施,尽可能地改善环境、提供条件。虹口、静安、黄浦、徐汇及闵行等区还另拨场地,将档案馆从区政府办公机关的深宅大院里剥离出来,为档案馆的公共服务提供条件。截至 2004 年 12 月底,上海市档案馆已接收 45 个市级政府部门送交的公开信息目录 6 977 条、全文 4 855 件;19 个区县档案馆接收区级政府公开信息目录 22 602 条、全文 19 346 件;接待查阅 825 人次,提供查阅 1 273 件次。① 作为 2004 年上海市政府实事项目的 100 个社区信息苑,不仅是社区文化活动中心建设的配套项目,也是各政府机关主动公开的政府信息的指定查询终端。此外,上海还在市郊各区(县)设立了 50 个农村基层信息服务站,方便郊区群众获取政府信息。据统计,2004 年至 2007 年三年里,上海市档案馆外滩新馆已接待查阅政府公开信息 8 046 人次、提供政府公开信息 15 258 件次。②

2. 上海档案网站的政府公开信息服务

除了这些场所的服务,公众还可以通过互联网查询相关的政府信息。为扩大政府公开信息利用覆盖面,市档案局(馆)还在上海档案网站新增专题栏目,把政府各部门网站链接入档案网站。"中国上海"门户网站上政府信息的公开查询便捷、多元化,可按市政府部门信息公开、区县政府信息公开以及上海档案馆政府公开信息进行查询。一系列条例、意见等法规文件的发布和具体实施使档案馆切实步入政府信息公开工作规范化、制度化的发展轨道,在公众和政府之间架起了一座桥梁,成为政府体察世情民意、公众了解公共政

---

① 数据来源笔者于 2008 年所做的关于上海市档案馆档案公共服务的调研材料。
② 摘自上海市档案馆《上海市档案馆开展政府公开信息开发利用试点工作情况报告》(2007 年 7 月)。

策的有效通道。据统计，2004 年至 2007 年，上海档案信息网查阅政府公开信息的点击数达 105 313 次。上海政府公开信息集中查阅服务已形成市区县联动、上下呼应、整体推进的良好局面。①

　　档案馆查阅服务中心在全面提供政府各部门政府公开信息查阅服务的基础上，突出与百姓利益密切相关的重点部门的政府公开信息查阅服务，以其信息集中的优势为公众提供档案和政府信息的"一门式"利用服务，公众到信息查阅服务中心可以同时查阅到政府不同机关的文件信息，避免了去各部门奔波之苦。为扩大政府公开信息利用覆盖面，充分发挥互联网在信息传播方面的优势，上海档案信息网还增设专题栏目，实现网上的"一站式"查阅，如对支内、支边及知青子女回沪落户政策等热点问题的专题查询；同时，将政府各部门网站与档案信息网站进行链接，并通过"中国上海"门户网站、东方网、社区信息苑等提供与档案信息网的链接服务。因此，在上海市档案馆信息网上轻点鼠标，就可以迅捷达到查阅多个政府机关信息的目的。如有的已在上海找到工作的外地大学毕业生为了在合适地段购买合适住房，到档案馆通过"一门式"服务查询有关市政规划、房地产等方面的政策文件和相关信息，以便自己做出恰当的置业判断。

　　由档案馆承担信息公开公共服务是政府信息公开各种方式中的一条重要途径，《上海市政府信息公开规定》明确，政府信息可以采取多种途径如政府公报或报纸、电视等公开媒体，也可以在政府信息公告栏、电子屏幕等场所及设施上获得，另外，政府机关主要办公地点还可以设立公共查阅室、资料索取点等。根据该规定，上海市政府各机构可以根据自己的实际情况设置公共查阅点。如果公开的信息量比较大、公众的需求比较多如上海市工商局、上海市规划局等机关都设立了本单位的公共查阅室；如果需要公开的文件量相对不多，像上海市旅游局、上海市出版局等机关，将本单位公开信息的相关事宜委托给上海市档案馆外滩新馆查阅服务中心，由中心负责对外提供集中查阅。至 2004 年底，全市政府机关设置公共查阅点总计 287 个，全年接待公众查阅 23 814 人次。②

　　《政府信息公开条例》中将档案馆指定为公众集中查询政府信息场所的规定，使广大百姓有了实现信息权的依据和途经。通过查询，公民不仅可以了解国家的法律、法规、方针政策和有关机构已决定的各项重要决策结果，还

①②　摘自上海市档案馆《上海市档案馆开展政府公开信息开发利用试点工作情况报告》（2007 年 7 月）。

可以查阅关系到公民权利的信息。档案馆的公共服务不仅提供具有历史价值的档案信息,还提供具有现实价值的政府信息,档案馆成为公民实现信息权的具体场所。

三、档案馆政府信息公共服务机制

政府信息公开中主动公开范围以各机关现行文件为主体,与档案馆传统的信息资源档案形成差别:现行文件比档案进馆的时间大大提前,相应的法律依据、工作机制和操作方法等都有所不同。因此,政府信息公共服务的实施对档案馆等相关机构而言是一个新课题。上海市、区县两级政府信息委、档案馆及有关机构通过缜密规划及探索,总结出一套务实、高效的服务机制。笔者所在的课题组通过调研发现上海市、区档案馆政府公开信息的公共服务机制可归纳为以下几方面。

(一)组织机制

政府信息公开的开展涉及政府各个职能部门,其运作实践需要在政府职能部门之间建立协同的组织机制,该机制为搞好政府信息公开的各项工作提供了组织保障。

《政府信息公开条例》规定,各级人民政府应当加强对政府信息公开工作的组织领导。地方由县级以上地方人民政府办公厅(室)或者县级以上地方人民政府确定的其他政府信息公开工作主管部门负责。根据《上海市政府信息公开规定》,上海市专门设立了由常务副市长任第一召集人,市政府办公厅、市发展改革委、市监察委、市财政局、市信息委、市政府法制办、市政府新闻办、市国家保密局、市档案局、上海行政学院等十家单位组成的政府信息公开联席会议,负责研究、协调政府信息公开过程中的重要问题,明确各有关机关、部门的工作任务。市、区(县)信息化委员会负责组织、指导、推动本级范围内的信息公开工作。

各区县同样设立了政府信息公开联席会议制度,由区(县)长为第一召集人,下设办公室,由区(县)政府办公室和区信息委牵头,区(县)档案局为联席会议的成员单位。以杨浦区为例,区政府发文规定,各政府机关要建立"主要领导亲自抓,分管领导具体抓,职能部门抓落实"的工作机制,其办公室或相应职能机构为本机关信息公开的工作部门。区档案馆作为查询、利用同级政府部门主动公开信息的场所,为公众做好服务工作。①

上海市档案馆在联席会议中主要负责全市政府信息集中查阅服务工作的组织、推进和协调工作,包括市级集中查阅服务中心建设、各政府机关送交公开信息的接收管理、区县公开集中查阅服务中心建设的指导等工作,对公众"关注度高、公益性强、公权力大"的机关,如市教委、市公安局、市民政局、市财政局、市人事局、市劳动保障局、市建委、市外经贸委、市卫生局、市水务局、市工商局、市质量技监局、市规划局、市房地资源局、市市政局等 15 个政府机关的信息公开工作进行重点推进。上海市档案馆建立了包括政府信息和现行文件收集、管理、提供服务的部门职责、运作程序在内的内部分工协作机制,并不定期由局馆分管领导主持召开政府公开信息收集和利用方面的专题会议,实施局馆内有关部门的联动合作机制,围绕政府公开信息公开工作的具体问题,分头抓落实。近年来,进一步完善政府公开信息送交考核机制、利用服务"窗口"与网上查阅互动机制、政府公开信息查阅与档案查阅相结合机制、咨询服务机制和宣传引导机制,从而为政府公开信息公共服务工作的持续发展提供了机制保障。

在市及区、县级档案馆,鉴于政府信息公开查阅受理工作与档案利用工作在工作性质和服务对象方面都是向社会开放的,各档案馆将政府公开信息查阅服务中心与原档案馆档案资料查阅服务部门进行资源整合,如上海市档案馆查阅服务中心就在其原先档案利用服务部基础上,实行"两块牌子,一套班子"的机构运行模式,实现由查阅服务中心统一向社会公众提供档案与政府信息利用的公共服务模式。这样一来可以充分利用档案馆原有的各种资源,发挥其公共服务的优势。对市民而言,政府现行文件和档案信息实现联动查阅利用,能提供历史和现实两个方面的信息,减少奔波,大大方便了市民信息利用目的的实现;对国家和档案机构而言,实现了集约化信息公共服务模式,既降低成本又提高了工作效率。

(二) 送交机制

送交机制对发挥档案馆的信息公开集中查阅场所功能,为公众提供便捷有效的公共服务,具有基础作用。为保障档案馆政府信息公共服务的信息来源,上海市政府发布了多个法规性文件,规定各市级机关需及时将其最新的

---

① 赵国强.政府信息公开查询、受理工作的实践与探索[J].新上海档案,2006(11):
14 - 16.

政府公开信息送交市档案馆。2004 年上海市档案局、市信息委和市府法制办联合发文《关于加强政府公开信息送交工作的意见》(以下简称《意见》),对各级政府机关文件送交内容、送交时间和形式、目录送交要求、送交机制和手续以及该项工作的管理、监督机制等进行了具体规定。根据市政府办公厅有关文件,对信息公开文件按照"公开为原则,不公开为例外"和对依申请公开文件按照"谁发文,谁提供""谁起草,谁负责"的原则,要求各级政府机关应按照文件规定的应主动公开的政府信息范围,在向社会公开信息的同时,应将《政府信息公开指南》(以下简称《指南》)、《政府公开信息目录》(以下简称《目录》)、《政府信息公开年度报告》(以下简称《年报》)以及政府公开信息全文(包括电子文本各一份及纸质文本各两份)及时完整地向同级档案馆移交。

信息移交工作遵循各负其责、准确及时和安全保密的原则。可以采用在线形式向相应档案馆网站送交。以上海市市级机关为例,市级机关政府公开信息电子目录和电子文本的网上报送通过上海档案信息网或"上海市档案局馆网站"两条途径均可实现。网上报送数据传输分为用户登录、数据报送、数据接收和处理结果反馈四个过程,需要从网上报送政府公开信息数据的各政府机关事先都会得到档案馆分配的专用的用户名和密码。用户可据此通过登录网站,进行政府公开信息数据的报送。《意见》要求,各级政府机关应将送交政府公开信息的工作纳入本机关政府信息公开的日常工作,明确专门机构和专门人员负责办理向同级档案馆送交政府公开信息的具体事宜,严格办理政府公开信息的交接手续,并填写交接单据。

档案馆在实践中积极转变观念,加强协调联系,主动为各级政府机关服务,制定了统一的信息送交标准、规范和网上送交数据格式等规范标准。截至 2004 年 11 月 15 日,上海市档案馆政府公开信息查阅中心共集中了市教委、人事局、房地局等 47 家市级政府机关主动公开的电子信息目录 7 073 条和电子全文 4 894 件。

(三) 监督机制

在监督检查方面,上海市(区、县)档案局向市(区、县)政府信息公开联席会议办公室每半年通报一次各级政府机关公开信息的送交情况,每月通报一次政府公开信息的查阅情况。区、县档案局还要向市档案局抄送送交情况和查阅情况,由市档案局汇总后向市政府信息公开联席会议办公室报送。各级政府机关送交工作的情况,纳入市、区县监察部门和政府法制部门监督检查和评议的内容,通过监督检查和评议,对各级政府机关公开信息的送交工作以及市和区县档案馆提供的服务工作进行督促。

为了将信息送交工作落到实处，上海各区、县还采取了各种具体措施，如青浦区要求各单位、各部门明确这项工作的负责机构、分管领导和联络员，并规定每月第一周的星期四、星期五两天，各单位、各部门必须把上月形成的政府公开信息和现行文件的纸质及电子文本送交到档案馆或在线上报。根据实际情况，档案馆还实行了催交机制。如青浦区明文规定，在规定的送交时间后一周还未送达信息的，即对该单位进行催交。具体催交方式有电话催交、通过政府公开信息联席会议办公室下发催交通知、上门进行催交等。[①]　杨浦区全区 36 个部门按照规范的要求，除没有公开信息文本的外，都及时完整地将政府信息纸质文本 383 件(条)送交区档案馆信息查阅服务中心，送交率为 100%。[②]　上海市档案馆也实行了催交机制，由负责接收政府信息的部门(即征集利用部)具体负责这项工作。由于及时制定了规范意见、要求具体、责任明确，各个职能机关极为重视，积极配合，政府公开信息的送交工作取得了很好的成效。

（四）整合机制

上海市和区县档案馆负责同级机关政府公开信息电子版及文本的接收工作，并对所掌握的政府信息进行分类、梳理、编目。档案馆信息技术部工作人员将各机关网上报送来的政府信息进行下载或保存后，服务器自动将该数据导入系统数据库保存，以备公开。系统具有网上交互功能，档案馆工作人员在对报送的信息进行处理后，会将处理结果告示报送机关。各政府机关也可就技术等各种问题通过电子邮件或其他方式请求支持。按相关文件要求，行政机关的公开信息需向市信息委报送数据。而报送给档案馆的信息除《目录》《指南》和《年报》外，还须报政府公开信息全文电子文本一份及纸质文本两份，所有属于公开范围的政府信息都要按规定及时完整地向同级档案馆移交。档案馆在接收同级行政机关报送的信息后，及时做好政府公开信息的整理、排列上架，并及时对外提供查阅。

2008 年上海市政府公开信息报送的重点机关从 2004 年的 15 家推广到 50 家。市档案馆在接收各机关报送来的信息后，首先要对电子版的格式进行

---

① 周峰，孟菊明.做好政府信息公开查阅、受理点工作，为构建和谐社会服务[J].上海档案，2008(1)：24 - 25.

② 赵国强.政府信息公开查询、受理工作的实践与探索[J].新上海档案，2006(11)：14 - 16.

审查,为能使电子文本信息完整无缺地为社会公民所共享利用,档案馆信息技术部已建立并颁布有关电子文本等新型载体格式标准,因此对不符合规定XML 及 EXCEL 格式的信息需进行转换。另外还要将纸质文本和电子版信息进行查对,看信息是否齐全完整、有否错漏。符合要求的马上将纸质文件转送外滩新馆的信息查阅中心。①

在接收信息的过程中,档案馆发现有些机关报送的电子版质量有问题,如与纸质文本信息不匹配以及电子版格式不符合要求等,影响信息的公开。因为相比其他机关,报送给档案馆的信息要求的门槛最高,有一些机关认为报送信息是额外的负担,为交差才临时制作电子版发来,致使出现报送的信息格式、内容存在差错的现象。为了保证公众顺利地利用信息,档案馆接收整理部门需要在海量信息中检查问题并及时予以纠错,把好信息的质量关,以便政府信息公共服务的顺利实施。

为避免出现"检索不出"的被动局面,信息整合的基础工作必不可少。档案馆接收整理部门对信息进行整理、编目(包括电子目录)、建设检索体系,使原本杂乱无章的信息,转化为有序、有用、有效的信息资源。为便于公众按照发文机关这一特征查询文件信息,政府信息的纸质文件根据信息形成机关的顺序进行排列。政府信息的纸质文件在转送信息查阅中心后,按照事先赋予各机关的编码统一装盒上架,直接开架式陈列提供公众自行查询利用。

(五)查阅机制

查阅政府信息是《政府信息公开条例》赋予公民、法人和其他组织的法定权利。我国有关法规明确规定,市和区县档案馆是同级人民政府指定查阅规范性文件的场所,应当提供同级人民政府及其工作部门和乡镇人民政府发布的规范性文件,供公众查阅。这是政府转变管理职能,实行政务公开,强化公共服务的重要举措。上海市档案馆外滩新馆坚持全年提供开放服务,中午照常接待查阅,并采取发布查阅信息,简化查档手续,编印服务指南,提供导查、咨询服务和网上查询等一系列便民服务措施。公民利用政府信息可以直接去档案馆查阅,甚至还可以通过电话、来函形式由查阅、受理窗口接待人员提供代查服务。

区、县档案馆作为同级人民政府指定查阅规范性文件的场所,也努力改善公共服务条件,积极为公众提供查阅服务。以青浦区为例,区档案馆开辟

---

① 摘自笔者于 2008 年所做的关于上海市档案馆公共服务现状的调研记录。

"青浦区政府公开信息公共查阅窗口"负责查阅、提供青浦区政府主动公开信息和依申请信息的有关内容。为方便公众利用信息，青浦区的数字档案馆应用系统具备自助查询、网上预约等功能，在这些功能支持下，公众可以实现多种查询方法。

（1）自助查询。自助式查询是将现行文件查询和档案查询集中起来，并采用相关权限加以控制。自助式查询主要支持一体化查询，用户只要输入几个关键字就能查到所有相关档案资料。原则上利用者只能看到目录，如果需要查看全文，用户可以提出申请，由档案人员将权限赋给用户。

（2）网上预约。公众可以通过互联网预约，说明需要利用的现行文件或档案信息内容，并填写个人信息，工作人员会根据用户要求找到需要的档案并回复，约定借阅时间并提醒用户注意事项，这样方便了利用者，也提高了信息资源利用效率和范围。

（3）多途径查询。该系统提供了基本查询、组合查询、浏览查询等多种方式，不仅方便档案馆工作人员查询，也适合于面向社会公众，极大地方便了信息利用者。[①]

档案馆不仅应向公民提供政府公开信息的查阅，而且也是受理公民依申请公开信息的窗口。杨浦区在档案馆代理政务公开申请受理的工作模式方面进行了探索实践，制定了《上海市杨浦区政府信息公开受理工作实施细则》，在区档案局设置区政府信息公开受理服务中心，负责依申请公开信息的受理、转办、协调、督促、情况汇总等工作，并在业务上对部门和街道镇受理点进行指导。区政府信息公开受理服务中心的主要工作职责包括：向市民提供在线或纸质查阅本区政府信息公开内容的场所和设施；接受市民关于本区政府信息公开的咨询。该中心作为区政府各部门政府信息公开的集中受理点，采用"一口受理、内部流转、分别处理"的工作模式，代政府各部门受理政府信息公开的申请登记。但中心本身不处理和答复政府信息公开申请事项。[②]《政府信息公开条例》明确规定，对申请公开的政府信息，行政机关应根据情况作出答复，即决定是否公开的权力在行政机关，因而档案馆对公众申请公开事项是代理受理的工作模式。依申请信息公开工作不仅时间性强、工作量大、服务要求高，而且涉及面广、工作难度高，需档案馆与相关承办机关及部

---

① 引自青浦区信息委《关于建立免公开政府信息会审制度的通知》（青信息委〔2005〕23号）。

② 赵国强.政府信息公开查询、受理工作的实践与探索[J].新上海档案，2006（11）：14-16.

门加强协作、紧密配合,按依申请公开处理流程做好登记、沟通、转达等工作。

(六)会审机制

依申请公开是实现公民信息权的重要方式,也是进一步深化政府信息公开的必要措施。由于依申请公开的国际通行原则是申请人无须证明申请获取信息的合理性,而政府如果拒绝公开则必须承担举证责任,《政府信息公开条例》第二十一条规定,"对申请公开的政府信息,行政机关根据下列情况分别作出答复:属于公开范围的,应当告知申请人获取该信息的方式和途径;属于不予公开范围的,应当告知申请人并说明理由;依法不属于本行政机关公开或者该信息不存在的,应当告知申请人,对能够确定该政府信息的公开机关的,应当告知申请人该行政机关的名称、联系方式;申请内容不明确的,应当告知申请人做出更改、补充。"上述情况中"免予公开"因其最具主观色彩、界定空间最大成为政府信息公开中有关行政机关逃避信息公开义务最容易寻找的借口,同时也是最易产生矛盾的焦点所在。为避免漏洞,政府信息公开相关法规规定"免予公开"需有公开义务方说明理由。

根据文件要求,上海市、区两级政府信息公开联席会议办公室从 2005 年开始实施免于公开政府信息会审机制,通过会审提高各单位"免予公开"信息界定的准确性,促进政府信息公开的开展。以青浦区为例,会审由区政府信息公开联席会议办公室成员单位区信息委、法制办、保密局、档案局的相关人员组成。依据《上海市政府信息公开规定》第八至第十条即应当主动公开、重大决定草案的公开以及免予公开的政府信息范围等规定,对区政府信息公开义务单位每月上报的"免予公开"政府信息报备类目是否准确予以会审界定。

会审机制所依循的会审程序为:第一,区各政府信息公开义务单位对已梳理的免予公开的政府信息和已答复的免予公开的政府信息,根据要求填报《已梳理的免予公开的政府信息类目报备表》《已答复免予公开的政府信息报备表》。报备表于每月 10 日前报送区档案局;联席会议办公室会审时间定于每月 20 日前。第二,会审人员对各政府信息公开义务单位上报的"免予公开政府信息类目"和"已答复的免予公开的政府信息",以集体审议的形式逐条审核,根据会审协商一致意见,提出应主动公开和依申请公开建议,以"建议书"的形式发送各相关单位。第三,对建议意见,根据"谁起草、谁负责"的原则由相关单位做出公开与否和公开类型的处理意见,并将处理意见于一星期内反馈至区政府信息公开联席会议办公室,对调整为公开信息的内容及时上网公布。最后,区政府信息公开联席会议办公室对各政府信息公开责任单位

《已梳理的免予公开的政府信息类目报备表》《已答复免予公开的政府信息报备表》报送情况、会审结果及反馈情况以《免予公开政府信息会审通报》的形式报区政府信息公开联席会议有关领导和发送各单位公布。①

免于公开政府信息会审制度是一种检查、监督和协商机制。这一机制的建立，有利于规范政府信息公开工作，为准确界定免于公开政府信息，确保应公开的政府信息准确界定和及时公布起到了把关和促进作用。同时，对防止有关政府信息公开义务机关借"免予公开"条款随意逃避公开义务起到积极作用，从而有效保障政府信息公开的顺利开展。从 2007 年 6 月起，青浦区各政府信息公开义务单位利用区档案馆政府信息公开电子管理系统，在网上实现报送政府公开信息、文件资料和报表，会审小组则通过网络实施网上会审。会审小组对各单位上报的政府信息类目逐条审核，并各自提出应主动公开和依申请公开建议，最终由信息委统一意见。电子化政府信息公开管理系统不仅有利于信息公开各环节的运行，而且提高了工作的质量和效率，使信息收集更及时和齐全，网上联合会审使会审的工作条件大大改善，每个成员的审议意见更客观，避免了会议会审中常见的相互影响、干扰等弊病。

在完善信息公开公共服务机制的基础上，为了夯实提供政府信息公开的基础工作，各档案馆根据联席会议要求，与信息委等主管部门协作开展政府信息公开工作。档案馆为了向公众提供更多有价值的信息产品，加快档案开放利用进程，及时整理已归档的政府公开信息，加强档案整理鉴定工作，凡符合规定应当向社会公开的政府机关档案及现行文件在接收进馆后就直接予以开放。青浦区档案馆充分利用网络优势，积极改善服务条件，提高工作效率。针对政府信息公开的特点，档案馆依托区政务网，在原有的档案综合管理系统的基础上进行了完善，开发了信息公开现行文件中心系统，包括政府信息文件维护、查询、EXCEL 文件导入、报表打印、网上会审、接收文件等功能。系统的开发成功使档案馆公共服务上了一个新台阶。

此外，为有利于信息公开工作的顺利开展，上海市档案馆除了参加市政府信息公开联席会议，参与政府信息公开工作小组日常工作，承担政府公开信息目录编制及规范的起草外，还与市信息委、市行政学院等协作，承担对涉及信息公开的市级机关的培训和指导任务，2004 年 4 月和 10 月上海市组织开展了两轮近 300 人次的政府信息公开培训，内容包括《上海市政府信息公开规定》释义、政府信息公开统计制度、年度报告编制规范、网上政府信息公开

---

① 引自青浦区信息委《关于建立免公开政府信息会审制度的通知》（青信息委〔2005〕23 号）。

规范、政府信息目录编制规范和信息送交制度等。各区(县)政府和市级机关也开展了相应的培训,共培训 3 000 余人次。从这些年我国各地的实践情况看,政府信息公开工作逐渐走上正轨,成为民主和法治的一项重要内容,为确保公民在公平、法治的环境下及时获取和利用政府信息,实现信息权提供了条件。

第三节　档案馆公共服务中若干关系辨析

在政府信息公开背景下,档案馆成为集档案保管利用与政府公开信息查阅等功能于一体的公共信息服务场所。厘清档案馆公共服务中的一系列概念内涵、角色定位及相互间关系,对档案馆公共服务的顺利开展具有重要意义。

一、档案馆公共服务中一些概念关系的厘清

(一) 政府信息公开与政府公开信息概念的明晰

《政府信息公开条例》第二条将政府信息的含义界定为:"行政机关在履行职责过程中制作或者获取的,以一定形式记录、保存的信息。"政府信息公开是指行政机关或有关组织将其在履行职责过程中制作或者获取的政府信息,通过法定形式和程序,主动向社会公众和行政相对人公开,或者依申请向特定的公民、法人和其他组织公开的活动和制度。

值得注意的是,我们不能简单地将政府所控制的所有信息都理解为政府信息,政府信息与政府的执政行为紧密相关,信息的公开应以政府信息为基础。政府信息应当同时符合三个条件,一是由政府机关掌握的信息,二是与经济、社会管理和公共服务相关的信息,三是由特定载体所反映的内容。①

从文件价值发挥所处阶段看,政府信息包括现行、半现行、非现行文件;从文件公开情况看,政府信息包括已公开文件、未公开文件;从文件公开程序看,政府信息包括主动公开文件、依申请公开文件。因此,政府信息公开概念的范围非常广泛,既包括政府部门主动公开文件信息,也包括依申请公开文件信息。从逻辑上讲,政府公开信息与政府信息是种概念与属概念之间的关

---

① 　资料来源上海市信息化委员会编制的《上海市政府信息公开指引手册》(2005)。

系,政府公开信息是政府信息的一种具体类型,即政府公开信息是行政机关主动公开的、已经完成公开程序的那部分政府信息。《政府信息公开条例》对主动公开的政府信息范围作了具体规定,行政机关根据此规定主动将相应文件报送到档案馆。

（二）政府信息公开与档案开放关系的剖析

1. 基于概念界定的逻辑范围

我国现行法律法规中对政府信息的时间未予界定。《政府信息公开条例》第二条规定"本条例所称政府信息,是指行政机关在履行职责过程中制作或者获取的,以一定形式记录、保存的信息",即只要满足"在行政机关在履行职责过程中制作或者获取的",并"以一定形式记录、保存的信息"这两个条件,不管信息产生的时间如何都属政府信息范畴,因此,政府机关形成并归档保存的文件——档案也应属于政府信息的范畴。从逻辑上讲,文件信息和档案信息与信息是种概念与属概念的关系,政府信息通常以文件、档案的形式存在。档案开放,是指将各级国家档案馆保存的可以公开的保密期满档案,解除封闭,向社会公开,供社会利用。《档案法》第十九条规定:"国家档案馆保管的档案,一般应当自形成之日起满 30 年向社会开放。"因此,与现行文件相比,档案的开放受到更为严格的法律程序制约。

但值得重视的是在 2016 年 5 月 25 日国家档案局公布的《中华人民共和国档案法》修订草案(送审稿)中已与《政府信息公开条例》一致改称为档案依申请公开,如第四十五条"国家档案馆保存的档案,除涉及国家秘密、商业秘密、个人隐私,以及其他因涉及国家安全和利益按规定不予公开外,最晚不迟于形成后 20 年公开;档案中属于应公开的政府信息应当公开。形成已满 20 年仍不宜公开的档案,应当报本级档案行政管理部门审核批准"等,这一修改不仅使两者在概念上取得统一,有利于学术层面上的严谨性、规范性和系统性,避免了混乱、歧义,而且从词义上看,"公开"是"指面向大家或全球(世界),不加隐蔽;把秘密公布出来",表明在公开之前有主观隐蔽的意图。而"开放"是"释放,解除限制等含义",并未显示主观隐蔽的含义,即开放前的限制是理应的,而开放则是"用权力解除了限制"。因此,两者的统一体现了《档案法》在立法理念上的进步。

2. 基于文件生命周期理论

档案与政府信息均是整个社会的重要信息资源。从文件生命周期理论来看,无论是现行文件还是非现行文件都是文件生命周期里的一个组成部分。从其本质看,它们都是"文件",只是处于文件的不同运动阶段。文件生命周期理论的核心思想就是文件的运动和管理过程是整体性的、联系性的,文件从其最初产生到最终归宿是一个完整的运动过程,要得到全面有效的控制。根据文件生命周期理论的阶段划分,我国政府信息文件应分为制作形成、现实使用(现行文件)、暂时保存(档案)、永久保存(档案)四个阶段。在上述不同阶段中,政府信息文件的名称和保管场所会发生相应变化,但两者的物质形态、信息内容及其本质不会因这些变化而改变。只是政府信息文件的价值形态在不同运动阶段上的变化,所以在管理方式、工作程序上都是相似、统一的。政府信息首先是现行文件,当文件现行效用发挥完毕后,具有保存价值的那部分文件就转化为档案。可见,政府信息与档案信息实为同一事物的不同阶段,与其他各种信息资源一起,共同构成我国社会信息资源体系。[1] 因此,政府信息公开实质上是档案馆功能的拓展。

3. 基于文件价值规律理论

政府信息(现行文件)中相当一部分文件不仅仅具有对本机关的第一价值,还具有为社会公众服务的第二价值。政府信息中有大量的行政公文,如通知、决定等公文不仅对本机关内部人员有知照价值,更是对社会大众而言有凭证、参考等信息利用价值。政府信息(现行文件)和档案一样都具有第一价值和第二价值,并且随着时间的推移而发生转化,第二价值有逐渐增长的趋势。利用主体也随之发生变化,价值具有时效性,其本身的潜在价值要转化为现实价值需要一定条件催化。从价值形态看,政府信息和档案都具有凭证价值、情报价值,现实价值、长远价值,第一价值、第二价值。[2] 阿根廷著名的档案学家巴斯克斯(Vazquez)说:"在任何时候文件都应该存放在它的利用者最方便的地方。"针对不同的文件价值采取适宜的存放地点和管理方式,文件的第二价值一般是在档案馆实现的。行政机关作为政府信息和档案等社会信息资源的形成主体,其产生的政府信息本身就是档案的重要来源,档案从有保存价值的现行文件转化而来,具有原生性的特点。所以档案和政府信息应由档案馆为公众提供利用服务。

4. 政府信息公开是档案开放的"前移"

作为政府部门在日常政务工作中形成和使用的真实记录,一般政府信

---

[1] 张小娟,张林华.论政府信息公开环境下的档案信息资源共享[J].档案学研究,2009(4):38-41.
[2] 黄静.政府信息公开与档案利用服务工作整合的可行性研究[J].档案学通讯,2007(6):39-42.

息在移交档案馆前,都是散存在各形成机关不对公众开放。文件具有现行效用的特点,一般在现行、半现行阶段利用率最高。若按以往的规定一般须在 30 年后才能向社会开放,现行文件信息长期封闭,导致公众利用需求最高点因正处于文件的现行、半现行期而不能被满足,到文件成为档案并可以提供利用时,公众的利用需求已错过,从而造成政府信息资源的极大浪费。① 档案开放仅是针对非现行文件,政府信息公开使政府信息在现行、半现行阶段得以开放利用,从而使政府信息充分地满足公众的利用需求。可见,从整个信息资源的开放利用过程来说,现行文件开放实质上是档案信息开放提供利用的"前移",为档案信息资源共享奠定了必要的基础。② 近年来档案界提出"文档一体化""前端控制"等思想,指出档案部门要加强对机关档案室工作的指导,说明政府信息(现行文件)在档案馆的公开本身是与文件生命周期理论和档案全过程管理理论一脉相承。因此,政府信息与档案信息的天然联系使政府信息公开与档案开放紧密相关,是档案馆公共服务的重要组成部分。

5. 政府信息公开与档案开放的比较

首先,两者受调整的法规不同。政府信息公开受《政府信息公开条例》的制约,档案开放受《档案法》体系的规范。尽管政府信息与档案具有同源性,政府信息是政府行政机关职能活动的直接记录,大多都属于依法归档的范围,大多政府信息是档案的前身,但由于文件归档有一定的范围要求,并且档案强调原始记录性,故不符合这些条件的政府信息材料不能随意转化为档案。根据《档案法》体系的规定,馆藏档案有 30 年封闭期的限制,这已几成国际通例。封闭期满后,馆藏档案的开放还需经过档案鉴定程序。馆藏档案中有一些涉及国家重大利益,或者他人隐私等问题,尽管按年限有的已超过 30 年,但仍应控制使用。其次,两者的主体不同。政府信息公开的义务主体是形成该文件的相关政府职能部门,信息公开的程度往往受其职能运作规律的支配。而各级国家综合档案馆保存档案的开放不仅受国家档案法规的支配,客观上还受到档案整理、编目、鉴定等开放前期环节的制约,尤其开放前必须完成的鉴定工作,已使档案开放的脚步受到阻碍。

① 张林华.政府信息公开与发挥档案机构信息服务功能[J].档案学通讯,2005(4): 31 - 34.
② 张小娟,张林华.论政府信息公开环境下的档案信息资源共享[J].档案学研究,2009 (4): 38 - 41.

（三）依申请公开与主动公开

政府信息和档案均有依申请利用的问题。前者在现行《政府信息公开条例》中称为政府信息依申请公开,后者在现行《档案法》体系中则称为档案依申请开放[《档案法》修订草案(送审稿)中修改为档案依申请公开]。从广义的角度来理解,政府信息和档案依申请公开,是指行政机关和档案机关在已主动向社会公开的政府信息和档案的范围之外,根据特定用户的要求,有条件地提供相关政府信息和档案的行为。从狭义的角度来理解,政府信息和档案依申请公开仅指行政机关和档案机关根据特定用户的要求,有条件地提供与政府信息和档案公开相关的已归档文件的行为。

与政府信息和档案的主动公开不同,政府信息和档案依申请公开是行政机关和档案机关收到政府信息和档案公开申请后,依照《政府信息公开条例》或《档案法》等法律法规规定并视实际具体情况决定是否公开以及公开的时间、方式等。政府信息依申请公开与政府公开信息两者在范围、方式及程序等多个方面均有差别(详见本书第三章第三节中相关具体内容)。由于未开放档案主要保存于档案馆和机关单位档案部门,因此档案的依申请开放利用服务实施主体可以分为档案馆和机关单位档案部门两种。《档案法》及其修订草案(送审稿)、《档案法实施办法》等档案法律法规对档案的依申请开放利用服务问题进行了具体规定。依申请公开是世界各国的通行做法,因此在今后的档案馆公共服务中还应进一步探索与国际接轨的问题。

二、档案馆公共服务中的角色问题

（一）公众、档案馆及行政机关的角色定位

《档案法》《政府信息公开条例》等法律法规为我们正确界定公民、档案馆及行政机关在档案公共服务中的角色定位及其关系提供了明确的依据。

1. 公众——档案馆公共服务中的利用主体

《档案法实施办法》第二十二条规定:中华人民共和国公民和组织,可以利用已经开放的档案。《政府信息公开条例》第一条即明确规定了公民在政府信息公开中的利用主体地位:"为了保障公民、法人和其他组织依法获取政府信息,提高政府工作的透明度,促进依法行政,充分发挥政府信息对人民群众生产、生活和经济社会活动的服务作用,制定本条例。"公民有关档案开放和信息公开中至少应有信息利用权、开放请求权和诉讼救济权三种权利(见

本书第三章第四节相关内容）。政府信息公开制度实施以后，对于公众而言一个巨大的转变就是跨越了以往只能通过媒体报道等途径被动了解政府信息的时代，公众不仅可以通过各种媒体及现代化设备如网络、电子公告屏等接受更多来自政府的行政信息，更重要的是可以主动查阅政府信息，申请公开那些与自身利益密切相关的政府信息。

2. 档案馆——档案馆公共服务中的服务主体

《档案法》第八条规定："中央和县级以上地方各级各类档案馆，是集中管理档案的文化事业机构，负责接收、收集、整理、保管和提供利用各分管范围内的档案。"《档案法实施办法》第十条规定："采取各种形式开发档案资源，为社会利用档案资源提供服务。"各级国家档案馆有依法对本馆保管的档案进行公布和开放等权力和对保存在该馆的档案提供利用，依法保障档案利用者利用档案权利不受侵犯的义务。法律赋予档案馆以档案资源为利用对象，面向广大社会公众的服务职能。《政府信息公开条例》第十六条规定："各级人民政府应当在国家档案馆、公共图书馆设置政府信息查阅场所，并配备相应的设施、设备，为公民、法人或者其他组织获取政府信息提供便利。"全国各地各级国家档案馆作为政府信息公开查阅的指定场所，已成为政府信息公共服务的主力军，在政府信息公开中发挥着越来越重要的作用。政府信息公开实质上是把政府行政机关在履行行政管理职能中形成和使用的文件在现行期就集中到档案馆向全社会公开，提供社会公众知情和利用。档案馆作为政府信息公开的主要受理点，实质上就是政府信息对外进行利用服务的一个窗口。档案馆在档案公共服务中具有档案的保管权、使用权和公布权以及为公众提供档案和政府信息服务的义务。《政府信息公开条例》将其指定为"政府信息查阅场所"，这样既明确肯定了档案馆的作用，又赋予了它一个科学合理的定位。档案馆在档案和政府信息公共服务中除了档案开放外主要承担着服务主体的角色，是我国档案和政府信息公共服务中的重要组成部分。档案馆具有科学管理信息的基础设施和对外开放的服务体系，其率先开展现行文件开放利用服务的实践，适应社会对政府信息迫切需求，为政府信息公共服务拓展了重要途径，提供了完善的服务方式，符合公众实际需求。事实证明，档案馆的政府信息公共服务是在我国政务公开背景下的一种有效探索，顺应社会发展的总体趋势。[①]

---

① 张林华,张小娟.从角色定位看行政机关在政府信息公开中的作为[J].档案学通讯, 2008(3)：79-82.

3. 行政机关——档案馆公共服务中的义务主体

根据我国《档案法》系列及《政府信息公开条例》等法律法规的规定,作为档案和政府信息的形成者和掌握者,行政机关在档案和政府信息公共服务中应具有的基本权力主要是开放权、公布权、决定权、解释权,同时还必须承担相应的义务,如告知义务、受理义务、服务义务和保密义务(见本书第三章第四节)。《政府信息公开条例》第六条规定行政机关应当及时、准确地公开政府信息。第十六条规定:行政机关可以根据需要设立公共查阅室、资料索取点、信息公告栏、电子信息屏等场所、设施,公开政府信息。行政机关应当及时向国家档案馆、公共图书馆提供主动公开的政府信息。第十七条规定:行政机关制作的政府信息,由制作该政府信息的行政机关负责公开;行政机关从公民、法人或者其他组织获取的政府信息,由保存该政府信息的行政机关负责公开。作为档案和政府信息公开的义务主体行政机关有其独特的优势:行政机关是最主要的信息生产者、占有者,全社会80%的信息资源掌握在行政机关手中;作为职能机构,行政机关的职权范围直接关涉公众社会生活的方方面面,拥有公众最需要的第一手权威信息资料;作为政府信息制作产生的当事机构,行政机关对信息形成的背景、密级以及文件产生的目的、作用有深刻的理解和把握,因此行政机关对政府信息内容最具有发言权、解释权,具有其他机关无可替代的重要地位与作用。①

(二)行政机关角色意识的偏差

行政机关是档案和政府信息公开的义务主体,其角色定位决定了行政机关在档案馆公共服务中主要应承担信息公开的责任和义务。从这些年各地的档案馆公共服务实践看,行政机关确实起到了应有的作用,但也有一些行政机关对自身在政府信息公开中的角色定位存在一些认识上的偏差,并在实际工作中有所体现。如有些行政机关过分强调档案馆在政府信息公开中的职能和作用,认为自己只需要被动地配合档案馆的档案和政府信息公共服务工作即可,甚至有些人认为开展档案和政府信息公共服务给他们的日常工作增添了负担。表现在实际行动上,一些行政机关存在诸多问题,如偏重保密,造成公开信息量的不足,一些政府机关工作人员以种种借口拒绝政府信息依申请公开请求人的公开请求;公开的有效信息不足,与公众的期望值有较大

---

① 张林华,张小娟.从角色定位看行政机关在政府信息公开中的作为[J].档案学通讯,2008(3):79－82.

差距。虽然有法规条文对信息公开的内容范围有规定,但各机关进档案馆开放的主体部分并非涉及其日常工作的经济、科技、文化等业务文件,而较多的是与其他机关类同的计划、总结、规章等文书材料。[①] 调查显示,政策法规、办事指南、人事任免的公开情况较好,有效百分比超过 80%,建议与提案、财务信息、统计数据均没有超过 50%,其中财务信息公开的有效百分比最低仅为 28.13%。[②] 还有公开信息不及时,造成开放与利用的矛盾,一些应及时公开的事项得不到公开,待到不得已公开之时,意义已经不大。

根据《档案法》体系及《政府信息公开条例》规定应形成这样一个认识：作为政府信息形成者和掌握者,行政机关是政府信息形成与公开的源头所在,档案和政府信息公开是行政机关的法定义务,其在档案和政府信息公开中的角色应定位于义务主体。行政机关应明确自己的角色定位,认识到档案和政府信息公开绝不是被动地配合档案馆完成档案和信息公共服务的"分外事"和"负担",更不是对信息利用者的"恩赐"。随着我国民主政治和服务型政府的深入发展,政府信息公开的内容已从各行政机关主动报送的有限现行文件扩展到《政府信息公开条例》规定"公开范围"的全部内容并进一步深入细化。公众基于切身权益的实现请求利用保存在行政机关尚未公开的档案和政府信息的情况日益增多。行政机关只有树立主体意识,认清自己的职责义务,才可能保证公开信息的质量和数量,确保档案馆公共服务中公民信息权的真正实现。

三、档案馆公共服务中其他主体与档案馆的关系

(一) 利用主体公民与档案馆：需求与服务

利用主体公民与档案馆的关系是以档案和政府信息为对象的需求与服务关系,档案馆通过为公众提供档案和政府信息的利用服务,将公众与政府联系在一起。

档案馆的公共服务帮助公众及时了解党和政府的各项方针政策,为维护广大人民群众的知情权、保障公众的切身利益、促进社会公平正义、保持社会的安定有序发挥积极作用。为了更有效地服务公众,档案馆政府公开信息查

---

① 戴志强.我国政务公开环境下档案利用工作探讨[EB/OL].[2008-02-22].http://www.archives.sh.cn/dalt/daggz/201203/t20120313_9296.html.

② 姜洁,姜晓萍.我国省级政府政务公开的现状调查与问题分析[J].社会科学研究,2006(4)：94-98.

阅服务中心建立健全了接待工作的总结和反馈机制,及时统计每日、每月、每季、年度的接待工作情况,通过各种统计报表记录政府公开信息查阅服务工作的进展情况,掌握了公众对政府信息公开的需求和动向,通过信息反馈机制及时向上级领导和主管部门反馈信息,架起了密切党和政府与人民群众联系的桥梁。公共服务中档案馆及时掌握并服务公众需求,档案馆面向公众的集中查阅"窗口"在一定意义上成为公众与政府之间信息利用与服务的"平台",成为公共权力与公民个人权利互动交流的"枢纽"。

档案馆在政府信息公开中发挥其对文档管理和开发利用的优势,配合政府信息公开,为满足公众对政府信息的利用需求提供便利,但是必须认识到,根据《政府信息公开条例》规定,作为政府信息公开服务主体的档案馆并没有确定政府信息公开范围的权力,公众对政府信息各种需求仅靠档案馆开展的政府信息公共服务是不可能完全满足的。职能范围和功能定位决定了档案馆在公共服务中对所涉及的各级政府机关或部门并不具备组织协调职能和指挥权力,档案馆实际是处于公共服务的"服务主体"位置上,在这样的角色定位前提下,档案馆在公共服务中的一个重要原则就是既要在国家相关法律、法规的范围内实施档案和政府信息公共服务,又要尽力维护当事人权利,争取最大程度提高公众的满意度。

(二) 义务主体行政机关与档案馆:委托与代理

根据《档案法》规定,我国档案馆主要被动地接收来自各个政府机关已经归档完毕的非现行文件(即档案),以此为主要资源对象提供公共服务,现行文件则不属于档案馆利用服务的职能范围。实行政府信息公开后,要求建立现行文件信息送交制度,各职能部门在印发文件特别是与群众切身利益相关的文件时,只要符合信息公开范围要求,就要送同级综合档案馆,以便按规定及时供公众查阅、利用。档案馆和政府行政机关的关系突破了以往"你移交我接收"这种单项传递的方式,进一步地发展为"你公开我掌握"的双方互动关系。即政府行政机关有义务将公开的现行文件送交给档案馆,同时档案馆如果发现有属于公开范围的政府文件但没有收到时就可以向政府行政机关进行催讨,这可以说赋予了档案馆一种对机关现行公开文件进行监督的权力。因此,档案馆与政府行政机关的互动,基于政府信息而联结的"界面"比以前大大扩展了,档案馆的职能定位上升到一种对行政机关现行文件的实效监管层面上。

21世纪初,档案学界曾就行政机关与档案机构在政府信息公开中的关系问题展开论争。以周毅为代表的行政机关与档案馆之间的关系应属于"委托与代理关系"成为较为主流的观点。其立论的主要依据是："地方综合档案馆进行现行文件开放，正是弥补了我国现行文件开放主体相对缺位的局限。"①"委托与代理关系"观点认为，现行文件开放是因国内专门政府信息现行文件开放机构缺位而出现的一种新型与过渡性开放形式，档案馆作为独立的科学文化事业单位，不是国家行政机关，在政府信息的现行文件公开中只是接受有关行政机关的委托，承担政府信息的现行文件开放工作，从这一意义上看，国家行政机关与档案馆之间的关系是委托与代理关系。

邓敏对此观点表示异议，认为行政机关和档案馆之间在现行文件上不具备委托与代理关系的条件。因为"现行文件开放利用工作绝不仅仅是现行文件的提供服务，还应对现行文件的条款内容进行必要的、准确的、恰当的解释，因为公民查用政府行政机构所形成的现行文件绝不是为了参考借鉴，而是为了了解掌握这些政策、规定，从而参与民主决策、民主监督，以及利用这些政策规定来开展工作，维护自身的利益，这必须要有权威性的解释，该解释权应该属于现行文件的形成机构，不应属于档案馆或档案馆现行文件阅览中心，它们不具备解释的权力和能力，因此，政府行政机构与档案馆之间不可能构成委托与代理关系"②。

笔者认为，是否具备条件并不是形成委托与代理关系的决定性因素，因为社会行动在许多情形中是个"权宜"的过程，代理的程度完全可以根据实际情况而定。在政府信息服务公众需求强烈的情况下，档案馆是各行政机关相对较佳的信息公开代理机构，即使它们不具备解释文件条款内容的权力和能力，这也并不妨碍行政机构与之构成委托与代理关系。在档案馆公共服务实践过程中对依申请公开利用的服务问题的解决通常由档案馆利用部门作第一接待与解释，在无法取得效果时再由形成文件的行政机关负责对文件内容作必要的解释，从某种意义上看，这样由于能使档案公共服务"界面"更集中而便于公众利用。问题的重点应是在档案馆公共服务查阅"窗口"后面，需要有形成档案和政府信息的各政府行政机关作为强有力的"后盾"，这才是将公民的信息权从纸面上落实下来，使公众真正享有这一权利的关键。

为深入了解政府信息公共服务中公民与档案馆这两者之间的关系，考量利用主体和服务主体在档案馆政府公开信息集中查阅"窗口"互动的实际情

---

① 周毅.对现行文件开放若干理论问题的探索[J].档案学通讯,2003(4):17-21.
② 邓敏.政府行政机构与档案馆关系本质探索[J].档案学通讯,2005(3):15-17.

况，从 2005 年—2014 年笔者对上海市档案馆政府公开信息查阅服务工作进行了多次调研，并对 2007 年—2009 年期间担任档案利用服务部主任的戴志强及"窗口"工作人员作了深度访谈。作为学者型管理者，戴主任不仅负责利用服务部的日常工作，是档案馆公共服务方面的专家，对政府信息和档案信息公共服务实践经验丰富，更重要的是，基于工作实践和对理论的钻研，他对政府信息和档案信息公共服务进行了全面、深入的思考和研究，坚持在繁忙的工作之余撰写并发表了多部专著和大量论文，带领团队完成了一系列高层次科研课题的研究，形成与积累了丰硕的科研成果。由于相同研究方向的业缘关系，笔者多次去查阅服务中心调研，得到戴主任及查阅服务中心工作人员的大力支持。以下是笔者于 2008 年对戴志强主任进行访谈的部分笔录。

问：上海率先推行政府信息公开工作以来，档案馆作为提供政府公开信息集中查阅的服务主体实践的情况怎样？

答：从查阅内容来看，为个人权益查证明显增高，这在历年来是很可观的。已公开现行文件和政府公开信息的集中查阅基本上都是与个人利益有关，其中居民动迁占了较大比重，老百姓房子动迁了，待遇不兑现就来查文件。征地养老、劳动工资保障等都与个人利益有关，这些都是有代表性的。还有是为解决户口等权益问题。

老百姓走到信访这一步多数是有关职能部门未满足相关人员要求，致使百姓到政府信访办反映上访，要求落实有关政策。有些人因信访办未解决，便到我们这里来查阅文件、了解政策，争取知情权。虽然这样有时不一定能解决问题，但可以知道个所以然。实际上，我们这儿首先一个功能是满足知情权，然后才是解决问题。以前老百姓不了解不知情也就算了，单位怎样解决就怎样了，许多政策不了解没办法查、问，造成许多政策的落实实际上不到位，现在老百姓知道这里（指政府公开信息查阅中心）可查信息，就来了解他们自己的情况是怎样的、应该怎么办。有许多问题得到了解决，也有人看到政策后，尽管知道自己的情况与政策有距离，但查询的意愿得到了满足。

以"江西垦荒案"为例，50 年代时上海人力车、黄包车等整顿取消，以机动车代替，原先以此为职业的人就成了闲散劳动力，因为不具备其他谋生才能，很难解决，全国其他地区也有同样情况，最后请示中央，为解决这批人的就业问题，就作为移民去江西垦荒。现在这批人都已七八十岁，他们的子女后代心理不平衡，看到按政策回沪人员待遇比他们好，于是也要求落实政策。他们上访，信访办不支持，送回去后，他们又来我们档案馆找依据。据他们说，当时市政府领导说过，"三年、五年就回来"，这话似是而非，我们就让他们看有关原始档案，看了后他们也没话可说了。实际是当时中央在大量调研的基础上，让他们自愿去垦荒，他们子女所说的"承诺"查下来没有。

问：请您从服务主体的角度谈谈政府信息公开中你们与公众利用者的互动情况？

答：大多数查阅人对我们的工作还是认可的，你已看到了，也有写感谢信、留言的。但有些来查阅的人你对他解释了他还是不能接受，"你为啥不公开？"其中的许多道理他们不理解，比如政府信息的公开我们档案馆无权决定，人家（有关政府机关）交什么，我们提供什么，公开的主动权不在档案馆，档案馆实际只是提供政府公开信息的集中查阅服务，做好接待工作，将已有的、掌握的提供公开查阅。不属于公开范围的政府信息，则需向相关的政府职能部门申请公开，你解释了他未必能接受。而我们则要尽量做好对权利主体的服务，既要维护当事人权利，又要按照政策办事，这是我们工作的重要原则。

比如动拆迁也是现在政府公开信息查阅的一个热点。现在动拆迁的补偿实行市场化运作，补偿款对百姓来讲确实是大事。特别是对一些私房来讲，算不算、怎样算补偿面积差别是很大的。许多为改善居住条件而自己搭建私房的百姓，在动拆迁中来查询依据的很多。这样的情况，若真正是经房管局备过案的还好弄，门牌号也有，说明国家是认可的，查得到依据的，一般动迁费总是有的。但那些未经房管局备案的私自搭建就查不到依据，自然无法算补偿费。有些老年人来查档，我们一般会建议他们找相关的职能部门。你来中心查档案，说明你信任这里，这里不能解决，你也不要灰心，你可能还有多种途径。

问：你们是怎样看待"政府信息公开第一案"的？又是如何处理董某这件事的？

答：董某一案完全可以通过查档案、通过法律解决的。若董某先来我馆查档的话，我馆不会简单地回绝。由于当时董某不服判决，写信给国家档案局，后来国家档案局又批示给我馆处理，我们当时翻阅了档案。因为是法商房产公司的文件，还是法文的，我们通过翻译，从档案中发现，董某父亲与法商房产公司是租赁关系，董某父亲曾支付过一大笔外汇，实际是租金。既然是租金就不可能形成产权，且也没有可证明董家有产权的文件。后来我们给董某看了原始档案,她就没声了。若你不公开给她看,倒是会有各种想象,认为你剥夺了她的公民信息权、知情权。社会上也会有人认为,政府一方面讲信息公开,一方面剥夺了她的信息权乃至房产权。

通常这事的处理上,我们首先是耐心倾听利用者的要求,尽量了解清楚事情原委,然后帮他梳理大致情况。给他们提些建议,该怎样做,有时候他的问题就解决了,当然有许多问题仅靠档案解决不了,还必须按照政策办事。

最后,我还想提一下的是,目前我国的馆藏档案开放,与政府信息公开,是有区别的。馆藏档案中有一些涉及国家重大利益,或者他人隐私等信息,尽管按年限有的形成已满甚至超过 30 年,但仍须控制使用。这些都是有法可依的。

在政府信息公共服务实际工作中,经常会发生一些老百姓认为档案馆"你既然实行了政府信息公开,你就代表政府,不给看就是开放不到位",并坚持一定要获取相关信息的情况。如"江西垦荒案"等一批由政府信访办介绍来的查档案例,准确地说,是在政府信息公开的背景下发生的依申请利用馆藏档案的实例。从档案部门的处境来看,本来在政府信息公开中就是服务主体,起一种服务作用,信息公开的权力在职能机构,档案馆不能单方面决定是否公开。从这个角度讲,档案部门确实是处在档案和政府信息公共服务的风口浪尖上。档案馆在政府信息公共服务中的一个重要原则,就是既要在国家相关法律、法规规范的范围内实施政府信息公开,又要尽力维护当事人权利,争取最大程度提高公众的满意度。因此,档案馆公共服务中政策解释是经常性的工作,尽量做好对利用主体的引导服务以化解矛盾,这也是档案馆公共服务中面临的一大课题。

第四节　政府信息公开对档案馆公共服务的影响

一、政府信息公开为档案馆公共服务提供机遇

政府信息公共服务是时代发展赋予档案机构的机遇。政府信息公开对

档案工作尤其是档案公共服务的发展具有全方位的促进作用。档案馆是政府公共服务中专门实施信息服务的部门，政府信息公开为各级档案馆拓展公共服务功能提供了空间，促使档案馆的社会性、公共性、服务性职能进一步增强。

（一）营造民主和谐的社会氛围

信息资源被公认为信息社会的生产要素、无形资产和社会财富，而政府信息是信息资源中最具价值的重要组成部分，在社会资源中具有不可替代的地位。作为掌握在政府手中的公共财产，政府信息属于公共所有，政府有必要也有责任对全社会提供和发布政府信息。《政府信息公开条例》以法规的形式将政府信息公开的有关规定固定下来，要求各级政府机关，主动面向全社会提供政府信息服务，确保公民在公平、法治和宽松的环境下及时获取和利用政府信息。政府信息公开是加强社会主义民主政治和建设和谐社会的必要步骤，没有政府信息公开，营造民主和谐的社会氛围就成为一句空话。政府信息公开营造民主和谐的社会氛围具体表现在以下几个方面。

（1）有利于民主法制和公民权利的实现。民主法制和公平正义是民主社会的显著特征。信息权是公民的基本权利，同时也是实现其他基本权利的起点。因此，维护公民民主权利，首先应该保护公民在最大程度上享有获得信息的权利。《政府信息公开条例》起草小组组长周汉华教授指出："如果信息公开仅仅只是一种办事制度就意味着政府信息可以公开，也可以不公开，随意性比较大，实施中缺乏保障与制约。将信息公开作为一项权力处理，不但与大部分国家和地区的惯例相符，而且也使整个制度设计更加具有可操作性。"[①]《政府信息公开条例》颁布实施前，公民信息权的行使常与政府机构对信息资源进行的控制行为发生冲突，《政府信息公开条例》的实施为保证公民实现信息权，并在此基础上进一步获取其他权益提供了法律依据。政府现行文件信息的查阅缩短了政府和公众之间的距离，双方的互动有了基础。公众可以获取国家、地区和部门的工作程序、资金使用等政务信息；有关政府部门通过在网上发布规划、方案，引导公众参与讨论、听取广泛的建议；公民的社会权利的实现和财产权利的保障等可以通过信息公开途径获取。公开是公平正义的前提，在《政府信息公开条例》总则部分就将公开作为原则

---

① 周汉华.中国政府信息公开问题的深度分析[J].中国信息界,2003(10)：8 - 12.

确立下来,以避免政府信息公开是例外或是一种恩赐的传统思维定式与工作方式。只有政府信息公开才能实现机会均等,不管企业性质、规模如何,实行公平竞争;只有公平正义才能避免权钱交易,切实保障各方利益。

(2) 有利于诚信活力社会氛围的营造。随着我国改革开放的深入和市场经济体制的逐步完善,社会对信用的需求大大增加。但是社会信用缺失的现象严重,各种贪污腐败、制假售假、偷税漏税、经济欺诈、违规排污等行为屡屡曝光,甚至愈演愈烈,信用危机的出现已严重阻碍了我国的发展,成为社会和谐的瓶颈。政府信息公开环境下可以使人们在社会生活中有的放矢,预先查验对方的生产、销售等方面的信用状况,有利于全体社会成员对自己的信用记录倍加珍视,使信用欺诈者无处藏身,从而净化经济市场。人们在诚信、友好、开放、和谐的社会中生活,精神境界大大提高,就能以积极的态度去对待自己、帮助他人乃至关注社会,从而改善我们社会生活中存在的不尽如人意的地方。随着民主政治的建设、政府信息公开的实施,将促使政府行政过程中愈来愈多地倾听民众的呼声并更好地满足公众的基本诉求,从而营造诚信友爱、充满活力的社会氛围。

(3) 有利于有序和谐社会秩序的建设。信息化时代,信息对公众所具有的重要意义日益突显。政府部门借手中垄断的信息寻租的现象已非鲜见,信息不对称使得某些企业有着比较有利的竞争优势,政府信息公开可以有效地遏止政府机关借信息牟利的现象。社会生活进入一种稳定、和谐的良性运转状态。人们企盼和谐有序的社会生活,它包括完善的社会保障机制、有序的社会秩序、人与人之间团结和睦、可持续发展的自然状态等一个综合的和谐美好的生存环境。一个开放的社会、民主的国家,其公民应能够广泛地获取他想知道的信息,依照一定的法律和程序参与管理国家的事务,这样人民的积极性和创造性才能充分地发挥出来,社会才能向安定有序的方向转化。

(二) 提升档案馆公共服务的基础

档案馆开展政府信息公共服务,在为公众服务的同时也提升了档案馆本身公共服务的基础,具体表现在以下方面。

(1) 提高各主体的公民信息权意识。《政府信息公开条例》首次从法律上对政府信息公开做出明确规定,不仅使广大群众对行政机关的职责权限、办事程序、办事结果、监督方式等信息一目了然,而且有关规定对相关机关形成强制性法律要求,有力地保障了公众的信息权、知情权、参与权和监督权。政府信息公开有利于实现政府与民心、民意、民情的联动,有助于化解公众的疑虑,增强公众对政府的信任和信心。政府信息公开的深入开展,使公众在便利地获取政府信息的前提下享受到国家惠民政策,实现自己的合法权益,公众充分感受到档案馆服务社会的效用,有利于扩大档案馆的社会影响,从而提高整个社会的档案意识。

（2）提前公众信息利用的时限。作为政府部门在日常政务工作中形成和使用的真实记录,一般政府信息在移交档案馆前,都是散存在各形成机关并不对公众开放。文件具有现行效用的特点,一般在现行、半现行阶段利用率最高。若按以往的规定一般文件归档后须在 30 年封闭期满之后才能向社会开放。文件由于处于现行、半现行以及封闭期而不能向公众开放,导致公众利用需求无法满足。长期封闭使该信息过了封闭期可以提供利用时,公众的利用需求早已错过,从而造成政府信息资源的极大浪费。档案信息开放针对的是非现行文件,《政府信息公开条例》使政府信息在现行、半现行阶段得以开放利用,从而使政府信息充分地满足公众的利用需求。此外,为实现政府信息公开与档案开放的有序衔接,一些地区进行了探索。如 2002 年 4 月颁布的《深圳经济特区档案与文件收集利用条例》第二十二条规定:"公共档案馆、文件中心保管的档案、文件,应当向社会公开,但是应当依法保密或者其他不宜公开的除外。"条例中所有有关"利用"的条款都将档案与文件并提,把档案发挥社会作用的时间段提到文件阶段。可见,从整个信息资源的开放利用过程来说,现行文件开放实质上是档案信息为公众提供开放利用的"前移",为服务社会起了积极作用。

（3）拓展档案馆公共服务的信息资源基础。政府信息公开工作的开展涉及政府各个职能部门,其运作需要建立政府工作部门之间联手协同的工作机制,《政府信息公开条例》及相关配套文件对政府信息公开的组织机制、信息送交机制和信息整合机制作了具体规定,为政府信息公开的开展提供了保障。在这种背景下,各级政府加强了对政府信息公开工作的组织领导。如上海市专门成立了由市政府办公厅等十家单位组成的政府信息公开联席会议,研究决定信息公开工作中的重大问题,明确各有关机关、部门的工作任务。上海市档案局(馆)在联席会议中主要负责全市政府信息集中查阅服务的组织、推进和协调工作,包括市级集中查阅服务中心建设、对各政府机关送交公开信息的接收管理、对区县信息公开集中查阅服务中心建设的指导等工作。此外,《政府信息公开条例》及《关于加强政府公开信息送交工作的意见》等文件明确规定行政机关应及时主动地向国家档案馆等提供主动公开的政府信息,这不仅有效地打破了政府部门的信息垄断现象,也利于丰富档案馆馆藏,促进不同部门信息资源的开发、整合和共享,还有利于实现信息资源效能的最大化。政府信息公开广泛地利用网络,打破了各个政府机构之间和机构内部信息流动的障碍,通过整合获取更丰富的信息资源,促进各方面广泛地交流信息,为档案信息资源体系建设提供了组织机制和信息资源收集、管理等多方面的保障。

(4) 推进档案资源的数字化进程。在信息化背景下,档案信息开放利用的数字化虽然已取得了一定成效,但档案数据库建设、数字档案馆以及档案信息共享的研究和推进还远不能满足公众的需求。政府信息公开推动社会的信息化发展。政府信息网络的服务对象除了政府机关以外,还有各行各业和社会公众,政府信息的数字化公开对社会各界有着极为重要的示范作用,是社会信息数字化的"领头羊"。政府信息公开调动各方力量协同做好需要公开的归档前文件及档案的数字化工作,推进档案信息数据库的建设,加速档案信息化进程。政府信息公开的开展在全国逐步建立起多层次、分布式、规范化的数据群。在经过进馆鉴定后,这些信息可直接导入档案信息资源数据库,加速了馆藏档案的数字化建设,政府信息公开对档案信息开放的数字化进程具有直接推动作用。

二、政府信息公开使档案馆公共服务遭受挑战

政府信息公开是我国建设社会主义民主政治进程中的一个重大举措,代表着社会进步的发展潮流与趋势,对档案馆公共服务中原有的服务理念、法规规范、资源建设、公开范围与服务规程形成一定影响。

(一) 服务理念

与档案馆传统的以收存、保管为主的理念不同,政府信息公开"以人为本"服务理念使处于越来越开放环境中的档案公共服务面临挑战。随着政府职能逐渐向符合时代要求的公共管理和社会服务方向转变,政府行政由神秘、封闭转向透明、公开。政府信息公开唤醒了公众的权利意识和信息利用意识,越来越多老百姓发现通过档案馆公共服务可以获取相关信息并进而获取自己的权益。从档案馆公共服务开展的情况看,公众信息利用的范围广泛,除了对现行、半现行文件的政府信息利用需求外,还有对档案信息的大量利用需求。长期以来,档案馆以档案管理为主要业务,以政府机关工作需求为主要服务对象,直至 1986 年国家档案局印发《档案馆开放档案暂

行办法》将服务对象扩大到每一个公民，信息公开概念还远未进入人们的视野和思想，整个社会有关信息公开的理念和认识根本无法与 2008 年实施政府信息公开的改革开放转型期相提并论，因此差距的存在是必然的。政府信息公开环境下保障公民的信息权、知情权成为政府必须恪守的基本义务之一，相应地社会公众对档案公共服务的要求进入一个新的高度。推行政府信息公开制度、提高档案馆公共服务水平是一种管理理念的转变，也是社会发展的重要标志。

（二）法律规范

政府信息公开环境下的档案公共服务受到已实施多年的《档案法》《保密法》等一系列相关法律法规的制约，由于立法理念、社会背景等差异，保守的《档案法》体系与相对开放的《政府信息公开条例》体系之间的不协调客观存在。由于《档案法》立法于 20 世纪 80 年代，《档案法》体系中所有法规出台都比《政府信息公开条例》要早得多，故《档案法》体系的开放程度远落后于《政府信息公开条例》，《档案法》体系有关档案馆公共服务法规较多地保护行政机关权力和利益而不是从公众的权利及需求角度出发，相关条款的制定将大部分权力授予拥有和管理档案的机关。因此，从公民角度出发，档案信息公开比政府信息公开的法规设置必然严格得多，《政府信息公开条例》与《档案法》体系不可避免地形成强烈的反差。具体如公开时间问题，《政府信息公开条例》中规定"属于主动公开范围的政府信息，应当自该政府信息形成或者变更之日起 20 个工作日内予以公开"，而《档案法》体系则规定"国家档案馆保管的档案，一般应当自形成之日起满 30 年向社会开放"，这直接导致了政府文件在其现行文件阶段作为政府信息向公众公开，如果拒绝公开将承担相应的法律责任，但直到该文件立卷归档之后进入档案阶段，则非经过 30 年封闭期而不能公开（档案提前开放的特例除外）的矛盾现象。又如法律适用问题，除上述法律法规之外，有些信息的开放利用还受到一系列地方法规和行业规章的制约，而由于上述法规政策的不一致，造成了同一个档案依据《政府信息公开条例》规定应予开放，可是依据行业规章却不能开放的结果。有的地区或部门甚至制定了与中央政策精神不相符合、与国家法规相冲突的"土政策"，各行其法，令出多门，有关档案开放法律体系内部存在的冲突给档案开放服务埋下"脱轨"的隐患。《政府信息公开条例》的实施必然会产生倒逼效应，促进信息公共服务整个法制体系的完善。

（三）资源建设

政府信息公开促进档案事业的发展重点向社会公共服务方向转化。从档案资源建设内容看,各档案馆虽已经按规定收集了大量行政机关归档的档案,但这些档案资源主要集中在行政规范方面,在不同程度上还存在着接收门类不全、进馆档案与公众利用需求脱节的问题。随着社会民主建设的逐渐深入,公众提出的档案利用需求较以往更为广泛深入,具有多层次化、个性化特点。而长期以来档案馆馆藏资源建设以机关文书档案为主,"重机关、轻个人"现象严重,以致馆藏档案结构单一,难以适应公众的利用需求。信息公开环境下应尽可能地丰富档案馆藏,拓展与公众需求对接的档案资源门类,对公众利用量高的档案信息建立专题目录数据库,为公众利用提供便利条件。当今信息社会虽然社会信息量极大增长,但由于信息分布和接收的不对称性,人们的信息获取量并没有同比增长,也没有随着互联网的发展实现自由、充分获取,信息分化、数字鸿沟等一系列问题日渐突出。为了给公众提供更多有效信息资源,档案馆公共服务需开拓创新,积极探索远程共享等先进的资源建设和服务模式,尽快全面提升档案馆的公共服务能力。

（四）公开范围

长期以来,我国档案开放的范围控制过严,门槛过高,不能满足社会的利用需求。近年来,经过政府和档案部门的努力,情况有所改观,但是公开的档案信息内容有限,通常是一些比较原则、抽象、无关痛痒的基本信息,而对一些与公众切身利益相关的重要问题或急待解决现实问题的信息却常常不予公开。首先,原先的政务公开大多是办事制度公开或办事结果的公开,其公开的范围极为有限。对于法律、法规或者其他规范性文件明确要求公开政府信息的才提供档案馆予以公开或者部分公开;对于政府立法、行政决策等过程性文件、涉及公众利益的决定等一般持谨慎态度,不予以公开。如市民比较关心的房屋动迁规划等方面的信息较缺,社会公益性组织等机构产生的现行文件数量较少。公开的信息多是正面信息,对负面信息以及政府机关形象可能造成不良影响的信息很少公开,既与公众的利用需求存在一定的距离,也影响了对政府监督的效果。① 据统计,我国各级综合档案馆馆藏档案开放

---

① 黎霞.档案馆开展政府信息公开工作理论与实践的回顾[EB/OL].[2008-02-25].
http://www.archives.sh.cn/dalt/daggz/201203/t20120313_9550.html.

的数量仅占总数的四分之一左右，也就是说馆藏档案的大部分是不向公众开放的。数据显示，2008—2012 年，我国综合档案馆的档案开放率从 24.24％下降到20.36％，[1]一些综合档案馆的档案开放率甚至不足 10％。[2]因此，研究解决馆藏档案开放以及未开放档案的提供利用问题，不仅是最大限度地实现档案和档案馆社会价值的重大问题，而且已成为推进社会主义民主政治建设的现实课题。随着政府信息公开理念的深入人心，公民的权利意识增强，公众对关涉自身权益获取的民生档案的利用较以往增长，特别是具个性化特点的依申请公开呈上升态势。档案馆应深入了解群众的利用需求和满足状况，扩大档案利用范围。

（五）服务规程

"以公开为原则，不公开为例外"的政府信息公开原则对传统的档案公共服务操作规程带来严峻的挑战。首先，档案开放谁说了算？《档案法》只要求档案馆开放到期档案。而政府信息依申请公开的规定则触动了利用者申请利用档案信息的主动权利，因为政府机关形成的档案是政府信息的天然组成部分。由此，利用者的档案利用需求有了进一步的法制保障。利用者不再被档案部门的开放范围所限制，而是可以按照自己的需要提出档案利用的申请要求，并且有权将档案部门告上法庭。其次，在档案开放鉴定中，传统做法是一份文件中若有某一部分不宜开放就可以控制整个文件甚至整卷档案不给人利用。而据相关法律专家称，政府信息公开中就不可以如此操作。如果法院完全依据《上海市政府信息公开规定》来审理类似案件，那么"如果你要查询的内容涉及别人的隐私等免予公开的部分，如果免予公开的是 99％，只有1％可以公开，那这个 1％也要给你看，与对你是否有用无关"。"就是在一份文件中，也可以把属于免予公开的范围涂黑，剩下的内容就可以公开。不能因为其中某一项涉及免予公开的内容，就把整个文件列入免予公开的范围。"因此，我们在进行档案开放鉴定和接待利用的过程中，要及时调整以前的思路和做法，重新确立档案开放的制度和操作规范。[3]最后，对传统的档案接收环节的挑战。随着服务功能拓宽，现有馆藏资源结构与档案公共服务供需矛

---

① 马海群.英国国家档案馆信息公开项目对我国档案信息公开与服务的启示[J].档案学研究,2010(2)：84 - 88.

② 蒋卫荣.论《中华人民共和国档案法》的立法定位[J].档案学研究,2012(5)：30 - 34.

③ 李军.浅议政府信息公开对档案开放利用制度的影响[EB/OL].[2008 - 02 - 22]http://www.archives.sh.cn/dalt/daggz/201203/t20120313_9295.html.

盾越来越突出,传统的档案接受规程成为馆藏资源结构难以满足公共需求的"瓶颈",档案提前接收等对应措施的采用,必然引发对传统档案接收规程的颠覆。由于提前接收进馆的档案大部分仍处于未开放期,故还会对目前本已处于"欠账"状态的档案馆鉴定工作带来更大的负担。因此,档案馆开展政府信息公共服务对传统档案公共服务规程产生了一系列冲击,对档案馆公共服务提出了更高的要求。

三、政府信息公开对各主体的促进

(一)对公众利用的激励

1. 制度保障作用

档案产生于社会生活,每个公民都有合法利用档案的权利。但是,并不是所有档案内容都能无限制地向公众开放,档案的利用必须符合有关法律规定。《政府信息公开条例》的颁布实施,把公民查询、利用政府信息的权利以法规的形式确定下来,保障了公民的信息权。以往,"有些政府工作人员想公开就公开,不想公开就不公开,想公开多少就公开多少,老百姓没有办法,也没地方说理。条例的制定,将把信息公开从单方面的恩赐变成申请人的权利,公众有权获得政府信息。如果政府机关再随意缩小公开的范围或者拒绝公开应该公开的信息,公众可以通过条例规定的渠道寻求救济。"[1]档案馆在公共服务中应该认真遵循《档案法》《档案法实施办法》以及《政府信息公开条例》等规定,既保障公众利用档案的权利,又维护国家的安全。

2. 社会宣传作用

档案是承载人类文化、延续人类记忆的重要载体,浩如烟海的档案信息资源长期保存在档案库房中,公众对档案信息资源价值重要性以及档案馆的公共服务职能的认知程度有限,不少公民认为档案馆武警站岗,是壁垒森严的"政府保密机关"、非普通百姓能随意进入的地方,以至于许多人轻易不敢涉足档案馆。政府信息公开作为一项重要国策颁布、特别是《政府信息公开条例》将档案馆指定为服务"窗口"以后,社会各界对此表现出了极高的关注度,条例的出台,标志着中国各级政府迈向"信息公开时代",成为继行政许可法之后政府的"又一次自我革命"。[2] 电视、报纸、杂志等各路媒体以各种方式

---

① 周汉华.政府信息公开条例将带来六大变化[N].人民日报,2007 - 02 - 14(13).
② 国网.对于政府信息公开的三点期待[N].江苏科技报,2008 - 04 - 21(A10).

聚焦政府信息公开，以大量篇幅、多种方式和途径对政府信息公开的内涵、意义和实现途径给予大量的报道，与此同时，档案馆对公共服务方面的措施规定、方法途径在社会上进行广泛的主动宣传、介绍，提高了档案馆在社会上的"知名度"、消除了公众对档案馆的不必要"疑虑"。公众期待政府信息公开成为政府"又一次自我革命"，同时，对档案馆的公共服务职能有了逐渐深入的认识。

3. 心理鼓励作用

从信息公开的原则看，政府信息以公开为原则，以不公开为例外的原则将在全国范围内以法规的形式固定下来。从信息公开的形式看，《政府信息公开条例》规定的程序将更为多样和严格，既有主动公开，又有依申请公开，既有法定公开形式，又有非法定公开形式。尤其是将实行依申请公开的引入，是条例的一个亮点和创新。就法律地位而言，原先的政务公开大多是靠文件推动，法律效力不明或者效力等级低，一旦遇到上位法就容易产生冲突。条例作为国务院制定的行政法规，可以说是目前公开领域效力层级最高的法律依据，体现了国家意志和法律的权威性。[①] 公众意识到政府信息公开的实施将对公民权利的实现有重要意义，各级政府部门信息公开在一定程度上增加权力运作的透明度，公民拥有更多的知情权，个体权利、利益和愿望比以往得到更多的尊重。政府信息公开促进了公众的思想解放，打破了政府和公众之间的鸿沟，拉近了政府行政机关和公众之间的距离。

（二）对档案馆公共服务的促进

1."倒逼效应"，改进公共服务进程

档案馆作为政府信息公开的窗口，对公众而言象征着公共权力和政府形象。应该看到，档案馆政府信息公共服务是对传统职能的一次突破，在服务的同时也对档案公共服务提出了更高的要求。原有的服务理念、传统的利用模式受到冲击。"条例的实施，实际上是打开了政府信息资源管理的末端环节，必然会产生倒逼效应，促使政府机关完善整个政府信息资源管理制度。"[②]事实上，一些地区确实已对改进公共服务进程进行了有益的探索。如《上海市档案条例》增加了"列入综合档案馆收集范围，依法可以随时向社会开放的档案，可以提前向综合档案馆移交"的规定，即上海市档案局在部分市级机关试行文件归档鉴定"三合一"论证机制，即由市档案局组织市档案

---

①② 周汉华.政府信息公开条例将带来六大变化[N].人民日报,2007-02-14(13).

馆、社会上的有关专家和档案所属单位业务骨干,对市级机关文件的归档范围、保管期限、解密划控和整理编目等制度进行论证,其中属于政府公开信息范围的注明"即时开放",然后由市档案局审核认定。这样做的目的之一,就是把档案开放鉴定工作由档案馆前移到档案形成机关,提前到归档环节,以实现政府信息公开与档案开放鉴定的提前衔接。另外,对于馆藏有关婚姻、知青、房产和公证等档案,档案馆可采用依申请提供的方法,直接向该档案权利人提供查阅利用,以最大限度地满足群众的需要,体现及时、便民的要求。档案馆正在通过不断自我改进,研究解决档案馆公共服务和公众需求矛盾的方法、机制,使档案馆的公共服务功能可以适应不断提高的社会要求。

2. 以人为本,提高公众利用满意度

首先,档案馆公共服务要在观念上树立"以人为本"的服务理念,要把全体公众看作自己的服务对象,以便民、利民为基本出发点,展示档案服务的人性化和档案馆的亲民形象,为全体公民提供获取政府信息和档案信息完善的便利条件。其次,档案馆要树立"以人为本"开放的服务理念,深入了解公众的利用现状,站在公众信息需求的角度,在不损害国家利益的前提下,加快馆藏档案的鉴定速度,加大馆藏档案的开放力度,尽可能全面地开放可供利用的馆藏档案信息,将与政府信息公开中规定开放的相应馆藏档案纳入开放范围,予以主动公开。在开放时限上,对已归档的政府公开信息,在接收进馆后就应该直接予以开放。最后,档案馆公共服务要在服务时间、手续、设施上突出"以人为本"的理念,档案服务的资源内容要从社会公众的利用需求出发,档案服务的途径、方式应信息化、远程化,最大限度地方便公众利用者。档案馆作为国家文化事业机构,其运作具有公益性,对公众实行信息的免费查阅,有利于减少信息资源不均衡的现象,保障公民尤其是社会弱势群体的信息权。档案馆开展的政府信息公共服务实际上就是"以人为本"理念的体现,让普通百姓切实感受到了政府的关怀,塑造了政府的良好形象,提高了公众信息利用的满意度。

3. "人气上升",发挥更大社会效益

公众感受到政府信息公开背景下的档案信息利用与之前的不同,人性化的利用环境、便捷的查询流程和优质的接待服务,促使公众乐于去档案馆进行信息查询和利用。与此同时,各级档案馆开展政府信息公共服务,也取得了良好的社会效益。正如上海市档案局前局长吴辰同志所讲的"上海政府信息公开工作起步时间不长,但是以其亲民的形象、开放的理念、便捷的服务迅

速赢得广泛赞誉,档案馆的'人气'也随之大幅上升"。① 政府职能机关形成、掌握的信息是国家信息资源中的重要部分,政府信息公开意味着原本人们得不到的大量优质信息资源,现在可以通过直接查阅而迅速、简便地获取,从而极大地提升了档案馆在公众中的"人气"基础。档案馆开展政府信息公共服务,使老百姓在更加广泛的领域查询、利用他们所需要的信息。政府信息公开为档案馆信息资源开发利用提供了先进的软件和硬件条件,完善的工作机制、网络设施和场馆设备都促进了档案馆的社会性、服务性职能日益增强。据笔者对上海市市、区两级数个档案馆信息服务的情况调查来看,不少市民通过查阅政府公开信息和档案,为解决养老金待遇、知青子女入户,维护房产、劳动工资及保障等合法权益和切身利益找到了依据或凭证,他们纷纷表示档案馆开展的政府信息服务对他们帮助很大,切实保障了老百姓的权益,有的还写下留言,感谢政府为老百姓办了一件大好事。

(三) 档案馆开放是一种动力机制

1. 突出的服务优势

随着我国政府管理目标向服务型政府转变,自从 2000 年 4 月深圳市档案馆建立了全国第一家文档资料服务中心以来,各地纷纷出台政府信息公开法规,综合性档案馆相继建立了现行文件查阅中心。《政府信息公开条例》颁布后,档案馆信息查阅中心成为接待公众查阅政府信息的"窗口"。以往信息公开渠道中新闻发布会虽具有及时发布信息的特点,但无法提供查阅服务。政府机构门户网站虽然发布信息较为直接,但是一般各个职能机关只公布本机关形成的可公开信息,因此存在公开信息分散的问题。此外许多公民通常需要纸质文件以作证据之用。相比于新闻发布会、政府机关门户网站等政府信息公开渠道,档案馆信息查阅中心更具备对公众优质服务和方便利用的突出优势。

档案馆一直是国家独立的科学文化事业机构,是政府精神文明建设的一个重要场所,本身就是爱国主义教育基地和学生课堂,档案馆主要职能是对各单位档案的集中收集和综合管理,并对档案信息进行编研利用以及信息输出、反馈处理,具备承担政府信息公开的硬件和软件优势。档案馆工作人员

---

① 吴辰.为构建社会主义和谐社会铺路通衢——上海档案部门参与政府信息公开的实践与思考[EB/OL]. http://www.saac.gov.cn/saac/2005-10/08/content-22292.htm.

具备提供服务利用的全面素质,有从搜集、整理、鉴定、保管、检索到资源开发、提供利用服务等一整套的工作技能和服务意识,具备专业学识和工作经验,在长期提供利用服务中最了解公众的信息需求。而档案馆的保存、计算机检索系统则为信息公开提供了上佳的物质条件。档案馆通过收集政府现行文件(包括半现行文件),为社会公众的利用需求服务,对政府来讲,等于在不增加编制、人员与大量投入的前提下,建立起一个类似于国外文件中心的机构。① 在档案馆的信息查阅中心公众不仅能横向地查阅各个政府职能机关的行政信息,更可以纵向地从历史和现实的两端全面获取档案信息和政府信息,有效扩大了公民信息查阅的范围。在档案专业人员的协助、服务下,公众大大地提高了信息检索的效率,还能免费获取盖有档案馆印章的纸质复印件。

2. 具有强大的群众基础

人类社会已进入信息时代,信息公开是公民实现民主权利的首要前提,也是实现其他基本权利的起点。维护公民民主权利,首先应该保障公民拥有获得信息的途径。档案馆开展政府信息和档案信息公共服务使公民有了享有信息权、知情权的途径。通过这一途径,公民不仅有权查阅与自身权利和利益相关的文献,还可以了解国家的法律、法规、方针政策。《政府信息公开条例》颁布实施后,全国各级综合档案馆提供政府信息公共服务的全面开展,促进了政府信息公开的依法推进,各级档案馆日益成为维护公民合法权益、促进服务政府和民主政治建设不可或缺的重要途径。从这些年我国各地政府信息公开的实践情况可见,政府信息公开已逐渐走上正轨,成为我国民主和法治的一项重要内容,公民个体权利、利益比以往已得到更多的尊重,享有了更多的知情权和信息利用权,各级公共档案馆为公众提供政府信息利用服务并解决了难以计数的实际问题,公众通过档案馆政府信息的查阅利用,为解决切身利益问题找到了依据和凭证。从笔者对上海市市、区两级部分档案馆公共服务进行调查的情况看,发现公众利用较集中的信息资源是与公众切身利益紧密相关、与社会热点有着密切联动关系的政府信息与档案信息。档案馆对公民这方面信息权、知情权的满足,使国家的利民政策在老百姓身上得到具体落实。从公民角度来看,通过档案馆政府信息公共服务,为解决自己的问题寻找到可靠依据,使公众感受到一种归属感。档案馆信息查阅服务中心成立并对公众服务后,前来查询利用人数总量不断上升,公民个人利用

---

① 张林华.政府信息公开与发挥档案机构信息服务功能[J].档案学通讯,2005(4):31-34.

档案所占比例越来越大,甚至公众查阅利用形成高峰,这一方面体现了公众对自身权利的积极争取和维护,另一方面也反映了公众已认同了档案馆政府信息公共服务这一利民措施,把档案馆看作自己获取政府信息不可或缺的途径。因此,档案馆政府信息公共服务具有强大的群众基础,对我国政府信息公开起到了重要的推动作用,对我国民主政治的发展有着深远意义。

正如冯惠玲在《开放：公共档案馆的发展之路》中所指出的,"档案馆开放是一种动力机制。对于档案馆而言,开放不仅仅是对社会、对公民的给予,更是一种获得,它所释放出的推动档案馆发展的能量是难以测度的。""这种动力机制反映在两个方面：一是来自外部的动力。开放带给档案馆的不仅是利用者的需求满足,还有日益广泛的社会认可,与社会生活的密切联系,以及随之而来的理解、支持和各种资源。二是来自档案馆内部的动力。档案开放对档案馆的业务工作提出了许多新的要求,从而对档案收集、鉴定、保管、检索、数字化及上网工程的实施等产生了全面的推动作用,档案管理的全程化、规范化、集约化、现代化水平不断提升,其中的科学含量和技术含量日益提高,社会服务功能越来越多样化和富有成效,开放的档案馆焕发出封闭状态下不可能出现的活力和生机。"①

---

① 　冯惠玲.开放：公共档案馆的发展之路[J].档案学通讯,2004(4)：10-14.

第五章 档案馆公共服务的转型：公共档案馆兴起

第一节 公共档案馆建设的理论基础

21世纪以来，我国国家档案馆建设进入了历史发展新阶段，自《上海档案》2001年第3期刊登了杜长安撰写的《打造真正的"公共档案馆"》一文后，各地档案专业报刊上有关公共档案馆建设的探讨逐渐成为热点话题。2003年以来，上海、北京、陕西、沈阳等地连续举办了多场公共档案馆建设方面的学术研讨会，有关此专题研究的课题、专著和论文呈上升趋势。我国档案界对公共档案馆的重要性已经有了充分的认识，一批学者对公共档案馆与综合档案馆之间的关系、公共档案馆范围的界定、公共档案馆建设的现实意义以及公共档案馆的定义、本质、职能、理念等公共档案馆建设的理论问题展开深入研究，成果不断呈现，在实践探索的同时，形成了一定理论基础。

一、有关公共档案馆的理论探讨

（一）公共档案馆的定义与内涵

薛匡勇提出，凡是以保存具有国家和社会意义的档案为己任，并以提供档案为社会和公众服务的档案机构，都可以认为是公共档案馆。①

戴志强认为，所谓公共档案馆，是指从档案馆的环境建设到资源储备，从现代技术应用到信息开发水平，都要符合国家档案馆公共性的现代服务理

---

① 薛匡勇.档案馆论[M].上海：第二军医大学出版社，2002(4).

念，即以人为本，在提升档案馆管理的开放度、资源的共享度和接待的满意度上见实效。①

宗培岭认为，公共档案馆是指馆藏档案作为社会的公共资源能全面、准确地反映社会的基本历史面貌，应该开放的信息能借助各种媒介畅通地传递，并能广泛为社会、公众利用的文化机构，它在内容上包括馆藏资源公共化、信息传播途径多样化与档案利用社会化三个方面。②

李国庆指出，凡是由国家设立，主要收藏公共档案，为社会公众提供服务的档案馆，都被称为"公共档案馆"。③

从上述定义的界定中，关于公共档案馆的定义可以归纳出这样的结论：公共档案馆是由国家或地方政府设立的，其保存的档案资源以公共档案资源为主体，能够面向公众开放、为社会公众服务的档案机构。

综上所述，公共档案馆的内涵可以界定如下：

（1）公共档案馆主要指国家设立的国家级档案馆和省、市、县设立的地方级档案馆。公共档案馆是由国家和地方政府组建，它是国家机构的一部分。鉴于此，档案馆系列中，国有企业档案馆、事业单位档案馆以及部门档案馆的馆藏在未进入国家档案馆之前不具有公共性质，不向社会公众开放，因此不属于公共档案馆之列。存放于上述档案形成单位的档案馆期间，所开放的档案可以为社会公众所利用，但主要是本单位、本部门利用，不属于公共资源的范畴，因此也不宜将其划为公共档案馆序列。

（2）公共档案馆是相对于私有或集体所有的档案馆而言，公共档案馆的馆藏具有公共属性，为国家、社会所共有。即公共档案馆所提供利用的政府信息和档案是公共物品，它是公共资源的一种，是社会全体成员共同的社会记忆。

（3）"向社会公众开放"，表明了公共档案馆的本质特征。只有由国家或地方设立、以保存公共档案资源为主体并向社会公众开放的档案馆才能称为公共档案馆。④ 公共档案馆是面向公众开放的，其服务的对象不限定于某一阶层或某一群体，而是"以公众为中心，为公众服务的"，具有开放性、公共性、文化性、社会性的特征。

---

① 戴志强.论公共档案馆建设的涵义及其现实意义[J].新上海档案，2004(11)：7-9.
② 宗培岭.公共档案馆你从哪里来——写在上海市档案馆新馆开馆之际[J].浙江档案，2004(1)：5-7.
③ 李国庆.对我国公共档案馆建设的理性思考[J].档案学研究，2007(1)：25-28.
④ 宗培岭.公共档案馆建设若干基本问题探讨[J].浙江档案，2004(1)：10-12.

（二）公共档案馆的公共性

2001 年杜长安撰文提出：国外的档案馆和我国的档案馆，是两种不同类型的档案馆。国外的档案馆，是面向社会的"公共档案馆"，而我国的档案馆，主要的服务对象是党政机关，而不是社会大众，还不具备"公共"性质。假如我们企望档案馆有更多的利用者，使其成为人人皆知的文化事业单位，恐怕只有一条路可走——面向社会，打造真正的"公共档案馆"，为人民服务。①

李国庆认为，公共档案馆与其他档案馆的区别在于"公共"二字。"公共"的实质是为社会所共有，而不是归私家或某些团体、组织所有；是为公众服务，而并非仅为私家或某些团体、组织服务。从历史发展看，公共档案馆区别于政府机关档案馆、教会档案馆、大学档案馆、私人企业档案馆。公共档案馆的建馆宗旨是面向社会、面向公众；其收藏内容主要是国家机构及相关组织在公务活动中形成的公务档案；其服务对象是全体公民，并为利用者提供良好的阅档环境，受公众的欢迎。各国凡是由国家设立，主要收藏公共档案，为社会公众提供服务的档案馆，都可被称为公共档案馆。②

严永官指出，"公共"一词的基本含义是：公有的，公用的。由此看来，"五位一体"的公共档案馆与传统意义上的国家档案馆相比，根本就在于突出了社会性的特点，这就对国家档案馆的基本性质提出了较大的挑战。"五位一体"的公共档案馆这一概念与传统意义上的国家档案馆相比，主要区别在于拓展功能的"五位一体"与改变性质的"公共"两个方面。③

宗培岭认为，公共档案馆含有"公共"与"档案馆"两层含义，其中重在"公共"两字。要把传统档案馆建成公共档案馆，不仅涉及档案馆理念的转变，更重要的是要体现在社会形象与利用效果上。"以保存公共档案资源为主体"，表明了公共档案馆的公共属性，这是公共档案馆建设的基础。公共档案馆是相对私有或集体所有的档案馆而言的。"公共"一词，在这里主要是指国家、社会共有、公有之意。档案同其他财产一样，只有在公共范围内才能共享，档案资源只有具有了公共的性质才有可能被社会公众共享。④

---

①　杜长安.打造真正的"公共档案馆"[J].上海档案,2001(3)：36.
②　李国庆.对我国公共档案馆建设的理性思考[J].档案学研究,2007(1)：25-28.
③　严永官."五位一体"的公共档案馆建设初探[J].档案管理,2013(6)：25-28.
④　宗培岭.公共档案馆建设若干基本问题探讨[J].浙江档案,2004(1)：10-12.

（三）公共档案馆与传统综合档案馆的关系

档案界专家学者们对公共档案馆与综合档案馆之间的关系进行了深入思考。虽然在公共档案馆与综合档案馆的分类标准等具体问题上意见不尽相同，但总体而言综合档案馆向公共档案馆转型的观点比较集中。如姜钦芳认为，国家综合档案馆已经步入了由传统档案馆向公共档案馆的转型期。国家档案行政管理部门也先后提出国家综合档案馆"两个基地一个中心"，"四位一体"的功能定位，功能转型的途径渐趋明朗。[①]　还有专家认为，公共档案馆与综合档案馆之间的关系不是互相排斥、互相否定的，而是因为分类标准不一得出的不同称谓。综合档案馆是以馆藏内容为标准划分得出的，是与专业档案馆相对应的；公共档案馆主要是以档案馆的所有权、服务对象为标准划分得出的，是与非公共档案馆相对应的。我国各级国家档案馆应该是不同层面的公共档案馆，只是由于历史的原因和条件的限制，大多没有发挥其应有的功能。把各级国家档案馆确认为公共档案馆，其理论意义在于从社会化、公共服务的角度重新审视国家档案馆的性质、职能及社会功能，进而循名责实，在实践上推动国家档案馆公共服务的发展。[②]　戴志强认为，如果说公共档案馆与传统档案馆有明显区别的话，那么，两者的根本区别在于服务理念上的不同。公共档案馆奉行公共性的现代服务理念，即以人为本，以贴近公众、服务公众为根本宗旨；而传统档案馆往往信守固有的"国家意志"，甚至与公众的需要对立起来，因而给公众造成一种难以接近的神秘感觉。[③]

除了上述理论问题的探讨外，档案界的讨论还涉及公共档案馆的性质、社会形象、功能定位、发展路径等问题。"我国公共档案馆建设新的实践活动，使原有的理论难以给出相应的满意的回答，因而，必须在原有档案馆理论的基础上及对公共档案馆建设实践进行研判、总结的基础上，构建公共档案馆基本理论体系。这个理论体系中应该包括公共档案馆的定义、公共档案馆的本质、公共档案馆的特点、公共档案馆的职能、公共档案馆的功能、公共档案馆的评价机制和评价指标、公共档案馆的运作理念和方式、公共档案馆的选址规划、公共档案馆的建筑设施、公共档案馆的人员配备、公共档案馆的经费保障、公共档案馆建设的途径、公共档案馆发

---

①　姜钦芳.国家综合档案馆功能转型浅谈[J].陕西档案，2008(4)：6-8.
②　上海市档案局.新时期公共档案馆建设[M].北京：中央文献出版社，2004：4.
③　戴志强.论公共档案馆建设的涵义及其现实意义[J].新上海档案，2004(11)：7-9.

展的构想等基本理论问题。"①档案馆走向开放是历史的必然,公共档案馆建设是我国档案馆发展的必然之路。公共档案馆实践探索和理论体系构建将是我国档案界在今后很长时间内需持续研究的课题。

二、公共档案馆要素与服务理念

(一)公共档案馆要素

基于公共档案馆内涵界定,可以从服务主体、客体、内容以及形式与手段几方面来剖析公共档案馆的主要构成要素。

(1)服务主体。从狭义看,公共档案馆的服务主体主要是国家设立的提供政府信息和档案利用服务的国家级档案馆和省、市、县设立的地方级档案馆。但公共档案馆服务并不是孤立存在的,其所提供的政府信息和档案信息资源、接受有关行政职能部门的管理和监督都必须与相关单位发生密切的联系,从这个意义上讲,公共档案馆服务的主体从广义看还包括负有宏观管理职能的档案行政管理部门、档案形成单位的档案部门等。从上述单位和部门的性质来看,无论是各级档案馆、档案行政管理部门还是负有档案归档进馆义务的档案部门,都具有一定的公共性。

(2)服务客体。即所有具有档案信息权并且提出利用要求的法人、组织及公民个人。包括工作查考利用的国家机关、企事业单位和学术研究利用的教学科研部门及个人,还包括个人利用以实现个人权益的普通百姓以及国(境)外查档者,"是一个无限增长的、需求不尽相同的利用者群体"。② 笔者认为,就档案利用者而言,从不同的角度有不同的称法:基于档案馆服务角度,利用者是档案馆公共服务的受众,因此,利用者可称为服务客体;基于利用活动角度,鉴于利用活动是由利用者主动发起要求,并且利用内容也由利用者提出,因此,利用者则可称为利用主体。总之,公共档案馆服务面向社会公众,因而其服务客体也具有公共性。

(3)服务内容。档案馆作为国家性质的公共文化事业机构,其公共服务职能具有公益性。档案工作以利用为目的,档案的价值在利用中实现。档案馆公共服务以档案和政府公开信息为主要内容,其中大部分信息由政府和公

① 郭红解.论我国公共档案馆建设的实践基础和理论准备[J].档案学通讯,2008(5):25-28.
② 戴志强.论档案公共服务的涵义、理念与信息资源整合[EB/OL].[2008-02-25].
http://www.archives.sh.cn/dalt/daggz/201203/t20120313_9524.html.

共机构在社会管理过程中形成或掌握，因此，档案馆公共服务的内容来自社会，与生俱来具有社会性、公共性。随着网络和社会化媒体的兴起及广泛运用，与传统媒体内容由媒体向用户单向传播流动不同，社会化媒体的信息内容在媒体和用户之间双向传播，大部分的社会化媒体都可以免费参与其中，并鼓励人们评论、反馈和分享信息，这种交流扫除了利用社会化媒体中信息内容的障碍（除人为保护的信息内容外）。社会网络化、信息化发展的趋势必将使档案馆公共服务内容更趋于公共性。

（4）服务条件。公共档案馆除了服务主体、服务客体和服务内容这些构成要素外，在对社会公众开展公共服务的过程中必不可少地需具备如服务场馆、服务设施、服务平台等公共服务硬件条件以及法律制度保障、信息共享机制、信息技术支撑等软件条件要素。加强公共档案馆方面的法制建设，建立和完善公共档案信息资源社会共享业务规范、标准体系，为开展公共档案馆建设提供制度保障。建立和完善多方合作共享机制、开展多维度的评估机制，为档案公共服务提供完善的环境。社会发展对公共档案馆建设提出越来越高的技术保障要求，科学技术成为又一重要基础条件。

（5）服务形式与手段。由于公共档案馆服务客体的需求差异巨大并不断发展，受公众需求的引导与推动，公共档案馆服务的形式与手段也相应地与时俱进。传统的档案利用服务方式包括有以档案原件、复制品及编研材料提供利用。随着档案信息化发展的逐渐深入，基于互联网的档案网站集成式利用越来越普及，近年来，更具交互性的微信、博客、微博等社交媒体也开始走入公共档案馆服务中。服务的形式与手段，往往体现为某种有形的档案文化产品，如接待查档，作为公共服务的传统形式与手段，它所提供的文化产品——案卷和档案检索系统一般是由档案人员经过整理、编目、鉴定等业务环节加工完成的，而接待查档过程中所提供的咨询服务往往凝结了档案专业人员脑力劳动的成果；又如档案展览，作为档案公共服务的新形式与新手段，它所提供的文化产品是经过开发制作的"源于档案、高于档案"的展品与解说词；再如近年来推出的《追忆——档案里的故事》等档案影视、声像作品，作为群众喜闻乐见的服务形式与手段，它所提供的文化产品往往是档案编研人员对档案信息资源经过深度开发的创造性成果，实际是对传统文化的重新评估和重组，是一次知识的创新。① 由此可见，公共档案馆服务形式与手段的变化

---

① 戴志强.论档案公共服务的涵义、理念与信息资源整合[EB/OL].[2008 - 02 - 25]. http://www.archives.sh.cn/dalt/daggz/201203/t20120313_9524.html.

发展具有鲜明的公共性、大众性。

（二）以人为本的公共档案馆服务理念

公共档案馆建设中的档案公共服务是一项面向社会的服务行为，在实践中会面对各种层次、各种需要的公众利用需求，服务主体所秉持的指导思想决定了公共档案馆建设的成效，公共档案馆在公共服务中必须树立以人为本的服务理念。

（1）由公共档案馆的公共性决定。公共档案馆由国家设立，它所收集保管的档案资源作为公共资源能全面、准确地反映社会的基本历史面貌，这决定了档案馆公共服务应面对广大社会公众，突出为社会公众服务的属性。公共档案馆面向最广大的社会公众开放，也就是说，"公共"的实质是档案属于社会共有，强调档案应为社会公众服务。因此，无论是档案馆的建筑设计还是如收集、整理、提供利用等馆内业务的开展都必须以公众的需求为目标，"使档案馆真正成为社会文化的信息库、国家和民族的文化基因库，而不仅仅是党政机关的资政馆或历史学家的资料馆；使之成为社会公众文化学习的最基本的信息库，从而延续民族文化并激发民族文化的原创力"。[①] 公共性是公共档案馆区别于企业档案馆、高校档案馆等其他类型档案馆的独特属性所在。

（2）由社会的发展进步决定。现代政府建设背景下，从管理者角度出发的档案服务理念显然已经不能适应当前全社会以人为本的发展趋势，以至于原有的档案法律条款与新颁布的法律法规出现不衔接甚至相抵触的情况。为保障档案馆公共服务的顺利开展，必要的体制、制度创新不可或缺，公共档案馆建设需要紧密围绕服务公众进行体制、机制创新。现代服务型政府的核心工作是制度安排，因而档案馆公共服务还需要依靠科学的制度保障。随着社会信息需求的增长和公民权利意识的提高，全体社会成员拥有自由平等地获取、利用和传递信息的权利已经成为人们的共识。档案馆的馆藏资源都源自社会实践的真实记录，公共档案馆的利用服务应该是开放性的，档案馆应在以人为本理念下为广大的社会公众提供更好的信息服务。社会的发展进步需要公共档案馆实现"以人为本"理念指导下的管理思想、管理体制等方面的根本性转变。

（3）由档案馆的发展需求决定。从历史发展看，自古以来，档案馆作为重要的社会信息保存基地，注重的是档案信息的保管以及为统治阶级提供利用

---

① 任汉中.档案馆社会化服务的理论探讨[J].档案管理,2009(3)：17 - 20.

服务。现代社会中信息呈爆炸式增长,信息的获取渠道与方式便捷多样。面对社会的变化,公共档案馆选择以人为本为服务理念,既是顺应社会发展潮流也是体现档案馆自身价值的需要。要实现公共档案馆服务能力的提高,应首先强化以人为本的服务宗旨意识,自发地产生一种主动追求优质服务并不断完善自身技能的职业认同感,改进工作作风,了解和研究用户需求,熟悉馆藏,自觉地为利用者提供优质、高效、便捷的服务,使服务界面更人性化、服务内容更专业、服务态度更友好、服务精神更敬业,以公众利益为档案服务的出发点和最终落脚点。

三、公共档案馆服务的原则

(一) 公众导向原则

公众及其利用需求是公共档案馆服务的对象和基础,公共档案馆建设应以公众利用需求为导向并掌握下列相关因素的变化趋势,做到有的放矢。首先,关注利用主体的转变。政府信息公开法规颁布后,公民个人利用档案所占比重迅速增大,总体呈上升趋势,公民个人利用档案的增多,使利用档案的人员成分越来越多样化。其次,分析利用需求的走向。普通群众解决关系个人切身利益的档案信息需求不断增多,关系社会安定、为群众排忧解难的社会要求进一步提高。近几年,公民因关系个人切身利益问题,到档案馆利用档案不断增多。最后,把握公众档案信息利用效果的变化。鉴于利用档案的人员成分复杂多样,对服务要求相应提高。利用主体是档案馆服务的主要对象,公民个人利用增多预示民生档案的利用需求将会大量增长,利用人员成分的多样化则表明需提供利用的档案内容将呈多样化发展。关注利用主体、利用需求、利用效果等相关因素的变化趋势和走向,有利于及时掌握利用者的需求变化,及时总结利用效果及规律,确定服务的方向、内容与重点,针对性地做好准备工作,满足公众的利用需求。值得注意的是,强调公众及其利用需求并不是否定档案的机密性、否定公民隐私权、否定档案信息获取权限的设置,而是指只有在及时关注和掌握上述利用者要素动态变化的前提下,分析档案利用主体及其利用需求的变化发展,才能有的放矢地做好服务工作。

(二) 公平获取原则

(1) 平等获取和利用档案信息的权利。平等是公平的具体体现。在 2012 年第 17 届国际档案大会上"公平、公正地提供档案利用"被作为大会讨论的主要议题。我国档案馆是国家事业机关,特别是近年来档案馆工作重点向服务民生方向的倾斜,档案馆的性质向国家公共性信息服务机构的方向转化,在档案馆公共服务中体现"以公众为中心"原则,其运作具有公益性,仅凭公民身份证等有效证件即可免费查阅,有利于减少信息资源不均衡的现象,使社会公众能够平等地获取和利用档案信息。公共档案馆应成为公众平等获取政府信息和档案的保障性机构,公众在获取档案信息时应能得到应有的尊重,拥有平等的待遇,不因身份、地位、职业等个人原因遭受歧视。公共档案馆是法定的信息窗口,是政府形象的代表,应以公平公正的服务态度和服务方式为利用者提供优质高效的信息服务,保障公民尤其是社会弱势群体信息权的实现。

(2) 关注弱势群体信息权。弱势群体是指"由于自然、经济、社会和文化方面的低下状态而难以像正常人那样去化解社会问题造成的压力,导致其陷入困境、处于不利社会地位的人群或阶层"。① 弱势群体有生理性弱势和社会性弱势群体之分。弱势群体中生理性弱势群体由于身体的缺陷,行动不便,获取档案信息往往需要更细致的帮助。社会性弱势群体往往是经济贫困、个人素质不高人员,他们受文化水平的限制,缺乏对档案信息的了解,或不懂如何利用档案信息为自己获取权益。此外,由于区划调整、个人情况变动等原因,许多普通群众,特别是老年人、残疾人等特殊群体来回奔波于档案机构,查阅利用档案对这部分公众而言往往成为难事。档案馆信息服务关注弱势群体的信息获取权,一方面可以挖掘馆藏的档案信息,为弱势群体提供关乎其个人利益的档案信息,另一方面可以在弱势群体进馆查档时给予适当的照顾,如针对一些利用率较高的民生档案单独编制简便易操作的检索工具等,方便信息素养较低的群众查找,以利于满足其对档案信息的利用需求。档案馆还可以通过主动发布档案开放信息、公布查询档案办法等方式尽量减少他们利用档案信息的障碍。

(三) 信息安全原则

为了维护国家利益和个人隐私,国家依法对特定的档案信息进行控制。安全原则主要包括国家机密和个人隐私两方面信息的安全。公共档案馆服务安全原则要求:把国家、民族、人民根本利益放在首要位置,正确处理档案开放与保密的关系。凡是公开后有利于国家、民族、人民根本利益的档案都

---

① 冯书泉.构建和谐社会必须关注弱势群体[J].人民论坛,2005(2):41-43.

应最大限度地加以开放,凡是公开后不利于国家、民族、人民根本利益的档案都应坚决地加以限制利用,公民、法人和其他组织在不侵犯国家和他人利益的前提下,享有获取信息的自由。当然,贯彻这种安全原则也是有条件的,即任何个人和组织均不得以安全为名,滥用国家赋予的权力,将本来应该开放的档案以保密为名,滥加控制。[①]我国《档案法》第二十一、二十二条明确规定档案开放"不得损害国家安全和利益""不得侵犯他人的合法利益",保护公民隐私权、维护国家利益的安全,是国内外各级各类档案馆均遵守的根本原则。鉴于档案所具有的保密性,严格防范国家机密、商业秘密和个人隐私的泄露,我国一些公共档案馆制定了严格的制度,如对各种涉密档案的利用、档案的复制、审批程序、利用过程进行详细的规定,使工作人员在处理涉密档案的查阅时做到有据可依;建立健全档案出入库交接制度,通过设立每日每批次登记,加强对档案实体的监管,保障档案原件的安全。

（四）便民服务原则

公共服务是公共档案馆的首要职能。一方面,随着社会民主进程的深入,现代服务型政府的管理模式要求档案馆公共服务以公民需求为导向开展公共服务。另一方面,档案信息具有权威性、原始性、真实性的特点,一些公众对档案馆的馆藏及服务内容往往很陌生,不了解档案馆的公共服务职能。公共档案馆应积极采取措施消除公众与档案馆间的隔膜,为公众利用档案提供便利。例如,档案馆的服务对象从以机关和学术界为主到目前面向普通公民;利用手续从原先必须持有单位证明、到个人合法证明(介绍信、工作证等),发展到现在只需凭本人身份证即可查阅。许多档案馆发布查阅信息、简化查档手续、编印服务指南,还有一些档案馆采取提供导查、咨询服务和网上查询等一系列服务措施方便公众利用,公众所有查档利用信息和复印均为无偿提供等,这些都是便民服务原则的具体体现。与此同时,为提高业务水平,在最短的时间里为利用者提供所需的档案和文件,档案馆工作人员加强新知识、新理论、新技能的学习,在平时实际工作中注重不断地积累和磨炼,苦练内功,提高档案的查全率和查准率,不断提升公共服务水平。

---

① 马长林,戴志强,等.档案信息公开理论与方法[M].上海：上海社会科学院出版社,2007：203.

第二节 公共档案馆建设的时代要求

冯惠玲教授撰文指出,自从 1794 年法国《穑月七日档案法令》提出了被称为"档案的人权宣言"的档案开放原则之后,开放的理念就注入了带有公共性质的档案馆的血脉之中。尽管不同时期、不同国家、不同档案馆的开放程度有很大差别,正当的或非正当的限制始终存在,但不可否认的是,200 多年来,从总体上来说,公共档案馆一直沿着开放的道路前行,开放的范围和程度在不断拓展。可以断定,在 21 世纪,这条路还将延伸。因为,这是一个开放的时代,公共档案馆面对的是一个开放的环境,开放的世界。① 随着我国民主政治的发展进步,民众的知情权日益得到尊重,公共档案馆在公众的期待和呼唤中乘着时代的东风而来。公共档案馆建设是档案馆公共服务社会环境和内部环境转变与共同作用的成果。

一、外部动力：档案馆公共服务社会环境的转变

（一）社会转型引发的需求变化

20 世纪 80 年代以来,中国正处于社会转型的过程之中,社会转型已经并正在深刻地影响着国家与社会关系的发展方向。大规模的社会转型使社会力量构成即社会结构和社会生活规则也相应地发生变革,长期以来计划经济体制下我国政府权力高度集中、政府主导、公共行政权力占支配地位的格局受到撼动,社会从封闭型向开放型方向发展,公共权力在人们社会生活中的绝对主宰地位悄然下降,公共权力公民赋予、行政透明和民主监督的理念开始得到彰显。公民的权利逐渐得到应有的重视,限制公民争取包括档案信息权、知情权在内的个人权利的不利因素日渐减少,公众思想观念、价值取向发生变化,社会转型引发的社会政治、经济、法制等各个方面的变迁,为公民档案信息权意识的觉醒和公民权利的实现提供了必要的社会条件。各级公共档案馆在为公众提供各种档案信息利用帮助他们获取自身权益方面发挥了重要的作用。与此同时,转型引发社会环境的转变,也对档案馆公共服务提出了更高的要求。

---

① 冯惠玲.开放：公共档案馆的发展之路[J].档案学通讯,2004(4)：10 - 14.

（二）现代政府管理模式的转型

社会转型、科技发展、知识经济及全球化等外部因素，不仅影响着现代政府建设及其政策制定，也相应地对档案事业的发展及档案馆公共服务产生深刻的影响。现代政府管理应当奉行以公民为本位、以服务为宗旨、以实现公共利益最大化为主要任务、以多元价值为基础、以合作共治为方式的理念，而该理念的实现必须借助科学合理的机制。现代政府建设的要求包括：第一，确立民主化、亲民化、人性化、特色化、简约化的政府服务建设目标，激发与便于公众参与，减少政府与公众之间隔阂，贴近公众日常生活，尽可能满足公众个性化需求，简化行政，尽可能降低公众享受公共服务的成本。第二，确立网络化、扁平化、社区化、虚拟化、弹性化和全球化的政府组织建设目标。第三，确立数字化、自动化、一体化、互动化、透明化、全天候的政府职能建设目标。[①]　建立健全覆盖全社会的公共服务体系是现代服务型政府建设的主要内容，现代政府管理模式的转变对档案馆公共服务体系的构建提出了新的要求，建设顺应时代发展、体现现代政府建设要求的新时期档案馆公共服务体系是社会公共服务体系建设的重要组成部分。

（三）互联网的大众化普及

据中国互联网络信息中心（CNNIC）最新发布的第 39 次《中国互联网络发展状况统计报告》显示，截至 2016 年 12 月，中国网民规模已达 7.31 亿，相当于欧洲人口总量，互联网普及率达到 53.2％。".CN"注册保有量超过 2 000万，稳居全球国家顶级域名第一。三成网民使用线上政务办事，互联网推动服务型政府建设及信息公开。我国包括支付宝／微信城市服务，政府微信公众号、网站、微博、手机端应用等在内的在线政务服务用户规模达到 2.39 亿，占总体网民的 32.7％。互联网政务服务各平台的互联互通及服务内容细化，大幅提升了政务服务智慧化水平，提高了用户生活幸福感和满意度。各级政府及机构加快"两微一端"线上布局，推动互联网政务信息公开向移动、即时、透明的方向发展。[②]　互联网密切相关的不单纯是技术或者解决方案，而是一套可执行的理念体系，实践着网络社会化和个性化的理想，使个人成为真正

---

①　高家伟.论电子政务的理论基础[J].行政法学研究,2004(1)：10-11.
②　中国互联网络信息中心.第 39 次《中国互联网络发展状况统计报告》[EB／OL].[2017-01-23].http：／／www.cnnic.net.cn／hlwfzyj／hlwxzbg／hlwtjbg／201701／t20170122_66437.htm.

意义上的主体,实现互联网生产方式的变革从而解放生产力。近些年这个理念体系在不断发展中,并且将随着互联网在我国的发展而发展。互联网环境下,档案馆公共服务的转变不仅仅代表着档案部门对互联网工具的简单应用,而且意味着档案理论和实践的综合转变,代表着档案理念的转变以及档案公共服务的转型,将为档案馆公共服务带来新的发展契机和气象。互联网正在改变传统环境下,由少数人控制着信息源、自上而下地单向传播信息的模式,社会公众将更多地通过网络进行双向交流,主动要求其所需要的信息,享受个性化的信息服务并远程接收信息,相较于传统的档案利用体验形成巨大的颠覆。

二、内部动力:档案馆公共服务体系内环境的改变

(一)指导思想的突破

民生问题是与人民群众最直接相关的重要问题,民生档案工作是服务民生的一个重要方面。民生档案信息也是近年来党和政府在透明化建设中着力解决的重要问题,可以说,我国现阶段比任何时期都更关注民生问题。近年来,国家档案局连续发文提出我国档案工作要实现"两个转变",建立"两个体系",即"转变重事轻人、重物轻人、重著名人物轻普通人物的传统观念和认识,重视所有涉及人的档案的价值,建立覆盖广大人民群众的档案资源体系;转变档案工作中重机关团体利用、轻个人利用,重为机关团体服务、轻为群众服务的传统观念和认识,建立方便广大人民群众的档案利用体系",强调民生档案建设的重要性和紧迫性,明确要求我国档案资源体系和利用体系建设实现面向普通百姓的根本性转变。2009年10月28日至31日,全国档案馆工作会议在上海召开,时任国家档案局局长、中央档案馆馆长杨冬权在会上指出将打造"五位一体"公共档案馆作为今后一个时期全国档案馆工作的重点,意味着国家档案馆将愈加重视发挥其服务公众利用需求的功能。2010年,国家档案局在档案工作实现"两个转变",建立"档案资源体系""档案利用体系"基础上加入了"建立确保档案安全保密的档案安全体系",发展成为"三个体系"。档案馆工作重点的转变,是档案馆在新时期贴近民生、走向民生,贯彻"以人为本、服务先行、安全第一"战略思想的具体实施,也是我国档案馆公共服务的创新,为我国公共档案建设吹响了进军号角。

(二)政府信息公开的推动

早在《政府信息公开条例》出台前,档案界的专家学者就已经展开政府信

息公开对档案工作的影响方面的探讨。《政府信息公开条例》的出台标志着中国正在迈向"信息公开时代"，对档案公共服务的影响进一步加深，政府信息"以公开为原则，不公开为例外"的指导思想使公众在增强对政府的信任和信心、提高档案意识、进一步了解档案馆社会功能的同时，对档案馆公共服务提出了更高的要求。随着档案馆作为政府公开信息主要集中查阅服务场所，各级档案馆的查阅服务工作日益成为维护公民合法权益、促进服务政府和民主政治建设的社会热点，档案馆公共服务必然地受到了政府信息公开的直接影响。实践表明，近年来我国部分地方国家综合档案馆经当地党委和政府批准面向公众开展现行公开文件阅览服务，不仅适应了政府信息公开的需要，受到了人民群众的普遍欢迎，而且为国家综合档案馆转型为现代公共档案馆积累了必要的经验。为此，有学者提出了"公共档案馆可以作为永久性的政府信息公开的公众服务平台来建设"的观点。① 公共档案馆建设已成为政府信息公开的必然要求和发展趋势。

（三）档案馆与公民关系的再认识

现代服务型政府采取权力下放、民主参与、政务公开、简化行政等措施，以尽可能地满足公众的需求，降低公众享受公共服务的成本。互联网环境下档案馆公共服务具有新的特征：是开放而不是封闭的；是透明而不是隐蔽的；是以用户为中心而不是以文件为中心的；是服务者，而不是"看门人"；是吸引新的用户，而不是用户找到档案馆；是一个共同的标准，而不是本土化的实践；其服务效果是可度量的，而非深不可测；是交互性的产品，而不是完美的产品；具有创新和灵活的特质，而不是固于传统；掌握技术，而不是恐惧技术；重视他们所做的，而不是他们所知道的；对于资源获取充满信心，而不是做一个"乞讨者"。② 我国档案馆公共服务的发展必须重新认识档案馆与公民之间的关系，要把整个社会和全体公民看作自己的服务对象，并为其提供诸多便利条件，展示档案服务的人性化和档案馆的亲民形象。在指导思想上，应坚持以社会、公民本位的"以公众为中心"核心理念，将档案视为社会财富而非国家行政管理活动的产物，公共档案馆建设实现由国家档案观向社会档案观的转变。这是档案馆转型加强公共服务建设的立足之本与当务之急，也是传

---

① 戴志强.论公共档案馆建设的涵义及其现实意义[J].新上海档案，2004(11)：7-9.
② THEIMER K. What is the meaning of archives 2.0? [J]. The American archivist, Vol.74, Spring/Summer (2011)：58-68.

统档案馆所缺乏的价值取向。在服务对象上,应从面向社会与公民的需求出发,据此布局档案馆公共服务及档案资源建设的内容与范围,转变立足于档案馆工作及政府行政管理需求的习惯思维,加强公共服务观念、改善档案馆公共服务的质量。

(四)自身发展的选择

无论从社会及现代政府管理模式的转型发展等外部需求,还是从公众利用档案信息的需求上升、公民个体利用者群体呈不断扩大趋势的内部需求看,"公共档案馆建设并非凭空产生的一种设想,而是新世纪、新阶段我国档案工作部门把握历史性机遇,应对一系列挑战,谋求跨越式发展的一种明智选择"。"我国各级国家综合档案馆大多建立于二十世纪的五六十年代,期间经历了从封闭、半封闭走向开放的不寻常的历程。经历了四十余年的业务建设之后,我国各级国家综合档案馆在馆藏资源、管理设施、服务水平等方面都有了空前的发展。"但是,长期以来档案馆工作中如档案资源建设、利用服务等"积弊"不可忽视,它们对档案馆公共服务的发展形成阻碍,在相当程度上制约了我国档案馆功能的发挥和档案事业整体的可持续发展。目前我国公民对现代政府建设以及政府信息公开、档案开放政策法规的了解已经越来越深入,公民个体信息权利意识不断提升,档案馆公共服务理念及工作重点发生转变,"为此,国家综合档案馆要认清形势,把握机遇,以公共档案馆建设为现实目标,对外拓展社会服务功能,做大做强档案馆服务品牌,以增强公众亲和力;对内形成资源集散与功能辐射优势,充分发挥我国档案事业的主体作用,不断增强档案工作组织体系内部的向心力,从而推进我国档案事业的跨越式发展。"①

档案馆公共服务的发展离不开国家和社会需要等外部动力的作用,同时也是档案馆公共服务内部矛盾规律作用的结果。公共档案馆建设是档案馆发展的良好契机和发展趋势,档案部门应顺应社会潮流的发展积极开展公共档案馆建设,从而全面提升档案馆的公共服务能力。

三、公共档案馆的功能及功能指标

(一)公共档案馆的职能与功能

1. 职能及核心职能之争

公共档案馆的功能源自档案馆的职能。由于档案和政府信息是一种有

---

① 戴志强.论公共档案馆建设的涵义及其现实意义[J].新上海档案,2004(11):7-9.

着重要价值的公共资源，是国家机构、社会组织以及个人在社会活动中直接形成的真实与客观记载，是人们从事各种社会实践活动的历史记录，是原生性信息的直接积累与物化形态，于社会生活过程中不仅在行政、业务、文化、法律、教育等公务活动方面发挥作用，而且在公民个人事务的查证过程中具有权威的凭证作用，因此，档案馆必须承担起相关的公共服务社会责任。

公共档案馆建设提出后，其职能定位问题引起广泛讨论。宗培岭认为档案馆的主要职责是保存国家历史，积累和保存档案就是保存了历史文化遗产。没有"藏"就没有"用"，"用"必须以"藏"为基础，"藏"的重要性是居第一位的。任何国家设立档案馆的主要目的都是保存好国家的历史，在此基础上再开展利用服务，不能把两者的顺序倒置。① 潘玉民认为，档案馆在履行保存、利用服务与研究的诸种职能中，如果说核心职能的话，那么应该是利用服务这个职能，而档案的保存职能只是档案馆最基本的职能之一。无论从理论上，还是从实践上，档案馆都不能以存史为核心职能，而应以利用服务为核心职能。② 随后，一些学者和档案学爱好者围绕"你认为档案馆的核心职能是什么"展开了热烈讨论。主要观点有："一核心论"，即认为存史、利用、法律凭证、集中管理档案分别是档案馆的核心职能；"多核心论"，即认为存史、保管和宣传教育，收集、保护和利用，存史、利用和保管分别是档案馆的核心职能。③

《档案法》第八条规定："中央和县级以上地方各级各类档案馆，是集中管理档案的文化事业机构，负责接收、收集、整理、保管和提供利用各分管范围内的档案。"归纳起来，法律赋予档案馆的基本职能包括业务职能、研究职能和服务职能三大方面。

第一，档案馆的业务职能。《档案法实施办法》第十条对此作了更为明晰的规定："中央和地方各级国家档案馆，依据《档案法》第八条规定，承担下列工作任务：（一）收集和接收本馆保存范围内对国家和社会有保存价值的档案；（二）对所保存的档案严格按照规定整理和保存；（三）采取各种形式开发档案信息资源，为社会提供服务。"这是档案馆以档案为对象、以管理为手段的基本工作职能，也是档案馆其他职能的基础和起点。

---

① 宗培岭.新时期应当强化档案馆的研究职能——兼谈档案馆的职能与功能[J].档案学研究,2003(4): 20-23.

② 宗培岭,潘玉民.存史乎? 利用乎? ——档案馆核心职能论[J].档案管理,2007(2): 10-16.

③ 沧海一粟.你认为档案馆的核心职能是什么? [EB/OL].[2008-07-14].http://danganj.net/bbs/.

第二,档案馆的研究职能。档案馆作为一个文化事业机构同时也是业务单位,在工作中有一系列档案理论与实践问题需要研究。研究职能是在档案馆业务职能基础上的深化,反过来研究职能的成果又能指导业务职能的进一步开展。

第三,公共档案馆的服务职能。笔者认为,业务职能、研究职能和服务职能是档案馆的"内功",是档案事业的基础和发展方向,只有在练好这"内功"的前提下才能实现档案馆公共服务水平的提高。利用服务是档案工作的目的,是档案价值的体现方式。在综合档案馆向公共档案馆方向转型的新形势下,其研究职能的对象应有较大扩展,作为公共档案馆建设要素的"三个体系",档案资源体系、档案利用体系与档案安全体系均应成为公共档案馆职能研究和建设的重要对象。

2. 档案馆功能定位

1) 档案馆功能定位的变迁

档案馆的功能定位随着我国改革的逐渐深化而发展变迁。2000 年全国档案工作会议通过《全国档案事业发展"十五"计划》,提出把各级档案馆建设成为"党和国家重要档案永久保管基地、各方面利用档案的中心和爱国主义教育基地",即"两个基地,一个中心""三位一体"的功能定位。首次将"坚持为维护广大人民的根本利益服务的方向"列为指导思想,档案事业在为党和国家各项工作服务的同时,将公众作为同等重要的服务对象。2004 年,全国档案局馆长会议提出把档案馆建设成"档案安全保管基地、爱国主义教育基地、已公开现行文件集中向社会提供利用中心和档案信息服务中心"即"四位一体"功能定位。

2) 转型期档案馆功能定位的探讨

社会转型时期,面对外部环境和内部环境的转变,档案馆在社会生活中应发挥怎样的功能与作用? 档案界围绕公共档案馆建设的功能定位问题展开了思考和研究。姜钦芳认为档案馆社会功能的转型方向主要应表现在以下方面:一是信息共享功能、二是资政决策功能、三是学术研究功能、四是社会教育功能、五是社会化服务功能、六是文化休闲功能。[①] 谭必勇、朱玉媛撰文认为,信息技术的发展带来了档案馆功能的巨大变化,档案馆新的功能将会不断增加。主要表现在:一是社会化服务功能突出,二是知识文化研究功

---

① 姜钦芳.国家综合档案馆功能转型浅谈[J].陕西档案,2008(4): 6-8.

能深化,三是信息传播功能强化,四是休闲功能凸显。[①]上海市档案馆前馆长刘南山更是在公众眼前展现了一幅和谐美好的画卷:档案馆不仅应该成为学者的资料宝库,作家的灵感圣殿,教师、学生的第二课堂,还应该成为收藏爱好者的会聚场所,影视工作者的拍摄基地,学术流派的论剑讲坛,休闲一族的旅游胜景,市民节假日的驻足福地,乃至家庭亲子教育和情侣约会、谈心、寻找感觉的高雅去处。[②]总之,在转型期档案馆功能的定位问题上,档案界已达成了普遍共识,即公共档案馆应在原先档案馆功能的基础上,从保守的被动服务向更加主动的开放服务转变,承担更多的社会责任、发挥更大的公共服务功能。

(二)公共档案馆的功能指标

在当前服务型政府和民主政治建设的形势下开展公共档案馆服务,要求我国各级公共档案馆必须在承担国家档案资源管理的同时,为社会公众利用档案馆的信息资源提供便利,因此公共档案馆要高度关注社会公众的多样化需要,采取针对性的服务手段,使公众获取公共档案馆信息的愿望和权利得到最大程度的实现。以人为本理念下的公共档案馆服务的功能可以从下列指标来衡量。

1. 档案资源的开放度

档案资源的开放度是指档案馆档案信息资源对公众开放的程度。相对公众需求和海量馆藏信息而言,我国档案信息资源开放度较低,开放的程度不高,公开的内容有限,而国外档案馆档案开放率远超我国。"截至2002年底,全国各省、自治区、直辖市各级综合性档案馆已开放各类档案3 252万卷(件),较2001年增加了约6%,但是与馆藏档案总数比,只占了其中约24%。根据一些国家现行文件开放的统计,可开放文件达到全部文件的90%左右,按照这个比例推断,馆藏档案中可开放的数量应该还有很大的挖掘潜力。"[③]虽然公共档案馆以向社会公众开放利用为己任,同时也要强调重视公共档案馆管理的政治性,兼顾国家利益和公民利益的安全。档案的性质特点决定其属于控制性信息范畴,不可能毫无限制地开放利用。与此同时,公共

---

①　谭必勇,朱玉媛.网络环境下档案馆的功能与模式转换研究[J].图书情报知识,2004 (4):36-38.

②　张晓霞.中美档案馆比较——以档案馆的公共性为切入点[J].档案与建设,2011(4): 4-7.

③　冯惠玲.开放:公共档案馆的发展之路[J].档案学通讯,2004(4):10-14.

档案馆信息资源开放范围窄、数量少的现状已成为目前制约公众利用的瓶颈,成为公共档案馆的发展之路上的阻碍,把馆藏档案信息资源转化为可在最大范围内共享的档案公共服务资源,尽可能实现馆藏档案资源由控制使用向开放利用的转变,并把握好公开利用与安全保密之间的平衡度,是档案馆公共服务建设中必须重点解决的问题。

2. 馆藏与需求的匹配度

匹配度是衡量公共档案馆馆藏资源结构与公众需求吻合程度的指标。公共档案馆馆藏与公众需求的匹配是满足公众信息权、知情权的基础,档案馆馆藏数量多并不代表公众信息权、知情权能有效实现。长期以来,我国档案开放存在范围控制过严,门槛过高;开放内容中各机关规范性文件多,反映权力决策的文件少;行政管理的结果性文件多,过程性文件少;历史性材料多,现实性材料少等现象。各档案馆虽然已经收集了大量的档案和政府公开信息,但是在不同程度上还存在着接受部门和种类不全、进馆信息不齐以及交接、归档不够及时等问题。对一些与公众切身利益相关的档案或政府信息不予公开,公共档案馆馆藏与公众需求的匹配度不高,资源建设离公众的需求还有较大差距。公共档案馆在馆藏档案信息资源建设上,首先要加强公共性档案信息资源的集聚工作,在此基础上切实加强公共性档案信息资源的整合力度。其次要大力加强馆藏档案信息资源的开发与挖掘,与其他类型档案馆相比,公共档案馆的馆藏资源建设应与公众需求的吻合程度更高,应在充分了解社会公众档案信息需求的基础上,主动对馆藏档案资源进行分析、扩充、选择、加工并提供利用,充分满足公众的利用需求,以实现档案馆的社会化服务功能。

3. 公众查找的便利度

便利度是衡量公众在利用档案馆信息资源过程中方便程度的指标,包括公共档案馆在服务公众时的环境氛围的友善程度和公众利用界面的人性化程度。作为政府与公众之间信息输出输入的重要窗口,公共档案馆服务公众的友善度,直接关系到公众利用馆藏资源的环境,对公民信息权、知情权的满足及切身利益维护极具意义,某种意义上甚至可看作衡量政府与公众关系、提高行政透明度、体现公共服务水平与能力的一个指标。无论是传统手工服务方式还是现代信息技术下的服务手段,都应充分考虑广大公众利用的便捷性,尽量降低使用门槛,提高易操作性,特别是应处处为老年人、残疾人以及文化程度低等社会弱势群体着想,以群众易于接受为依据,提高公共档案馆在满足公众利用需求方面的总体有效程度。例如,为保护档案原件,针对目前数字化利用量呈逐步增长的态势,许多档案馆规定对已经过数字化扫描或已缩微的档案不再向利用者提供档案原件。部分利用者因对数字化档案利用设备不擅长而产生畏难甚至抵触情绪,一些档案馆从积极指导着手,同时,采取增购宽屏电脑用于数字化全文阅览等方式改善利用设备,最大程度提高公众查阅时的舒适度、便利度。

4. 档案馆服务的规范度

规范度是衡量档案馆服务规范程度的指标,主要包括以下几项。

一是公共档案馆服务制度建设、服务标准的规范程度。制度建设的规范,是指档案馆公共服务中与档案法律、法规、行政规章相关的制度性安排,包括实施办法、技术规程、标准等,不仅无缝衔接,而且行之有效。[①] 目前,我国正处在档案馆公共服务建设的探索阶段,面对新情况、新问题难免会出现政策不及时、措施不到位的现象,因此,档案馆公共服务行为规范以及相关经验积累就显得尤为必要,包括对档案馆提供公共服务的主体服务行为的规范、对服务客体利用行为的规范以及对公共服务评价体系的规范等都应建立健全。例如鉴于档案与政府公开信息查阅的法律规范之间存在不一致,一些公共档案馆的查阅服务中心设置专门的"政府公开信息阅览室",并设专人管理,从空间上将查阅档案与政府公开信息区域分开,调整和简化了登记手续,使利用程序更规范化。

二是公共档案馆服务内容范围的规范程度。如公共服务范围、政府信息公开与档案开放的内容范围等等,明确档案馆公共服务应尽的责任与义务,既坚持以人为本、以公众为中心的指导思想,保障公众政府信息和档案信息利用的权利,又维护国家安全、单位利益和公民个人隐私,实现档案馆资源建设、利用服务与保障工作的协调与可持续发展。

三是公共档案馆服务程序与要求的规范程度。与传统档案馆相对封闭的管理和服务模式不同,公共档案馆从业务建设到后勤保障实现公开化、有序化管理,减少公共档案馆服务过程中出现的责任推诿情况,体现整体优势,使利用者知晓自己的权利边界,避免产生不规范的利用行为,实现利用效率的最大化。例如,一些档案馆根据公众需求,为使来馆的每一位利用者在最短的时间内掌握利用档案、文件的注意事项,从健全制度、强化管理入手,编

---

① 戴志强.档案馆,用什么来回应公众的期待? ——贯彻"两个转变""两个体系"精神的思考 [EB / OL]. http: // www. archives. sh. cn / dalt / daggz / 201203 / t20120313 _9711.html.

印了《便民服务手册》,集中收录了常用的法规制度以及利用档案注意事项、各级档案馆联系方式等内容,使利用者一册在手便能明了利用步骤。还有一些档案馆则在服务大厅进口处设置了电子指示屏,方便利用者了解档案查阅的要点和步骤。

5. 公众利用的满意度

满意度是衡量公众在接受档案馆提供档案或政府信息利用服务后满意程度的指标。档案利用接待工作提供的不仅是用户需要的信息资源,而且是一种服务。这一服务不仅包含在凝聚着幕后无数档案工作者劳动结晶的信息资源上,而且体现在窗口服务人员的言谈举止之中。档案馆公共服务中首先应提高查准率,尽量帮助利用者实现利用目的。但实践表明,鉴于档案封闭期等开发利用规定、档案馆现有的信息资源和开发鉴定等限制,要使每一位查档者都能"高兴而来,满意而归"还是有难度的。为此,要尽可能做好用户的接待咨询工作,即便是没有查到所需的档案,也应尽可能地为其提供进一步查找的建议。因为,做好接待咨询工作,不仅对于解决公共档案馆的馆藏资源建设和多方面业务建设的深层次问题都会提供有价值的信息,而且将有助于树立档案馆"用户至上"的社会形象。为此,作为衡量公共档案馆接待满意度的客观标准,不仅包括接待利用的人次、卷次、查准率、查全率,还应包括利用档案产生的效益与咨询服务的有效性等方面。① 公众利用的满意度与档案馆接待服务工作有直接关系,但并非仅仅取决于接待服务,公众利用的满意度实质上也是公共档案馆在满足公众档案或政府信息利用需求方面总体有效程度的反映,可以说是档案馆档案管理、环境设施、业务规范和服务机制等各个方面全面作用的结果。

第三节　综合档案馆向公共档案馆的推进

我国已建立了覆盖从中央到地方的全国档案馆网状体系。截至 2016 年,全国共有各级各类档案馆 4 237 个。其中,综合档案馆 3 336 个,②占我国档案馆总数的绝大部分,成为在我国档案事业体系中的绝对主体。国家各级综合

---

① 戴志强.论公共档案馆建设的涵义及其现实意义[J].新上海档案,2004(11): 7 - 9.
② 国家档案局政策法规研究司.2016 年度全国档案行政管理部门和档案馆基本情况摘要(一)[EB/OL].(2017 - 10 - 17)[2017 - 12 - 25].http://dangan.kaiping.gov.cn/Article.asp? id=687.

档案馆具有社会性、开放性、文化性等特性，最具有公共档案馆的基本属性。近年来，随着我国民主政治的发展，政府行政中服务民众理念日益强化，公民的自我权利和维权意识逐渐加强，公共档案馆建设问题越来越引起社会的重视。

一、公共档案馆与传统综合档案馆的差异分析

与传统综合档案馆相比较，公共档案馆在服务理念、资源建设、管理思想、服务机制等方面都更亲近民众，存在差异。

（一）服务理念

公共档案馆与传统综合档案馆的区别中，最为本质的区别在于服务理念的不同。公共档案馆是服务于全社会的科学文化事业机构，奉行以人为本的现代服务理念，档案馆以服务公众需求为根本目标，更多地关注民生、服务民生，高度重视人民群众对档案利用的多样化需要，维护公民知情权，最大限度地为公众提供档案和政府信息服务。因此，公共档案馆的办馆方向是把档案馆建设成开放型档案馆，办成如公共图书馆、博物馆那样公众乐于亲近的、对公众有利用价值的公共文化机构。而传统档案馆以服务国家利益为宗旨，忽视普通公众的利益与需求，甚至与公众的利用需要对立起来，其结果必然是给公众造成一种难以接近的封闭型档案馆形象。只有在公共档案馆服务理念下，才能激励档案工作人员自发地产生一种主动追求优质服务并不断完善自身技能的职业认同感。体现在对档案利用者服务上，就是档案工作者发自内心地重视利用者的自觉、自律行为，自愿地为利用者提供优质、高效、便捷的服务，从而真正提高档案馆公共服务的能力。

（二）资源建设

公共档案馆馆藏来自社会各领域、各阶层，反映各个方面的社会生活，收存除管理公共事务为职能的国家机关宏观层面的档案资源外，为了与公众利用需求相对接，还重视收存与公众生活直接相关的微观层面的社会档案资源。如加拿大档案学家特里·库克（Terry Cook）所说："档案不仅要涉及政府的职责和保护公民的个人权益，而且还应为他们提供更多的根源感、身份感、地方感和集体记忆。"[①]我国各级综合档案馆大多建立于 20 世纪 60 年代前后，由于历史

---

① 韩玉梅，黄霄羽.外国档案管理[M].北京：中国人民大学出版社，1998：9.

的原因,一直以来,档案馆的主要职能就是对各单位档案的集中收集和综合管理,档案馆作为永久保存档案的基地功能远比提供档案信息为社会服务功能更为重视。档案馆拥有第一手政府工作原始信息,为信息的真实性、完整性和权威性提供保证,长期处于封闭管理、馆藏单一、重藏轻用的状态。从硬件资源角度看,公共档案馆场馆建筑和设施设备则要体现以民为本的设计理念,处处注重给人以亲民的美好体验。而传统的综合档案馆馆舍建筑和设施设备以便于档案管理和保密为侧重点,给公众造成神秘、森严、不敢轻易踏入的感觉。

(三)管理思想

公共档案馆管理思想具有公共性、管理性与开放性,作为政府法定的社会公众查阅政府信息和档案信息的场所,公共性是档案馆公共服务的本质目的,以公众为中心是其服务理念,管理性是档案馆公共服务的功能手段,而开放性是其根本特性之一,也是公共档案馆基本价值之一。传统的综合档案馆管理与相对封闭的国家政治环境相适应,在档案管理中往往存在人为的"宁左勿右,处处设防"的思想,推行的是一种封闭型的管理方式。现代政府公共行政的核心思想在于服务,在从管理行政到服务行政的观念转变过程中,其服务方式必然要从单向走向互动、从封闭走向开放、从强制走向合作、从单一走向多元。基于先进的管理思想,重新认识档案馆与社会、公民间的关系,实现由管理型为主的综合档案馆向服务型为主的公共档案馆转型,是科学定位并规划档案馆建设与发展所必须解决的问题。

(四)服务机制

现代服务型政府的核心工作是制度安排,因而为公共档案馆服务最重要的还需紧密围绕公共服务进行体制创新。公共档案馆以社会公众需求为导向,是一种面向公众的外向型、开放式运行机制。因此,要改变传统综合档案馆以内部管理为中心的内向型工作流程设计和封闭式管理运行机制,围绕公众需求协调、设计各组成要素并展开运行。公共档案馆服务机制从政府信息公开、档案开放的内容范围到服务流程,从服务标准、服务规范到档案馆工作人员职责义务等制度建设,均实现规范化、公开化、有序化管理,减少传统档案馆服务过程中出现的随意、封闭、推诿状况。传统档案馆以实际工作查考和学术研究方面的用户为主要服务对象,几乎没有一般市民的休闲利用,公共档案馆的服务以满足公众多方面广泛的社会需求为己任,欢迎包括公众休闲利用在内的各种公众利用需求。总之,与强调管理性的传统综合档案馆服务机制相比,公共档案馆明显地体现出更强的文化性和亲民性。

也有学者认为公共档案馆和综合档案馆的归属类型不同。"因为从类属上看,综合档案馆是按馆藏内容为分类标准对档案馆进行划分的结果,而公共档案馆是按档案馆性质为分类标准对档案馆进行划分的结果,由于分类标准的不一,在类目设置上难免会有交叉。传统档案馆与公共档案馆的要求相比仍有程度上的差别,因此不能简单地说综合档案馆就是公共档案馆。"①因此,有人据此对我国的公共档案馆建设持有不同意见,认为到目前为止,这些档案馆还不是真正意义上的公共档案馆,只是潜在意义上的公共档案馆。

二、综合档案馆向公共档案馆转型的资源条件和区位优势

综合档案馆向公共档案馆转型不仅具有信息资源、人力资源、设施资源等基础条件优势,而且基层综合档案馆还具备独特的区位优势。

(一)资源条件

1.信息资源

档案馆是国家集中保管档案信息资源的基地,档案信息资源是档案事业发展根本性的资源基础,同时也是档案馆赖以开展公共服务的主要物质基础。

首先,由档案馆的性质决定。档案馆定位于科学文化事业机构,是永久保存档案的基地,是提供档案信息为社会服务的中心,档案馆的性质决定其具有信息资源优势的根本原因。档案馆具有与生俱来的、其他机构所无法比拟的信息资源优势。文件和档案其实是同一物质的不同历史阶段,文件是机关、企事业等单位在社会活动中形成的直接记录,政府公务活动中形成、使用的文件在其现行效用发挥完毕后应经归档环节转化为档案,因此,档案是文件的归宿,从文件生命周期理论看,文件的三阶段——现行阶段、暂时保存阶段和永久保存阶段正好与文件保存场所——办公室、文件中心和档案馆相对应。也就是说,移交进档案馆是政府信息生命轨迹的归宿。

其次,由档案馆的职能决定。档案作为人类社会发展的历史纪录,是整个社会不可或缺的宝贵信息资源和精神财富,也是国家内涵及其丰富的历史文化遗产和"社会记忆"。长期以来,档案馆的主要职能就是对各单位档案进行集中收集和科学管理,接待各方面利用者对馆藏档案进行查询与利用。通

---

① 宗培岭.公共档案馆建设若干基本问题探讨(一)[J].浙江档案,2006(7):10-12.

过档案移交进馆、向社会征集等方式,档案馆拥有第一手政府工作原始信息,对信息的真实性、完整性和权威性提供最有效的保证,[①]档案馆是"社会记忆的仓库"。

最后,档案馆具有相应政策制度保障。《档案法》第八条规定:"中央和县级以上地方各级各类档案馆,是集中管理档案的文化事业机构,负责接收、收集、整理、保管和提供利用各分管范围内的档案。"法律授权档案馆通过收集和接收机关、企事业单位移交的档案,对档案信息进行科学管理、保证档案资源的完整、系统、安全,以实现社会利用共享的目的。在政府信息收集方面,全国省、直辖市级范围内最早制定政府信息公开规定的上海市,在2002年就发布《上海市级机关公开性现行文件的收集和送交试行办法》,在全市范围内建立现行文件资料送交制度,要求各单位在发布能够公开的政策、规定和编写相应的文献资料时,要抄送同级综合档案馆,以便按规定及时供群众查阅、利用。依据法规,上海市档案馆加大收集力度,根据各市级机关网上公布的有关信息,与各有关部门联系沟通,逐月催交,并定期将各有关部门送交情况向市信息委反馈,使送交情况得到进一步落实。我国《政府信息公开条例》颁布后,明确了现行文件的收集范围、送交要求、时间和交接方法等规定,成为全国各级综合档案馆开展政府公开信息资源收集的制度保障,档案馆信息资源收集走上正轨。

2. 人力资源

档案馆拥有从事档案保管、保护、编研、鉴定、信息化等方面的专家队伍,档案馆的工作人员具备档案信息专业工作的政治素质、专业技能和知识能力,人力资源方面的优势保证了档案馆公共服务具有专业性强,服务水平高的特点。这些专业素质和能力渗透并体现在日常的工作中,对档案资源收集、整理、鉴定、编研、开发等一系列基础业务建设提供有效的智力支撑。同时档案馆也开展档案方面的科学研究,组织力量对有关专题进行理论与实践探讨、课题攻关,每年均有大量具有高水准的科研成果产生,以科学的理论和方法指导档案工作实践,探索信息化利用途径,不断优化档案馆的公共服务。近年来,各地综合档案馆重视人才队伍建设,不少相关专业的高学历毕业生充实到档案馆中,增添了新生力量。另外,在长期的档案馆公共服务工作过程中,一些档案人员积累了丰富的实践经验,对公众利用需求的热点了如指掌,对利用率较高的政府公开文件、档案信息如数家珍,一些档案干部对本地

---

① 张林华.公民信息权与档案馆拓展社会服务功能[J].档案学通讯,2007(1):81-84.

区范围内政府信息和档案的各方面"家底"非常熟悉,成为不可多得的"活档案""活信息"。在此基础上,档案馆还探索研究优化服务的对策,如上海市档案馆及一些区(县)档案馆对利用率较高的支内人员落实政策、婚姻、独生子女证明等民生问题,有针对性地建立检索工具,大大提高了查全率和查准率,受到老百姓的好评。

3. 基础设施资源

包括场馆在内的基础设施资源是档案馆开展公共服务的平台和基础条件。截至 2013 年底,广东、上海、沈阳、福建等一大批符合服务公众理念设计标准的新型档案馆已陆续落成,浙江、南京、成都新馆即将在建,北京、安徽、河南完成新馆建设前期准备工作,即将动工。河北、山西、重庆、新疆、厦门、长春、武汉新馆建设(扩建)工程已批准立项或列入规划。这些档案馆新馆的建设在馆址选取、建筑设计、设施等方面都要尽量做到亲民、便民,为社会公众充分利用档案与政府信息资源开启了方便之门。一些区县档案馆还由政府另拨场地,将档案馆从区县政府办公机关的深宅大院里分离出来,为档案开放服务提供了条件。此外,上述已建成的档案馆新馆不仅拥有优雅舒适的环境条件,大多还提供先进的公共服务设施以及残障人服务设施。另外,为便于档案馆的公共服务,许多档案馆采取各种措施增设电脑,专辟用房,更新了硬件环境。档案馆具备库房、设备条件、信息保护技术等优势,能全方位地对档案信息进行安全防护,从而档案和政府信息的实体安全提供保障。

随着数字档案馆的兴起,我国政府和各级档案行政管理部门重视档案数字资源的收集、保管和利用,加大档案部门基础设施的投入以及信息化系统的开发力度和应用实施的广度和深度。各地积极开发建成并开通档案信息资源门户网站和共享平台,为深化公共档案馆建设,实现档案资源的远程共享利用奠定了基础。

(二) 基层档案馆的区位优势

作为我国综合档案馆体系重要组成部分的区县档案馆等基层档案馆,也是公共档案馆转型不可或缺的重要部分,基层档案馆在为公众提供档案和政府信息公共服务中有其特殊的区位优势。

1. 基层档案馆公共服务是基层政府部门"父母官"职能的延伸

我国地方综合档案馆是按行政区划设置,我国区县级以上政府机构均有档案馆建制,因此区县级基层档案馆已经遍布全国,截至 2016 年度,全国3 127 个各级档案行政管理部门中,除了 31 个省(区、市)级外,共有地(市、州、盟)级 427 个,县(区、旗、市)级 2 668 个。此外,国家综合档案馆共有 3 336 个。① 由于我国在全国范围的地方综合档案馆组织体系上实行"统一领导、分级管理"的管理体制,在档案机构内部则采用"局馆合一"的领导体制。因此,与地方档案行政管理部门相对应,地方的基层综合档案馆数量在国家综合档案馆中占绝对多数,在由国家档案局统一指导、由各个地方政府领导、上下纵横、多层次的档案馆网体系中占据重要地位。基层档案馆馆藏主体是本地区政府机关、企事业等单位形成的政府信息及档案。值得重视的是,与老百姓民生密切相关的正是这些本地区基层政府职能部门。鉴于我国与民生相关的行政事务大多是属地化管理,即归口于所属地区基层政府职能部门管辖范围,公民从出生、上学、劳动就业、婚姻、买卖房产、就医……直至故世,必不可少地涉及医疗卫生部门的医疗保障、报出生及户口办理、教育系统中九年义务制教育"就近分配"就读、民政部门按照户口所在地接受婚姻登记、按照街道区划办理独生子女证、地区房产局房产交易等一系列民生事务。贯穿百姓一生的诸多民生事务几乎都在其居住地所属的基层政府及其派出机构中办理,归口至民政局、教育局、人力资源社会保障局、房地产局、卫生局等政府职能部门,而这些部门在办理这些事务中所形成的文件材料,最终都将归档汇集到所属地区的基层档案馆中集中保管并提供利用。故从某种意义上讲,区县级基层档案馆的政府信息和档案公共服务职能是基层政府部门"父母官"职能的延伸。因此,基层档案馆馆藏与民生关系极其紧密,基层档案馆开展本地区档案和政府信息的公共服务具有天然的优势。

2. 基层档案馆是老百姓档案利用的"首选"

首先,对大多老百姓档案利用来讲,无疑谋求以最少的时间、金钱、精力成本办妥相关事宜,因此,在当前社区远程服务民生档案查询范围有限的情况下,基层档案馆是老百姓就近利用的"首选"目标。生活所在地的基层档案馆客观上也是老百姓最熟悉、最方便的政府信息和档案查询公共服务机构,与更高层次的省、市级档案馆相比,区县级基层档案馆的馆藏与民生更为贴近,服务更接"地气",因此,群众在主观上更容易产生亲近感。其次,区县档案馆具有同级政府部门文件材料立卷归档的业务指导职能,对本地区政府职能部门尤其像民政局、教育局、卫生局、房地产局等与民生息息相关的涉民职

---

① 国家档案局政策法规研究司.2016 年度全国档案行政管理部门和档案馆基本情况摘要(一)[EB/OL].(2017 - 10 - 17)[2017 - 12 - 25].http://dangan.kaiping.gov.cn/Article.asp? id=687.

能部门的工作较为熟悉,基层档案馆工作人员往往非常了解本地情况,许多人数十年工作经验积累造就了自身成为"老法师""活档案",对群众利用需求尤其对"疑难杂症"的答疑解惑能起到"对症下药"的直接"疗效"。再次,区县级基层档案馆承担同级政府部门档案的接收、保管、利用职能,民生档案大多收存于基层档案馆,因此,区县级基层档案馆的民生档案大多是原始材料,档案信息的凭证性权威可靠,能直接有效地解决民生方面的利用需求。最后,与所有档案馆一样,基层档案馆的运作具有公益性,免费查询信息,避免了公民在对信息资源的利用、信息知情权的满足方面不均衡、信息不对称现象的产生。因此,对大多数群众而言,在寻求政府信息和档案等信息服务时基层档案馆自然而然地成为首选。

3."一门式"集中公共服务功效显著

近年来,在档案数字化基础上,一些省市利用信息网络为市民提供"就近查询、就地出证"的民生档案远程服务,将区县档案馆服务进一步向社区延伸,档案服务融入社区事务受理中心"一门式"集中公共服务体系中,将方便群众的档案利用落到了实处。受理中心秉持"一门服务、一头管理、一口受理、七天服务和全区通办"的理念进行规范化建设。现在,上海、浙江等一些地区在本地区区域范围内任意一社区的群众找政府办事只需进社区事务受理中心一扇门、在任意一窗口就能办包括民生档案查询、出证在内的"百件事"。社区事务受理中心按地方标准的规定将服务事项全部纳入受理中心"一门式"设置服务。开展民生档案查询、出证,"一门式"服务增加了群众档案信息利用的途径,使利用者不出社区门就能在一个地方查到所需的文件,解决了不熟悉政府机构职能设置的普通群众往返奔走于各职能部门的不便。社区事务受理中心贴近群众需求,强调互动,拓展了为民服务新空间,亲民的形象拉近了与群众之间的距离,使群众切身感受到政府为民办事的温暖,"一门式"集中公共服务目前已收到很好的社会效益,对方便群众尤其是社会弱势群体的作用尤其明显。

三、综合档案馆向公共档案馆转型的管理基础

(一)档案信息开放的组织体制

档案信息开放工作的开展需要健全的机构设置和人员配备,因此,有必要对档案馆档案信息开放服务的组织体制展开分析。目前,我国一些档案馆的档案信息开放工作由档案信息鉴定机构、档案公开信息目录编制机构和档

案信息开放组织实施机构三部分构成。

1. 档案信息的鉴定机构

为保护国家机密、企业商业秘密和公民个人隐私,世界各国档案馆的档案信息开放都是有条件的,馆藏档案分为公开利用和控制利用两部分,任何档案馆都不可能实现档案的完全开放。国家档案局颁布的《各级国家档案馆开放档案办法》规定"各级国家档案馆对所有到开放期限的档案,应组织鉴定小组进行鉴定"。我国一些档案馆档案信息鉴定机构的建构采用档案馆档案鉴定委员会、档案馆整理编目部鉴定工作小组和档案馆整理编目部鉴定科三级档案鉴定部门的组织体制,分别承担专家咨询、组织鉴定工作和馆藏档案鉴定工作的职责,为档案信息开放的鉴定工作奠定了坚实的组织基础。

2. 档案公开信息的目录编制机构

根据《档案法》第十九条规定:档案馆应当定期公布开放档案的目录,并为档案的利用创造条件,简化手续,提供方便。馆藏档案向社会开放时,应公布公开档案的目录。作为档案利用的重要检索工具,档案公开信息的目录编制工作对档案信息公开具有直接意义,虽然目前全国各档案馆编目部门的建制和提供的目录级别各不相同:编目部门有独立设置,也有设置在馆内其他部门中;档案公开信息目录有文件级,也有案卷级,但各地档案馆都在积极地开展档案信息公开和目录编制工作。

3. 档案信息开放的组织实施机构

提供利用是档案工作的目的,利用部门既是国家档案馆对公众提供开放档案利用的窗口,同时也是检验各项档案信息公开工作成果的窗口。档案利用服务部的各项工作集中体现了档案为社会服务的宗旨。如上海市档案馆外滩新馆查阅服务中心采取改善阅览环境、简化查档手续、编印服务指南、节假日照常开放、提供导引咨询服务和网上查询等一系列便民服务措施,接待社会各界的利用者并尽力满足利用者的信息查阅需求。①

(二) 档案信息开放的方式

在已开放档案的范围内,档案馆可以通过提供档案原件或复制件、制发档案证明、举办档案展览的方式对公众提供利用服务。公民对已开放范围之外档案的利用,则属于档案依申请提供利用。目前我国档案信息开放的方式

---

① 马长林,戴志强,等.档案信息公开理论与方法[M].上海:上海社会科学院出版社,2007:192-193.

主要有档案开放和档案公布。

1. 档案开放

档案信息的开放受《档案法》体系的调整，1987 年 9 月我国《档案法》颁布，在总结我国实际情况并参考国际惯例的基础上做出"国家档案馆保管的档案，一般应当自形成之日起满 30 年向社会开放。经济、科学、技术、文化等类档案向社会开放的期限，可以少于 30 年；涉及国家安全或者重大利益以及其他到期不宜开放的档案向社会开放的期限，可以多于 30 年，具体期限由国家档案行政管理部门制订，报国务院批准施行"的规定。

国家各级综合档案馆所有到开放期限的档案，根据规定，需组织鉴定小组进行鉴定，只有在通过鉴定后，档案才具备开放条件。档案鉴定应坚持实事求是、维护国家机密、维护组织和个人利益、维护社会安定团结的原则。档案内容标准是档案开放鉴定的核心标准，在档案开放鉴定中必须以鉴定档案的内容为基础判定开放与否，对国家规定的控制使用范围内如与国家利益、商业机密、个人隐私有关的档案应根据标准和具体情况予以把握。

公民凭身份证、工作证或者介绍信等合法证明就可以利用已经开放的档案，但对利用馆藏未开放档案，则需按《档案法》实施办法第二十二条规定：要经过依申请公开程序，即须经保存该档案的档案馆同意，必要时还须经有关的档案行政管理部门审查同意。依申请公开是我国政府为满足公民信息权而设的一个积极举措，也是国际上信息公开制度的通行惯例。如果说已开放档案是可以让公民知情的信息，那么依申请公开就是公民自己想要得到的信息，显然后者对公民的切身利益具有更直接、更重要的意义。如何根据档案工作的特点，既能妥善处理性质与内容相对特殊的控制范围内档案及封闭期档案的提供利用问题，又能满足公民迫切想要得到的信息知情权之间的矛盾，成为亟待解决的一个重要问题。当然该问题的解决必须以保证国家安全、公共安全、经济安全和社会稳定以及国家秘密、商业秘密、个人隐私的安全为前提。

2. 档案公布

档案信息的公布是档案机构向公众有目的有依据地首次公开传播档案内容，是方便社会各方面利用的一种重要方法。档案公布将可以向社会开放利用的档案内容，通过报纸、刊物、图书等公开出版物以及各种传媒向社会公开发布。强调公布档案的首次性和唯一性，是档案公布的最根本特征。档案公布要求：公布档案的主体应具备法人地位，是由国家授权的档案馆或有关机构，非国家档案馆无权公布属于国家所有的档案，无法人地位的主体公布档案既不合法又不可信。① 所公布的档案是可以向社会公布的档案并且这些被公布档案确属该馆馆藏。

国际上通行两种档案公布模式：一种模式是档案利用权与档案公布权合一，即公民有档案的利用权，也有档案的公布权；一种模式是档案利用权与档案公布权分离，公民个人有档案的利用权，但无档案的公布权，档案公布权属于国家。档案利用权与档案公布权合一的方法，档案公布权掌握在利用者手中，档案馆和官方机构虽然保管档案，但无权公布档案，这种模式侧重于保障社会公众尤其是档案利用者的利益。档案利用权与档案公布权分离的方法由国家授权的单位行使国有档案公布权，其优点是可以将档案公布权置于国家的控制之下，从而确保国家安全、利益和公民个人的隐私权利不被侵犯。其缺点是可能造成档案馆和有关单位垄断档案公布的局面，这种模式侧重于保障国家尤其是政府部门的利益。档案利用权与档案公布权分离模式下，任何档案出版物都必须经过批准，我国有关档案公布权的法律法规也采用这一模式。②

（三）档案信息服务途径

档案馆提供的政府信息公开和档案信息开放公共服务的途径可以分为传统型档案信息开放服务、档案网站的集成式开放服务和数字档案馆的共享式开放服务三类。

1. 档案馆的传统查阅式服务

档案馆的传统查阅式的开放服务从诞生到发展至今已历经几百年。不得不承认，以公共档案馆为核心的传统查阅利用的服务方式仍然是目前公众获取所需档案信息最普遍、最直接、最有效的方式。档案馆的查阅式开放服务方式包括如开设阅览室、提供档案复制本、档案外借、综合信息内容编写书面材料提供利用等。

档案馆的传统查阅式档案开放服务主要包括：分析档案用户的心理、特点和规律，针对档案用户的查阅利用动机、内容、技能，有的放矢进行服务指导；宣传相关知识和档案馆情况，让用户感知档案机构；介绍档案馆规章制度、查阅须知，加强查阅利用技能和方法的指导，满足用户的需求。

---

① 张平安.档案公布的含义[J].中国档案,1998(12)：26-27.
② 马长林,戴志强,等.档案信息公开理论与方法[M].上海：上海社会科学院出版社,2007：89.

档案馆作为政府信息公开指定场所以来，档案馆查阅利用成为政府信息和档案利用工作的重要途径，也是档案馆工作的重要组成部分。因此，档案工作人员要强化"以公众为中心"服务宗旨意识，改进工作作风，了解研究用户需求，熟悉政府信息和档案馆藏，丰富更新知识，将自己培养成为"复合型""信息化专家型"人才。同时，档案馆要努力完善服务条件，更新设备，加强基础业务建设，按照国家有关规定做好政府信息公开及档案开放、公布和档案编研工作，提高管理水平和档案查阅利用公共服务水平。

这种传统型信息开放服务，通常以服务与利用者之间小规模的一对一、面对面直接服务为主要特征，提供利用以档案最基本的方式——面对面的直接输出方式为主，档案信息的表现形式则以单一的纸质载体为主。能进行深入、具体的利用服务与指导，但把档案资源深藏在库房内，不利于档案利用率的提高。随着时代发展，人们对档案馆公共服务提出了更高的要求，加速开发馆藏资源，尽快让更多的档案上网是最佳选择。

2. 档案网站的集成式服务

20世纪90年代以来，档案网站伴随着档案信息化工作的推进而产生并发展起来。随后，档案网站逐渐成为档案馆向用户提供档案信息服务的重要途径。随着各地综合档案馆网站的陆续开通和档案信息化的不断推进，档案网站建设也逐渐成为档案界研究与探索的热点。2008年后，随着政府信息公开的深入开展，档案网站服务模式也发生明显变化。各省市档案馆网站布局开始由原来的单功能向双功能拓展，即由原来的档案查询利用服务逐渐转向包括相关政务公开活动和档案信息网络咨询服务两大部分的新模式。正因为各个档案网站开始提供更多的信息，尤其是与民众切身权益息息相关的档案和政府信息，档案馆网站由冷变热，逐步受到社会各界越来越多的关注。不仅是档案界的学者，与档案相关的工作人员，还包括众多的普通民众，人们希望通过档案网站这个平台，能够获得更多的信息，搜寻到更多有价值的信息资源。

档案网站作为档案部门在互联网上建立的站点，以主页的方式提供相关信息服务，构成公共信息网络中的一个节点，换句话说，档案网站是由档案部门建立的、被链接在一起并且通过Internet或其他各级公共网络向社会大众提供档案信息以及其他服务的电子文档的集合。档案信息提供利用的途径发生变化，使基于互联网的档案网站集成式利用受到公众的关注和欢迎。相较于传统的查阅式服务，档案网站的集成式服务规模要大得多。借助于网络，服务者与利用者之间实现了互不谋面的一对多的间接服务，这种间接方式使公众不出家门就能查档的愿望成为现实,不仅避免了档案利用由于直接利用而造成时间和空间上的种种不便,而且使服务产生了更大的社会效用和更高的利用效率,档案网站集成式服务中档案信息的表现形式也由单一向多元变化。

目前,我国绝大部分档案馆网站上都开展了包括如馆藏介绍等在内的用户教育服务、特色馆藏展示服务、专题展览服务、档案信息咨询服务和档案信息传递服务。但总体而言,档案馆网站存在提供在线检索中档案信息全文率较低的问题。鉴于档案信息目前正处于数字化的过程中,海量信息尚无法做到全部数字化和信息化,档案在线查询往往仅查到文件"名称"而无法直接获取档案全文内容。对此,一些档案馆采用"预约调卷"的方法,即根据需要先检索档案目录,查出所需要信息的"索取号",再按提示逐项填写预约调卷申请表,向档案馆方面进行查阅预约,预约调卷申请表被系统接收即预约生效后,档案馆方面会按时将档案调出,并告知阅文时间,这样再去档案馆时就能立即阅文。有些档案信息网信息查阅系统还对点击率高的条目和类目设置了自动排名,并在醒目位置对月点击率及总点击率排名居前十位的热点信息如"现行城市规划国家标准规范目录"等条目和"房屋拆迁"等类目设置了超链接,既凸显了公众关注的热点信息又方便公众对这些信息的查询利用。对诸如"知青上山下乡政策"等有关民生档案的利用热点则建立了专题档案目录数据库,为这类公众关注度高的档案信息设立查询利用的捷径。

3. 数字档案馆的共享式服务

随着计算机网络技术、数据库技术以及多媒体技术的发展,公民的利用需求向多元化转变,对档案馆公共服务途径提出了新的要求。

馆藏资源的数字化是数字档案馆最为显著的基本特征。档案信息资源的数字化是指利用数据库技术、数据压缩技术、数字扫描技术等现代科技手段,将传统档案馆中的纸质文件、声像文件和已经归档的电子文件,系统组织成有序的数字化信息的过程。所有的档案信息资源均以数字形式存放于物理介质中提供利用。这些数字化的资源可以是文本、图像、图形,也可以是音频、视频等各种类型的数据。随着社会信息资源的不断增多,单个档案馆所储备的档案信息资源往往难以满足公众的利用需求,只有通过和其他档案馆的共享信息资源,才能在信息竞争中互惠互利。数字档案馆在对传统档案信息资源进行深度挖掘和开发的同时,利用现代信息技术和互联网技术与其他档案馆等信息资源单位实现信息共享,从而形成以数字化档案信息为中心的巨大的档案信息中心,扩大档案馆可获取的信息的集合,缩短利用服务的时间和空间距离。

数字档案馆通过计算机和网络将档案馆联为一体，从而使数字档案馆超越了时空的限制。用户从以前必须到档案馆查阅档案转变成在任何时间、任何地点都可统一通过网络终端查询档案信息。档案馆上下纵横、统一领导、相互协作的网络信息组织体系，为公众获取档案信息提供了极大的便利。在档案馆网中，分散于不同地理位置的档案信息资源以数字方式存储，通过通信网络相互连接。档案馆成为为社会公众服务的信息中心，每一个档案馆成为总体性信息网上的一个站点，数字档案馆的共享式服务极大地方便了公民对档案信息的获取和利用。

当前，档案馆的工作重心已经从档案实体保管向档案信息资源的开发利用转移，工作对象从纸质文档向数字资源转移，工作方式从现场面对面向远程共享利用转移，我国档案馆正在积极拓展公共服务职能，创新服务模式和管理机制，向公共档案馆的方向自觉转型。

四、综合档案馆向公共档案馆的转型

（一）档案馆的功能拓展

档案馆的功能是指其功效与作用。它既不是人们主观想象的，也不是外部强加的，是档案馆通过自己特有活动而实际起到的作用，它一般是动态的。[1] 我国档案馆拓展功能的实践活动萌动于 20 世纪 80 年代末 90 年代初，到 20 世纪末、21 世纪初发展到了一个崭新的阶段。在广度上，各级国家档案馆对这一实践活动的重要意义达成了共识，纷纷根据自身的特点和优势开展了各具特色的活动；在深度上，国家档案局和各级档案行政管理部门高度重视这一活动的开展，给予重要指导组织推进。[2] 2006 年时任国家档案局局长杨冬权指出，"千方百计为人民群众提供优质服务，想方设法满足人民群众对档案工作的需求，已经成为档案馆工作的基本取向之一。"[3] 2008 年又进一步提出我国档案工作实现"两个转变"，建立"两个体系"，强调民生档案建设的

---

① 宗培岭.新时期应当强化档案馆的研究职能——兼谈档案馆的职能与功能[J].档案学研究,2003(4)：20-23.

② 郭红解.论我国公共档案馆建设的实践基础和理论准备[J].档案学通讯,2008(5)：25-28.

③ 杨冬权.团结奋斗 开拓进取——开创档案工作服务和谐社会建设新局面[J].中国档案,2007(1)：8-18.

重要性和紧迫性,明确要求我国档案资源体系和利用体系建设实现面向普通百姓的根本性转变。2009 年国家档案局明确提出,下一个十年要"努力把各级国家档案馆建设成为档案安全保管基地、爱国主义教育基地、档案利用中心、政府信息查阅中心、电子文件中心'五位一体'的公共档案馆,实现档案馆事业的跨越式发展"。"五位一体"是在新时期、站在新的高度上对此前"四位一体"档案馆功能定位的深化和拓展,既确立了今后一个时期全国综合档案馆的重点工作,也为我国综合档案馆向公共档案馆的转型明确了目标,服务公众利用需求成为拓展档案馆功能的主基调。

(二) 档案馆功能的重新定位

21 世纪以来,不少省市开展新一轮档案馆建设,特别是"十二五"期间,以中共中央办公厅、国务院办公厅发布《关于加强和改进新形势下档案工作的意见》为标志,全国档案工作步入新阶段。11 个副省级以上档案馆新馆落成;中央下达的 1 002 个中西部地区县级综合档案馆建设项目的完成,使档案馆库条件得到极大改善。[①] 新馆建设的功能普遍定位于"标志性、文化性、公共性",为国家档案馆向实际意义上的公共档案馆转型提供了极好的机遇、创造了优越的条件:2004 年落成的广东省档案馆新馆从设计布局到功能发挥,从外形塑造到内涵开掘,都体现了以人为本思想和深厚的历史文化氛围,成为2004 年广东文化大省建设十大亮点之一。同年建成开放的上海市档案馆外滩新馆以交通便捷的选址、面向公众的建筑设计、现代化标准的内部设施,展现出公共档案馆的崭新风貌。其中一层设有咖啡吧,二层为大型展厅,五、六楼设立政府公开信息、档案文件资料查阅服务中心,专设了文本、电子阅览大厅,另外还有"学生课堂"、"档案工作者之家"、剧场等公共休闲场地,使之具有决策参考、展览教育、社会课堂、咨询利用、信息积聚和传播、市场服务、学术交流、文化休闲等功能。2006 年建成的沈阳市档案馆新馆功能齐全、布局合理,体现了以人为本、科技创新、安全环保的理念,是沈阳市标志性文化建筑。[②]福建省档案馆新馆建设的功能定位是:集政府公共信息服务窗口、社会教育基地、档案信息开发利用中心、档案安全保管基地、社会档案寄存中心、数字档案网络共享平台、机关电子文件备份和灾难恢复中心、学术交流研究和文化休闲场所八大社会服务功能为一体的新型公共档案馆。

---

①② 资料来源《全国档案事业发展"十三五"规划纲要》。

（三）档案馆工作重点的转移

在现代服务型政府背景下，从档案管理者角度出发制定的档案馆制度体系显然已经不能适应以民为本理念的公共档案馆发展态势，以民为本的档案馆公共服务，就是要高度关注人民群众的多样化需要，采取更具针对性的服务手段，使其共享档案公共服务的愿望和权利得到最大程度的满足。人民群众对档案公共服务内容和方式上的需求日益增长。以上海市档案馆为例，据2007年度档案利用情况的统计，个人查证主要集中在支内支边、工商登记、公私合营、婚姻登记、房产问题等方面，其利用人次在全年查档总人次中的比重已上升到35%，比工作查考利用还高出9%，如果加上学术研究利用，人民群众查档利用已占档案利用总人次的74%。再从工作查考的情况来看，其中50%左右是用于解决信访、落实政策、职称认定等民生问题。另据反映，地、县级综合档案馆由于馆藏结构的原因，人民群众利用档案的比重一般要高于省以上综合档案馆。现实情况表明，一方面解决民生问题的查档需求居高不下，另一方面行使民主权利的查档需求正在升温。①

各级综合档案馆积极转移工作重点，提高公共服务能力。自觉向公共档案馆转型，档案服务面向公众，亲民、便民、利民，关注与满足民生需求已成为一种主流，并已日渐成为社会的共识。正如杨冬权所总结的：第一，人民群众开始成为档案利用的主体。各级档案馆创造性地开展服务民生工作，很多普通群众走进档案馆，利用政府公开信息和民生档案，档案利用工作开始呈现人民群众成为利用主体的可喜变化和可贵转折。想方设法满足人民群众对档案信息的需求，已成为档案馆利用工作的基本取向之一。第二，采用现代信息技术提高档案公共服务能力。有的档案部门利用信息技术和网络优势，整合民生档案资源，实现区域内各档案馆民生档案信息的共享。有的档案部门依托互联网、政务网、党员教育网等网络平台和电视广播网，把开放档案信息、政府公开信息送进城乡千家万户，把档案服务送到百姓身边。第三，开展查阅政府公开信息服务。各级档案馆贯彻落实《政府信息公开条例》，建立政府公开信息查阅场所，并推出全天候服务、"一站式"服务、绿色通道服务、电话查询、节假日预约查阅等人性化服务方式，深受人民群众欢迎，档案公共服

---

① 戴志强.档案馆，用什么来回应公众的期待？——贯彻"两个转变""两个体系"精神的思考[EB/OL].[2008-06-03].http://www.archives.sh.cn/dalt/daggz/201203/t20120313_9711.html.

务能力的提高前所未有。①

(四) 综合档案馆向公共档案馆"质的跨越"

长期以来,各级国家综合档案馆的工作偏重于业务职能和研究职能,以保管历史档案、服务历史研究和工作查考为主,馆藏建设中立足于同级党委、政府的文书档案材料,功能发挥局限于以各级领导和党政机关为主要对象的资政决策服务,以及存史、记忆、知识储备等基本方面,忽视面向公众的服务职能,在这种情况下,档案馆的文化功能、教育功能、市场功能与休闲服务等社会功能的发挥受到制约。

近年来,随着社会民主进程的加快和以人为本思想的普及,我国政府也越来越重视政府职能由"管理型"向"管理服务型"转变,由被动服务向主动服务转变,十七大正式将构建服务型政府作为我国政府改革的目标,其核心就是以人为本、以公众为中心,以提供公共服务为根本目标。由管理型政府转向服务型政府被誉为中国行政体制的第二次转型,在此背景下,我国综合档案馆向公共档案馆的转型也在逐步探索中实现"质的跨越"。

在工作实践中,我国各地的综合档案馆自觉向公共档案馆的方向转型,在服务理念和对象方面,许多档案馆已逐渐从以服务机关、企业等公务利用为主的传统思维中走出,转而将整个社会和全体公众看作自己的服务对象,"以民为本"的公共档案馆服务理念正在逐步形成。在此理念支持下,从社会公众的利用需求出发,努力超越传统档案服务的视野和范围,档案馆形象正在转变与重塑:主动展示档案馆公共服务的人性化和亲民化形象。在档案资源建设方面,逐渐向民生方向倾斜,关注公众的利用需求,扩大档案文件开放的深度和广度。在利用体系方面,积极开展利用方式、途径和平台建设,主动研究新的服务体制、机制、规范,展开试点实践,推出了政府已公开信息查阅、民生档案在线查档以及民生档案远程服务等一系列便民业务,为公众提供了实实在在的便利。

2008年郭红解撰文指出,经历了十多年转型期的艰难开拓、艰苦探索,国家档案馆开始从法理意义上的公共档案馆向不仅是法理意义上,而且是实际意义上的公共档案馆的方向转变。原先从观念理论上到实践设施上的诸多准备不足的状况有了很大的改观,部分国家档案馆在这些方面更是有了质的跨越,于是,明确提出建设公共档案馆的议题和要求也就水到渠成、

---

① 杨冬权.在全国档案局长馆长会议上的讲话[J].中国档案,2011(1):19-25.

呼之而出了。① 与政府转型相一致,公共档案馆建设实际上意味着我国档案馆的又一次根本转型,档案馆价值取向的转变对档案馆公共服务提出新的要求,由以管理为核心转变为以服务为核心,由原先官本位思想下的被动服务转变为作为服务主体的主动提供,这是档案馆涉及理念、原则、机制、体制等各个方面的深刻变革。

公共档案馆不仅是永久保管档案的基地,还应是公共性、公益性的文化事业机构;不仅有档案保管、管理职能,还应具备档案利用、服务的社会功能;不仅有与社会、公民直接互动的服务内容,还应具有更先进的制度安排,人民群众不仅需要掌握已公开的政府信息,而且还期待获取未开放档案信息,那种无差别的常规利用接待方式已经难以满足需要。尽管公共档案馆建设已取得了一定成就,但摒弃"重收藏、轻利用""保密安全、开放风险"的观念而树立起"以公众为中心"理念并非短时间能实现的。虽然目前一些沿海城市档案馆已经在一定程度上具备了公共档案馆的性能,但是必须清醒地看到,这种状况并不代表我国档案馆的全部,为数众多的内地档案馆,尤其是经济欠发达地区的基层档案馆,由于种种原因,还不能发挥公共服务的功能。② 此外,还有诸如法律制度、档案馆公共服务的能力、公众信息素质等阻碍。因此,综合档案馆向公共档案馆转型不仅没有完成,而且要走的路还很长。为保障档案馆公共服务水平的提高,与公共档案馆建设相适应的体制、规范等各个方面都亟待进一步完善和创新。

---

① 郭红解.论我国公共档案馆建设的实践基础和理论准备[J].档案学通讯,2008(5)：25－26.
② 李国庆.对我国公共档案馆建设的理性思考[J].档案学研究,2007(1)：25－28.

第六章　档案馆公共服务的创新：
　　　　民生档案远程服务探索

第一节　民生档案远程服务的实践与理论

一、民生档案远程服务的现实基础

（一）国家层面：顶层导向顺应民愿

十七大以来，党和政府越来越注重民生问题，服务型政府建设广泛开展，民生工程建设成为上至中央各部门，下至基层各单位工作的重点。与此同时，社会公众维权意识增强，广大民众对档案利用共享化、便捷化要求大大提高。公众维护合法权益最重要的是要有凭证，民生档案中大量原始记录成为公众在解决自己权益相关问题时必不可少的依据和凭证，如何获取有效凭证是公众维权的前提和关键。在这种形势下，档案部门迅速贯彻中央以人为本、重视民生的思想，大力发展民生档案便民服务体系建设，打造"一站式"共享平台，构建数字档案馆（室）体系及远程共享服务模式。早在1987年国家档案局就通过组建明清、民国和革命历史档案三大全国性档案目录中心，实施历史档案资源整合共享，从此掀开了我国档案资源共享序幕。2013年全国档案共享平台门户网站开通，实施50个副省级市以上档案馆每年每馆上传2万件数据的探索。农村档案共享工程正在推进，省、市级监管平台逐步实现联网管理。国家档案局明确要求我国档案资源体系和利用体系建设实现面向普通百姓的根本性转变，提出"实现两个转变、建立三个体系""五位一体"的战略思想，档案馆服务重点向公众转变。研究档案馆的馆际、馆社、馆室远程服务和资源共享，是提升档案馆公共服务能力、解决档案服务与社会需求矛盾的有效途径,这一创新服务模式一经问世便引起了全国许多省市及有关部门的重视并研究方案、探索推广。

(二) 地方层面：区域探索星火燎原

20世纪末,随着档案信息化的推进档案馆网站逐渐兴起、发展,但是单向的档案查询利用服务模式以及民生档案资源在各个档案馆和各类涉民机关档案室分散保存的现状使公众仍然难以实现真正的远程共享和便捷利用。许多省市开始探索民生档案公共服务的新路径,档案远程服务模式在各地的尝试性实践方兴未艾。

2003年9月在上海市召开的全国社区档案工作会议上推介了上海四个区开展社区建档工作的做法和经验,在上海市档案局的部署下,各区县档案局积极探索社区服务机构档案管理的方法、途径。2004年10月上海市普陀区档案局选择曹杨、长风街道的社区事务受理中心进行建档试点,2007年组织街道办事处及下属社区事务受理服务中心等24家社区档案服务协作组成员单位签署《社区档案服务公约》,举行了签约仪式。12月21日率先揭牌成立了宜川社区档案管理服务指导站,内设档案库房、办公及阅档区,集档案管理、指导、服务等多元化功能于一体,创建了社区民生档案服务的新机制。奉贤、浦东、青浦、崇明等区档案局也分别成立专门调查组,深入街镇、行政村等调查摸底,对民生档案较集中的区劳动局、民政局等单位进行分类建档业务指导。2005年上海市档案局推出婚姻、知青上山下乡、知青返城、知青子女入户和独生子女5类民生专题档案目录的数据规范,并建成了"19＋1"①的档案专题目录中心。据2007年的统计,全市2872个居委会,建档率达到100％,达标率超过98.8％,"把社区档案工作重心转移到服务民生上来是档案馆拓展功能的创新机制"。② 上海各级档案局在民生档案社区服务方面多年不懈的"深耕细作"与锐意创新,为此后民生档案远程服务在全市范围的"开花结果"奠定了扎实的基础。

此外,长春、天津、浙江、江苏、济南和珠江三角洲等地的民生档案远程服务实践已现区域性星火燎原态势。

---

① 即上海市当时的19个区县档案馆加上海市档案馆。
② 仓大放.创新机制　拓展功能　把社区档案工作重心转移到服务民生上来[J].上海档案,2009(7)：6－9.

（三）资源层面：民生档案亟待盘活

民生档案资源是开展民生档案远程服务的基础。现阶段，海量的民生档案信息资源散乱分布于各行业、各领域的档案保管单位中，由各档案馆和各相关机关的档案室分散保存，有的甚至还保存在职能部门中，这些民生档案资源并没有形成一个体系，许多民生档案被视作为各机关的内部信息资源，这些民生档案资源的作用只能体现在相对狭窄的范围内难以发挥其应有的作用。另外，大量年代相对久远，对形成单位现行工作没有太大作用的档案往往被束之高阁，难以进入档案利用体系。虽然其中有些档案对民众维护合法权益，争取应得利益具有价值，但当民众有利用需求的时候，却无法找到相应的档案。民生档案资源被分别保存在其形成机关的卷宗内，而这些机关又难以就民生档案的利用进行交流沟通，这样就无法实现对民生档案资源的协作调度和共享。民生档案远程服务只有在各个相关机关之间建立流畅的民生档案资源和信息共享机制，才能为民众提供高效、全面的档案利用服务。因此只有建立档案部门与相关机关之间的联动机制，构建统一的民生档案远程服务平台，使各部门分散的民生档案资源进入这一平台，形成统一、有序的档案资源数据库体系，当公众有民生档案查询需求时，各部门协调行动，实现民生档案资源体系的快速查找、联动共享，才能盘活分散的民生档案资源，从而发挥其应有效用，为民众提供一种更加集约化、系统化、共享化的民生档案服务。

（四）技术层面：助力共享服务翼展

当今社会是一个信息技术高速发展的社会，云计算技术、互联网＋技术、大数据技术、移动数字技术等等，把人与人、人与物、物与物连接成了一张巨网，在这张巨网中，一方面数字化信息剧增，另一方面档案信息记录、存储、传输方式较以往出现巨大差异，人们方便快捷地获取信息和交换信息，空间距离已逐渐模糊，新技术使社会生产、生活发生了翻天覆地的变化。档案服务需要插上新技术的翅膀，使民生档案服务在便民利用方面实现飞跃。在此社会发展宏观背景下，档案部门应顺应社会的发展，积极尝试以信息技术武装民生档案服务，大力推进民生档案数字化、网络化服务，探索在"互联网＋"技术的支持下通过联动方式，实现民生档案远程服务的新路径，提高民生档案利用服务的质量和效率。

二、各地的实践探索与特点

国家档案局明确提出我国档案资源体系和利用体系建设实现面向普通百姓的根本性转变的要求,2008 年各省市档案馆服务布局逐渐向普通公民倾斜,"当图书馆、档案馆把馆藏纸质信息进行不断的数字化处理的同时,人们的目光不约而同地聚焦在了数字化成果的更大范围'流动'和'获取'上,于是就出现了'图书馆联盟'和档案馆间的'馆际共享'等应用模式。"[①]全国许多省市启动了民生档案远程服务的探索。

(一)上海

2008 年上海市区县档案局(馆)长会议上,普陀区档案局在本区实践基础上提出了关于打破各个档案馆之间信息资源孤立的"围墙",实行"就地受理,全市协同,跨馆出证"的大协作设想,这一想法立即引起与会的区县局馆长们的热烈反响。但同时也面临着不少难题,如当时的民生档案数字化程度低、上网资源少、联网检索性差;资源整合存在体制上的条块分割、数据库和计算机技术平台异构等;异地出证的图章如何盖,法律效力如何,部门责权如何划分等等。

上海市档案局对此高度重视,在进行顶层设计后要求推广实施。市档案局于 2010 年提出远程服务机制共建总体方案,开始有计划、有步骤地推进民生档案远程服务建设。针对上述难题,提出了一系列解决措施:"统一平台、统一流程、统一文本、统一印章",先后研发了民生档案远程服务网络平台及应用系统,制定了操作流程和办事告知及证书文本格式,统一了档案证明专用章样式,开展了工作人员业务培训。之后进行全面推广,历经了跨馆出证、全区通办、全市通办三个阶段。杨浦区档案馆在档案服务中,把解决群众的"急、难、愁"作为工作的目标,坚持让群众在查档中"少走一步冤枉路,少花一分冤枉钱"的理念。区档案局借助区政务内网这个平台,通过光纤将杨浦区档案馆与各区属机关、事业单位包括各街道镇以及各社区事务受理中心的档案数据信息实现了即时联通。社区事务受理中心利用档案局授权的专有用户名密码,在可直接利用系统中为查档者提供数据信息。2010 年 3 月,杨浦

[①]　赵欣.行政区域内馆藏信息远程共享的实践[EB/OL].[2015-11-25].http://www.doc88.com/p-1156693396438.html.

区档案馆在该区的延吉新村街道事务受理中心首开全国第一家"馆社联动"试点,7 月杨浦区档案局在延吉等三个街道社区事务受理服务中心开设查档服务窗口,通过政务内网查询民生档案并直接出证。与杨浦区不同,徐汇区档案馆采用委托出证模式,即以区档案馆为中心建立服务平台,街道查档"窗口"接到群众查档申请即向区档案馆提出申请(即"二次申请"),由区档案馆查询后通过政务外网将电子文件传输给街道查档"窗口"出证,2010 年 9 月徐汇区将查档出证覆盖到区内的 13 个街道,在全市率先实现了全区通办。

2010 年 9 月,以"就地查询、跨馆出证"为主要内容的上海市民生档案"馆际"联动正式启动。继徐汇区后,实现全区通办的区县逐渐增多,市档案局和各区县档案局签订《上海市国家综合档案馆远程服务承诺书》等一系列规范性文件,在全市范围内加紧建设市与区县档案馆、档案馆与档案室、档案馆与社区事务受理服务中心"三联动"的远程利用服务体系,推进"就地查询、跨馆出证、馆社联动、全市通办"目标的实现。

2011 年 4 月上海市档案局启动"一站式检索系统"连接全市各级档案馆(室)和基层档案利用部门,全市通用的面向社会公众的档案的服务平台逐步建成,首批 14 个区县开始跨区合作。杨浦等区档案馆成为首批加入上海市档案局"就近查询,跨馆出证"民生档案远程协同服务的区县档案馆,为市民提供馆际联动查档服务,解决了群众查档难的问题。2011 年 7 月,民生档案查阅利用工作在这些区的各个街道(镇)全面铺开。各区在全市通办的基础上,在完善服务功能、技术、方式和能力等方面继续创新机制,进一步深化拓展民生档案远程服务内容。普陀区首创"馆室联动",最先将民生档案服务向民政、房产、计生等专业涉民部门的便民服务窗口延伸,使民生档案查询、补证、办事一步到位。2012 年 2 月,普陀区进一步把前台受理点向涉民部门延伸,开通了区民政局的婚姻收养登记中心、区房管局的档案信息中心、区人口和计划生育委员会的人口家庭计划指导中心,以及长征镇、长风新村街道、长寿路街道的计划生育办公室共 6 个服务点。2012 年 8 月,开通区残疾人联合会、桃浦镇计划生育办公室和综合服务站共 3 个服务点。普陀区、徐汇区等区县将民生档案利用服务的前台受理点延伸到了区民政局的婚姻收养登记中心、区房管局的档案信息中心、区残疾人联合会、区人口和计划生育委员会等专业涉民办事机构。

2012 年 12 月覆盖上海全市的民生档案远程服务全市通办目标全面实现。民生档案远程服务平台"全市通办"开通仪式在普陀区举行,实现婚姻登记、计划生育、知青上山下乡、知青返城和知青子女回沪等五类档案全市通办。上海民生档案远程服务掀开了"就地查询、跨馆出证、馆社联动、全市通办"的新篇章。

2013年上海扩大民生档案查询全市通办种类、拓展受理点并简化服务流程。至2013年底，全市约220个社区事务受理服务中心中共开通208个社区中心受理点，基本实现市、区两级的全覆盖，并已在全市范围实现医疗信息共享。同年，上海市浦东新区档案馆不仅把民生档案前台受理点推进到了全区多个村居委，而且还与浙江省宁波市档案馆、杭州市档案馆先后签署民生档案跨省异地服务联动工作协议，确立了婚姻档案跨省利用服务的业务标准和工作机制，在我国迈出了民生档案跨省异地查询服务的第一步。此后，浦东新区还与杭州、成都、北京朝阳区等地签订了协议，实现了跨省市异地查档出证，受到国家档案局的认可，认为这是档案部门突破档案利用属地化限制的一项重大创新。

2014年10月，经上海市社区事务受理服务中心标准化建设联席会议批准，民生档案社区查询项目被纳入了全市社区服务统一平台，自2015年初起，上海市各区县民生档案远程服务改变了利用系统单列状况，与各街道社区事务受理服务中心实事项目一起集中受理，成为全市各个社区服务中心常规服务项目。

民生档案远程共享查询种类也在逐步增加。2013年上海市档案馆与各区档案馆建立市区联动平台，把公众利用率较高的婚姻登记、独生子女证、知青上山下乡、知青返城、知青子女入户5种民生档案作为试点，开展民生档案远程查阅服务。杨浦区在其原有4种民生专题档案的基础上，又新增二胎申请、学籍、收养、人才引进、私房翻建执照、劳动能力鉴定和工伤认定等7种民生专题档案，提供查阅的民生档案达到11种。2014年上海市又新增了再生育子女审批、工伤认定和学籍3类民生档案，全市范围可供联网查询的种类增加到8类，浦东新区和杨浦区范围内可共享的民生档案种类更多。据统计，自"全市通办"开通至2014年11月底，受惠群众超过25 700人次。

上海民生档案远程服务实践有以下特点：

第一，上海市民生档案远程服务机制建立在馆际、馆社、馆室"三联动"结构之上，形成了纵向三级部门间的联动共享，同时以全市200多个社区档案管理服务指导站为主体，建立了内外协调服务机制。在上海市的区域范围内形成市、区(县)、街镇社区三级档案部门纵横贯通的全覆盖服务格局。

第二，上海市民生档案远程查询利用系统完成与社区事务受理中心服务平台的接轨，成为与市政府十余条线的200余项实事项目一起纳入标准化建设的服务项目,统一到社区事务受理中心集中受理,使"就地查询、跨馆出证、馆社联动、全市通办"的民生档案远程服务模式进入更大平台运行。

第三,不仅建立了上海市及区县档案馆之间的业务联动,还实现了档案利用与民政、房产、计生、公安等涉民机构档案室的合作共享机制,真正从方便群众而非行政机构工作的角度出发,改变了机关档案室档案不向公众开放的惯例。

第四,上海市浦东新区档案馆注重拓展民生档案跨省异地查询服务,截至 2015 年年底已与宁波、杭州、南京、成都、青岛、北京市朝阳区、广州、哈尔滨等 8 家外省市档案馆结成了跨省利用的合作伙伴,建立两地档案馆跨省服务的业务标准和工作机制,突破了民生档案共享和远程利用中的区域性局限,在我国民生档案远程服务中走在前列。

(二)长春

2009 年长春市将民生档案馆际共享列入年度市档案工作计划的重点项目,长春市档案局(馆)与九台市(现为长春市九台区)等档案馆签订了远程出具档案证明责任书,档案馆远程服务工程全面启动,同年 8 月 31 日为九台市市民李季远程提供档案证明,成为全国第一个应用案例。[①] 长春远程共享模式的推进经历了单向利用、双向共享和多向远程共享三个阶段。第一阶段通过脱机共享档案数据、利用电话传真设施传输档案进行异地出具证明。第二阶段通过网络共享档案数据、利用系统传输档案进行异地出具证明,实现在线两级馆双向共享。2011 年长春市辖区内县(市)区档案馆之间全部签订了《远程出具档案证明法律责任书》,过渡到实现全市范围内民生档案数字化资源共享的多向远程共享的第三阶段,全市档案馆间互通有无、互换数据、互开证明,满足群众"就近查档、跨馆出证"的需求。2012 年长春市档案馆的"数字档案远程利用系统"与"长春市公务员驾驶舱 OA 系统"无缝链接,为长春市区域范围内国家综合档案馆馆际共享建立了一个通道和平台,[②]使档案馆能开展更大范围的民生档案远程共享服务。

长春市民生档案远程服务实践的特点:

第一,长春市"数字档案远程利用系统"基于该市电子政务平台"公务员

---

① 李学广,何焱,刘德文.长春市档案馆远程服务探索与分析[J].中国档案,2011(12):42-43.

② 赵欣.行政区域内馆藏信息远程共享的实践[EB/OL].(2014-12-15)[2015-11-25].http://www.doc88.com/p-1156693396438.html.

驾驶舱系统"网络通道,以该系统中"市直单位和县(市、区)及档案馆为直接用户,以馆藏不涉密档案数据为资源,运用电子公章认证系统和电子签名功能",①为该市档案共享和民生远程服务开辟了广阔的平台。

第二,长春市档案馆提供的档案远程服务形式主要包括档案复制件和档案证明两大部分,利用网络公布档案全文和目录,使利用者可直接索取档案复制件或锁定查档线索,到当地档案馆索取档案复制件从而满足异地利用需求。

第三,除通过签订《远程出具档案证明法律责任书》和专用印模统一样式外,长春市还免费安装"书生卡"解决电子印章的法律效力问题。责任人签字笔迹统一备案并在全市社保部门存档备查,确保档案的真实性。

(三)天津

天津市档案局于 2011 年依托互联网开通了市及区县综合档案馆民生档案信息馆际"一站式"服务,全市 20 家档案馆共同签订了《天津市民生档案信息馆际"一站式"服务公约》等文件,档案馆际开通远程查询的联动系统,首批实现跨区"一站式"查询远程服务的大类是婚姻档案、知青档案、招工就业档案和公证档案,约计 418.3 万条民生档案信息。② 2012 年天津市新增"一站式"查询信息 8 类 60 万条,2013 年开展了"民生档案建设年"活动,进一步将档案服务民生的"触角"深入到社区。此外,还成立由市教委、民政局等 10 家涉及民生的主管部门和市档案局组成的民生档案工作联席会,加强对全市民生档案工作的领导和协调。

天津市建设了包括民生档案资源建设和平台系统功能建设在内的民生档案远程服务系统。出台民生档案共享数据库标准,整合各行各业民生档案,各区县档案馆展开民生档案专题目录数据库和全文数据库建设。建立面向市区两级民生档案信息共享服务平台,通过系统平台对民生档案查询进行流程化规范管理。③ 公众可在全市任何一国家综合档案馆享受"一站式"服务,由首查档案馆负责与保存档案原件的档案馆联系并办妥所有手续。

---

① 赵欣.行政区域内馆藏信息远程共享的实践[EB/OL].(2014-12-15)[2015-11-25].http://www.doc88.com/p-1156693396438.html.

② 天津市 20 家国家综合档案馆开通民生档案信息馆际"一站式"服务[EB/OL].(2011-11-11)[2015-02-11].http://www.dajs.gov.cn/art/2011/11/11/art_1230_33467.html.

③ 赵锋.线上互动　协同办公[J].中国档案,2014(3):29-30.

天津市民生档案信息服务实践的特点：

第一，天津市档案局以档案系统网络平台为基础，建设了该市民生档案信息共享服务系统、市及区县综合档案馆视频会议系统、电子邮政系统和即时通信系统，上述方式大大加强了市及各区县档案馆的线上互动能力，提高了民生档案远程共享服务水平。

第二，天津建设了覆盖全市各级国家综合档案馆和机关档案室的民生档案专题目录数据库和全文信息数据库，并实现了市及各区县档案馆的包括婚姻、知青、出生等多达 11 个门类共享目录数据库的"一站式"查询利用全覆盖。

(四) 广东(粤穗深)①

广东省档案馆在对创新档案利用方式调研，以及与广州市档案馆、深圳市档案馆多次商议的基础上，决定于 2011 年上半年率先建立开放档案和政府信息公开文件的跨馆查阅利用系统，向公众推出"就地查询，跨馆出证"服务方式。当年下半年完成"广东(粤穗深)跨馆档案查阅利用系统"和相关规章制度，签订三馆之间的合作协议，制定《广东(粤穗深)跨馆档案查阅利用办法》和《广东(粤穗深)跨馆档案查阅利用系统工作流程和规范》，还统一了档案证明印章和跨馆查阅利用申请表等，对三馆之间的档案利用进行了统一和规范。

2012 年 3 月 1 日，"广东(粤穗深)跨馆档案查阅利用系统"在广州市正式开通，这是一个建立在广东省档案馆、广州市档案馆、深圳市档案馆之间的跨馆查阅利用系统，在这个面向公众的开放档案和政府公开信息的服务平台上，有开放档案目录数据 80 多万条，政府信息公开文件目录 26 000 多条。广东(粤穗深)民生档案远程服务模式是利用者的申请由受理档案馆通过互联网发送到原件所属档案馆，原件所属档案馆根据申请的目录及时将电子全文数据进行打包后通过互联网再传回给受理档案馆。② 该利用系统整合三个档案馆开放档案和政府公开信息的目录数据，依托三馆各自的档案利用平台，实现了馆际之间档案信息的互联互通。公众查阅广东省内及广州、深圳两地

① 即广东、广州、深圳。国务院于 2008 年批准的《珠江三角洲地区改革发展规划纲要(2008—2020 年)》对该地区的发展进行了新的战略定位，珠三角地区加快了一体化进程的步伐。在此背景下，广东省档案馆、广州市档案馆、深圳市档案馆于 2011 年率先实现了"广东(粤穗深)跨馆档案查阅利用"，并进一步向珠三角其他地区推进。

② 张泽伟.锐意创新服务公众——记"广东(粤穗深)跨馆档案查阅利用系统"正式开通，向公众推出"就地查询，跨馆出证"服务方式[J].广东档案，2012(2)：15 - 16.

档案部门的开放档案和政府公开信息,只需要前往广东省档案馆、广州市档案馆、深圳市档案馆和广州政务中心这四个已联网的查询点中任何一处,就可以跨馆查阅档案馆的开放档案和政府信息公开文件。登录系统查询相关目录后,可在平台上查阅所需信息或提出利用申请,原件所属档案馆调出档案信息的全文电子数据,并向申请者提供全文电子数据或档案复制件、证明文件。

广东(粤穗深)跨馆档案查阅利用实践的特点:

第一,广东省档案馆、广州市档案馆、深圳市档案馆三馆之间开放档案和政府公开信息目录数据的整合与共享,实现了跨越垂直行政领导关系的区域性"馆际互通"业务。

第二,广东(粤穗深)跨馆档案远程服务系统充分利用三馆原有的软、硬件平台和目录数据,在三馆目录数据的整合过程中对各馆原有的数据格式不做修改,由系统自动抽取目录数据中的主要字段而成,系统的构建不需再另外投入大量资金和设备,并且在今后的发展中具备普遍的扩展性。[1]

(五)浙江

2013年8月,浙江省档案局在全省部署开展了"异地查档、跨馆服务"工作,省档案馆和11个地市档案局签订了"异地查档、跨馆服务"承诺书,自2013年9月起,在全省各级国家综合档案馆开展"异地查档、跨馆服务"工作。在这之前,嘉兴市南湖区等一些地区档案局已经开始了民生档案的远程利用服务试点工作。南湖区的试点以嘉兴市民生档案利用平台为依托,选择了新嘉街道及所辖各社区试行民生档案远程利用服务。2013年9月下旬,民生档案远程利用服务工作在该区全面推行。南湖区在区档案馆、各镇(街道)、各村(社区)便民服务中心建成了119个民生档案远程利用服务点,实现了服务全覆盖。数据显示,从开展试点工作到2014年11月底止,全区民生档案远程利用服务人次超过1 000,各服务点通过民生档案远程利用平台提交的查档申请1 001次,查到档案923份,复制档案1 687页。[2] 海盐档案局探索县域的档案资源共享机制,实行多类民生档案开放、村级资源共享,构建县、镇、村三级共享服务体系,构建局域网、政务外网、互联网以及数字档案馆系统、集中

---

① 张泽伟.锐意创新服务公众——记"广东(粤穗深)跨馆档案查阅利用系统"正式开通,向公众推出"就地查询,跨馆出证"服务方式[J].广东档案,2012(2):15-16.

② 胡连英,陈天传.打造百姓满意的服务品牌[J].浙江档案,2015(1):32.

式虚拟数字档案室系统、档案信息资源共享工程远程利用系统、电子文件和数字档案查询利用中心网站系统的"三网四平台",覆盖县、镇、村三级档案资源共享服务体系。① 绍兴则采用"资源管理属地化,技术服务集中化,利用服务网络化"模式,共享平台包含面向各档案馆、领导和市直机关、公众三方面的服务功能,开展馆际联动的民生档案远程利用、就近出证服务,馆室之间的档案信息订阅和推送服务以及政府信息公开文件和开放档案的"一站式"远程利用服务。丽水市研发"1+9+N""云档案"共享系统,以市档案馆为中心,将全市 9 个县和 N 个乡镇的档案都整合到一个网络平台上。

浙江省民生民生档案远程服务实践的特点:

第一,浙江省开展民生档案远程共享服务的档案馆量大面广,截至 2013 年底全省已有 100 多家国家综合档案馆开展"异地查档、跨馆服务"。各地区根据本地区实际情况进行探索,创新了一系列民生档案远程共享服务的模式与机制。

第二,重视民生档案信息资源基础建设,加大重点涉民领域档案规范化和民生档案专题数据库建设,做好重要民生档案接收进馆工作。全省各级档案馆优先安排民生档案信息化建设,建成了一批馆藏重要民生档案专题数据库。②

第三,海盐县等县档案局展开基于县域的档案信息资源共享工程推进机制研究并取得成果,对县域档案信息资源共享具有指导和借鉴意义。普遍利用县行政审批服务中心、镇(街道)便民服务中心和村(社区)综合服务中心这三级服务平台构建档案信息资源共享服务体系,有效地把档案服务延伸至镇村,村民在家门口的镇(街道)便民服务中心、村(社区)综合服务中心等处,使档案工作更加贴近群众,取得了明显成效。

从全国范围看,"民生档案远程服务已覆盖上海、北京、广东、天津、山东、江苏、浙江、吉林等多个省市,为无数民众带来真正的便捷与利益。"③越来越多的省市纷纷展开民生档案远程服务的探索并取得显著成果:江西在全省范围开通档案专网与查阅平台,建立知青、养老等专题目录数据库,开展跨馆跨地档案检索指引服务。武汉、咸宁、孝感、黄石等市构建"武汉城市圈"区域范围档案共享,首批共享目录达 100 余万条,涉及政治、经济、民生等多方面,城

① 傅荣校,夏红平,王茂法.基于县域的档案信息资源共享工程推进机制研究——以浙江省海盐县为例[J].中国档案,2015(11):62-63.
② 莫剑彪.异地查档 跨馆服务——浙江省推出档案工作为民服务新举措[J].浙江档案,2013(9):50-51.
③ 杨冬权.在全国档案局长馆长会议上的讲话[J].中国档案,2015(1):18-25.

市圈 4 城市的群众均可免去舟车劳顿，享受异地查询带来的便利。① 此外，还有越来越多的省市均已开通区域内共享平台，启动民生档案远程服务实践。② 有人对长春市民生档案远程服务进行了效益分析，"至今已为 1 008 个利用者远程提供了档案证明，若以平均每人往返按 2 天、500 元的费用计算，直接节省费用 50 多万元，按每人时间节省 1.75 天计算，合计节省 176 天的时间，取得了明显的社会效益和经济效益。"③仅以上海市一地为例，自 2012 年开通民生档案远程服务系统以来，截至 2016 年，已实现多达 3 万人次的查询出证，极大地便利了民众。④ 由此可见，这些年全国各地民生档案远程服务产生的经济效益、社会效益极为可观。

三、民生档案远程服务的理论研究

（一）研究成果概况

笔者通过在中国知网（CNKI）进行高级检索得到的统计结果显示，截至 2016 年 7 月共有相关文献 174 篇，去除报道、重复及"杂质"文章，并从相关会议及档案信息网等途径共获得与民生档案远程服务直接相关的论文计 105 篇。据发文年度分析，我们发现此前虽有一些论文也提到远程服务，但大多仅是对档案利用发展前景的粗略展望，或是基于档案资源整合共享的档案网站远程服务研究，真正意义上的民生档案远程服务理论研究起步于 21 世纪第一个十年末期，在总结民生档案远程服务实践基础上逐渐发展起来。据立项课题分析，从省市档案局、国家档案局项目到教育部人文社科项目、国家社科一般项目乃至重大项目，立项的层次逐渐提高，表明民生档案远程服务理论研究逐步深化的同时所受重视程度也在相应提高。

（二）理论研究主要观点及分析

从上述成果概况可见，几年来我国民生档案远程服务研究已形成了一定理论积累，其理论与实践的创新性、复杂性决定了研究视角、观点及成果的多样性。

① 王婵媛.黄石市档案馆三零目标打造最优服务[J].湖北档案,2013(10)：22.
② 张林华,潘玉琪.我国民生档案远程服务的实践发展研究[J].档案学通讯,2016(6)：80-84.
③ 王桂芝,王彤,李学广.远程利用档案需求与效益分析[J].中国档案,2013(4)：58-59.
④ 张晶晶.创新服务无止境——上海市民生档案远程服务工作新突破[J].中国档案,2016(6)：18-20.

1.民生档案远程服务的概念界定

概念是人类对一个复杂事物或过程的理解,是人类所认知的思维体系中最基本的构筑单位,往往也是理论研究的起点。安小米提出"民生档案资源的区域内整合与共享"概念即利用信息技术整合当地及下属地与民众利益有关的部分或全部门类的专门档案,实现区域内民生档案资源的远程互联。[①] 赵欣认为"区域内档案信息共享"是利用区域内网公布档案全文、档案目录使利用者可直接索取档案复制件,满足异地利用者对档案的参考性需求。[②] 吕元智强调"档案信息资源区域共享服务"含义理解的关键是对"区域"的界定,理解的重点则是"共享服务","区域"不能简单地理解为"地域",而主要是指具有一定内在联系如有共同经济、政治、文化背景并具有相同或相近的业务需求和利用需求的区域范围。[③] 李广都、崔穗旭则分别提出并诠释"民生档案远程利用服务"、[④]"民生档案信息社区查询服务"概念。[⑤] 纵观目前研究成果中关于民生档案远程服务概念的界定可以发现,概念的表述看似纷杂繁多,但其内容所指基本一致。上述概念的要素可以归纳为:利用主体——社会公众,利用客体——数字化的民生档案目录或全文,利用范围——具有一定内在联系的特定区域内,利用地点——开展民生档案远程服务的各级档案馆、涉民行政主管机关、社区(乡镇)事务受理服务中心或服务站,服务平台——计算机网络系统和服务系统,服务方式——异地查阅并协同出证,服务目标——为公众利用者提供满意的民生档案信息服务。因此,目前在理论研究中尽管民生档案远程服务概念的表述以及内涵外延的侧重点存在一定差异,但总体而言大多明确界定了主要要素并且观点较为一致。笔者认为这种现象的产生不仅与民生档案远程服务在我国出现的时间相对较短、空间分布相对较散有关,而且也是国家尚未发布统一规范情况下研究者在一定区域实证调研形成视角差异的结果。

2.民生档案远程服务的内外动力

为什么近年来民生档案远程服务在我国各地会不断涌现? 它是在哪些

---

① 安小米,加小双,宋懿.信息惠民视角下的地方民生档案资源整合与服务现状调查[J].档案学通讯,2016(1):48-54.

② 赵欣.行政区域内馆藏信息远程共享的实践[C]//中国档案学会,中国文献影像技术协会.2014年海峡两岸档案暨缩微学术交流会论文集,2014:12-15.

③ 吕元智.档案信息资源区域共享服务研究[J].档案学研究,2012(5):35-38.

④ 李广都.浅析民生档案远程利用服务的协调机制[J].兰台世界,2014(6):24-25.

⑤ 崔穗旭.民生档案信息如何实现社区查询——由"民生档案远程协同服务机制"说开去[J].中国档案,2012(10):68-69.

背景因素驱动下产生的？自从新世纪初国家档案局提出档案信息化以来，尽管已极大地推进了档案信息化程度，但现实生活中公众利用民生档案依然不便。一些基层档案馆提出探索远程服务以方便百姓利用档案的现实诉求。以信息为渠道的惠民方式逐步融入公共服务和社会治理中，民生档案的资源建设和利用服务理应成为信息惠民体系的重要组成部分。① 近年来"城市边界"日渐消融、区域一体化逐渐成为发展趋势，这对民生档案条块分割、各自为政的局面形成挑战，② 实施区域共享服务有利于提升档案信息服务能力，实现人性化、便捷化服务以及资源配置的效率最大化。③ 同时，社会进步、公民权利意识提高与档案馆服务"以公众为中心"也决定了民生档案远程服务的外在与内在必然性。④ 长春、上海等地在率先开展区域性民生档案远程服务探索实践的基础上提出"建立以社区为载体的新型社会支持网络"，⑤ "把社区档案工作重心转移到服务民生上来是档案馆拓展功能的创新机制"。⑥ 上述研究表明，在新技术广泛运用、公众对档案便捷化服务要求不断提高的背景下，档案界已认识到基于区域性共享的民生档案远程服务不仅能解决当前我国民生档案服务与公众利用需求之间的矛盾，也为档案部门自身发展谋求了更大的空间。一些省市档案机构都意识到应把服务重心降至社区，远程共享成为民生档案服务的一种发展方向。

3. 民生档案远程服务的实施原则

大多数论文的作者根据本地区实践归纳民生档案远程服务的原则，如邹富联以广东珠江三角洲地区⑦、笔者以上海市为例⑧ 分别提出以人为本、平等互利原则，认为民生档案信息资源共享的出发点和最终目的就是为利用者提供更加便利和优质的服务，通过民生档案信息资源共建的平台，促进共同发展，在推进民生档案信息共建共享过程中，合作各方主体平等，共同受益，以实现民生档案远程服务的可持续发展。统一领导、协同发展也是研究者们关

① 安小米,加小双,宋懿.信息惠民视角下的地方民生档案资源整合与服务现状调查[J].档案学通讯,2016(1)：48-54.
②⑦ 邹富联,杜永红.民生档案信息资源共享管理机制的构建——以广东珠江三角洲地区为例[J].北京档案,2009(11)：31-33.
③ 吕元智.档案信息资源区域共享服务研究[J].档案学研究,2012(5)：35-38.
④⑧ 张林华,曹琳琳."以公众为中心"的档案信息服务研究——以上海市民生档案远程服务机制的探索为例[J].档案与建设,2014(4)：8-11.
⑤ 李广都.城市社区档案的建立和服务民生[J].山西档案,2008(3)：37-39.
⑥ 仓大放.创新机制　拓展功能　把社区档案工作重心转移到服务民生上来[J].上海档案,2009(7)：6-9.

注的原则,实施民生档案远程服务的各基层档案馆首先要取得各级党委政府的支持,在上级档案局的统一领导下,遵循服务公约、统一服务理念、管理制度、组织模式、技术标准、信息平台、远程出具档案证明材料格式等。其次要与民政局等涉民部门协作配合,构建民生档案工作制度体系。最后各级档案馆之间应积极协同,优化档案资源配置,实现民生档案专业数据库互通互享。档案馆也应与民生档案形成部门相互协作,做好业务指导和监督工作。① 民生档案远程服务是一项全新的工作,其构建涉及纵向、横向许多机关与部门,它们之间必须遵循一定的合作原则才能发挥最佳共建共享、共同服务效能。只有统一领导、以人为本、平等互利、协同发展才能充分发挥各方的积极性,实现协同合作、相互促进、均衡和可持续发展。

除聚焦上述研究视角外,在实施民生档案远程服务之前就有广泛讨论的档案资源整合共享依然受到许多研究者的关注。此外,民生档案远程服务的内容、机制、平台等在一些成果中也有论述,在此不一一展开。

(三)现实发展对理论研究形成倒逼态势

科学的理论是从客观实际中抽象出来,又在客观实际中得到了证明的,正确地反映了客观事物本质及其规律的理论。实践对理论具有基础性、决定性作用。理论则对实践有反作用,理论和实践是相辅相成,缺一不可的。从前文的各地的实践探索和研究成果概况可以看到,我国关于民生档案远程服务的实践发展无论从时间还是规模都大大领先于理论研究的进展。长期以来社会需求对民生档案远程服务的召唤、档案资源整合共享的认识和积累,尤其是近年来各地档案馆的积极探索,已极大地推动了民生档案远程服务的实践进程。科学的理论对实践应具有积极的指导和引领作用,因此,以公众民生档案利用需求、档案资源整合共享及各地民生档案远程服务实践为代表的客观现实发展状况,对民生档案远程服务的理论发展已形成了一种倒逼的态势,推动理论研究向前发展、推进:

1. 公众民生档案利用需求

获取档案信息难易程度是影响公民利用行为的一个重要的现实问题。公众对民生档案利用的需求和对远程服务方式的不懈呼唤也是促进各地探索民生档案远程服务的重要动力。社会发展促进公民个体素质大幅度提高,信息意识增强使公众对档案的共享与便捷化服务要求上升。新技术的广泛

---

① 石峻峰.基于民生档案远程服务的馆际合作机制研究[J].中国档案,2013(3):36-37.

利用使档案信息记录、存储、传输方式较以往出现很大差异，改变传统的档案查询方式，探索新的档案利用便捷方式是老百姓利用档案的现实诉求，也是档案部门公共服务的努力目标。近年来，我国档案界重视研究公众档案利用需求，各地档案馆探索档案工作服务民生新途径，打造"一站式"民生档案资源共享和远程服务平台，逐步形成了如"就地查询、跨馆出证、馆社联动、全市通办"等民生档案远程服务机制及一系列模式、方法，公众利用民生档案有很大改观，满意度大为提高。

2. 档案资源整合共享

民生档案远程服务是档案资源整合共享在民生档案方面的初步尝试和成功开端，两者有许多共同点：第一，有共同的理念和目标。两者都是基于"以公众为中心"的服务理念，通过整合档案资源利用网络平台实现社会化利用。第二，档案资源整合共享是民生档案远程服务的前提和基础。民生档案远程服务必须在整合相关各级档案馆及机关档案室民生档案资源的基础上才能实现，前者的探索为后者准备了必要的理论与实践积累。第三，民生档案远程服务是对档案资源整合共享的实践与发展。比较 21 世纪初最著名的4 个区域内档案资源整合共享案例可以发现，顺德、浦东、和县和深圳模式实质上主要是在管理体制、工作职能和档案资源的优化整合前提下，变多头、分散管理为集中统一的"大档案"管理格局，虽然实现了以档案网站和档案馆窗口为平台的"一门式"服务，但公众还需"上门"才能利用，与真正的远程服务还有很大距离。尽管民生档案远程服务所提供利用的档案资源目前还局限于一定类型的民生档案，但其不仅在管理体制、工作职能和档案资源方面，而且在应用系统、基础设施及技术平台等各个层面均实现了全面、深度的优化整合，在区域范围内开通了真正意义上的远程服务和联动共享，实现了对档案资源整合共享理论的实践与突破。

3. 民生档案远程服务实践

纵观已发表的论文，我们可以清楚地发现我国民生档案远程服务的研究大多基于实践形成成果。第一，从成果时间看，实践先于理论研究。2007 年上海市普陀区宜川街道办事处成立"社区档案管理服务指导站"，试点探索以指导站为主体的民生档案远程服务新途径。目前最早的相关文献见于此后上海市社区档案服务机制创新会的会议材料（此前虽有一些地区有些相关工作实践，但未见文献成果），可见相关理论是在民生档案远程服务实践的基础上发展起来的。第二，从研究方法和内容看，理论成果中普遍采用实证分析的研究方法，初期的论文大多为对本地民生档案远程服务实践参与式观察基础上的经验概括,近年的成果则越来越多地呈现出在实证调研基础上侧重于对民生档案远程服务的机制、模式等方面进行梳理归纳和抽象总结。第三,从研究人员看,初期研究成果的形成者许多是省市或地区档案馆工作人员,致力于民生档案远程服务的探索实践,有些本身就是项目的领导者、研究者、实践者。随着民生档案远程服务影响的日益扩大,尽管越来越多学界研究者介入,但成果同样以实践为基础。第四,从研究项目看,上海、长春、浙江、北京等省市档案局均在民生档案远程服务实践基础上立项展开课题研究,形成成果并通过验收,不少研究成果获得国家档案局的优秀科技成果奖或当地政府奖项,成为本领域理论成果中最具价值部分。

2006年冯惠玲提出电子文件管理国家战略概念并主持国家基金项目,部际联席会议制度建立,开启了宏观层面研究,指出中国的宏观规划与设计要有面向全国的统筹性和包容性,现阶段应该走"统揽全国,政策引导,融合发展,综合治理"道路。从目前民生档案远程服务的理论成果来看,还存在下列现象:一是研究深度有待深入。一些论文缺乏细致调研、深入思考的学术精神,浅表性地引用已有的案例论据,观点简单重复。二是研究广度有待拓展。论文视角较为狭窄,如民生档案远程服务的条件、背景及瓶颈等较为显见问题的提出比较集中,但有关破解对策等对具体问题的进一步思考则相对欠缺,往往一笔带过。三是成果有待进一步体系化。现有成果大多着眼于某一局部,除一些课题成果外,鲜见深入系统的全面研究,更缺乏相关专著和理论体系。社会研究方法论告诉我们,理论是对客观事物的概括与抽象,在社会科学研究中,尤其是在遇到新的社会现象和新的问题时,理论建构过程常常是从经验观察出发来建立理论。[①] 上述现状无疑与我国民生档案远程服务理论与实践目前尚处于初创阶段有直接关系。随着民生档案远程服务的星星之火在我国城乡的迅速燎原以及档案业界、学界的进一步努力,我们有理由期待本专题的理论研究将会有持续、深入的发展。

第二节　民生档案远程服务的运行

当前在我国许多省市开展的民生档案远程服务已呈现出"自上而下的鲜明特征和与时俱进的时代特色:以上层推动为起点,以基层落实为归宿,以高

---

① 　袁方,等.社会学研究方法教程[M].北京:北京大学出版社,2004:97.

科技的信息技术为基础,鼎新革故,是对传统利用模式的大突破"①的态势。笔者认为,有必要在民生档案远程服务实践的基础上对其目标、原则及其运行状况进行深入剖析,以对进一步推进这一利国利民的档案服务新模式有所裨益。

一、民生档案远程服务的目标与原则

民生档案远程服务通过各级档案馆、政府涉民部门、社区等单位的合作联动,针对性地为公众的民生档案查阅利用需求提供直接高效的利用服务,这些不相隶属机构、部门基于共同的服务目标齐心协力、远程联动推动民生档案远程服务向前发展。

(一)服务目标

随着我国社会发展和政府职能转型,一系列惠民政策相继出台。如市政动迁安置、工资改革与工龄计算、知青退休返城、知青子女返沪、保障性住房、领取低保以及独生子女奖励金等,所有惠民政策的兑现都需要原始档案作为凭证。从档案馆接待利用中可见,近几年上海市和各区的档案利用率节节攀升,利用人90%以上是老百姓,且有相当部分利用者是外区人。以普陀区档案馆2010年2月份查阅人次统计为例,当月查档人次822人,其中外区137人,占到17%。② 老百姓浪费大量的时间精力最终还是查档无果的现象屡见不鲜,公众最烦恼的是不知道该去哪查找自己所需的档案,最希望的就是可以就近得到档案查询服务,方便快捷地获取自己想要的档案凭证,并由此顺利地办成自己所要办的事。而档案馆方面也在思考如何提升服务效果:建立新服务机制,采取"就地受理"查阅民生档案方式,那么查档利用者就可以就近走入任何一家档案馆,不会因档案不在该馆而被拒之门外,③并积极探索满足公众民生档案利用求快、求近、求准、求便合理诉求的有效途径。

目标是一定组织通过运作所要达到的结果。归纳起来,民生档案远程服务的目标就是以"公众中心"为宗旨,基于统一管理的民生档案资源、完善的远程服务机制和平台,建立高效的远程查阅利用服务系统,为公众提供民生

---

① 张晶晶.上海市民生档案远程协同服务机制全面启动[J].上海档案,2012(7):4.
②③ 王卫国,陈辉.民生档案查阅"就地受理,协同出证"服务机制新探[J].上海档案,2011
　　(3):28-29.

档案"就地查询,跨馆出证"一站式服务,使民生档案利用更省事、省力、省心,更便民、利民、惠民。

(二) 服务原则

从我国各地民生档案远程服务建设的实践中可见,无论在服务机制、服务平台、服务模式的构建还是保障条件的建设方面,大都遵循了下列原则。

1.统筹规划原则

统筹规划可视为民生档案远程服务建设的前端控制性原则。目前,各地的民生档案远程服务建设都是在区域范围内开展,因此,大多在省、市档案局的统一领导和部署下统筹规划构建民生档案远程服务。这不仅与我国的档案管理"统一领导、分级管理"体制一脉相承,也是民生档案资源远程共享的"联动"特性使然——在区域范围内,为了避免各自为政、信息不对称、信息互不兼容等问题的出现,尤其强调民生档案远程服务服务主体的各个部分需保持步调一致。统筹规划原则要求民生档案远程服务的构建要突破空间限制,整体布局运作节点,合理规划职能分配、全面统筹机制构建。各相关机构需秉持统一的服务理念,遵循统一的标准与规范,并且在服务的规范、标准、资源、机制、平台、模式等各个方面都需统筹规划。由于民生档案的分散性,民生档案远程服务中涉及的组织机构门类众多,各机构的状况不尽相同,正如长春市档案局总结的经验:"管辖、隐私的保护、知识产权、数据所有权等问题比技术层面遇到的阻碍更难逾越。"①省、市档案局只有在区域范围内以全局的眼光做好顶层设计,统筹规划,才可能打通阻碍,使民生档案远程服务顺利开展。

2.协同共享原则

协同共享是民生档案远程服务建设的实施性原则。构建民生档案远程服务需要具备民生档案信息资源、基础设施、技术支撑、利用受理等一系列远程共享平台,为远程共享的实现提供坚实、完善的基础。远程共享平台中的民生档案资源来源于各基层档案馆及教育局、房地产局、卫生局、公安局等涉民机构的馆藏、室藏,需要通过网络将散存于这些机构、部门的民生档案信息资源建构成虚拟数据库,因此远程共享平台的搭建是一个资源整合和集成的系统工程。在民生档案远程共享服务中,以各街道、镇的社区事务受理服务

---

① 赵欣.行政区域内馆藏信息远程共享的实践[C]//中国档案学会,中国文献影像技术协会.2014年海峡两岸档案暨缩微学术交流会论文集,2014:12-15.

中心为利用受理前台接待利用者,以档案馆、档案室为后台调阅档案,前、后台协同出证,为广大公众利用提供服务。这要求民生档案远程服务的建设必须注重协调性、系统性和标准化,不但需构建系统性的民生档案信息资源体系,而且要求不同层级、不同系统的机构和部门之间协同一致,工作协作、职能协调、资源统配。各级档案机构、各涉民部门同步协作、及时沟通、联合解决民生档案查阅利用请求。构建民生档案远程服务模式的目标就在于通过各方协同达到共享利用的效果,因此,民生档案远程服务从服务平台、资源、政策、机制、模式,到服务环节、流程乃至服务设施、技术无不倡导并体现了协同共享的原则。

3. 需求优先原则

利用需求是档案服务的基础,只有在及时掌握公众需求动态变化的前提下,分析档案利用主体及其利用需求的变化发展,总结利用效果及规律,才能确定服务的方向、内容与重点。[①] 民生档案远程服务模式从一开始就是缘于公众的需求而引发,知青返城、道路拓宽、旧区改造、企业重组、人员分流等社会现状直接涉及大量的、具体的民生问题,如知青退休返城、知青子女落户、居住安置、办理社保等都需要民生档案的佐证。档案机构本着服务公众的原则,将公众急需利用、混杂在各类档案中的民生档案,专门组织人员认真进行梳理,确定民生档案的范围。先用先整,突出重点,对利用频繁的民生档案进行数字化加工和数据资源整合。各地都以公众需求为导向、公众需求优先为原则,以社会公共利益最大化为目标,对公众查询利用率高的民生档案作为远程服务中优先整合的种类。公众需求是一个动态变化的过程,各地档案馆还应针对公民个人利用档案的内容与数量作数据分析的基础上进行完善。如长春"涉及民生内容的档案成为利用重点,且集中在市政府、劳动局、人事局、民政局等 14 个全宗内"。[②] 浙江丽水市档案部门优先对农业、婚姻、山林、二轮土地承包、移民、公证等民生档案进行全文数字化。台州市档案部门对全市婚姻档案进行全文扫描,建立全市共享的婚姻档案目录数据库,以上内容都纳入了跨馆查阅服务体系。[③] 上海则逐步增加民生档案远程共享查询的

---

① 张林华,曹琳琳."以公众为中心"的档案信息服务研究——以上海市民生档案远程服务机制的探索为例[J].档案与建设,2014(4):8-11.

② 梁伟,李学广.档案数字化与档案信息共享的优化途径[C]//中国档案学会,中国文献影像技术协会.2008 年海峡两岸档案暨缩微学术交流会论文集.

③ 莫剑彪.异地查档　跨馆服务——浙江省推出档案工作为民服务新举措[J].浙江档案,2013(9):50-51.

种类。

4. 安全保密原则

远程服务体系中的民生档案往往涉及公民个人信息,因此,群众个人隐私的安全保密在民生档案远程服务与共享中显得尤为重要。远程服务与共享不同于以往面对面的手工检索方式,在极大地方便利用者获取信息的同时,网络传输也使民生档案中的个人隐私遭受严重的威胁,有可能导致个人数据被非法传播、篡改和滥用,使个人隐私权受到侵犯。[①] 因此,在满足公民信息利用权的同时,要考虑档案信息资源的特殊性,在实施远程共享过程中尤其应注意个人隐私的安全保密。以网络方式传递的民生档案均为数字形式,数字信息具有可复制、可修改、易扩散以及交互性等特点,因此,民生档案远程服务与共享中还要遵循安全保密原则,在民生档案收集、整理、传输和查阅的过程中采取有效措施,杜绝安全隐患,保证安全的环境。各地档案局在设备配置、传输网络、流程设计等方面,应充分考虑平台系统运行的安全性,规避风险。目前,各地在民生档案远程服务实践中已创建了一系列切实有效的管理制度、运行机制,如浙江、上海等多个省市采用电子签章再加盖受理点公章等方法,确保所提供档案的安全有效。

二、民生档案远程服务的运行保障与运行机制

(一) 运行保障

近年来,我国政府机构一再强调要利用数字化技术手段,简化档案利用服务方式,推动辖区内民生档案资源跨馆利用、出证工作。[②] 民生档案远程服务的顺利运行必须以完善的保障条件为环境基础,国家与地方各级机关颁布的一系列法律法规、政策制度以及标准规范是必不可少的运行保障。国家有关档案服务的宏观政策、战略指导以及档案机构制定的规范标准直接推动了民生档案远程服务的开展。

1. 法律保障

在国家层面,我国颁布了一系列有关档案管理和信息开放、档案资源开发、信息化建设和信息安全保密方面的法律法规、业务标准与政策规范。

---

① 肖文建,刘杰.论网络环境下档案信息传播中的隐私权保护[J].档案学通讯,2007(5):
46-50.
② 全国档案事业发展"十三五"规划纲要[J].中国档案,2016(5): 14-17.

(1) 有关档案与政府信息公开法律法规：《档案法》《档案法实施办法》《全国档案信息化建设实施纲要》《中共中央办公厅、国务院办公厅关于加强档案信息资源开发利用工作的实施意见》《政府信息公开条例》《电子公文归档管理暂行办法》等。

(2) 有关业务标准与规范：《机关文件材料归档范围和文书档案保管期限规定》、《档案管理软件功能要求暂行规定》、《数字档案馆建设指南》、《电子文件归档与管理规范》(GB/T18894－2002)、《档案分类标引规则》(GB/T 15418－94)、《档案著录规则》(DA/T 18－1999)、《归档文件整理规则》(DA/T 22－2000)、《档号编制规则》(DA/T 13－1994)、《档案工作基本术语》(DA/T 1－2000)、《档案主题标引规则》(DA/T 19－1999)、《纸质档案数字化技术规范》(DA/T31－2005)、《文书类电子文件元数据方案》(DA/T46－2009)、《版式电子文件长期保存格式需求》(DA/T47－2009)、《基于 XML 的电子文件封装规范》(DA/T48－2009)。

(3) 有关电子政务、信息安全保密规定：《电子签名法》《计算机信息系统安全保护条例》《电子政务保密管理指南》《信息安全等级保护管理办法》《国家信息化领导小组关于我国电子政务建设指导意见》《国家电子政务标准化指南总则》等。①

在地方层面,由于以远程服务方式提供的档案利用程序均需有法规性文件作依据,即民生档案远程服务的建设需要法律制度作为先行保障,因而各地在实践过程中均结合本地实际情况制定了一系列标准,实行民生档案远程服务的标准化、规范化已成为各地的普遍性经验。上海、长春、济南、北京、天津、广州、深圳、福州、太仓、海盐等地均由当地档案行政管理机关依法制发规范性文件以指导民生档案远程服务实践,如要求区域内所有参与共享的档案馆通过共同签署《民生档案利用便民服务公约》《远程服务责任书》《远程服务操作手册》等规范性文件,相互授权利用本馆民生档案专用数据库目录信息;在远程服务平台的建设中,制定、推行统一的《档案目录数据库结构》标准、数据存储和交换技术等技术标准,以及相关硬件、软件系统运行、维护和操作的管理标准等。此外,各地档案局还制定了《民生档案数据中心管理规定》《民生档案信息区域共享查阅须知》《文件查询指南》《档案信息网络系统管理暂行规定》《网络安全管理制度》《数据库管理制度》等一系列配套的规章制度,规范受理与出证程序。

---

①　引自上海市档案局"上海市民生档案远程服务机制的研究与应用"课题调研材料。

国家发布有关民生档案共享利用的法律法规、业务标准与政策规范对民生档案远程服务的构建指明了方针政策和业务规范，各地在远程服务实践中建立起来的规章制度为扫清本地区远程查档、数据传递、跨馆出证中的具体障碍提供了针对性的法律依据和实施基础。因此，上述国家与地方两个层面的制度规范体系对民生档案远程服务的建设和运行发挥保障作用。

2. 安全保障

民生档案远程服务的联动式组织架构打破了区域限制和各个部门"条"与"块"之间的职能壁垒，实现跨区域、跨部门联合作业，民生档案信息等各类资源在系统内部平台上实现有效整合，但远程共享模式在给公众利用带来极大便利的同时背后也隐藏着安全隐患。在搭建民生档案远程服务运行平台的过程中，不仅要重视法律规范体系的保障性，而且还应把握运行中的安全性问题。确保档案信息服务网络的安全性与可靠性，是利用网络环境开展档案信息共享服务的前提。档案管理部门应从民生档案远程服务建设需要出发，综合考虑网络的安全性问题，对系统进行安全防护，确保数据传输和共享安全。目前各地在建设中均对安全问题给予极大重视：通过实施访问权限控制、设置安全密钥、系统监视日志等多种手段，防止共享网络系统数据的篡改与丢失。利用政务内网来实现各级档案馆与涉民部门之间的档案信息共享，利用政务外网来实现民生档案与社会大众的信息共享。以政务网为基础搭建共享服务平台，既能充分利用现有的技术，实现民生档案更大范围的共享，又可避免来自互联网病毒和黑客的入侵，保障档案信息的安全。[①] 采用 VPN 虚拟专用网，数据通过安全的"加密通道"在公共网络中传播，在各档案馆政务外网接入的入口处安装安全网关、防火墙、加密机等安全设备，实现数据加密传输；对民生档案资源库与内网进行物理隔离，防止信息的泄露；采取安装防病毒服务器等措施及时防治网络病毒；对重要系统采用异地容灾备份；等等。

民生档案远程服务在我国是一项初创性工程，地基扎实才能建设起稳固的万丈大厦，预案完善才能防患于未然。民生档案远程服务又是一项系统工程，任何一项基础条件的缺失都可能导致整个系统无法运转或造成严重后果。除了运行保障外，还需构建与远程利用要求相符的民生档案数据库体系，以及相应的服务体制、服务机制、服务平台与服务模式，以在更广泛范围内推进民生档案远程服务的实施。

---

① 罗夏钻.我国民生档案协同服务机制[J].云南档案,2014(2)：57 - 59.

（二）运行机制

民生档案远程服务探索伊始，一些地区便发现管辖权限、知识产权等问题非常棘手，针对民生档案远程服务中出现以及可能出现的问题，各地陆续创建了一系列民生档案远程服务新机制。

1. 数据资源共享机制

民生档案远程服务涉及的单位面广、量多，顺利开展远程服务并形成内外协调、纵横联动的良好格局有赖于相关单位的通力合作。由于民生档案散存于各档案馆、涉民机构档案室，因此，各地开展民生档案远程服务普遍建立成员单位签署《民生档案利用便民服务公约》机制把相关单位联系在一起。通过签署公约，各成员单位授权其他协作单位利用本馆民生档案专用数据库目录信息，进而利用档案全文并联合出具证明。这一机制明确协作单位各自的责任和义务，梳理衔接各项工作流程的接口，数据资源共享机制加强了远程服务各成员单位之间民生档案信息资源的互联性和共享性，相互授权的方式突破了民生档案管辖权限、知识产权以及利用方式、利用范围等壁垒，成为目前各地开展民生档案远程服务的重要机制。

2. 审批权限归属机制

在已有各档案馆共同签署《民生档案利用便民服务公约》、相互授权利用本馆民生档案专用数据库目录信息机制的基础上，还需经审批后才能利用档案全文和出具证明。鉴于民生档案远程服务在受理档案查阅出证时，一般受理查档单位不是原本保存档案单位，因此档案利用审批归属权问题不可回避。现在各地通常的做法是明确民生档案远程服务的档案利用审批权归属于保存该档案的档案馆，无论档案利用申请由哪个受理点发出，必须经由保存档案的档案馆审批同意。当档案馆之间或档案馆与涉民机关档案部门之间对民生档案审批的归属权发生异议时应当分别交由上级档案馆决定或与政府机构议定。明确档案审批权归属机制厘清了档案资源归属和出具证明的权限，为开展民生档案远程服务扫清了基础性障碍。

3. 证明效用保障机制

通常公众在某一档案馆利用档案，因档案馆具备其馆藏档案的所有权，故只需由该档案馆在所提供的档案复制件上盖章，该复制件就具备法律效力了。目前许多省市采用"双印章"机制，远程服务出具的档案证明是通过网络传输后由接待受理点负责打印并提供，因此，民生档案远程服务中档案复制件要有效力，档案证明就必须有两个印章，即除保存档案的档案馆按照严密的电子签章技术出具的电子印章外,还需加盖接待受理点的印章。即除保存该档案的档案馆出具电子印章外,"馆际联动""馆社联动"模式下提供的档案证明,还分别应有受理点档案馆、社区事务受理服务中心的红印章。长春市档案馆则规定一份档案证明要"四章连盖",全面反映档案的馆藏处、出具证明处、经手人签字及权威性,有效防范产生"假档案",保障出具的证明材料完整、真实、有效。[①] 各省市档案局(馆)还分别与当地公安、计生、民政、司法等相关部门沟通,保证远程服务方式出具档案证明材料的法律效力,确保所出具档案的法律效用。

4. 规范标准统一机制

民生档案远程服务涉及海量的数据信息、多个层次、条线的管理部门和众多的工作人员,如劳动和社会保障、民政、医疗保障、卫生等部门。这些部门的档案管理标准不一、形式各异,而民生档案远程服务的顺利开展对于各项管理与技术环节的无缝衔接要求较高,因此,各级档案馆必须对档案保管单位加强监督与指导,制定统一的档案移交与归档等业务标准。如上海市档案馆对民生档案远程服务实施提出"统一平台、统一流程、统一文本、统一印章"的"四个统一"要求,制定了统一的操作流程和办事告知及证书文本格式,统一了档案证明专用章样式。长春市档案馆则与各县区档案馆签订了远程出具档案证明法律责任书,对出具证明材料专用印模统一样式,责任人签字笔迹统一备案。通过流程化和标准化的规范,保证民生档案的完整与安全才能为公众所用。

除了上述各省市普遍采用的运行机制外,一些省市还结合本区域民生档案远程服务实践摸索出许多各具特色的机制,如建立"窗口无否决权"服务机制、利用评价反馈机制等。民生档案远程服务是一项创新之举,只有机制创新才能攻克远程服务创新实践中遇到的新阻碍、新问题。机制的创新是实现档案服务模式创新的必要环节,民生档案远程服务深入开展的过程也必将是机制创新和完善的过程。

三、民生档案远程服务的运行平台

运行平台是开展民生档案远程服务的载体和必要条件,是用户得以高

---

① 赵欣.行政区域内馆藏信息远程共享的实践[C]//中国档案学会,中国文献影像技术协会.2014 年海峡两岸档案暨缩微学术交流会论文集,2014:12-15.

效、快捷地获取所需档案的关键。笔者认为，鉴于服务内容与涉及面的复杂性，民生档案远程服务的运行平台应当是一个广义的概念，即运行平台不应是平面的、单一的平台，而应该是一个立体的、综合的平台系统。在这个平台系统中，不仅有面向公众的前台——服务受理平台，实现受理、查询、审批、检索等功能，更应有强大的支撑后台——可分为基础设施平台、信息资源平台以及技术平台等多个立面，以承载网络、设备、软件等基础设施和民生档案数据库，并完成系统管理、数据交换及检索等一系列不为公众所见却又必不可少的工作程序。[①] 因此，民生档案远程服务的运行平台应是一个全方位、综合性、系统化的平台，是融信息资源平台、技术设施平台、服务受理平台为一体的综合性运行平台。

（一）信息资源平台

民生档案是开展远程服务的信息资源保证，民生档案信息资源平台建设是民生档案远程服务的基础和条件。在民生档案信息资源平台，利用现代信息技术，通过对组织架构中省或直辖市档案馆、涉民委办局、各区县档案馆等单位的民生档案资源的整合，形成逻辑上共享、物理上在区域内分散分布的民生档案信息资源总库。其技术模型的架构为：省或直辖市档案馆——省或直辖市层次的档案馆民生档案服务平台；涉民委办局——分布式民生档案数据库；各区县档案馆——分布式民生档案资源库；街道、乡、镇社区事务受理中心和区县涉民办事窗口——前台受理终端。

民生档案信息资源平台建构的内涵，包括对存量和增量民生档案资源建设两大部分。其中，存量民生档案资源建设又有档案实体建设和档案数字化建设两个方面的任务。而扩大可供远程共享的民生档案服务范围，增加公众有利用需求的民生档案远程服务门类则是存量和增量民生档案资源建设都面临的问题。

1. 加强馆藏民生档案挖掘

民生档案既包括各涉民部门民生工作中自然形成的档案材料，也包括党和国家各级政府为解决民生问题而形成的档案材料，因此，民生档案具有显著的分散性的特点。存量的民生档案大部分产生并分散保存于各政府涉民部门的档案室内，形成同一类档案被分别保存在不同单位的现象，甚至直至

[①] 张林华,潘玉琪.我国民生档案远程服务的实践发展研究[J].档案学通讯,2016(6)：80-84.

档案被移交进档案馆也散存于不同的全宗中。正如有学者形象地论述社保档案的管理是"社保中心管理着养老、医疗、工伤等法定的基本保障档案;民政局管理着社会救助、社会福利、社会优抚、城市最低生活保障金;商业保险公司管理着公民个人补充保障的一系列保险金"。① 据笔者调研了解到,还出现由于一些地区的行政区划几经调整变迁,这些地区的民生档案最终被分散在多个不同的城区分散保管的现象。一些省市档案馆针对公众有利用需求却混杂在各类档案中的民生档案,各地档案馆组织专人对馆藏档案进行全面梳理、深入挖掘,如浙江省舟山市定海区根据对查档窗口档案利用情况进行分析,确定婚姻、户口迁移、土地征用、土地承包、精简下放、山林、自留山等 7 类民生档案为群众平时查询利用最多的档案。在馆藏档案基本实现数字化的基础上,优先上传挂接这 7 类民生档案数据至平台,并将相关数据"一对一"授权返还给各镇(街道),使本镇(街道)居民能够检索查阅本镇(街道)的档案数据,实现了档案效用最大化。②

2. 推进民生档案数字化

远程服务需要以档案数字化为前提,而档案馆存量档案数量极其庞大,档案数字化建设任重道远。近年来,我国档案主管部门非常重视档案数字化建设,颁布了一系列法规与标准,国家档案局局长杨冬权多次在讲话中提出相关要求并检查各地的档案数字化建设工作。《全国档案事业发展"十三五"规划纲要》指出,"要实现档案资源多样化,依法管理档案资源,各级国家机关、团体、企业事业单位档案实现应归尽归、应收尽收;档案资源更加齐全完整、丰富多元,覆盖人民群众的档案资源体系更加完善。"民生档案的全文数字化工作是重点所在,在政府部门支持下,各级档案馆积极开展数字档案馆建设优先进行存量民生档案数字化。福州市财政局从 2016 年开始每年安排200 万元的档案数字化经费,市文明办将档案工作纳入文明创建考核内容,促进档案工作和各项事业管理工作的协同规划、部署和落实。③ 太仓市档案馆因数字化成绩优异,得到国家档案局的表扬。2013 年的全国数字档案馆(室)建设推进会就选址太仓,当时太仓已完成馆藏档案"存量数字化"和进馆档案"增量数字化"两个 100%。苏州区县级及以上档案馆数字化总量近 1.26 亿页,有 2 个晋级省 5A 级数字档案馆,3 个档案馆完成了 100%"存量数字化"。

---

① 朱玉媛,彭潇敏.我国社保档案管理现状与对策分析[J].档案学通讯,2008(5):77.
② 舟山市定海区档案局.信息多跑路、群众少跑腿——舟山市定海区智慧档案云综合利用平台建设工作纪实[J].浙江档案,2017(3):32-33.
③ 郑娟.福州市档案馆:"同城跨馆"新服务[J].中国档案,2016(2):36-37.

全市 10 个区县中 5 个实现档案信息资源共享乡镇级全覆盖,[①]其余区县或获批数字档案馆专项资金,或正加紧"存量数字化"。嘉兴市各级国家综合档案馆按照"存量数字化"的要求和"常用先扫、现用现扫、以用定扫"模式,已建立婚姻、知青、精简、职工、学籍、劳模、移民、二轮土地承包、农民建房用地、公证等近 20 种民生档案专题数据库,馆藏全文数据库扫描达 2 513.61 万页,馆藏目录数据库条目达 769.59 万条,极大地提高了档案查询率;全面开展了电子文件的归档、接收工作,为远程利用系统提供了大量的民生档案资源,拓展了受理档案门类。[②]　各地大多根据本地的具体实际情况,以公众民生档案利用需求为导向,组织力量对存量民生档案采取"先用先整、突出重点"的做法,对利用频繁的馆藏民生档案优先进行数字化加工和数据资源整合工作,与此同时,对新进馆的增量档案则严格把关实行"双套制"。

3. 突破常规收集民生档案

建设民生档案远程服务的信息资源平台不仅要在存量档案上下功夫,更应随着社会形势和公众需求的变化发展而不断进取,在源头上开拓增量,加大民生档案的收集、整合力度,增加公众有利用需求的民生档案门类,扩大民生档案在馆藏资源中所占的比例,优化馆藏结构。绍兴市(县)两级档案局加强婚姻档案信息资源管理和信息查阅服务,经验主要总结为"三个突破"和个性化服务,一是突破时间限制,即突破档案馆接收形成时间满 10 年的限制,在与婚姻登记档案管理部门协商后,将接收时间大大提前,如上虞区已经实现了一个季度一接的接收制度。二是突破全宗限制,即突破档案馆接收档案以全宗为单位的限制,按照一定的保管期限和时间划定档案进馆范围,现在各个档案馆不仅是按照全宗接收婚姻档案,还将某个门类(婚姻档案)单独接收。三是突破法院数据不进馆限制。从 2002 年起,绍兴市档案馆陆续将越城区法院受理的离婚诉讼案件档案数据接收进馆。个性化服务即认真研究不同利用者需求,提供适用于当事人、司法机关或者律师、起诉某人及其配偶查阅的原文复制、数据条目、文字描述式等不同形式的婚姻档案证明。[③]

---

①　肖芄,周济,谢静,卜鉴民.搭建"百姓身边的档案馆"——城乡一体化建设中档案服务模式研究[J].中国档案,2015(10)：26 - 29.

②　李持真,黄永红.异地查档　跨馆出证——浙江嘉兴实现区域内民生档案远程利用[J].中国档案,2013(12)：28 - 29.

③　李旭光.整合婚姻档案资源拓宽服务民生领域——绍兴市召开全市"婚姻档案利用工作"研讨会[J].浙江档案,2008(6)：51.

4. 开发民生档案数据库

公众利用需求实时性与档案保存分散性是横亘在民生档案利用与服务之间的一对矛盾。在空间维度,由于民生档案资源平台的档案信息是在各个档案馆原地保存,因此信息资源数据库在物理上客观地呈分散状态。但在时间维度,由于公众在利用档案时主观愿望几乎无一例外要求越快越好,远程服务被要求实时提供利用服务,各个部门必须立即对平台内的所有档案资源完成迅速汇总、整合、查询,并向民生档案查阅受理点反馈信息。因此,对区域内民生档案资源的整合统配是远程共享的关键。对此,分布式数据库的优势是非常明显的:系统具有灵活的体系结构,适应分布式的管理和控制机构,可靠性高、可用性好,应用的响应速度快,可扩展性好,易于集成现有的系统。① 分布式数据库通过将分散的民生档案资源进行虚拟的系统汇总和逻辑整合,从而实现一定区域内不同档案馆和涉民部门之间民生档案的分布式共享,改变民生档案利用覆盖面过小、难以满足社会需求的状况,成为目前各地民生档案远程服务的主要选择。信息资源数据库是各种类型数据资源的集合,包括有记录档案的特征信息和元数据信息的目录数据库、记录档案的原始内容的全文数据库、记录档案从收集到销毁全过程信息的管理过程数据库以及档案规范标准与编码规范的标准规范数据库等等,在各类数据中,各类民生档案目录数据库和全文数据库是远程服务整个资源平台建设的基础与核心。为此,在民生档案实体资源和数字化建设的基础上,档案馆对不同类型的民生档案资源进行分类梳理和编排整理,将各类民生档案资源按专题进行整合,编写专题目录,形成区域性的民生档案资源目录管理和检索中心。如济南市档案局本着"先目录后全文、先局部后区域"的原则,分期分批,逐步按知青、招工、婚姻等 13 类专题完善分布式的数据库。形成了增量数据管理的制度,约定每年定期汇集增量数据,并适时增加新的数据类别。② 各地档案馆针对本地区公众利用需求花大力气开发建设民生档案数据库,为建设民生档案远程服务平台提供丰富的馆藏资源基础。

(二) 设施与技术平台

民生档案远程服务的信息资源平台只有依靠强有力的基础设施环境与

---

① 汤才友.馆际分布式数据库远程共享利用开发研究[J].档案时空,2014(2):6-8.
② 温娟莉,吕江燕.创建民生档案信息区域共享服务平台[J].中国档案,2013(2):28-29.

科学的技术路径支持才能发挥效用。

1. 设施与技术平台构建的目标

设施与技术平台应能支持包容用户需求的民生档案信息查询"一站式"检索系统，实现民生档案信息资源的联网分布式检索；提升整个系统的先进性、实用性和易用性，打破档案类型和数据格式造成的信息资源割据，实现跨门类、跨格式、跨数据库的全文模糊检索等共享目标的实现。

2. 基础设施

作为整个系统的硬件支撑，基础设施包括网络、机房、主机、储存、备份设备、系统软件等信息系统运行的物理场所以及信息资源建设的工作环境等必备设施。调研发现，在各个网络上建立专用网络的区域虚拟专网技术（VPN）依托政务外网为通道进行建设是目前各地普遍采用的方法。平台以政务外网为通道，统一标准、统一软件、统一流程，构建档案馆室一体化利用服务集成平台网络架构，设立在线指导、在线接收、在线查询、在线答疑等功能；建立以档案馆为点、各基层单位档案室为面的分布式管理模式，具备大容量储存、高密度整合的特征，实行一体化网络全程管理。① 即依托市公众信息网将市档案馆和各区县档案馆的民生档案信息资源有效地整合在一起，构成一个扩展的专用网络，数据通过安全的"加密通道"在公共网络中传播。用户的访问请求可以指向民生档案服务平台的应用软件服务，而不需要关心信息资源的物理存储位置。建立全市民生档案公共服务资源库，用户通过一站式检索系统检索时，通过各区县分布式数据库查到目录索引，再根据目录索引到对应的区县分布式资源库中调阅目录的详细信息或者全文信息。

3. 技术路径

（1）网格技术。网格是利用现有的互联网络基础设施、协议规范、Web和数据库技术，为用户提供的网络化、一体化的智能网络信息平台，其目标是创建一种架构在网络硬件和操作系统之上的新一代信息平台和软件基础设施，让跨单位、跨地域的用户共享各自的计算能力，数据库以及其他所有可以共享的在线资源，包括计算资源、存储资源、通信资源、软件资源、信息资源、知识资源等等。在这个平台上，计算是分布式、协作式和智能化的，用户可以通过单一入口访问所有可供共享的网络资源。网格技术通过建立全

---

① 舟山市定海区档案局.信息多跑路　群众少跑腿——舟山市定海区智慧档案云综合利用平台建设工作纪实[J].浙江档案,2017(3)：32-33.

局信息中心可以将物理上分布在各处的资源和服务整合成一个逻辑上的整体,利用虚拟组织特性对档案资源进行智能组合之后提供给用户,从而解决海量分布式信息资源的集成管理和异构数字资源的互操作问题。将网格技术应用于档案领域,同样可以将物理上分布在各单位、各地域的档案数据连接在一起,形成一个庞大的档案信息资源库,从而可以为用户提供丰富的档案信息,并在此基础上提供多样化、个性化的信息服务,实现信息的共享。

(2)分布式档案信息全文检索技术。这项技术能针对调阅请求,调度可能位于各分布式资源库中的档案信息资源,快速、平滑的满足最终用户对档案信息资源的调阅请求。这项技术的处理包括多节点档案信息资源流式数据交换网络的快速动态构造等技术,可以实现大数据文件的快速响应,以改善用户体验。

(3)分布式电子档案调阅技术。这项技术用于向用户提供档案信息结构化数据资源,这类档案信息资源是否能够以较低的成本调阅,决定系统是否具备广泛适应性,并能够极大地扩大档案信息资源的范围。针对这项技术的处理包括数据模型可视化建模,检索请求基于本地数据模型的动态处理、整合等技术,可以实现对广泛存在于数据库和文件系统中的结构化数据的分布式联合检索。

(4)档案信息资源分布式授权技术。由于对外提供的档案信息资源服务是整合各分布式资源库的档案信息资源,并以用户透明的方式提供的分布式、基于网格技术的资源服务,因此必然存在对拟访问的各类档案信息资源的用户进行授权的情况。传统的应用系统集中授权处理机制无法处理分散自治系统的授权,也无法应对巨大的授权工作量。建立分布式安全模型,采用单位自治、自主授权,权限转授等技术,实现分布式授权网络,用户必须拥有可信的授权,才能够访问档案信息资源自治系统中的数据资源。系统在运行时对授权链条进行动态追踪,并留下访问日志,可以极大提高效率并有效解决大规模、分布式条件下的资源可控访问授权控制。①

此外,还有电子文件签名技术、档案信息资源服务容错技术、档案信息资源服务负载均衡技术等,包括检索请求的分析、拆分、资源定位、调度、并行执行、失效资源动态平衡,相关技术处理基于民生档案远程服务复杂网络环境下的跨单位档案信息资源联合检索的需求,实现标准的关系操作和全文索引

---

① 引自上海市档案局"上海市民生档案远程服务机制的研究与应用"课题调研材料。

条件合并等数据库级别的处理技术。

（三）服务受理平台

利用者若需查询利用民生档案并获取证明，无论他在档案馆、政府涉民部门还是社区事务受理服务中心，无论他所需的民生档案保存在哪个档案馆或政府涉民部门，只要该民生档案在远程共享区域范围内，就都可填表申请当场获取档案证明。民生档案远程服务查阅利用的过程中，在资源平台、设施与技术平台（后台）的支持下，服务受理平台（前台）面向公众遵循服务规范，依照服务步骤，提供民生档案"就地查询、跨馆出证"的"一站式"远程利用服务，实现整个系统的服务功能。在服务受理平台，联动协作模式都应遵守统一的服务范围、服务步骤及服务职责的规范，保证各远程服务点查阅服务高效有序。

1.服务范围

首先，内容范围。一方面由于形成部门涉及面广、职能交叉、标准各异等原因，造成民生档案资源量大分散、种类繁多、参差不齐，另一方面不同阶段、不同区域公众的利用需求也不尽相同，因此，民生档案远程服务协同共享从信息资源建设范围的设置上就应予以规范，本着以公众需求为中心的原则，从公众的利用热点着手收集民生档案。婚姻登记档案、独生子女档案和知青子女档案等高利用率民生档案成为提供服务范围中的主要门类。其次，时空范围。鉴于政府涉民部门产生的民生档案与该部门在一定行政区划、一定时期内的行政职能密切相关，而政府涉民部门的机构、职能变迁导致民生档案的收集、整理通常受时间和行政区划限制，这些因素都直接影响了公众的查询利用范围。最后，权限范围。鉴于个人隐私权等限制，利用者查询范围只能限定在涉及本人信息的民生档案资源范围内，因而在查询民生档案前，需进行身份审查，以确定利用者是否具有查档权限。

2.服务步骤

（1）初审、受理。由申请人向社区事务受理服务中心提出查档申请。中心在收到申请后，对查档人资格进行审核，如符合查档条件则将查档申请递交至下一环节，如不符合查档条件，则将查档申请退回至申请人。

（2）审批、查档。社区事务受理服务中心受理查档申请后，登录民生档案服务平台发送查档请求，查档请求发送至本地档案馆后，本地档案馆对档案条目进行检索，通过条目检索民生档案目录，如无法查询出目录信息，则查询过程结束并反馈至申请人。如可查出目录信息,则进行本地馆藏的判定。查档信息是本地馆藏,则进行全文利用判定(需利用全文则进行利用全文操作,再进行档案证明的制作;无须利用全文则直接进行档案证明的制作);若查档信息不是本馆馆藏,则将查档信息发送至相应档案馆,进行查档审批后,与本地档案馆操作流程相同,进行全文利用判定。

(3)盖章、出证。本档案馆或异地档案馆完成审批、查档工作后,对出档证明加盖电子签章。本地档案馆的档案凭证信息证明直接返回社区事务受理服务中心,异地档案馆的档案证明经由本地档案馆转递至社区事务受理服务中心。由社区事务受理服务中心打印档案全文或档案证明,之后加盖社区档案证明专用章,反馈申请人。

3. 服务职责

在上述民生档案远程服务过程中,社区事务受理服务中心受理人员主要履行以下职责:面对公众的查档请求,认真查验利用者证件及委托材料,确认其真实有效;受理登记后及时向区档案馆发出查档申请,并将查档材料发送至区(县)档案馆;收到区档案馆出具的证明材料后,在材料上加盖本区民生档案远程利用专用档案证明章并及时交付利用者;如利用者不要求"就近查档,当场出证",应酌情告知查档案线索。

区(县)档案馆履行以下职责:收到社区事务受理服务中心的查档申请及材料后,及时审批并检索调卷;如查悉相关档案信息,及时出具档案证明,发送至社区事务受理服务中心,并确保档案证明程序符合规范,内容真实可靠;如未查悉相关档案信息,及时告知社区事务受理服务中心。

在这个平台系统上,尽管数据分散在各个分布式资源库中,但平台能完成分布式资源库中数据的实时汇总,实现远程的快速检索;尽管利用者分散在各个社区,但平台能完成从接受利用申请到出具证明的一整套流程,实现远程的快速利用。打破档案馆馆藏资源条块割据、各自孤立的"围墙",整合了原本分散的民生档案信息资源和档案服务人力资源,有利于资源的优化配置,并使共享范围大大扩展。各地档案馆通过打造适合民生档案远程服务集信息资源、服务受理、技术设施于一体的共享运行平台,将不同行业、部门的相关民生档案信息资源、服务流程、人力资源、网络设施、技术力量进行集中整合,加大了民生档案信息资源服务社会的能力,成为档案馆向公众提供远程利用的区域性服务基地。

馆社联动示意图			
申请人	社区事务受理服务中心	本地档案馆	异地档案馆

初审、受理

```
        ◇ 开始 ◇
           ↓
      ┌──────────┐       ┌──────────────┐
      │ 提出申请 │──────→│ 审查查档人资格 │
      └──────────┘       └──────────────┘
                                ↓
   ( 结束 )←──否──◇ 是否符合条件 ◇
```

审批、查档

```
                          │是
                   ┌──────────────┐
                   │ 民生档案服务 │
                   │   平台       │
                   └──────────────┘
                          ↓
                   ┌──────────────┐
                   │   发送请求   │
                   └──────────────┘
                          ↓
   ( 结束 )←──无结果──────────────→ ┌──────────┐
                                    │ 检索目录 │
                                    └──────────┘
                                         ↓
                              ◇ 是否本地 ◇──否──→┌──────────┐
                                馆藏               │ 审批程序 │
                                         │是        └──────────┘
                                         ↓              ↓
                              ◇ 是否利用 ◇     ◇ 是否利用全文 ◇──否──┐
                                 全文                   │是           │
                                    │是  ┐            ┌──────────┐  │
                              ┌──────────┐│否          │ 利用全文 │  │
                              │ 利用全文 ││            └──────────┘  │
                              └──────────┘│                 ↓        │
                                    ↓     │            ┌──────────┐  │
                              ┌──────────┐│            │ 制作证明 │←─┘
                              │ 制作证明 │←┘           └──────────┘
                              └──────────┘
```

盖章、出证

```
                   ┌──────────────┐       ┌──────────┐     ┌──────────┐
                   │              │       │ 电子签章 │     │ 电子签章 │
                   │              │       └──────────┘     └──────────┘
                   ┌──────────────┐             ↓              ↓
                   │ 打印档案全文 │←──────┌──────────┐←───────┘
                   │ 或证明       │       │  转递    │
                   └──────────────┘       └──────────┘
                          ↓
                   ┌──────────────┐
                   │ 加盖档案证明 │
   ( 结束 )←───────│ 专用章       │
                   └──────────────┘
```

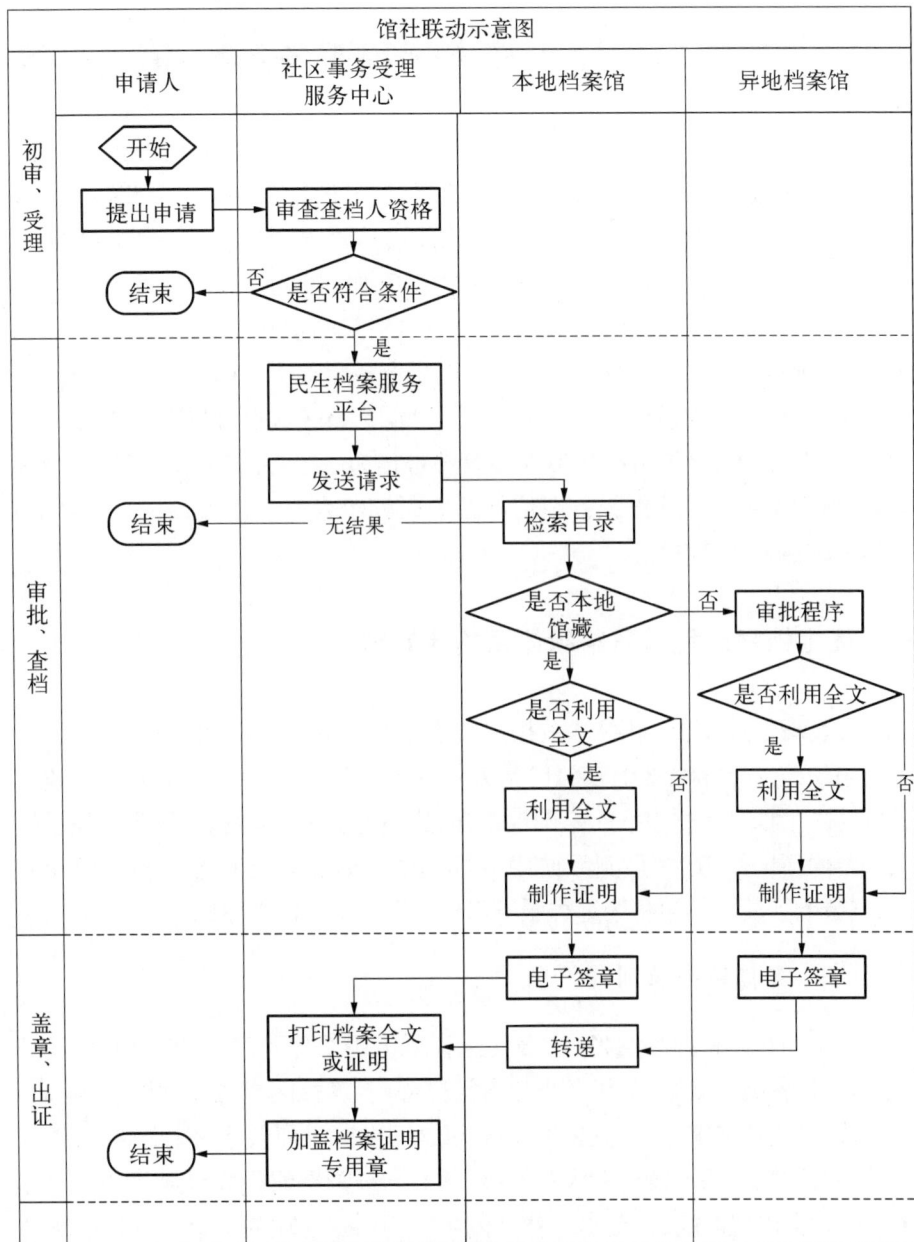

图 6-1　馆社联动示意图

资料来源：上海市档案局"上海市民生档案远程服务机制的研究与应用"课题调研材料。

第三节　民生档案远程服务的组织

尽管目前尚处于主要在省、市或区、县等区域范围内开展远程服务阶段，但民生档案服务模式已经对传统的档案服务组织体系形成了巨大颠覆。应该看到，正是这种"春蚕破茧"式的组织体系变革才成就了档案馆公共服务机制的创新，促进了民生档案远程服务模式在各地的蓬勃发展。

"几年来我国民生档案远程服务理论与实践的创新性、复杂性决定了研究视角、观点及成果的多样性。"[1]已有的研究成果绝大多数着眼于对某一地区、某项实践成果的总结，虽然一些成果中也有该区域远程服务实践中有关组织机构问题的归纳和探讨，但大多仅仅是作为一个方面进行思考。总体而言，区域性民生档案远程服务理论问题的研究较为有限，专门致力于组织体系方面的研究尤其缺乏。

一、民生档案远程服务组织体系构建原则

在管理学意义上，组织体系构建实质上是建立一种职权——职责关系，是将组织的目标分配给相应部门与人员以期实现的行为。组织体系构建是区域性民生档案远程服务的基础性工作，为资源分配、流程组织、业务建设提供必要的环境保障，关系到系统中各部门的有效运转与功能发挥。建设有序、高效的区域性民生档案远程服务组织体系应坚持以下原则。

（一）目标统一原则

民生档案具有分散性特点，因而远程服务组织体系涉及的机构、部门门类众多，如各级档案馆、各级各类政府涉民部门、各社区事务受理服务中心乃至乡镇、村级档案馆等。这些机构、部门之间没有隶属关系，因此省、市档案局(馆)对这些部门不具有上级对下级、领导与被领导的行政权限。如果目标不统一就会出现混乱，甚至出现体系内各部门南辕北辙的乱象。分析区域性民生档案远程服务的缘起可以发现，各地进行民生档案远程服务探索无不为

---

[1]　张林华，潘玉琪，朱思霖.我国民生档案远程服务理论研究述评[J].档案学研究，2017
(2)：45-50.

了有效解决公众查阅利用民生档案不便的现实矛盾,为了实现方便公众这一共同的目标,没有隶属关系的部门"走到一起来了"。只有在统一的目标下,各机构、各部门才能心往一处想、劲往一处使,心无旁骛,攻坚克难。

（二）分工协作原则

民生档案远程服务是一个系统工程,离开其他机构、部门的配合和协助,任何部门都无法独立完成,因此更要强调部门之间在分工基础上的合作。目前,各省、市档案局(馆)统一领导、规划本区域民生档案远程服务的布局,这不仅与我国档案管理的"统一领导、分级管理"体制一脉相承,更是民生档案远程服务的"联动"要求使然——在远程服务中,以社区事务受理服务中心或乡、镇档案馆为"前台"接待利用者,以区、县档案馆以及涉民部门档案室为"后台"调阅档案,前后台协同出证,不同层级、不同条线的部门之间不仅职责清晰、权限明确,而且各个部门要职能衔接、功能耦合,在联动中积极发挥自己的职能作用,做到各司其职、精诚合作、协力服务。

（三）整体效能原则

区域性民生档案远程服务组织体系构建注重整体效能。首先,组织体系中负有领导指挥职责的省、市档案局(馆)要以全局的眼光做好顶层设计,统筹规划,打通阻碍。在组织体系中统一标准、资源共享,使档案馆、政府涉民部门、社区事务受理服务中心等各个部门形成一个有机整体。其次,体系中各个部门的相关人员应熟悉自己的业务环节和职责范围,对联动请求有呼必应、及时完成属于本部门的职能并迅速反馈,保证组织体系的整体效能。最后,根据本地区档案信息、技术、设施、人员等各种基础资源的现状与特点,补足短板,完善机制,为联动服务提供良好的环境保障,使组织体系的整体效能达到最大化。

二、民生档案远程服务组织体系

（一）组织体系架构设计

民生档案远程服务的构建,需要在远程服务目标的基础上进行整体组织体制及其架构的设计,应考虑档案部门与政府涉民部门之间、各级档案馆之间、档案馆与基层办事机构之间的联动以及上述机构与广大公众利用者之间的互动;还需考虑与分析业务环境等因素的影响,根据实际工作的发展和需要丰富现有的民生档案信息资源整合与利用工作。

由于民生档案工作具有涉及部门多、资源相对分散的特点,在管理上要着重考虑其特殊性,既要注重管理的科学性、规范性和安全性,也要充分考虑到民生档案管理的特殊性和可操作性。同时,民生档案远程服务构建还应注重考虑未来发展趋势,尊重民意、维护民权、服务公众。强化民生档案远程服务的平台建设,在区域范围内,做到信息、设施、人才等民生档案远程服务相关资源的有效集成;在时效上,尽力使相关机制、平台的利用长远有效、可持续发展。

鉴于此,我国民生档案远程服务组织体系架构设计的目的是在对组织进行合理有效的设计布局的前提下,规划民生档案远程服务的各个相关组织要素,最大限度地发挥每个要素在远程服务中的效能,最有效地利用相关资源,实现组织目标,创造更大的效益。因此,要充分利用各个组织要素的职能,发挥其功能,设计选择适用的组织体制架构。具体来说,民生档案远程服务组织体制架构设计首先应明确目标,即通过组织实际的业务运行所要寻求的结果。其次厘清组织设计参数,即影响组织体制架构设计的环境、管理、资源等各项因素。在此基础上设计架构,如根据职能划分层次或模块,规定每个层次或模块的职责范围,直至细化到每一个岗位。

组织体系结构是民生档案远程服务运行的基本框架系统。对组织体系进行纵向、横向解剖,分别可观察层次结构、部门结构状况,这也是组织体系最主要构成部分。下面主要以笔者对上海市远程服务组织体系的调研结果为案例,从纵、横两个方向剖析目前我国区域性民生档案远程服务组织体系结构及其职能现状。

(二)组织体系层次结构

层次结构,即组织体系各层次的构成,又称组织体系纵向结构。以上海为例,在国家档案局和政府信息管理部门的领导部署下,上海市的民生档案远程服务组织体系自上而下大致可划分为上层、中层以及基层三个层次。

(1)上层,即市级层次,其中又分两个方面:一是市档案馆收集政府各涉民委办局机关的民生档案资源,形成市级民生档案资源库,同时也成为全市民生档案资源总库。二是市档案馆与各区档案馆进行民生档案两级分布式信息资源整合,实现市级和区级档案馆之间的民生档案信息资源实时共享。上述民生档案资源库的建立,基本确立了市级层次上的民生档案资源基础,市档案馆与政府各涉民部门之间可进行馆室联动,而市档案馆与各区档案馆间则形成馆际联动。

(2) 中层,即区级层次,包括三个方面:一是各区档案馆之间实现民生档案数据交互,民生档案信息资源实时共享,从而形成区、县级的馆际联动。二是各区档案馆应街道、乡、镇社区事务受理服务中心的民生档案查询出证请求,提供民生档案查询联动服务,即馆社联动。三是各区档案馆应本区政府的房地产中心、计划生育中心、婚姻收养登记中心等涉民部门办事中心请求,提供联动服务。反之,区档案馆也可作为"前台"要求查阅政府涉民部门的民生档案信息。区档案馆与政府涉民部门形成馆室联动。

(3) 基层,即社区层次,包括街道、乡、镇社区事务受理服务中心和涉民部门办事中心等。虽市、区级档案馆对公众提供民生档案查证利用,但无疑社区层次的接待"窗口"更深入群众。公众的查档申请从"前台"发出后,区档案馆即作为"后台"在其馆藏中检索并将相应档案证明回传至"前台"。"前台"若为社区事务受理服务中心即馆社联动,若是涉民部门服务中心即为馆室联动。

(三) 组织体系部门结构及其职能分工

部门结构,即组织体系各部门的构成,又称组织体系的横向结构。以上海市远程服务组织体系为例,区域性民生档案远程服务组织体系的部门结构主要由市及区档案局(馆),基层办事机构和市及区涉民部门办事中心构成。这些部门之间的相互关系及其职能分工大致呈如下格局。

1. 档案局(馆)

区域性民生档案远程服务组织体系中的档案局(馆)主要包括市档案局(馆)及其下属区、县档案局(馆)。长期以来,地方各级综合档案局(馆)按行政区划设置,是我国档案事业组织系统的主体。2009 年国家档案局提出建设"五位一体"公共档案馆后,档案馆公共服务职能大大提升。目前,档案局(馆)已成为构成区域性民生档案远程服务组织体系的主要部分。

1) 市档案局(馆)

市档案局(馆)在区域性民生档案远程服务组织体系的层次结构中是上层部门,相对于体系中其他部门,市档案局(馆)规模较大、馆藏档案等各种资源较为丰富。在市政府和信息管理部门领导、监管下,市档案局(馆)贯彻落实党和国家的方针政策、法律法规,在完成本部门各项档案业务的同时,还要对本地区档案事业进行统筹规划并领导指导下属各区、县的档案工作。在推进区域性民生档案远程服务中,市档案局(馆)基于本地区现状,制定远程服务相关制度、标准和流程,统筹制定全市范围内长期、短期工作规划,全面整合本地区民生档案、技术、设施、机构、人员等资源,对市和区、县民生档案远程服务相关人员进行统一业务培训和交流,创建服务机制,总结、推广各地远程服务先进做法和成功经验,加强远程服务组织体系各部门间的联系与协作,并对各部门在远程服务中出现的问题予以及时的指导、协调和解决。市档案局(馆)作为领导指导机关,是区域性民生档案远程服务的主要推进力量,如果没有市档案局(馆)的全面规划和领导指导,远程服务将止步于区、县范围内小规模的共享,其社会作用和影响力非常有限。

2) 区、县档案局(馆)

区、县档案局(馆)在业务上由市档案局指导监督,在行政管理上由本区、县政府领导管辖。相较于市档案馆,区、县档案馆虽然规模小,馆藏档案数量也较少,但由于区、县档案馆馆藏与公众社会生活联系密切,大量民生档案散存于区、县档案馆的各个全宗中,因此,通常区、县档案馆民生档案的馆藏数量一般是省、市档案馆所难以企及的,可以说区、县档案馆是民生档案社会记忆的主要"仓库"。

区、县档案局(馆)在政府、信息化部门和市档案局(馆)的领导指导下开展区域性民生档案远程服务。依据本区、县实际情况作规划、方案,制定本区、县范围远程服务的标准、规范、流程。顺应数字化发展趋势,加快数字档案馆建设,营造良好的民生档案数字化利用环境。及时了解群众需求,尽可能做到群众关注度高的民生档案优先进馆,优化档案馆藏,丰富民生档案的馆藏量。密切本级政府涉民部门、社区事务受理服务中心等相关部门间的协作关系,负责牵头建立区、县档案馆与社区事务受理服务中心的联合机构,建立相关制度和职责范围,进行业务培训和指导。为下属各社区服务中心配置民生档案远程服务的必要设备、安装信息系统。配发远程服务档案证明专用章和宣传资料,负责服务中所产生问题的解释等。在日常民生档案远程服务中区、县档案馆履行职责有:针对组织体系内其他部门的查档请求及时检索、调卷、出具档案证明并传输至该部门,同时应确保程序的规范性、证明内容的可靠性;若未查到所需档案也应及时告知请求部门。

在我国,区、县级政府下一般均设立档案馆建制,目前全国的区、县级档案局(馆)数量极其庞大,在我国档案馆系统中的地位和作用越来越重要。随着政府职能转化和档案服务重心向公众转移,各级档案馆已不仅仅是保存管理档案的主要基地,更是档案公共服务的主要场所。区、县档案馆职能的属地性、所处位置的亲民性、民生档案馆藏数量的丰富性,以及在组织体系结构中承上启下地位的重要性使之成为在民生档案远程服务中当之无愧的中坚力量和核心部门。

2.基层办事机构

社区事务受理服务中心是上海市基层政府在社区设立的社会管理和为民服务平台,是政府与公众在民生事务方面互动的"末端"机构,也是国家政策落实在基层的重要环节。经过数年实践,已确立了"一门式服务"和便捷度、透明度、亲和度的服务规范,初步形成了功能完善、分布合理、方便可及的受理服务设施及网络,受到公众的普遍欢迎。

2013年上海全市约220个社区事务受理服务中心共开通208个民生档案远程服务受理点,基本实现市、区、街道的三级共享联动。经批准,2015年起民生档案社区查询项目被纳入了全市社区服务统一平台,与社区事务受理服务中心约200种实事项目一起集中受理,成为常规服务项目。[1] 社区事务受理服务中心与区、县档案馆联动,安排工作人员接受专业培训,在窗口接待公众并提供远程查档出证服务,群众可以在其就近首访的档案馆或街道社区事务受理服务中心,查到所需要的档案,并当场获得档案部门出具的档案证明,甚至有可能在获得档案证明的同时,借助办事部门的信息化网络,一次性地把要办的事也顺便办了,大大减缩了以往繁复的流程。[2] 鉴于民生档案涉及个人隐私,所利用档案都属未公开的个人信息,因此基层办事机构需承担相关保密责任,必须注意严格把握授权范围和岗位职责,加强安全保密管理,确保民生档案信息的安全。社区事务受理服务中心等基层办事机构在日常民生档案远程服务中应履行以下职责:在查验查档者证件及材料真实有效后,指导查档者办理相应手续,及时告知区档案馆查档需求并传输相应材料,在收到档案馆出具的档案证明材料后加盖受理点专用章并及时交付利用者。若区档案馆未查到所需档案或查档人放弃远程查档请求,则应及时告知其查档结果并酌情提供查档线索。

近年来,苏州市建立了一批基层档案机构,至2015年共计有14个镇级和村级档案馆、众多条线部门的档案中心和3 600多个省星级档案室。在此基础上,以数字档案馆为中枢打造"百姓身边的档案馆",建成了延伸至乡镇的档案信息资源共享平台。[3] 这一设在百姓家门口的档案馆也属于基层档案办

① 张林华,潘玉琪.我国民生档案远程服务的实践发展研究[J].档案学通讯,2016(6): 80 - 84.

② 姜龙飞,张晶晶.融入智慧城市的档案服务——上海市民生档案远程协同服务机制建设纪实[J].中国档案,2012(9): 26 - 28.

③ 肖芃,周济,谢静,等.搭建"百姓身边的档案馆"[J].中国档案,2015(10): 26 - 29.

事机构范畴。随着全社会民生服务重心下移、服务更趋深入，民生事务管理的前沿阵地基层办事机构所承担的职能逐渐加大，因此提高基层工作人员档案服务职能素养与专业技能是切实提高民生档案远程服务水平、改善公众档案利用体验的必要环节。

3. 涉民部门

民生档案涉及市及区、县级的民政局、房地产局、人力资源和社会保障局、教育局等一系列政府部门。各涉民部门依据国家方针政策处理民生事务，在此过程中形成大量民生档案，如民政局有婚姻登记、农村五保供养、城乡居民最低生活保障、伤残抚恤人员、殡葬服务等档案。人力资源和社会保障局统筹全社会的就业和社会保障政策，构建从就业到养老服务的保障体系，因此形成了如社会保险、就业失业登记、工伤鉴定等档案。房地产局则形成如城镇廉租住房、拆迁、公积金、房屋买卖等档案。

涉民部门是民生档案远程服务组织体系中不可或缺的重要组成部分。经与同级档案馆协商，根据公众需要有针对性地确定民生档案查档范围，双方签订协议，在同级档案馆授权委托下，涉民部门负责属于本部门民生档案的查询服务，如区民政局下属婚姻（收养）登记中心开展有关婚姻登记档案、房地产局信息中心负责提供个人房产档案的远程查询服务等。涉民机关的档案部门应积极主动向本单位领导宣传民生档案远程服务的目标、理念，取得单位领导的理解和支持。在档案形成初期就把民生档案数字化纳入工作计划，完成民生档案目录数据库与数字化建设，实现实体档案与电子档案同步移交进馆。[①] 以本级档案机构为业务主管单位，增进联系沟通。按规范要求收集、整理民生档案，编制检索工具，防止本部门民生档案的散失，配合档案馆进行分布式整合的民生档案资源建设。在民生档案远程服务中及时响应组织体系里其他部门的协同查档要求，快速检索查询相应档案、及时回复查询结果，按规定盖章并传输档案证明。

上海市普陀、徐汇等区将民生档案利用服务的前台受理点延伸到了区民政局的婚姻（收养）登记中心、区地产局的档案信息中心、区残疾人联合会、区人口和计划生育委员会等专业涉民办事机构，[②]凭有效证件，公众除了能在各档案馆和社区事务受理服务中心远程查询民生档案，也可以在上述涉民部门

---

① 石峻峰.基于民生档案远程服务的馆际合作机制研究[J].中国档案，2013(3)：36-37.
② 张晶晶.创新服务无止境——上海市民生档案远程服务工作新突破[J].中国档案，2016(6)：18-20.

直接查询并获取相应的档案证明，解决了长期以来机关未进馆档案查询利用难，老百姓在需用民生档案证明时不知上哪儿找、好不容易找到往往还需要走依申请开放程序的大难题。

笔者认为从上述对我国区域性民生档案远程服务组织体系结构的剖析中可以得出如下结论：

其一，组织体系的构建与民生档案资源整合及资源库建设关系非常密切，这一特点突出体现了民生档案资源在区域性民生档案远程服务开展中的重要基础性作用。目前档案资源共享服务的实践中分散建设、共享数据不足等问题严重，区域性民生档案远程服务组织体系建构对整合碎片化信息、优化资源配置，进而倍增资源利用效率具有导向意义。

其二，组织体系的纵向层次结构中各部门之间的联动非常频繁，这与一般组织体系通常是局限在各层次内进行沟通联动、运作具有相对独立性形成极大反差，充分凸显了区域性民生档案远程服务上下协同联动的特点。区域性民生档案远程服务组织体系建构拆除了各级档案馆和各涉民部门档案室在公共服务中"各自为政"的"围墙"，扩大了共享范围，推动了档案馆与民政等政府职能部门服务平台的合作共享，切实方便公众档案利用的同时也提升了档案馆的公共服务能力及其社会影响力。拓展更多的涉民部门并纳入组织体系，全面扩大可供远程利用的民生档案种类，使符合政策的民生档案都在公众可利用之列，是远程服务需进一步努力的方向。

其三，组织体系实现了对上、中、下三个层次结构中各部门间按需联动，不仅突破了同一层次部门间协作联动的常规性横向结构模式，而且把档案服务与社区建设融为一体。这一创新挣脱了传统档案服务组织体系架构的约束，使民生档案远程服务实现了在市、区、街道三个层次中的自由协作，多层管理部门、众多工作人员以及各项管理与技术环节实现了无缝衔接，达到"就地查询、跨馆出证、馆社联动、全市通办"的区域性全方位联动共享，推进远程服务走向更广阔的空间。

区域性民生档案远程服务是保障公民信息权、实现公民权益的有效途径，民生档案资源远程共享是信息化社会发展的必然趋势。作为服务主体，远程服务组织体系中的各个部门应坚持"公众中心"宗旨，充分发挥自己的职能作用不断将民生档案远程服务推向前进，向"更省事、省力、省心，更便民、利民、惠民"的民生档案服务目标接近、再接近。

三、民生档案远程服务组织模式

当前,我国各地开展的民生档案远程服务模式从机构性质看,可分为馆际联动、馆社联动和馆室联动三种模式。

(一)馆际联动

馆际联动即利用者在本地区档案馆查询民生档案信息,而所需档案在另一档案馆时,通过联网系统,依托共享平台开展民生档案目录数据库和全文数据库的共建,通过签订远程利用协议,实现馆际之间民生档案数据库的互查共享,采用跨馆联动的方式进行档案调阅提供利用并出证。目前各地广泛推行的"就地查询、跨馆出证"的联动机制即基于馆际联动的民生档案远程服务运行模式。根据开展的对象这一联动模式可分为以下列几种类型:

(1)区域内横向馆际联动。本区域范围内同一层级的档案馆之间的联动,区域内下属的两个区档案馆之间实现民生档案数据交互,即形成馆际联动。这也是出现最早、目前开展最多的馆际联动模式。如长春、杭州、济南、天津、福州、青岛等许多省市在民生档案远程服务开展初期均已实现区域内的横向馆际联动。

(2)区域内纵向馆际联动。主要指本区域范围内上下两至三级国家综合档案馆分布式民生档案信息资源库的整合和实时共享,发生在区域内有隶属关系的省、市、区档案馆之间或市、区档案馆之间的联动,如浙江省海盐县探索县域民生档案共享,构建县、镇、村三级共享服务模式。

(3)区域内集群式馆际联动。这一模式借助城市圈通讯网,逐步建立一个由城市圈中心、各市级分中心和专业分中心及城市圈各城市的县、区级档案机构的联网系统,实现各级档案机构之间的互联互通以及数字档案信息资源的广泛传播与共享。如武汉城市圈,是指以武汉为圆心的100千米半径内,整合包括黄石、鄂州、黄冈、孝感、咸宁、仙桃、天门、潜江8个中小城市所组成的城市圈域。① 在湖北省档案行政管理部门牵头下建立的武汉城市圈档案资源共建共享模式打破隶属关系、消除联系障碍、系统规划布局,是一个跨系统、跨城市的档案信息协调组织。此外,珠江三角洲区域的广东(粤穗深)实

---

① 颜海,汲宇华,朱群俊.武汉城市圈档案资源共建共享实现路径[J].档案学研究,2010
(4):32-34.

现了包括广东省档案馆、广州市档案馆、广州市政务服务中心、深圳市档案馆"三馆一中心"的馆际联动模式查阅开放档案和政府公开信息，实现了跨越垂直行政领导关系的区域性馆际联动模式。

(4) 区域间跨省市馆际联动。通过确立两地档案馆跨省服务的业务标准和签订民生档案跨馆异地利用服务工作协议，建立民生档案跨省异地查询远程提供民生档案证明服务。如上海市浦东新区档案馆与宁波、杭州、成都、南京、九江、青岛等市档案馆之间跨区域馆际联动，优先启动婚姻登记档案跨馆共享与利用，突破了民生档案共享和远程利用中的区域性局限。

在上级档案行政管理机构的统一领导下，区域内各个区县档案馆开展民生档案信息资源共建共享是馆际联动最常见的形式。因此有学者提出，馆际联动目前主要在基层综合档案馆之间，[①]笔者认为这与馆际联动相对比馆社联动、馆室联动较易实现有关，尤其区域内档案馆横向之间的联动，由于它们在行政区划、工作职能、档案规模、业务范围、服务对象、人员配置、硬件设施等方面大致相当，并且平时共同出席档案馆业务会议交流机会较多，兄弟单位之间最容易实现相互间的沟通、联动与共享，如上海市民生档案远程服务的创意萌发即源于 2008 年普陀区档案局在本区民生档案服务实践基础上提出一个关于"就地受理，全市协同，跨馆出证"的大胆设想，这一想法立即引起与会的区县局(馆)长们的热烈反响。上海市档案局对此高度重视，在进行顶层设计后进行推广实施。馆际联动能发挥各个档案馆民生档案馆藏资源、软硬件配置、档案工作人员的专业技能和素养等优势，建设民生档案共享平台，开展民生档案目录数据库和全文数据库资源共建共享，从而扬长避短，大大拓展了档案馆的各种资源，馆际联动成为民生档案远程服务机制建立的基础。

(二) 馆社联动

馆社联动是利用者在所属区域的街道社区事务受理服务中心，查询和办理馆藏档案的调阅和出证。在区级层面，各区县档案馆可为下属的街道、乡、镇的社区事务受理服务中心提供民生档案信息查询服务，形成馆社联动。在基层(街道、乡、镇和涉民部门)社区层面，社区事务受理服务中心设立民生档案查询利用受理窗口，在窗口受理后，把公众从基层平台发出的查档申请传递至本区乃至区域内市档案馆或者其他区档案馆，通过互联网技术，只要利用者所需档案信息是保存在该区域内任何一个档案馆、涉民部

---

① 李广都.浅析民生档案远程利用服务的协调机制[J].兰台世界,2014(6)：24-25.

门,或建立跨区域远程共享协作关系的档案馆,就可直接查询到,得到反馈后所需档案证明资料即直接传输至社区事务受理服务中心提供给档案利用者。各个档案馆对街道、乡、镇社区事务受理服务中心之间的信息交互就是馆社联动。

社区是城市管理和服务民众的基层单位,街道办事处和社区事务受理服务中心作为政府基层办事机构,囊括了与民生密切相关的数百项业务,是与老百姓的距离最近,老百姓办事最方便、接触最多的机构。基于馆社联动模式,老百姓可以在任一就近首访的街道社区事务受理服务中心查到所需要的档案,并当场获得由档案部门出具的凭证,并依据该凭证在社区事务受理服务中心一次性把事情办结,大大缩减了以往繁复的流程和来往路途中的奔波。馆社联动以这种"一站式"查档服务模式,使群众少跑弯路、少跨门槛、少走程序,所有手续均由首查接待的社区事务受理服务中心负责与其他档案馆及相关机构联系并完成办理,真正地走到了百姓身边去,拉近了档案与百姓的距离,真正方便了百姓查阅利用档案,受到了群众的大力欢迎。

(三)馆室联动

馆室联动是指通过档案馆和政府涉民部门有关民生档案服务的业务协同,使公众能远程查询和办理涉民部门的室藏档案的调阅和出证。在馆室联动中,省市和区县级档案馆分别整合省市和区县级各涉民部门的民生档案数据。与此同时,将民生档案远程服务向各涉民部门的社区办事中心延伸,拓展民生档案远程服务的服务网点,使民生档案查询、出证、办事一步到位,从而实现"一站式"服务的目标,使公众省事、省力、又省心。

馆室联动模式对便利普通百姓利用民生档案的贡献主要有以下两方面:

一是在于大部分的民生档案是由涉民部门在日常工作中形成并保存在这些单位的档案室,而公众的民生档案查询又主要是以各档案馆为主要查询地。如果相关民生档案还未从涉民部门的档案室移交到同级档案馆,通常民生档案查询就不仅涉及档案馆还需要关涉到涉民部门。因此,档案馆与涉民单位的协同联动极其重要,馆室联动实质上实现了涉民部门条线和档案馆条线的业务和服务整合。基于民生档案远程服务的协议,涉民单位和档案馆作为联动服务组织的成员,协同联动服务机制使公众不仅能利用到档案馆的民生档案,更能远程利用未归进档案馆的民生档案。

二是利用者在涉民部门办事中心查询档案并获取证明大多是为其办理事务做凭证用,在涉民部门办事过程中就地远程获取这个档案凭证,就方便利用者在涉民部门进行后续事项的办理,民生档案远程服务"让信息多跑路,让群众少跑路",避免了老百姓以往办理一项事务需在档案部门和涉民部门两处来回奔波之苦。以查询婚姻档案为例,各区县民政局的婚姻档案定期向对口区县档案馆移交,利用者在民政局社区办事中心办理婚姻相关事务,当利用者需要查询历史婚姻档案信息并要求开具证明时,如果没有民生档案远程利用服务,按照原先的业务程序和办理方式,利用者必须首先前往档案部门开具婚姻证明,再持证明赶赴民政局社区办事中心办理后续事务。在实行馆室联动机制后,利用者就可以在民政局社区办事中心由办事人员直接访问民生档案远程服务平台开具婚姻证明,再访问民政局相关业务系统进行后续事项办理,在原地即可快速实现民政相关事务的"一口式"办理,免除辗转奔波。

目前我国各地开展的民生档案远程服务,大多采用以服务窗口为前台受理查档申请,以档案馆为后台调阅档案,通过双方协同出证实现异地就近查阅当场获取档案证明的方式。除了上述模式外,一些地区还不断探索档案工作服务民生新模式,如上海市在区域内横向、纵向馆际联动基础上将民生档案远程服务的前台受理点延伸到了街道社区,构建起了档案馆之间的"馆际"、档案馆与社区事务受理服务中心之间的"馆社"以及档案馆与各涉民部门之间的"馆室"三联动的民生档案远程服务系统,逐步形成了"就地查询、跨馆出证、馆社联动、全市通办"的民生档案远程服务模式,从而不但在纵向与横向上实现了原有档案机构分布式民生档案资源库的整合和共享,从"馆际"服务扩展为"馆社"服务、"馆室"服务,群众可以在家门口的社区事务受理服务中心查阅档案并拿到所需档案证明,同时又可凭档案证明在中心"一站式"办理相关事务。

四、民生档案远程服务组织机制

机制是协调各管理基本要素的相互关系、确定运行机理并保障管理目标顺利实现的基本原理与方式。[①] 作为一种从未尝试过的服务模式,民生档案远程服务注定须有机制的创新。各地区、各部门档案发展的差异性,决定了档案工作必须遵循"统一领导、分级管理"原则,档案主管部门需行使其权利,

---

① 傅荣校,夏红平,王茂法.基于县域的档案信息资源共享工程推进机制研究——以浙江省海盐县为例[J].中国档案,2015(11)：62－63.

发挥组织、协调、管理、服务、指导功能,调动各方力量,推动远程服务。民生档案远程服务与共享组织机制建构的目标,应建设以政府部门为统帅、省市级档案馆为主导、区县档案馆为服务中心并向乡镇街道服务中心延伸的组织体系,同时,通过馆际、馆室以及馆社间的远程共享,形成一个纵横交错的民生档案远程服务与共享网络。目前,一些省市已基本实现了这一目标,如上海市于 2012 年 12 月即率先迎来了覆盖上海全市的民生档案远程服务"全市通办"目标的全面实现。其他省市也在省辖市等一定区域范围内开展民生档案远程服务建设,逐步向更大范围扩展。在此过程中,组织机制的创新必不可少。

(一) 纳入社区公共服务体系

2004 年 10 月上海市普陀区档案局选择曹杨、长风街道的社区事务受理中心进行建档试点,2007 年 12 月率先揭牌成立了宜川社区档案管理服务指导站,集组织、协调、管理、服务、指导五大功能于一体,打破条块割据建立了内外协调、纵横贯通的服务格局,社区档案服务被纳入社区公共服务体系,成为社区公共服务的窗口之一。[①] 2011 年 7 月,民生档案查阅利用工作在普陀等区的各个街道(镇)全面铺开。自 2015 年初起,经上海市社区事务受理服务中心标准化建设联席会议批准,民生档案社区远程服务查询项目被纳入了全市社区服务统一平台,与各街道社区事务受理服务中心实事项目一起集中受理,成为社会公共服务"正规军"中的一员。民生档案远程服务向社区的延伸并覆盖了全市 208 个街道社区事务受理中心,群众可以在家门口的社区事务受理服务中心查阅档案并拿到所需档案证明,同时又可凭档案证明在中心办理一站式服务的相关事务。

(二) 就近受理,协同出证

公众凭本人有效身份证件就可在就近的档案馆或街道社区事务受理服务中心,以利用者首访点为前台受理查档申请,以档案保管地为后台调阅档案,通过系统平台传输档案信息当场获得档案部门出具的档案证明。档案馆会同涉民部门对涉民档案服务工作进行统一协调管理,制订出一系列制度、标准和规范,以服务协同、指导协同、管控协同的组织合作机制,使区域内各市与区县档案馆、各社区事务受理服务中心建立了业务联动,还实现了档案

---

① 仓大放.创新机制 拓展功能 把社区档案工作重心转移到服务民生上来[J].上海档案,2009(7):6 - 9.

利用与民政、房产、计生、公安等涉民机构档案室的合作共享。这种"一站式"服务机制，前、后台工作人员各司其职，实现协同出证的民生档案远程服务，提高了档案馆与涉民部门办事中心及街道社区事务受理服务中心之间跨部门工作的协同性。

（三）落实组织保障

浙江海盐县建构了"县委县政府领导、档案部门统筹、乡镇（街道）部门配合、行政村（社区）参与、人才资金保障"的档案信息资源共享工程领导保障机制，实现了县—乡镇（街道）、部门—村（社区）的三级统一推进，有效落实了项目实施过程中的组织保障、经费保障、制度保障和品牌保障。[①] 上海市民生档案远程服务机制建立在馆际、馆社、馆室"三联动"结构之上，形成了纵向三级部门间的联动共享，同时以全市 200 多个社区档案管理服务指导站为主体，建立了打破条块割据的内外协调组织保障机制，形成市、区（县）、街镇社区三级档案部门"就地查询，跨馆出证，馆社联动，全市通办"纵横联动的全覆盖服务格局。

第四节　民生档案远程服务成效与障碍

一、民生档案远程服务成效与经验

尽管我国民生档案远程服务尚处初创阶段，但近年来全国许多省市开展的民生档案远程服务实践已经取得了令人瞩目的巨大成效并赢得了公众的广泛好评。

（一）民生档案远程服务成效

1. 跨馆远程共享，社会效益明显

民生档案远程服务实现跨馆、跨地域的查阅、出证一条龙服务，达到快速向利用者提供电子全文数据或档案复制件证明材料的目的。"广东（粤穗深）跨馆档案查阅利用系统"整合了广东省档案馆、广州市档案馆、深圳市档案馆三馆开放档案目录数据 80 多万条和政府公开信息目录数据 26 000 多条，利

---

① 傅荣校,夏红平,王茂法.基于县域的档案信息资源共享工程推进机制研究——以浙江省海盐县为例[J].中国档案,2015(11)：62 - 63.

用者可以在这三个档案馆和广州市政务服务中心通过这个系统申请跨馆查阅利用。长春市档案馆的"电子档案远程利用系统",集中了全市 11 个国家综合档案馆共享民生档案目录数据 260 余万条,至今已为 1 008 个利用者远程提供了档案证明,涵盖了市与县、县与县档案馆之间纵向、横向远程利用,取得了明显的社会效益和经济效益。若以平均每人往返按 2 天、500 元的费用计算,直接节省费用 50 多万元,按每人节省时间 1.75 天计算,合计节省 176 天的时间。2013 年上海市浦东新区档案馆在全国率先推出"民生档案跨省联动利用服务"。同年,武汉与黄石、咸宁、孝感等"武汉城市圈"开通档案异地查询服务,首批共享目录达 100 余万条,城市圈内的群众均可享受远程服务的便利。截至 2016 年底,浦东新区档案馆已与宁波、杭州、成都、青岛、南京、北京市朝阳区、广州、哈尔滨、合肥、武汉等 10 家外省市档案馆签署合作协议,结成跨省共享的合作伙伴,跨馆、跨地区共享大大节省了公众利用民生档案的人力、物力和财力。

2. 整合共享资源,服务效能倍增

为了实施民生档案远程服务,各档案馆深入调查区域民生档案资源和公众利用需求状况,以此为基础,通过调整馆藏建设思路和收集导向、扩大档案接收范围,在档案资源优化与整合方面做了大量拓展性工作,提高查全率、查准率和服务效能。成都市档案局编制了《四川省各市县保存知青档案情况表》,形成"四川省成都籍知青档案信息查询机制",受到广大利用者尤其是知青们的关注和欢迎。该机制于 2011 年被国家档案局评为"全国档案管理与服务创新优秀案例"。苏州市增强档案征集力度,民生档案成为接收重点。在推进档案数字化的基础上进行跨全宗的整合,以查档热点为依据,建立婚姻、独生子女、学籍等民生档案专题数据库。从《上海市浦东新区 2016 年各类档案利用情况统计图》中可以发现,公众利用档案类型中民生档案仍是主体,其中婚姻登记、房产权证、社员建房、独生子女这四类民生档案的利用量较大,总和超过利用总量的 70%。从上海全市情况看,2012 年实现"就地查询、跨馆出证、馆社联动、全市通办"以来,至 2016 年累计已有 3 万余人次拿到了相关民生档案证明,享受到民生档案远程服务所带来的便利,显示了这一服务方式的优越性。

3. 拓展社区服务,百姓优化体验

民生档案远程服务深入社区、乡镇,缩短了民生档案传递的空间,加快了信息交流与反馈的速度,公众可以在社区事务受理服务中心等社区、乡镇社会管理和为民服务平台,通过"一门式服务"当场获得档案部门出具的档案证明,甚至可一次性地办完事项,极大地提高了办事效率。苏州4个县级市中太仓、常熟、张家港依次建成了延伸至全部乡镇的档案信息资源共享平台,至2014年10月,该市已在53个镇、86个村开设远程民生档案共享查阅窗口。尤为突出的是太仓市档案局利用百姓家中的机顶盒装置,自动匹配民生档案专题数据库信息与机顶盒中的固有家庭信息,使群众足不出户,就能查阅到与自己相关的档案并实现远程自助出证。现已实现婚姻、独生子女2个专题25万条档案的"户户通"查阅。以上举措历史性地改变了档案管理与服务模式,显著改善偏远地区的查档者的查档体验。上海市于2012年开通了208个社区服务中心民生档案远程服务受理点并实现了覆盖全市范围的市、区、街道三级联动。以其中浦东新区档案馆2014—2016年三年间档案远程服务基本数据为例,相较于2015年,2016年跨馆利用量同比增长149%,社区利用量同比增长58.7%。可见民生档案进社区服务机制推出以来,每年在社区完成民生档案利用的人次都呈现大幅增长,2016年全年利用量接近突破1万人次,2017年上半年,在利用人次继续高位运行的同时,社区民生档案利用量持续快速增长,同比增幅达到44%。与此同时,天津、江苏、浙江等地的许多市、区、县也都实现了将档案业务系统专网覆盖到机关、街道社区,扩大民生档案服务的范围领域,使档案远程利用服务真正惠及民生。

4. 提高信息化水平,奠定发展基础

民生档案远程服务对档案数字化的刚性要求使档案资源信息化水平较以往大大提高,各省市致力于档案资源的信息化建设,并在政府部门的支持下投入了大量人力物力和财力。如近年来江西省档案部门积极实施信息化带动战略,《江西省国民经济和社会发展第十三个五年规划纲要(2016—2020年)》将档案信息资源共建共享等档案工作纳入其中,建立了养老等一系列专题目录数据库。2016年全省区域性数字档案馆应用平台和民生档案远程共享利用平台基本建成并投入使用,60余家档案局(馆)登录平台,累计上传馆藏档案目录数据2000余万条,数字档案资源惠民共享取得历史性突破。各地档案馆一方面组织力量对存量实体档案尽快扫描,一方面对新进馆的增量档案严格实行数字化,针对本地区公众利用需求积极开发建设民生档案数据库。如截至2015年苏州区县级及以上档案馆数字化总量近1.26亿页,有2个晋级省5A级数字档案馆,3个档案馆完成了100%"存量数字化"。天津市累计完成馆藏档案数字化9000万页,是"十一五"末的4倍,为提供网上阅览服务创造了条件,档案查阅量连创历史新高。2016年以来,上海市浦东新区档案馆积极顺应移动互联网时代的需求,不断改进信息化服务手段,推出了网上预约、微信查档、市民云 APP 查档等措施。各地档案馆为民生档案远程服务平台建设提供馆藏档案资源储备而加快信息化步伐的同时也为进一步建设数字化档案馆、实现档案信息化服务，提供了丰富的资源基础。

（二）民生档案远程服务普遍性经验

从各省市在民生档案远程服务实践中已取得的探索成果来看，既有各自的区域性创新特点，也有共同之处。

1. 推行标准化服务规范

上海、长春、济南、北京、天津、广州、深圳、太仓、海盐等地均由档案行政管理机关根据当地实际情况依法制发一系列规范性文件以指导民生档案远程服务实践，如要求区域内所有共享档案馆通过共同签署《民生档案利用便民服务公约》《远程服务责任书》《远程服务业务手册》等文件，相互授权利用本馆民生档案专用数据库目录信息，严格履行服务公约和责任，明确服务形式和内容；结合民生档案远程服务平台的建设，制定和推行共享民生档案统一的《档案目录数据库结构》标准、数据存储和交换技术等技术标准，以及相关硬件、软件系统运行、维护和操作的管理标准等。

2. 致力"一站式"服务模式

各地大多将服务事项纳入受理中心"一门"统一受理与办理作为建设的方向，基于协同管理，群众可以在任一就近首访的档案馆或社区事务受理服务中心或涉民部门办事中心查询保存在本区域任意一个综合档案馆的有关可提供利用的民生档案，并当场免费获取有效档案证明。各地在民生档案远程服务实践中秉持方便群众的理念，从整体框架设计开始构建民生档案远程服务的"一站式"服务模式，通过实施"统一平台、统一流程、统一文本、统一印章"规范模式，对各项管理与技术环节实施无缝衔接，让群众少跑弯路、少跨机构门槛、少走程序，所有手续均由首查的接待部门负责与其他档案馆及相关机构联系并完成办理。

3. 搭建统一服务平台

除了面向公众的应用系统平台实现统一受理、查询、审批、检索等功能外，还建有基础设施平台、技术平台以及档案信息资源平台等多个类型的后台支持，以承载网络、设备等基础设施，以及软件、标准和民生档案数据库等资源，完成系统管理、数据交换及检索等一系列必不可少的工作程序。目前，如长春、上海、天津等省市档案局分别依托本地区统一的电子政务平台建设专用网络，以此为基础建设"民生档案远程服务系统"的基础设施和技术平台。同时,采用"档案目录信息集中,全文信息分散"的模式建立民生档案共享的信息资源平台,通过安装并使用本区域统一的系统软件,对各受理中心的民生档案远程服务进行规范化管理。

4. 创新协同服务机制

形成首访档案馆(即前台)受理、档案保管地档案馆(即后台)审批、依法出证、统一用印的工作机制,明确民生档案远程服务的档案利用审批权归属,厘清提供档案全文和出具证明的权限机制;前后台工作人员各司其职,实现市及区县档案馆之间的业务联动机制;加盖远程服务"档案证明专用章",解决电子印章的法律效用问题;档案机构与劳动保障、公安、计生、民政、司法等相关部门沟通,保证远程服务所出具档案证明材料的法律效力。通过上述民生档案远程服务协同共享机制,群众可以在家门口的社区事务受理服务中心查阅档案并拿到所需证明,同时又可凭证明在中心"一站式"办理相关事务。协同服务机制打破了原本档案馆之间民生档案信息资源及人力、设施、资金等资源各自孤立的"围墙",通过资源的优化配置,大大提高了资源数量和利用效率。

二、民生档案远程服务障碍

目前,虽然民生档案远程利用服务在一些区域范围内已取得了较大的成效,但事实上,档案馆现有馆藏资源与老百姓档案利用的实际需求还存在着一定距离。民生档案利用率的攀升,也并不能代表民生档案服务工作已令人满意,相反,社会对民生档案的需求以及对民生档案服务工作的要求已较以往大大提高。从调研中可见,档案部门开展的区域性民生档案远程服务面临诸多障碍。

一是制度滞后。从全国看,缺乏权威的、自上而下的全国范围统一的政策、法规、规划与标准体系,各地根据本地区实际情况自发展开探索。从地方看,由于档案馆、涉民部门与街道社区事务受理服务中心等相关部门的工作制度和管理办法源出多门,各自为政,存在规定不统一且标准、制度建设滞后的现象,跟不上民生档案远程服务建设的需求,严重影响了档案数据的交流和共享平台的对接,为民生档案资源的互通共享埋下隐患。

二是体制约束。在行政从属关系和不同类型档案资源条块分割的背景下,虽然专业主管部门大多建立了信息管理系统,但是条与条、块与块之间信息共享受到各方因素制约,各种资源积聚效应无法发挥,研发分散、投资重复、标准不一。目前我国民生档案远程服务大多局限在一定行政区划、某一城市圈或是两城市之间点对点的有限范围内,"远程"服务的覆盖面有限。

三是地区差异。一方面,在一些地区相关部门领导重视程度不同,档案部门参与程度不一、档案工作所必需的人员、经费和硬件设备投入有差距,造成民生档案工作发展不平衡。笔者在调研中发现,在跨省出证的馆际合作实践中,有的档案馆在服务窗口竟无专用档案传送设备,其主动服务意识的匮乏可见一斑。另一方面,由于各地原有的资源基础、经济基础、人才基础等方面不平衡,导致民生档案远程服务在技术、设施、信息化发展水平参差不齐。地区差异对远程联动"对接"造成困难,给跨区域的民生档案协同共享设置了障碍。

四是历史遗留。民生档案信息资源是长期积累的过程,由于历史的原因,很多档案著录信息不统一、不完整,直接影响查询速度及查准率,如"文革"十年中不留档、不归档现象普遍,直接造成了档案资源的缺失。再如,由于以前婚姻登记表上不填身份证号等历史原因,令婚姻档案著录信息不统一、不完整,造成目前婚姻档案目录仅能以双方的姓名为主要检索项,而对确定个人身份至关重要并能达到精确检索的身份证号信息却无法作为主要检索项的状况,以致日常查询时经常会检索出大量同名同姓者,需工作人员通过其他信息辅助判断,检索速度及查准率都受到影响。

五是资源面窄。民生档案产生的领域广泛、形成的门类繁多,但是目前许多省市可供远程服务的民生档案资源却只有婚姻档案等少数几种常用种类。导致这一状况的原因除了前面所述民生档案资源建设等问题外,更有众多现实因素,如民生档案馆藏资源数量有限、种类不全面;涉民部门的民生档案数据结构各异,数据整合的难度和工作量较大;基层档案馆相关民生档案目录数据库建库工作进展情况各异,目录数据库总体资源不足且分布不均等因素都影响了远程协同共享的进程。民生档案可供共享的资源基础欠缺、覆盖面窄,不利于查全率、查准率的提高,纳入民生档案远程服务的档案资源的齐全性和完整性,直接影响了民生档案资源整合与远程共享的有效性和质量。

六是安全制约。首先,民生档案围绕百姓生老病死的各个人生阶段,档案内容载有公民各种个人身份信息,网络的开放性使得涉及个人隐私的档案信息更加难以控制,通过互联网"人肉搜索"可以将碎片化的个人身份信息还原出较为完整清晰的个人资料。其次,黑客攻击、信息被盗等网络信息的失密、泄密对远程服务提出更高的要求。民生档案大多属于个人隐私,为了全面保障公民个人信息的安全,必须时时防范、处处缜密、确保信息安全。最后,民生档案远程服务实际工作中海量的数据信息需要进行密级甄别,信息传输及使用过程均需做到滴水不漏。既不能重共享放松信息安全要求,也不能因安全而裹足不前,如何准确把握共享与安全保密的界限是难点问题。

七是人力不足。在档案馆层面,现有的档案部门及机关档案室工作人员构成中掌握档案及计算机知识且具备档案数字化处理专业技能的人员较为欠缺,对于档案信息化过程中涉及的具体事务,如数字化档案质量的控制及档案数据的备份、迁移、安全管理、问题排解等无法及时有效解决,在一定程度上制约了档案信息资源共享工作开展。在社区层面,街道社区事务受理服务中心是全方位服务公众、与百姓民生事务互动的"末端"办事机构,中心负责的日常涉民事务量大面广,民生档案远程服务进入社区,无形之中又增加了社区办事人员的工作任务,加上社区办事人员一般不熟悉档案服务业务,在培训不到位的情况下就容易影响档案利用服务的质量。

八是协调困难。一方面,从民生档案远程服务的发展看,随着馆室、馆社、馆际联动的深入推行,民生档案远程利用种类、规模不断扩大,新的问题将不断产生,无论从民生档案服务工作的专业技能、素养要求来看还是从工作量来看,都将对社区办事人员形成一定的挑战,需要通过各方紧密配合才能有效应对。另一方面,从管理体制角度看,档案馆、涉民部门以及街道社区事务受理服务中心等相关联动部门不属于同一"条线",档案馆不具备行政领导和指挥权限,除档案业务外,业务内容吻合程度有限,导致责任不清晰、执行不统一现象的产生,沟通协调的压力较大。

此外,还有经费制约使包括海量民生档案资源质量的提升、软硬件设施的改善缺乏足够经费的支持;技术瓶颈以致检索体系及数据库结构不够强大等。民生档案远程服务是一个系统工程,上述种种因素相互影响、相互制约,共同影响了民生档案远程服务的推进。目前,我国民生档案远程服务实践在总体上尚处在局限于一定区域中各自为政、分头建设阶段,民生档案远程服务距整体化乃至全国范围全面实行目标还有很长的路程。

民生档案资源建设与信息化中的种种阻碍制约了民生档案对公众服务的有效性,使公众对民生档案服务的认可度受到影响。在民生档案远程共享服务中同样也受到这些阻碍的困扰,因而,民生档案远程服务的探索实际正是尽力突破阻碍、寻求一方"天空"的过程,是在网络科技助力下民生档案服务途径的发展和开拓。

剖析阻碍的表现与成因,正确认识问题的真相,是加强档案馆公共服务能力、促进档案事业顺利发展的必要环节。在我国档案馆公共服务取得巨大成效的同时,必须看到长期以来形成的各种坚冰的完全破除绝非一日之功所能达到。如何逐步突破阻碍,在现有基础上推进社会共享程度、改善公众的档案利用体验、提高档案馆公共服务能力,这是需要档案界不懈努力以进一步解决的问题。

三、民生档案远程服务意义

档案馆是提供政府信息和档案利用的窗口,是以信息服务连接广大公众和政府机关的场所。档案馆既为解决公民个人的信息需求提供服务,又为政府职能机关行使行政职权反馈民情,笔者认为目前远程服务所取得的成效至少证明了这一探索具有以下意义。

(1)民生档案远程服务有效打破了传统档案服务模式下档案馆馆藏资源相互孤立的"围墙",整合碎片化信息、优化配置资源,突破长期以来档案馆档案资源覆盖面过小、难以满足社会公众需求的瓶颈,真正实现了共建共享,可利用档案资源总量倍增、档案馆公共服务空间扩展。

(2)民生档案远程服务实现与民政、房产、公安、计生等涉民部门便民办事窗口的合作共享,市各区(县)档案馆与下属街道合作,与覆盖全市范围的社区市民服务中心并轨,将民生档案远程服务纳入社会公共服务体系,有利于在节省各方面资源的前提下极大地提升档案馆的公共服务能力及其社会影响力。

(3)民生档案远程服务共享民生档案资源、启动在社区查档出证等新型服务机制并推广到区域内各个街道(镇),使民生档案利用实现就地受理、区域内通办,居民凭身份证或社保卡,不用走出社区,就可快速、免费地查阅各类与自己切身利益密切相关的民生档案,这种及时、便捷、高效、优质的档案信息服务,极大地改善了公众民生档案利用环境和利用体验。民生档案作为落实民生政策的基础,为社区受理中心和其他办事机构服务民生提供了依据。

(4)民生档案远程服务对档案信息化的刚性要求促使相关区域档案信息化水平极大提高,远程服务区域范围内民生档案的全文数字化基本完成,档案条目、全文数据大幅度增长并建立专用数据库,同时也促进了服务平台、网络设施、技术标准等档案馆基础建设水平的完善与提高。民生档案远程服务在区域范围内纵向跨层级、横向跨馆、跨地区的馆际、馆室、馆社间的联动性以及统一组织、规划、标准、制度、平台、流程的协同共享性使档案馆服务水平跃上了一个新的高度。

（5）远程共享服务是档案事业的发展方向和奋斗目标，从这个意义上讲，目前的民生档案远程服务可看作是为下一步更大范围、更深层次的档案资源共享和远程服务的开展进行的有益尝试。通过一些地区区域性的民生档案远程服务的探索和实践，近年来已在管理、体制、规范和技术研发方面逐步形成了一系列便民、利民的新机制，并且在民生档案信息资源、网络设施、人才培养等方面形成一定的实践和理论积累，为进一步扩大远程服务的区域范围、档案种类、受众范围，乃至最终实现全国性"一站式"远程共享奠定了基础。

实践成效证明，基于档案馆与社区、档案馆与档案馆、档案馆与档案室"三联动"服务的民生档案远程服务机制，是探索档案机构资源共享、提升档案馆公共服务能力、解决档案馆服务与公众利用需求之间矛盾的有效途径。在目前国家层面尚无统一规范的情况下，民生档案远程服务探索和运行实质上起到了"试验田"的作用，对拓展我国民生档案服务途径、提高服务水平具有开创性的深远意义。

第七章 档案馆公共服务的深化：
加强服务能力思考

第一节 档案馆公共服务中各要素
障碍及原因分析

公众、档案馆及行政机关在档案馆公共服务中的角色定位分别是利用主体、服务主体和义务主体(见第四章第三节)。公众是档案馆公共服务的对象,是档案利用行为的发起者,没有利用需求及利用行为,整个档案利用和服务活动就不会发生。政府行政机关在履行行政管理职能中产生的各种文件是档案馆公共服务的重要资源来源,法律规定行政机关具有信息公开的法定义务并且拥有机关内档案部门所藏档案依申请公开的审批权,故应为公开义务主体。各级档案馆是档案馆公共服务的组织者、实施者,即服务主体。基于档案和政府公开信息资源是我国档案馆公共服务所依据的主要资源对象、是公众利用的客体,故被称为客体要素。条件要素则是客体要素和主体要素沟通、交流和相互作用的保障和条件,包括档案利用的政策与法规、方法与技术以及机制等。档案馆公共服务的过程实质上就是上述各要素相互依存、相互作用的过程。因此,加强档案馆公共服务能力就必须对上述各要素的状况展开深入考察。

虽然如前面章节所述,我国档案馆公共服务已取得了令人瞩目的成就,但在创新实践过程中不可避免地会产生一系列新问题,与原先积存的矛盾一起,共同成为档案馆公共服务前进中的阻碍。档案馆公共服务中面临方方面面的诸多障碍,在此,主要针对服务主体、服务客体、服务条件这些要素中存在的一些问题予以剖析。

一、服务主体与义务主体：服务意识有待加强

档案馆公共服务的成效在很大程度上取决于服务意识，只有在正确的服务理念和意识的指导下，才可能有足够的内在动力有效地提升档案馆公共服务的品质。我国各级档案馆积极转型，服务重心由传统的以政府机关为主向社会公众转移，档案馆公共服务是一项涉及面相当广泛的政府服务行为，服务客体档案和政府信息资源来源于各级各类机关和单位，因此，作为公开主体和服务主体的政府行政机关和档案馆都应担负起自己的公共服务责任。但在现实工作中，由于种种原因，有些行政机关和档案馆工作人员对此缺乏清晰的认识。

（一）行政机关工作人员公开主体意识欠缺

政府行政机关履行管理国家和公共事务的职能，其职权范围直接关涉社会生活的方方面面，是社会信息资源最大的形成者、管理者和占有者，在政府信息公开和档案开放方面具有其他机关无可替代的重要地位与作用。《政府信息公开条例》第四条、第六条明确规定了行政机关信息公开的法定义务和责任，《档案法》第二十条则规定了公民利用档案馆未开放的档案以及有关机关、团体、企业事业单位和其他组织保存的档案的权利。然而，一些行政机关工作人员对自己在政府信息公开和档案开放中应尽的义务认识不足，把自己工作过程中形成的行政信息公之于众是迫于外界压力，并对此心存疑虑、矛盾甚至反感。义务主体的公开意识欠缺导致行动上的偏差，主要表现为：

一是权力本位。一些政府机关公务人员在思想意识深处依然没有摆脱传统的政府管理理念，仍受权力本位、官大于民传统观念的支配，在政府信息和档案公开中态度不积极，仅有口号没有实质性的行动。对稍有触及部门权力或问题实质的公开，往往以机密或者国家利益等为借口拒绝公开。

二是角色错位。一些行政机关认为他们只需要被动地配合档案馆的公共服务工作即可，甚至有些行政人员认为公开是给他们的日常工作增添额外负担。一些行政机关对规定向档案馆报送政府公开文件的工作敷衍了事、对档案移交进馆偷工减料甚至该交不交。

三是表面文章。一些政府行政机关看上去是主动地把档案移交进馆、把信息公开了，但移交和公开的内容仅限于工作流程、结论性信息、职责及职权范围介绍、规章制度等"表面文章"，对民众想知道的事或普遍关心的问题以

及稍有触及部门权力或问题实质的过程性信息,往往以机密等种种理由拒绝公开。

四是形式主义。一些政府行政机关仅仅把政府信息公开作为改善政府机关形象的一种手段或包装。追求大而全甚至豪华的形式而忽略其实质和实效,存在着形式主义、走过场的现象,使信息公开沦为作秀。

五是程序不规范。一些机关的公开带有很大随意性,上面抓得紧了公开,反之就搁置,或有条件有选择地公开,公开内容水分大,对民众想知道的事或普遍关心的事遮遮掩掩。

六是偏重保密。一些机关将可以公开的室藏信息秘不示人,以种种借口拒绝依申请公开请求人的要求,不管是否应该公开,能不公开的信息就尽量不公开,造成公开文件和档案内容和数量上的不足。

七是有效信息缺乏。由于规定公开的内容较宽泛,一些政府工作人员不是从公众的需求出发考虑如何便于公众利用,而是过多地从本部门自身利益的角度出发,以致有效信息不足,造成可供利用的档案和政府信息资源质量上的欠缺,与公众的利用期望值有较大差距。

八是公开不及时。一些政府行政机关完全"垄断"行政信息,档案和政府信息公开成为某些官员的任意行为。一些应公开的资源得不到及时公开,能拖就拖,一拖再拖,待到不得已公开之时,意义和价值已经不大,造成公开与利用的矛盾。

(二)档案馆工作人员公共服务主体意识淡薄

一些档案馆工作人员存在一定错误观念,尤其对需依申请公开的信息害怕承担责任,尽量使文件、档案信息都保持在封闭的状态下,不愿从方便民众的角度做好依申请公开服务工作,能不开放就不开放,对民众想知道的事或普遍关心的事遮遮掩掩,对有触及部门权力或问题实质的事,往往借口机密拒绝公开以减少麻烦和责任。也有些档案馆工作人员未意识到档案馆公共服务的重要社会意义,认为档案馆日常的利用服务是"借借还还""守摊子",不求有功但求无过,因此得过且过。还有些档案馆工作人员认为档案利用服务工作已落后于时代,没什么技术含量,档案馆信息公共服务的工作重点应放在提升信息化水平上,以致对日常的公众服务缺乏工作热情。

(三)原因剖析

剖析上述行政机关和档案馆一些工作人员服务意识欠缺的原因,可以发现有历史和现实多方面因素。

（1）惯于重管理、轻服务。我国档案开放的历史不长，政府信息公开更是近些年的事情，而历史上石室金匮作为王权附属的漫长历史在人们心里的贻害深远。即使在档案馆具备对公众开放的公共服务职能后，长期以来处于政府行政重管理、轻服务的背景下，档案馆机要重地的定位令工作人员在思想上对公共服务产生强烈的防范心理，忽视服务、特别是忽视服务广大普通老百姓。馆藏结构中民生档案欠缺，严重阻碍档案馆公共服务水平的提高。

（2）官本位思想作祟。改革开放及社会转型，为进一步实施民主政治开创了有利条件，公共权力公民赋予、行政透明和民主监督的理念得到彰显。但长期以来政府主导型的计划经济体制，公共行政透明度低下，公民权利得不到应有重视。虽然有关法律法规对开放利用做了一些规定，但是相对于行政工作中产生的海量具像文件和档案而言，法规条款不可能面面俱到、全部到位。一些行政机关和档案馆工作人员受官本位思想影响较深，未能本着以人为本的理念服务公众，更有甚者力图避免其权力运作过程被曝光在公众面前。

（3）角色定位偏差。行政机关有些工作人员对自己在政府信息和档案公共服务中的角色定位缺乏准确的把握，对应尽的义务认识不足。有些行政机关认为他们只需要被动地配合档案馆的工作即可，甚至有些人认为信息公开给他们的日常工作增添了负担。一些行政机关顺水推舟地把政府信息公开的责任推给档案机构。鉴于社会上对政府信息公开日渐高涨的呼声，不少行政机关仅仅把公开政府信息作为改善政府形象的一种手段或包装。此外，法规、机制设置不严密以致对义务主体监督薄弱，也是导致上述问题产生的原因。

二、服务内容：档案资源基础建设亟待完善

尽管当前档案信息资源建设与共享总体发展势头良好，但是提高档案馆公共服务水平，就必须重视档案资源基础建设中存在的问题与障碍。

（一）民生档案资源现状难以满足公众需求

近年来，从全国范围目前状况来看，随着档案馆工作重点向普通群众的转移，民生档案资源信息化建设已经在全国档案馆系统全面展开，许多地区开始着手民生档案数据库建设，不少省市档案馆因此获得了专项经费预算，

投入了大量的人力物力开发维护信息化系统。然而,调研发现,民生档案资源建设与公众的需求相比依然存在差距,具体表现在以下几方面。

(1) 数字化发展不平衡。档案馆开展民生档案信息化服务的前提是建立资源丰富的民生档案信息数据库,为档案公共服务构建查阅信息的共享平台。但在现实实践中,由于民生档案信息涉及内容广泛,来源分散,如养老保险档案、医保档案、低保档案、婚姻档案等分散于基层的劳动保障、民政等部门,虽然一些地区的档案馆已经着手整合本区域内的民生档案信息资源实行"存量数字化、增量电子化",但由于传统载体民生档案数量巨大,档案数字化任务艰巨,全国范围来看数字化发展极不平衡,民生档案数据库平台建设尚局限于一定区域范围,给民生档案的信息化查询利用造成一定阻碍。

(2) 馆藏档案结构单一。档案馆馆藏成分以政府行政管理中产生的文书档案为主,还包括一些大型企事业单位和社会团体向档案馆移交的档案,不仅普遍存在馆藏资源结构单一的情况,而且年代久远的档案占较高比例。同文书档案相比民生档案数量非常有限,且通常是分散在各个全宗并夹杂在文书档案之中。此外,科技、声像和私人档案等方面的档案相对较少,档案馆馆藏大都具有较强的政治色彩,这是长期以来我国档案资源建设以机关行政工作为重点的必然结果。随着体制改革的深入发展,特别是社会转型及政府信息公开以来,公民对与自身利益密切相关档案信息的需求急速增长,原有的馆藏结构已难以满足人们对档案信息的利用需求。[1] 近年来,虽然各地已越来越重视馆藏民生档案资源不足的问题,并加强了民生档案资源建设,甚至打破常规提前接收民生档案,但民生档案占总馆藏档案资源比例不高、种类不全、馆藏资源结构不合理的状况还未得到根本改变,对档案馆公共服务造成不利影响。

(3) 资源现状难匹需求。从目前我国民生档案资源建设情况来看,档案馆馆藏长期以来主要以记录、反映机关公务活动的文书档案为主,信息资源总量不足,结构失衡,与公众需求不匹配的现象严重:可以开放的,利用者并不需要;利用者需要的,却不能开放。此外,有些馆藏丰富的档案馆,由于可开放档案的整理、鉴定、修复、编目著录、编撰出版等工作进展迟缓,信息资源的开发、整合跟不上服务公众的需求。[2] 民生档案资源建设是一个无穷拓展的过程,工作量大、耗时长,致使在网络上提供的民生档案资源有限,档案馆网站的信息检索系统无法做到档案的全文检索,档案馆资源现状难以满足公

① 张林华,刘欣璇.论民生档案资源建设及利用[J].档案学通讯,2009(5): 80 - 83.
② 李国庆.对我国公共档案馆建设的理性思考[J].档案学研究,2007(1): 25 - 28.

众的利用需求。

(4)开放鉴定几成瓶颈。档案信息开放提供利用服务是一项系统性工作,包括档案信息的鉴定、档案开放信息目录的编制、档案开放信息的提供利用等一系列工作程序。对馆藏档案资源的开放鉴定是档案从封闭走向对公众开放服务不可或缺的一个重要环节,也是档案资源建设中的重要一环。然而,档案馆的开放鉴定工作普遍面临着巨大压力,档案馆开放鉴定工作量之大几乎已成顽症,甚至直接导致了档案馆档案开放计划的屡屡推迟,成为阻碍档案信息公开和档案馆公共服务的一大瓶颈。

笔者认为,上述现象的产生与下列原因有关:

(1)档案管理体制制约。我国的档案管理体制具有条块结合的特点。按"条"管理,即在各有关专业系统内,按隶属关系由专业主管机关对本系统内所属各单位的档案工作实施指导、监督与检查。按"块"管理,即指各级行政区划中,地方档案行政管理部门按各级行政区划的界限,对本行政区域范围内各机关、团体、企事业单位的档案工作进行指导、监督与检查。"条"与"块"中所包含的不同部门因属不同系统、不同行政区划,所以从机关关系来看为不相隶属关系。在日常工作中,这些部门分别在本"条""块"上级机关的领导下行使各自职能,职能范围、职能作用对象具有局限性。正是由于不同"条"与"块"涉民部门之间职能的独立性,使民生档案的形成与管理具有割裂性、分散性,并进而导致了应对民众查阅利用民生档案的服务能力的弱化。要实现向民众提供有效的民生档案便民服务,就必须打破部门间的藩篱,以"联动"改变"区隔"。

(2)民生档案特性与公众需求背离。从民生档案特性的角度看,虽然不同类别的民生档案资源具有不同的特点,但总体而言,属地性、分散性、多样性、隐私性、琐碎性和非结构化是民生档案普遍具有的特性。首先,内容丰富、形式多样的民生档案由于形成与管理的属地性、分散性,使同一人的民生档案资源往往会分散保存于不同"条""块"下的档案保管机构,并会随着机构隶属关系的变更而发生变化。其次,民生档案资源的具体内容具有琐碎性和非结构化的特征。特别是网络生活环境下不断产生的各种各样个人信息,涵盖了用户生活、工作和学习的方方面面,导致诸如电子文档、电子邮件、网页、视频文件、多媒体等非结构化的数据占据主体地位。大数据时代的来临必将突显民生档案资源的这些特性。[1] 最后,鉴于个人隐私的保护问题,民生档案

---

① 许军林.异质性区域图书馆联盟资源建设与整合研究[J].情报理论与实践,2011(1):42-45.

资源在产生和传播的过程中还具有一定的限制性。然而,从公众档案利用需求的角度看,由于民生档案具有很强的人身专属性,是一个人社会活动的整体性记录,因此,利用者提出的民生档案查阅需求往往具有很强的针对性——"别无他求、非它不可",与上述民生档案特性形成矛盾,这也是导致利用者为获取自己所需档案四处奔波的重要原因。

(3) 档案部门与涉民部门脱节。档案馆馆藏资源中的民生档案大多源自涉民部门,涉民部门在行使涉民职能时形成的文件是民生档案的活水源头。但是,档案馆与涉民部门之间脱节现象普遍存在:涉民部门民生档案类型多样与档案馆民生档案收集范围偏窄之间的脱节。长期以来,综合档案馆接收对象大多以婚姻档案等少数几种民生档案为主,涉民部门职能工作中形成与民众生活息息相关的大量其他类型民生档案依然留存在各个形成单位,造成档案馆民生档案资源类型单一。而档案馆收藏范围的狭窄直接导致其民生档案馆藏数量的不足与涉民部门民生档案数量庞大之间的脱节,民生档案在档案部门馆藏资源中占比偏少阻碍了公众对民生档案的利用。民生档案分散保存在各形成机关内,大多属未进馆、未开放档案性质,以致当公众有利用需求时必须走依申请公开程序,由于涉民部门档案管理与利用的制度不一、规范各异,公民依申请公开时困难重重。

(4) 开放鉴定瓶颈成因。其一,每年大量到期档案向社会开放产生的工作量极其巨大,这是各级档案馆档案开放工作长期面临的一个艰巨问题。其二,档案鉴定工作受政策影响明显,档案馆开放档案资源每年末需根据实时形势的影响更新一次,须将已开放和未开放档案略作微调。由于我国综合档案馆普遍馆藏资源数量浩大,这些需调整的档案与到期应向社会开放的档案加一起,待鉴定的档案数量往往极其巨大。其三,在各级国家档案馆,开放鉴定及相关工作由不同内设机构完成,彼此之间有效沟通不足,给开放鉴定工作增添了不便。其四,档案鉴定难度高,相应地对从事鉴定工作人员的要求就非常高,必须由学识渊博、修养深厚的专业人员才能胜任。长期以来,鉴定人才始终难以满足居高不下的鉴定工作量的需求,鉴定环节难以提速。据知,不少档案馆已提出要求延迟开放为数巨大的封闭期满档案的申请。其五,在档案鉴定实践中鉴于有些法律法规设置问题(如《政府信息公开条例》和《档案法》条款的脱节)导致鉴定受阻,需要请示上级确认定夺鉴定结果。因此常常存在重复鉴定及公开内容反复的现象,这成为鉴定工作中又一令档案部门非常头疼的问题。上述因素合力将档案开放鉴定工作推至"瓶颈"状态。

（二）档案信息资源缺乏共享

档案馆信息资源只有共享才能充分实现其社会价值，并为公众利用提供便利。但档案信息资源共享现状并不乐观，主要表现有：

（1）共享意愿不足。在信息学科中关于信息共享有个"苹果"的喻例，即当"苹果"为某一人所拥有时，只能有一个人拥有过"苹果"，而当"苹果"从大家手中进行传递时，每个人都可以说拥有过"苹果"。然而现在档案信息资源共享的问题是：大家都有一个"苹果"紧握在手，大小不一，酸甜各异。有人不想换，感觉有自己的"苹果"已足矣；有人不愿换，担心别人的不如自家的好，吃了亏；有人不敢换，怕万一丢了自家的"苹果"如何是好；等等。以上种种现象均为当前档案信息资源共享中各地档案馆之真实写照。上述不想、不愿、不敢的想法使一些档案馆在档案信息资源共享中表现出踌躇不前、顾忌彷徨的状态。在全国档案信息资源数据库建设中，目前在建的大小数据库不计其数，但真正实现全文上网的全文数据库的比例甚微，除却人力、财力、物力因素外，档案馆共享意愿不足的影响不可低估。在共享中利益分配不均、安全保障不全、制度管理不善的情况下，尽管档案信息资源共享趋势已成，但是一些档案馆的行动也只局限于档案信息网页的门面建设，共享的实质性成效有限。

（2）标准体系混乱。档案资源共享的标准系统应包括四类：总体标准（档案资源共享的总体框架、术语标准和其他综合标准）、业务标准（日常工作与服务标准规范、工作流程等）、管理标准（档案资源管理系统测试和评估、评价体系）和技术标准（网络基础设施标准、数据库建设标准、档案信息安全标准等）。但目前我国尚未出台全国统一的档案信息资源共享标准，标准体系十分混乱。当前实际状况是，很多标准的建设尚处于空白地带，各地所使用的数据库、程序开发语言以及档案软件的支撑平台各不相同。各地各单位信息化建设各自为政，导致相互之间标准不统一。标准建设问题没有受到足够的重视，缺乏一个权威的机构对此进行统一的组织、研究与规范，为资源共享埋下了隐患。[①]

（3）网站建设欠缺。网络环境现已渗透到公众生活的方方面面，国家档案局早已部署了信息化发展战略，但一些地方档案馆由于种种原因还处于观望等待的被动阶段。通过网站调查可见，在网络上提供民生档案利用的服务

---

① 张林华,冯厚娟.对档案信息资源共享现状的思考[J].秘书,2014(9)：13-15.

有限。有的档案馆网站的信息检索系统仅是一个页面,公众检索不出任何档案信息;有的网站虽然提供了民生档案信息服务专栏,但仅罗列了本辖区内档案馆的地址、电话、查询档案时间、所需手续等,实质上只是履行了一个告知义务。甚至有一些档案馆提供的网络信息还是处于新闻宣传、资源建设等初级阶段,对公众的民生档案信息化服务缺乏实质性的动作。尽管各地网站都有友情链接,但本质上属于网站间首页的相互连接,而不是真正意义上的网络信息资源跨库检索与共享,"信息孤岛"现象突出。在省级档案网站中,提供档案全文检索的网站仅有少数几家,目录检索占绝大多数。从检索条件来看,一些网站的检索项条件繁琐,需输入案卷号、目录号、全宗号、档案馆代号、信息标题等一系列信息,对于普通百姓来讲,无疑过于专业、难度太高,令人望而却步,根本不利于档案的检索查询。

(4) 机制有待健全。档案管理体制上"集中管理、条块分割"造成了不同区域、不同类型档案资源之间的分割隔离,这一不足要求在机制建设上弥补,构建档案资源的共享机制以提升服务成效。资源共享机制是一个系统工程,包括档案信息资源整合机制、组织机制、运行机制等各个方面,同时,还要考虑档案信息资源共享的动力机制、利益平衡机制的构建。档案信息资源共享并不是简单的资源整合和现代信息技术的引入与应用,不是简单的资源问题或技术问题。它是一个有序化、制度化发展的过程,需要将政策、技术、管理与利益等共享障碍因素有机结合、相互作用,转化为档案信息资源共享有序运行的内部驱动与外部保障,并通过上下沟通协调、通力合作才可能实现。然而就目前而言,虽然民生档案远程服务的开展在机制上做了一些创新尝试,但其覆盖范围有限,全方位的档案资源共享机制还有待逐步建立健全。

笔者认为,造成以上情况至少有以下几方面原因:

(1) 管理方面。除却信息、技术等客观因素对档案信息资源共享的影响,主观上不到位也是档案信息共享受到制约的关键因素。首先体现在权力的使用上,档案信息资源共享受到源自不同级别的档案行政管理部门及其职能部门的行政影响,即权力意志的指向与实现。不能从档案的自然角度和社会的未来发展角度去开展档案工作,将档案机构的政府部门性质看得过重,忽视其社会组织性质;将档案看作是"权力的档案",忽视"档案的权力"。① 一些档案开放主体以及服务主体不愿共享各自的档案,不敢不愿承担共享出现的"后果",无人愿意担责,共享意愿当然就不足。其次体现在组织管理上,缺少

---

① 陆阳.权力的档案与档案的权力[J].档案学通讯,2008(5):19-22.

统一权威的共享管理组织，无论对于制定共享标准，还是促进共享主体合作联动，有统一权威的共享管理组织才能起到实质性的组织、推动、指导、监督作用，建立健全相关机制，有效避免各自为政、标准混乱、共享不力等现象。

（2）技术方面。档案资源共享以网络为主要媒介，还需要考虑硬件设施、数据库建设、安全保密如共享系统的内容规划与开发设计、物理与逻辑上的网间隔绝、共同理解的"符号体系"等一系列问题解决，因此对技术研发具有较高的要求。档案信息网络建设以及技术支持充足与否，影响到档案资源共享的实现状况。目前我国档案信息网络建设以及技术支持在空间分布上失衡，一部分具备条件的省市在本区域范围内先行先试，率先实现区域范围内的共享。而一些欠发达地区基础相对薄弱，部分区域无条件或是无充分条件共享信息，严重制约了档案信息资源共享实现的空间范围。

（3）利益方面。档案信息资源共享的制约因素，其背后往往还存在有关利益的分配与均衡问题。档案信息资源共享是参与者互惠互利的过程，但是由于各参与单位分属于不同的系统，资源基础、设备条件、经费来源及其多寡程度存在较大的差异，因而在档案信息资源共享中，"输入"与"输出"的情况也差别很大。一般来说，资源基础薄弱的档案馆在共享中得到的利益比较大，而规模大、资源丰富、资金充裕的档案馆则付出会大于收益。这种付出与收益不平衡的状况，若没有利益平衡机制，必然会使一些档案馆对信息资源共享的投入得不到合理的回报和补偿，从而失去参与共享的动力。显然，缺乏平衡各方利益和协调共享的机制，将直接影响到档案信息资源共享建设的实施与可持续发展。

（4）资源方面。经常被人们谈到的档案信息资源及其建设人才问题毫无疑问也是制约档案信息资源共享的重要因素。档案信息资源数量的丰富程度和质量的优化程度直接影响到档案信息资源共享的广度和深度。如果档案信息资源结构失衡、可供共享的高质量信息不多、信息可供共享程度不高，"巧妇难为无米之炊"，必然会对档案信息资源共享形成直接影响。而人才资源的欠缺则直接就是"巧妇"的缺位了，缺了"巧妇"，即使有"米"也难以为"炊"了。

三、服务条件：法律保障和服务机制需要健全

（一）法律设置缺陷的表现

我国档案和政府信息公开仍然处于探索阶段，特别是二者在法律设置的接轨以及在理论和实践上还有许多问题亟待研究解决，离完善的制度建设以

及公众的期望还有相当大的距离。研究在公开实践中出现的热点难点问题，剖析其中法律矛盾，对完善相关制度建设十分必要。

《政府信息公开条例》出台后不久，笔者曾在某市级档案馆信息查阅中心偶遇一位七旬老者，老人说："正是因为要查原单位在工资调整中的'暗箱操作'，我才到档案馆来查信息，还以为信息公开条例颁布查阅有希望了……要原单位特批开放该档案是不可能的事情，而封闭期满再开放利用，即使顺利至少还要等 20 年……"

房产档案查询矛盾也是档案馆信息查阅中心的常见案例。笔者注意到，这类信息的查阅者大多是普通市民，信息利用性质大多为权属确认，即为实现自己的权益而要求查阅相关的房产档案，只有通过查阅档案在权属确认的情况下，才能进一步实现个人权益。故对他们而言，这种权属的确认至关重要，因没有这一步，后面即使有再大的权益也无法企及。鉴于此，他们档案查阅愿望非常迫切，在不能满足的情况下通常会诉诸法律。比如上海市民董某在政府信息公开规定实施后申请查阅房地产档案被拒，状告区房地局信息不公开案；天津教师张某为查阅自家的房产档案"奋斗"了十年但最终败诉等等。上述案例虽然看似并不复杂，然而其中所反映我国社会转型时期档案信息开放中的法律问题以及公权和私权间的矛盾值得认真研究。笔者认为，相关法律设置中至少在以下方面存在缺陷。

1. 公开时间失范

我国《政府信息公开条例》在第十八条具体规定了信息公开的时间："属于主动公开范围的政府信息，应当自该政府信息形成或者变更之日起 20 个工作日内予以公开。"文件是档案的前身，文件办理完毕之后归档成为档案，此时文件的现行效用趋向于消失。而档案信息的开放利用受《档案法》体系的调整："国家档案馆保管的档案，一般应当自形成之日起满 30 年向社会开放。经济、科学、技术、文化等类档案向社会开放的期限，可以少于 30 年；涉及国家安全或者重大利益以及其他到期不宜开放的档案向社会开放的期限，可以多于 30 年。"这样一些列入政府信息公开范围的文件本来已向公众公布，归档后却进入了漫长的档案封闭期。

根据文件生命周期理论可知，文件的现行效用期很有限，通常在该文件内容所针对的社会活动结束后便告结束，此后进入半现行期，按规定通常在文件办理完毕之后次年应归档。经立卷归档进入档案阶段后，该信息发挥作用的性质从现行效用转变为查考性的历史效用，信息的适用对象从以原信息形成机关为主扩展为面向全体社会公民。由此可见，归档后档案信息利用的人员范围较归档前极大地扩展了，可就在档案信息将要为服务社会发挥作用之际却进入封闭期了。据《档案法实施办法》规定："机关、团体、企事业单位和其他组织，应当按照国家档案局关于档案移交的规定，定期向有关的国家档案馆移交档案。"其中，"属于中央级和省级、设区的市级国家档案馆接受范围的档案，立档单位应当自档案形成之日起满 20 年即向有关的国家档案馆移交；属于县级国家档案馆接受范围的档案，立档单位应当自档案形成之日起满 10 年即向有关的县级国家档案馆移交。"因此，永久保存的档案按规定在形成该文件的原机关保存一定年限后须向相应国家档案馆移交以最终实现国家档案资源的集中保管。具体如图 7 - 1 所示。

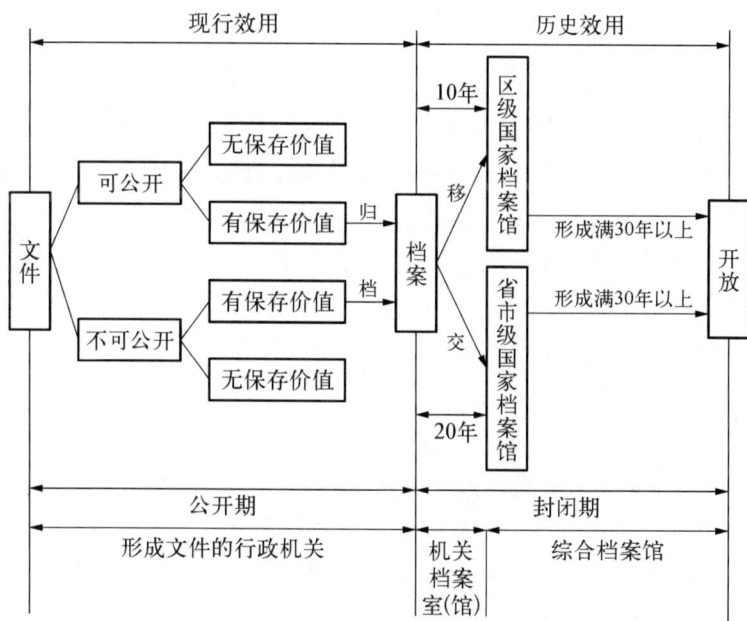

图 7 - 1　文件生命周期示意图

国家档案局规定档案的保存期限分为永久和定期，其中定期一般又分 30 年、10 年两种。这意味着定期保存的档案基本上是无缘向公众开放的——等30 年的封闭期结束，定期档案也该销毁了；即使对永久保存档案而言，等到封闭期满，也早已事过境迁、现实成为历史了。更有甚者，目前一个不容乐观的现状是：由于开放前的鉴定工作等程序"瓶颈"的限制，许多档案馆已提出申请要求延迟开放为数巨大的封闭期满档案。

有关档案开放时间的制度安排决定了公民信息知情权实现的可行性。

目前的法律法规直接导致了这样一种现象：一个政府文件在其处于现行文件阶段，应作为政府信息向公众公开，如果拒绝公开将承担相应的法律责任；但及至该文件立卷归档之后进入档案阶段，则非经过 30 年封闭期而不能公开（除提前开放档案外）。同一个文件，内容丝毫未改，仅仅由于归档使其命运发生根本性改变。也就是说，按照信息公开条例要求所要承担的公开义务仅仅是归档之前的一小段时间，归档之后该信息就很难"再见天日"了。因此，信息公开法专家周汉华一针见血地指出：《档案法》的规定不但不利于政府信息的公开，反而限制了信息的公开。如果制定政府信息公开法，必须解决《档案法》的这一问题，否则，政府信息公开法就只能适用于非档案文件，其范围将被大大限制。①

2. 申请公开困难

《档案法实施办法》第二十二条规定："中华人民共和国公民和组织，持有介绍信、身份证等合法证明，可以利用已开放的档案。"但同时又规定："利用档案馆保存的未开放的档案，须经保存该档案的档案馆同意，必要时还须经有关的档案行政管理部门审查同意"，"机关、团体、企事业单位和其他组织的档案机构保存的尚未向档案馆移交的档案，其他机关、团体、企事业单位和组织以及中国公民需要利用的，须经档案保存单位同意"。简言之，即对未进馆档案和封闭期内档案的利用要经过依申请公开程序。

由于上述法规仅仅是对未进馆档案和封闭期内档案的利用进行了程序性的规定，除此以外，各相关法律法规中缺乏更清晰、具体的规范，以致上述组织对所形成、保存档案的开放义务较为模糊，对封闭期内的档案开放与否拥有生杀大权。依申请开放档案通常直接关涉利用者权利主张的成立，并且常常与行政机关的权力发生矛盾。这就不难理解目前依申请公开信息令人遗憾的现状：公民即使履行了申请程序，通常也还是难以实现知情权。在履行依申请公开程序时，许多档案的形成和保存机关往往给档案的开放利用设置种种障碍。因此，档案馆未开放档案及其他组织保存档案的依申请公开问题始终是档案利用中的一大顽症。而各地有关信息公开和档案开放的诉讼案，大多集中在未开放档案依申请公开的案例中。

依申请公开是我国政府为满足公民知情权的一项积极举措，也是国际上信息公开制度的通行惯例。如果说列入《政府信息公开条例》中主动公开

---

① 周汉华.中国的政府信息化及其面临的实践问题[J].经济社会体制比较,2003(2)：120－127.

范围的是政府想要公民知情的信息，那么依申请公开就是公民想要得到的信息，显然后者对公民的切身利益具有更直接、更重要的意义。如何使处于封闭期的档案信息"再见天日"，满足公民利用想要得到信息的知情权，成为亟待解决的一个重要问题。当然该问题的解决必须以保证国家安全、公共安全、经济安全和社会稳定以及国家秘密、商业秘密、个人隐私的安全为前提。

3. 法律适用矛盾

除了国家和地方层面的《档案法》《政府信息公开条例》等法律法规之外，有些信息的开放利用还受到一些规章制度的制约。以上述公民要求查阅房产档案信息被拒，诉诸法律的案件为例，此类案例在全国已有多起，但几乎都是以原告即请求查阅信息的公民败诉而告终。如在董某状告房地局信息不公开案中，被告上海市徐汇区房地局在法庭上称，不给予查阅的法律依据是1998年市政府发布的《上海市房地产登记材料查阅暂行规定》："只有房屋所有权的权利人或其代理人才可查阅与房产有关的原始凭证。"

究竟应该适用《政府信息公开条例》还是《上海市房地产登记材料查阅暂行规定》或内部规定？《政府信息公开条例》要求"以公开为原则，不公开为例外"，"除法定情形外，只有法律、法规规定的免于公开的其他情形，才能免于公开。"而《上海市房地产登记材料查阅暂行规定》仅是政府规章，并不是法律法规，照理不能据此免于公开。但根据《上海市房地产登记材料查阅暂行规定》，只有土地使用权和房屋所有权的权利人或其委托人才可以查阅与该房地产有关的所有原始凭证。由此可见，适用不同的法规、规章，得到截然相反的结果。

4. 公开内容狭窄

我国《政府信息公开条例》起草者之一、"信息社会与政府信息公开制度研究"课题组负责人周汉华教授在总结我国政府信息公开制度时认为"政府信息公开的内容比较狭窄"，内容方面存在以下不足：

一是单行法律、法规、规章、文件要求公开的才公开，单行法律、法规、规章和文件没有要求公开的，行政机关均可以不公开。

二是公开的内容有限，通常只公开行政行为的结果，行政决策和行政行为的过程一般不公开。

三是与老百姓利益有关的信息缺乏透明度，如老百姓需缴纳费数额、行政机关在行政活动中收费情况、罚款情况往往不公开。

四是限制公开的范围比较宽泛、模糊,因缺乏可操作性而难以执行。我国限制公开的政府信息包括国家秘密、个人隐私、商业秘密、其他限制。其中国家秘密和其他限制都没有明确界定,成了"大口袋",行政机关往往以此为由,不公开政府信息。实践中,行政机关随意在文件中加密级就是例证。

五是政府信息公开层级比较低。目前比较强调乡镇政务公开,对较高层级的政务公开和政府掌握的信息资源公开还没有引起高度重视。

六是政府公开的信息多是正面信息,对负面信息、对行政机关有影响的信息极少公开,控制很严格,影响社会公众的监督。[①]

此外,周汉华还指出我国政府信息公开的方式比较少、程序不规范、缺少救济途径等问题。作为我国政府信息公开的专家,周汉华教授同时还是国家保密局保密法制顾问、国家信息化专家咨询委员会委员,以我国《政府信息公开条例》起草者和课题组负责人的高度指出我国政府信息公开内容狭窄的缺陷,阐释可谓一针见血。

(二)法律设置缺陷的原因

档案馆档案开放及政府信息公开的公共服务受到《档案法》《政府信息公开条例》等一系列法律法规的制约,笔者认为,相对保守的《档案法》体系与开放的《政府信息公开条例》体系之间的冲突,给档案开放埋下"脱轨"的隐患。下列方面是造成制度矛盾的主要原因。

1. 社会转型背景悬殊

长期以来我国在计划经济体制下走的是政府主导型道路,公共行政权力占支配地位,政府权力高度集中,国家和公共事务的管理强调行政隶属关系,排斥相对人的自由意志,透明度低下,公民的权利得不到应有的重视。改革开放及社会转型,为进一步实施民主政治开创了有利条件。公共权力公民赋予、行政透明和民主监督的理念得到彰显。

由于《档案法》立法于20世纪80年代,该体系中所有法规出台都比《政府信息公开条例》要早得多,当时我国中央和地方均未开展信息公开实践,特别是在人们的心目中信息公开理念远远无法与处在改革开放转型期的今天相比,故《档案法》体系侧重于从保护行政机关权力和利益而不是从公众的权利及需求角度出发来考虑规范档案信息的开放利用问题。《档案法》体系的法

---

① 周汉华.中国政府信息公开制度现状及其完善[M].北京:中国法制出版社,2003:319.

律法规将信息公开的大部分权力授予拥有和管理档案的机关，这样，从公民角度出发，档案信息公开比政府信息公开的法规设置必然严得多。《政府信息公开条例》与《档案法》体系不可避免地形成强烈的反差。

2. 法律体系内部冲突

在档案开放利用过程中，特别当遇到有争议的情况下，公民一方利用档案的权利往往难以保障。分析上述房产档案查询案例，我们可以发现，原告董某的目的就是要从档案信息中查询房屋所有权证明，当然无法出具《上海市房地产登记材料查阅暂行规定》中所要求的"有关产权的原始凭证"，正像董某所说"这是个悖论"，不给查阅当然永远没有查到的可能性。在张某诉天津市房地产管理局一案中，原告查询房产档案请求被拒的原因是"产权人一律不得查档"的内部规定。"房地产管理局不让我查档，又要求我提供房产的准确地址，这给我出了一个根本无法解决的难题"，张某在诉状中如是说。上海静安区市民杨先生诉静安区房地局一案中，区房地局提出"房产资料是一种特殊资料，《档案法》没有明确的条款规定可以无条件地向任何公民提供房产资料，故不能公开"。而静安区人民法院认为，"区房地局是该房地产权属档案的管理机关，是否准予利用，应由房地局决定"，并据此判决驳回杨先生的诉求。案由都是为查询利用信息而起，被拒绝的理由却相反，判决结果全都是原告败诉。

档案开放法律体系内部的冲突往往发生在部门规章、地方性法规以及国家行政法规之间。有的地区或部门制定出与中央政策精神不相符合、与国家法规相冲突的"土政策"，它们所代表的部门与地方局部利益忽视了国家的整体利益。各行其法，令出多门，没有统一的制度协调也同样损害着制度控制的成效。[①] 保守的《档案法》体系与相对开放的《政府信息公开条例》之间法律规定的冲突脱节，将给公民的档案利用埋下"脱轨"的隐患。

3. 法规诠释内涵模糊

我国档案开放法律法规中存在的内涵诠释模糊等问题已引起学界的大量质疑，如立法模式属列举式而不是排除式，虽然涵盖广泛，但因无法列举穷尽而留下漏洞；特意列出的"涉及国家安全或者重大利益以及其他到期不宜开放的档案""不得损害国家安全和利益，不得侵犯他人的合法权益"等条款内容粗略，在实践中难以把握界限；一些概念如"国家秘密""保密档案"等本

---

① 郑杭生，等.转型中的中国社会和中国社会的转型[M].北京：首都师范大学出版社，1996：191.

身含糊、模棱,缺乏严密界定。

我国历来在保密问题上存有泛化倾向的传统,对国家安全和国家利益的理解太过宽泛,对信息的定密范围偏宽,密级偏高,解密期偏长,如此等等。档案开放法律法规设置中将大部分的权力授予信息的形成和管理机关,使具备开放权力的机关和组织所拥有的解释余地太大,为其随意不公开信息提供了借口和机会。在这种情况下必然增加了公众档案利用的难度,在法规制度上给予有关机关档案开放权力空间越广阔,其结果必然是留给公民利用档案的权利空间越狭窄。

4. 机制设置增添局限

除未开放档案利用方面的规定外,在其他一些档案利用机制上亦体现出现有法规设置的局限,如"机关档案部门保管的档案,是现行档案,主要供本机关和上级主管机关使用,不属于开放范围,若对外提供利用需经上级主管机关批准"等。此外,信息发布协调机制和保密审查机制的层层设防以及保密制裁措施,令人对公开慎之又慎;对档案开放鉴定缺乏机制规范,未明确鉴定组织、程序和责任,以致出现由于受鉴定环节滞后限制,大量已过封闭期档案不得不延迟开放的局面,等等。现有法规在机制上将档案开放利用的绝大部分权力授予档案形成机关及上级主管机关,虽然这样规定有其合理性的一面,但从另一角度看,在我国政府信息公开刚刚起步、行政机关公务员信息公开意识和觉悟还有待增强的今天,这种机制设置容易使有关机关和人员在掌握开放的尺度上宁紧勿松、明哲保身,从而进一步增加了档案开放利用的难度。

我国现有的档案开放法律法规虽然为保障公民权益提供了现实途径,但离完善的制度建设以及公众的期望还有相当的距离,必须在实践中不断建立健全。随着政府不断向开放型、服务型、民主型转变,社会公民权利意识日益增强,民主化进程加速,公民对档案开放必将提出更高的要求。档案开放法制建设应更多地倾听公民的呼声,更好地满足公民的基本诉求。我国档案开放的实质在于社会利益结构、集体利益结构与个人利益结构的统一,微观的合理性与宏观的合法性的统一。目前档案开放利用中的热点、难点问题是改革过程中一种暂时性、过渡性的冲突现象,随着我国法制建设和法治环境的进一步完善,这种冲突终将成为档案开放制度变迁的一种动力。[①]

---

① 张林华.档案开放利用中的若干法律问题思考[J].档案学研究,2011(1):39-42.

第二节 加强档案馆公共服务能力的路径选择

2016年国家档案局发布的《全国档案事业发展"十三五"规划纲要》（以下简称《"十三五"规划纲要》）指出，"十三五"时期是全面建成小康社会的决胜阶段，是全面深化改革、全面依法治国、全面从严治党和实现中华民族伟大复兴的攻坚和关键时期。档案工作要树立创新、协调、绿色、开放、共享发展理念，主动适应经济发展新常态，抓住机遇、改革创新，为全面建成小康社会做出应有贡献。在协调推进"四个全面"战略布局的新时期，如何适应法治中国建设推进依法治档、如何适应政务公开推进档案信息开放、如何适应社会多样需求改进档案服务、如何适应信息技术发展加强电子档案管理、如何适应现代化管理造就复合型人才队伍，正日益成为我国档案工作面临的主要挑战。《"十三五"规划纲要》提出，到2020年初步实现以信息化为核心的档案管理现代化，基本建成与全面建成小康社会相适应、有效服务国家治理和"五位一体"建设的档案事业发展体系，实现档案治理法治化、档案资源多样化、档案利用便捷化、档案管理信息化、档案安全高效化、档案队伍专业化的发展目标。对档案馆而言，实现规划目标、加强档案馆公共服务能力是当前具体任务，不仅涉及服务主体、义务主体、服务内容和服务条件等多个方面要素，还包括理念、资源、制度等多重条件因素。

一、服务主体与义务主体：改进档案服务

（一）服务主体档案馆应主动提升"内涵"

《"十三五"规划纲要》提出为"五位一体"建设提供便捷便利的档案服务，提高档案馆公共服务的认知度和用户满意度的任务和指标。服务主体档案馆应主动提升"内涵"、练好"内功"，提高档案公共服务水平。

1. 坚持正确的指导思想

《"十三五"规划纲要》提出牢固树立和贯彻落实创新、协调、绿色、开放、共享的发展理念，坚持档案事业依法管理、走向开放、走向现代化的指导思想，到2020年初步实现以信息化为核心的档案管理现代化，基本建成与全面建成小康社会相适应、有效服务国家治理和"五位一体"建设的档案事业发展

体系的发展目标。档案事业发展应在此指导思想和发展目标指引下,把高度的政治自觉和强烈的政治责任贯彻到档案工作始终,紧紧围绕党和国家工作大局推进档案事业发展。近年来,我国政府职能逐步由管理型向管理服务型转变,由被动服务向主动服务转变,政府职能转变是我国民主政治的一大进步。服务型政府的基本要求应以满足社会公共需求、保障公共利益为目标,以人为本、提供相应的公共服务是现代政府行政管理模式转变的主要特征之一。在此前提下,对当前我国档案馆利用服务工作也提出了强化以人为本理念的要求。我国档案工作实现"两个转变",建立"三个体系",这是档案工作在新时期贴近民生、走向民生的战略思考,是顺应档案利用主体的需求而做出的重大决策,也是我国档案工作理论体系的进一步创新。实际上意味着我国档案馆利用服务的又一次根本转型,由以管理为核心转变为以服务为核心,这是涉及档案馆理念、机制、体制等各个方面的深刻变革。把握这一决策实质,坚持正确的导向,有助于明确档案事业今后的主要内容和努力方向。

2. 以人为本、服务为先

坚持以人为本、服务为先,把以人为本作为档案工作的核心,努力满足社会各方面对档案信息的利用需求,更好地为党和国家各项事业发展服务是《"十三五"规划纲要》提出档案事业发展必须坚持的基本原则之一。档案馆属于国家公共文化事业机构,是档案公共服务主体,其服务对象的重点应向普通公民转变,档案馆的公共服务不是一般的社会公益事业,而是以人为本、还政于民、还档于民的具体实施,是档案价值的真正实现。如本章第一节所分析,当前新老矛盾交织,档案馆公共服务面临着一系列障碍,加剧了社会日益提高的档案服务要求与严重不足的档案公共服务供给能力之间的矛盾。破解矛盾和障碍首先需要作为公开主体和服务主体的各政府行政机关、各级档案馆确立以人为本的公共服务理念,以档案馆信息资源为服务的客体要素,才能为公众提供有品质的档案服务。在以人为本服务理念主导下,档案服务应当更体现公共性:利用主体不再仅针对公务人员,而是扩展为更广大的普通百姓;服务内容不再是以政府行政的规范性、政策性文书档案为主,还应顺应利用主体的需求花大力气拓展民生档案;服务的方式不再局限于档案馆,而是深入社会、进入社区,真正为公众的利用提供便利。因此,档案馆的公共服务理念体现在档案馆法规制度建设、日常运行管理的每一个环节,无论是档案的收集整理、提供利用服务,还是档案馆内各项业务的开展都必须以利用主体广大公众的需要为目标,以公众需求为档案工作的出发点和最终落脚点,力求做到服务界面更加人性化、服务内容更专业、服务态度更加友好、服务精神更加敬业。

3. 造就复合型人才队伍

《"十三五"规划纲要》提出的发展目标是档案队伍专业化。扩大档案专业技术人才队伍培养规模,培养和造就高层次人才和特殊人才,建设全国档案专家信息库,拓展档案人才发展空间。人是处于主导地位的关键因素,而作为服务主体要素的档案馆工作人员显然是提高档案馆公共服务水平的重中之重。档案馆公共服务过程中需要既具备服务理念又懂技术的复合型人才,而实际工作中,档案工作人员的服务意识、专业素养、技术知识等水平参差不齐,因此,加强人员培训,将服务主体打造成一支高素质的专业队伍必不可少。

首先,档案馆公共服务要求档案工作者有服务公众的思想观念。一方面档案部门需要建立完善的用人机制,促进档案工作人员的技能进步,留住人才。另一方面,要明确档案工作人员的身份职责和岗位规范,树立以人为本的服务理念,以服务公众的利用需求和提高档案馆公共服务能力为己任。激励档案工作人员自发地产生一种主动追求优质服务并不断完善自身素养、技能的职业认同感。档案工作者在对公众利用者服务时体现出发自内心的重视利用者的自觉、自律行为;自愿地为利用者提供优质、高效、便捷的利用服务,提升服务质量和效果,真正实现档案馆公共服务能力的提高。

其次,档案馆公共服务要求档案工作者要有综合完善的知识储备及与时俱进的创新精神。现代档案馆公共服务中,远程服务、在线咨询、微信、云服务等途径逐渐被应用到档案服务体系,可以预见,随着科技的进步档案公共服务将与时俱进,越来越多地采用新兴科技成果。这些新技术将加强档案部门和公众的互动,便利档案利用,但与此同时也对工作人员提出了更高的要求,这就需要档案工作者跟上时代进程,具备知识更新的能力。因此档案馆公共服务是一项极具创新力的事业,应该注重群体的技能培训,提升档案工作人员的技术素养,将民生档案信息服务平台建设成档案信息共建共享平台。

最后,档案馆公共服务还要加强对相关协同单位的业务培训和指导工作。如民生档案远程服务等档案馆公共服务新形式涉及错综复杂的资源共享平台、广泛众多的协调合作单位,因此仅仅提高档案馆人员素质是远远不够的,档案馆的职责之一便是对协同单位相关人员进行业务指导。为此,档案馆应定期召集各合作部门相关人员举办民生档案服务业务交流会、培训会,对这些非档案馆人员在民生档案服务中遇到的问题进行针对性的答疑解惑,在帮助他们解决业务工作困难的同时,还可听取贴近民众的反馈信息,从而在今后的工作中更加有的放矢地提高档案服务水平。

（二）义务主体行政机关在档案公共服务中应积极"作为"

1. 行政机关档案室已被推上档案公共服务的"前台"

其一，行政机关档案室公共服务是档案社会服务的"特区"。现行《档案法》及其实施办法虽有公民可以利用机关档案室档案的原则规定，但都没有法律、法规对机关档案室在对外提供利用制定明确、有效的监督、制约机制以及规定机关档案室档案利用争议的解决方式。许多机关档案室的服务对象主要是为本机关工作服务，即使有对社会服务的职能，一般也只是接待有组织的查阅，给公民个人提供档案服务的微乎其微。随着改革开放的深入和机关职能的转变，一些机关档案室已开始走向社会公共服务的新领域。但这种服务是不规范的，有些甚至是作为一种创利手段来付诸实施的。总体上看，机关档案室仍旧是档案社会服务的"特区"①。因此，公众所热切盼望的行政机关公开其拥有的政府信息和档案，成为政府信息公开和档案利用中的瓶颈与热点问题。

其二，行政机关档案室公共服务符合透明化原则的要求。在我国行政机关档案室所保存的档案中有相当部分内容是关于政府组织、政府决策和政府管理等需要公开的信息，按照世贸组织透明化原则的要求应予以公开这些方面的信息内容。当前我国政府文件的公开方式除了通过媒体、网络公布外，主要是通过设立在国家档案馆现行文件查阅中心等机构为公民提供查阅服务，公开的内容主要以规范性文件和政策性文件信息为主，按照透明化原则要求，我国现阶段政府文件公开的内容范围在很大程度上不够规范。将来我国政府文件公开内容的发展方向应逐渐向政策性、规范性与非政策性、非规范性等个性化信息并存公开的方向转变。

其三，公众对机关档案室档案的利用将成为"常态"。行政机关档案室室藏以其馆藏完整、针对性强等优势符合公众利用需求，对更好地满足公民对档案的多样化和更深层次的需求至关重要。近年来，公民对机关档案室档案的利用及矛盾冲突越来越多地显现，可以认为，原先不承担对外提供档案利用的机关档案室在政府信息公开和越来越深入的档案公共服务中已经被推上了对外服务的"前台"。随着档案开发利用和政府信息公开的逐步深入，公

---

① 杨红卫.机关档案室不是"特区"——一起查阅、复制档案案件的剖析与随想[J].山西档案,2005(4):32-34.

众法律意识以及对自身权利重视程度的加强，作为国家信息资源重要组成部分的机关档案室室藏档案必然引起公众的进一步关注，机关档案室必然会面临越来越多的对外开放需求，公民利用机关档案室信息将不再是"特例"，而会逐步成为机关档案室工作职能中的"常态"。

2. 行政机关在档案开放服务中应"有所为"

其一，行政机关档案进馆有限。从理论上看，公民在档案馆能够查询到各个机关的文件，然而许多机关由于种种原因并没有把全部档案归进档案馆，故从现实情况看，公民在档案馆实际能够查询到的文件种类、范围都非常有限。当公民没有在档案馆查询到所需要的信息或对相关档案查询需要进一步的信息咨询时，档案馆工作人员往往无法为公民提供更深层次的服务。在政府职能向服务型转变、信息公开深入人心的今天，机关档案室应充分认识到自身发展所面临的新趋势和新挑战。机关档案室在保持原来对内现行、半现行文件服务的功能基础上，应当进一步拓展对外文件与档案开放服务的职能，尤其应在政府信息公开和档案公共服务中发挥作用。

其二，档案形成机关独具优势。与档案馆民生档案有限的现状形成鲜明对照的是，各机关档案室馆藏范围是本机关除移交进馆档案外在工作活动中形成的所有档案信息，机关档案室通常保存档案内容完整、品种齐全，涵盖本机关职能活动整个过程中的所有档案信息。许多机关档案室在档案信息保存的完整性、系统性和专题性具有其他查阅场所无法比拟的优势。若某公民在档案馆了解到其所需要的档案信息保存在机关档案室，公民按法规规定向该机关档案室提出依申请利用请求的话，通过依申请利用程序最终是否能实现利用还是要由形成档案的这个机关说了算。因此，档案形成机关在现行文件来源、开放范围的把握和豁免开放等方面具有独特的优势。

其三，法规赋予行政机关档案开放的权力。法规条款对行政机关所保存的档案信息提供利用的程序进行了明确的规定，《档案法实施办法》第二十二条规定公民需要利用档案机构保存档案的，须经档案保存单位同意。《机关档案工作条例》第二十一条规定"机关档案室的提供利用不同于国家综合档案馆提供利用。机关档案部门保管的档案，是现行档案，主要供本机关和上级主管机关使用，不属于开放范围。对外提供利用需经上级主管机关批准"。也就是说，档案室作为档案保管部门其所保管的档案能提供利用与否要由上级主管机关批准，行政机关掌握档案依申请公开的最终决定权和解释权。现行《档案法》体系侧重于从政府机关而非从公众的角度考量、规范档案信息的开放利用问题，法律法规将档案和政府信息公开的大部分权力授予档案形成和管理机关。我国历来对信息的定密范围从宽,密级偏高,解密期较长,公民利用档案的需求往往遭遇"不开放"的局面。而利用"不开放"档案必须走依申请开放程序则会受到行业、部门等一系列相关规定的制约。在《档案法》的规范制约下,长期以来机关档案室职责就是集中统一保管本机关各部门形成的全部档案,并为本机关各部门的工作提供服务。机关档案室的这种对内服务的职责已经成为一种习惯定势。行政机关独自享有这些信息而不向公众公开,这使得政府掌握的绝大部分信息处于封闭、闲置或半封闭、半闲置状态。即便在有限的公开中,公开什么,如何公开,全由政府部门自行决定,公众没有参与权和选择权。这必然决定机关档案工作为本机关管理职能服务的非公共性,导致公众利用者难以实现对档案室档案信息的获取与利用。

3. 行政机关档案室在档案公共服务中能"有所为"

其一,机关档案室档案量多面广。作为内部机构,几乎所有具有一定级别、规模的行政机关均具备独立或隶属某部门下的档案部门。政府行政机关履行着管理国家方方面面公共事务的职能,因此机关档案室在社会上分布广,数量多。据统计,这些档案部门所拥有的丰富政府信息资源总量比档案馆收藏档案的总量还要大。① 而依申请公开途径已经使机关档案室成为档案开放一个事实上的重要实施主体,这决定了行政机关档案室在国家"社会记忆"构建和档案公共服务中作用极其重大。

其二,机关档案室档案的利用针对性强、价值高。行政机关的职能决定其所收藏的政府信息和档案不仅量多、面广,同时具有很强的现实时效性和针对性。尤其如民政局、人力资源保障局、教育局等涉民机关是一些民生档案的唯一形成者、拥有者,其原始凭证性是任何其他材料所无法替代的,也是档案馆等其他任何机构都无法企及的,因此这些民生档案在公民档案利用中往往具有决定性的凭证价值。故行政机关的档案开放不仅在政府信息公开和档案开放利用中具有非常重要的位置,同时也始终是档案公共服务中矛盾集中的焦点所在,近年来不断爆出在档案利用方面涉及公民要求行政机关依申请公开其所藏档案信息被拒绝而诉诸法律的案例就是实证。

其三,机关档案室公共服务能满足公民利用的需求。随着社会公众提出的档案利用需求越来越广泛深入,利用需求较以往更具有多层次化、个性化特点,公民依申请公开在各种利用形式中占比重逐渐增加,而依申请公开通

---

① 陈永生.档案已供利用情况的数据分析——档案充分利用问题研究之三[J].档案学研究,2007(5):20-25.

常所需利用信息的范围比较分散,不具有普遍性,在很大程度上甚至是个别人的特殊需求,但对公民个人而言,却因所需信息是获取个人切身利益的必经之路而显得格外重要。机关档案室作为本机关信息的集结地,保存着本机关除归档至档案馆之外的所有信息。从实际状况看,公民申请公开的信息往往就保存在机关档案室内,因此机关档案室档案不仅是本机关工作活动的真实记录,而且对满足公民的利用需求而言通常更具针对性。

其四,机关档案室应承担公共服务的职能和义务。当前已经进入了依法行政的时代,迈向了"以人为本"的民主社会,机关档案室应与档案馆一样承担一定的社会公共服务职能。有学者提出,政务公开是国家行政机关通过适当形式向社会公开有关事项及其办理情况的民主监督制度。机关档案室作为政府机关的一个组成部分,也应承担公共服务的职能和义务,因此,也具有以提供公开利用来满足公民需求的义务[①]。机关档案室依法开放档案,面向社会和公众服务已经迫在眉睫。随着《档案法》法律法规体系的修订以及政府职能转型的进一步深入,我国政府对公民权利日益重视,行政机关档案室的功能同国家档案馆一样,从深藏于政府机关、仅为本机关工作职能服务转向兼具为社会公众服务功能的"前台"是大势所趋,机关档案室走出"特区"、投身于民主建设和公共服务潮流将势在必行。

4. 行政机关档案室在档案公共服务中如何"作为"

在社会转型发展过程中,冲突是一种不可避免的社会现象和事实。这些冲突不仅表现在利益的重新组合和分配上,同时也体现在整个社会的治理与制度化方面。在社会转型过程中,逾越一些长期固有的法律规范、理念、机制而形成的"坎"并非易事。现有的档案开放法律法规虽然为保障公民权益提供了一定的现实途径,但离完善的制度建设以及公众的期望还有相当大的距离,必须在实践中不断健全和完善。近年来,政府不断向开放型、服务型、民主型转变,国家已启动《档案法》体系法律法规的修订工作,公民依法享有利用档案的权利被提到新的高度。机关档案室档案的对外提供利用问题现已成为一个社会关注的问题。公众的依申请公开利用需求不仅对档案室室藏而且对档案室工作人员的服务理念、工作方式等都提出了更高的要求。行政机关档案室在档案公共服务中应如何"作为"？笔者认为应做到以下几点:

首先,从行政机关相关人员及其档案室工作人员角度看,自觉树立服务理念,一方面应依法及时移交档案,包括机关文书部门、业务部门向档案部门

---

① 引自上海市档案局研究课题"档案依申请提供利用问题研究"(2007)。

移交档案和机关档案室档案向同级档案馆移交档案。按照我国《机关档案工作条例》的要求"机关文书部门和业务部门一般在第二年上半年向档案部门移交档案",《档案法实施办法》第十三条规定:"属于中央级和省级、设区的市级国家档案馆接收范围的档案,立档单位应当自档案形成之日起满 20 年即向有关的国家档案馆移交;属于县级国家档案馆接收范围的档案,立档单位应当自档案形成之日起满 10 年即向有关的县级国家档案馆移交。"也就是说,各机关将其职能活动中形成的、有保存价值的各种材料在办理完毕后向本机关档案部门归档。满 20 年的市级机关永久保存档案向市级国家综合档案馆移交,满 10 年的区(县)级机关长久保存档案向区(县)级国家综合档案馆移交。目前,在实际工作中移交时间滞后性的问题非常突出,给档案公共服务带来了很大障碍。机关档案室在文件运动的前期阶段就要加强对文件的干预和控制,使机关内部办理完毕的文件能够及时移交到档案室,并在机关档案室保存期满后及时向同级国家档案馆移交有关历史档案,以便由国家档案馆按照法律规定处理公众提出的档案依申请公开利用问题,为档案公共服务创造条件。

其次,机关档案室在为社会公众提供利用服务的过程中,应该为利用者创造更多的利用途径,除了开放纸质文件外,还可开放一些电子文件,并通过技术手段的科学运用和档案信息的科学管理,降低对外开放服务的成本。机关档案室应该发挥自己的特殊优势,在对外开放服务的基础上,可以针对用户的个性化需求,承担一些诸如行业统计信息等非政策性、法规性文件内容的公开,这也正是机关档案室与国家档案馆在政府信息公开过程中的不同之处。①

最后,在客观上由于某种原因档案确实仍由行政机关档案室保管的情况下,行政机关档案室应在主观上积极"作为",大胆创新,顺应档案公共服务发展要求,比照部分政府信息依申请公开的方式,研究解决如何为政府信息公开服务的长效机制,审时度势地开展有关室藏档案的依申请提供利用工作,②转变与重塑机关档案室的形象,拓展档案室的公共服务职能,实现机关档案室与社会公众之间的良性互动,成为档案馆公共服务的延伸部分。从国家法制建设角度看,应进一步健全与完善档案开放的法制建设,正如姜之茂所认为,更多地倾听公众的呼声,加强对机关档案室工作的社会监督,对机关

---

① 周毅.政府信息公开过程中的现行文件开放研究[M].北京:群言出版社,2007:101.
② 引自上海市档案局研究课题"档案依申请提供利用问题研究"(2007)。

档案室的档案提供利用工作也要像档案馆的开放档案工作一样,置于"阳光"下,增加透明度。要逐步把影响和制约这项工作开展的机关内部规章上升为可以公之于众的、交由档案行政机关和司法机关裁决的法规性文件。突破档案室档案开放这一长期以来的"禁区",研讨档案室档案开放的内容、时限范围等问题,制定相关的开放政策,使机关档案室能顺畅地依法开展公共服务、充分发挥档案室的应有作用,积极满足公民档案利用诉求。

5. 机关档案室对外开放的实践论证

在现实社会实践中,机关档案室对外开放服务已做出了一定成效,对化解社会矛盾,维护社会稳定,满足公众对档案信息的需求等方面已经发挥出了显著的作用。一些与民生密切相关的部门如国土局、工商局以及法院等政府机关,已经加强了各自档案室的建设,而且在对外开放服务实践中逐步发挥出档案的情报价值和凭证价值。

比如,江苏常州市人民法院在近年来逐步加强本法院档案室的基础业务建设,还着眼于法院工作的大局,积极开发利用诉讼档案信息资源,为法院内外提供热情服务。常州市人民法院充分利用法院的档案室室藏档案积极为人民群众实现自己的合法权益提供的方便,同时也为协助政法机关依法严厉打击犯罪,维护社会稳定,做出了应有的贡献。① 浙江宁波市规划局北仑分局综合档案室收藏、保管城市建设、规划档案 5 万多卷,是城市管理重要信息源,也是服务企业、百姓的重要窗口。仅 2010 年上半年就提供档案利用 296 人次 423 卷,为该市的工程改造、扩建、地质勘探等节约近 7 万元。多年来宁波市规划局北仑分局档案室为城市拆迁、建筑改造、工程维修、编史修志、区域规划、解决民事纠纷提供了大量档案及资料,不仅仅满足了其他政府机关以及社会大众的需求,节约了社会成本,而且也产生了良好的经济效益和社会影响。② 机关档案室面向社会提供开放利用服务的实践刚刚起步,在很多方面都在摸索着前进,有许多实际问题需要解决。但是从全国各地机关档案室对外开放服务实践以及产生的效益和民众对档案信息的需求方面看,机关档案室依法开放档案,面向社会和公众提供利用服务已经是迫在眉睫。

机关档案室对外提供利用服务的道路并不是平坦的,漫长的开放之路上还会遇到许多阻碍,还需要从各个方面保障机关档案室对外开放服务的顺利

---

① 常州市新北区人民法院档案室.档案室积极开发利用诉讼档案着力服务审执工作.
[2010－06－25].http://www.xbfy.gov.cn/kuaixunshow.asp? id=1014.
② 宁波市规划局北仑分局综合档案室.档案利用成效显著.北仑之窗.[2010－06－25].
http://www.bl.gov.cn/doc/blzw/cxgl/2010_6_25/515018.shtml.

进行,比如完善相应的法律法规为机关档案室对外开放服务提供法律保障;机关档案室对所属机关的依赖性较强,对外开放过程中特别要处理好与社会各方面的关系;等等。总之,笔者认为,对外开放服务是机关档案室未来发展的必然选择。

二、服务内容：推进民生档案信息开放

《"十三五"规划纲要》要求应实现"档案资源多样化,依法管理档案资源,各级国家机关、团体、企业事业单位档案实现应归尽归、应收尽收";使"档案资源更加齐全完整、丰富多元,覆盖人民群众的档案资源体系更加完善"。民生问题是与人民群众最直接相关的重要问题。近年来,党和政府着力促进社会发展和解决老百姓生活中的困难,我国现阶段比任何时期都更关注民生问题。民生档案工作是民生工作的一个重要方面。各级档案馆认识到民生档案资源建设的重要性和紧迫性,积极展开民生档案工作研究和实践,我国档案馆档案资源体系和利用体系建设正在实现面向普通百姓的根本性转变。

(一)民生档案资源建设在档案公共服务中地位重要

从广义上看,民生档案不仅包括解决各类民生问题的原始凭证,也包括国家解决民生问题制定的方针政策,例如廉租房制度、养老制度等。关涉民生方面档案的种类很多,而且各地区依据其不同的特点还会衍生出各具特色的民生档案类型(见本书第一章第一节)。民生档案关系着百姓生活的方方面面,与百姓切身利益紧密相连。民生档案资源建设是为了更好地关注民生、保障民生和改善民生,民生档案工作是更好地服务人民群众,满足他们档案利用需求必不可少的手段和内容,也是档案机构今后的工作重点。在当前我国建设服务型政府,着力保障和改善民生扩大公共服务的改革过程中,民生档案资源建设的意义尤为凸显。

首先,民生档案资源建设是社会发展与进步的必然需要。重视每一个普通社会成员的生活感受和利益是社会文明与发展进步的体现。和谐健康发展的社会应当是构成社会的各个部分、各种要素均相互协调,社会管理体制不断创新和健全、稳定有序发展的社会。民生问题自古以来就与社会稳定、国家发展紧密联系在一起。在社会高度文明的今天,政府行政以人为本、以服务为宗旨、以实现公共利益最大化为主要任务,必然高度重视解决民生问题,这是促进社会和谐与健康发展的一个重要方面。民生档案作为

一种真实记录，是许多民生问题的原始凭证，对于维护广大人民群众的切身利益，缓和社会矛盾，促进社会稳定具有不可或缺的重要作用，同时也是建立并维护社会公共秩序、保障公民权利、实现社会公正、实现公共利益的重要依据。民生档案资源建设不仅是构建档案馆公共服务体系的有机组成部分，也是现代服务型政府构建覆盖全社会的公共服务体系的主要内容之一。

其次，民生档案资源建设是维护人民群众知情权的基础。现代信息社会，知识和信息成为最重要的社会资源，获得信息是公民的一种权利。如今信息资源成为个人生存的基础和条件，知情权实质上是一种与个人生存权和发展权相关联的前提性权利，因而知情权必然成为人们普遍而强烈追求的一种权利。档案固有的记录历史功能使民生档案资源建设成为维护人民群众知情权的基本手段。近年来，为了保证广大人民群众能及时了解、充分利用政府的政策法规以及各种信息，档案部门不断扩大档案的收集范围，尤其注重与群众关系密切的现行文件和档案的收集，为群众维护自己切身利益提供了依据和条件。

最后，民生档案资源建设是实现档案馆社会服务职能的重要途径。我国各级各类档案馆馆藏中占主体地位的主要是政府行使行政职能中产生的政务档案，民生档案长期以来并未引起足够重视。随着社会保障不断完善、中央高度重视民生问题、公民自身权利意识觉醒并呈现出增强态势，与百姓息息相关的民生档案越来越引起人们的重视。民生档案资源建设站在"以人为本"的立场上，以社会、公民的需求为出发点规划档案工作的发展重点。从百姓角度来讲，民生档案资源建设有利于满足其利益需求、改善其生存处境；从档案馆角度而言，民生档案工作的开展促使各级档案馆对档案资源进行深层次的开发与整合，为提高档案利用率奠定基础，有利于将档案馆打造成一个地区性、综合性的档案信息中心，拓展档案馆的社会功能。

（二）民生档案资源建设与档案公共服务关系紧密

（1）民生档案资源建设基于其所处的时代背景，界定当前民生档案资源建设与档案公共服务的关系就必须重新认识档案馆与社会、公民之间的关系。在现代服务型政府背景下，以人为本理念指导下的档案馆公共服务体系的逻辑起点必然就是社会、公民，而非政府或是国家，本质的要求就是视社会、公民的需求决定档案馆公共服务的内容。正如加拿大档案学家特里·库克认为的："20世纪末期公众对档案的认识，或至少是用纳税人资金建立起来的档案馆的认识已经发生了根本变化,即现在档案是属于人民,为人民服务,甚至通常由人民管理。在普通公民看来,档案不仅要涉及政府的职责和保护公民的个人利益,而且更多的还要为他们提供根源感、身份感、地方感和集体记忆。"[1]档案馆公共服务体系的构建要求我国档案馆由国家档案观向社会档案观转变,将档案视为社会记忆而非国家行政管理活动的衍生物,将以档案管理为档案馆单一目标转变为以档案馆公共服务带动档案管理,将档案馆公共服务对象面向社会公众而不单是政府机构,将档案馆公共服务目的设为满足社会大众档案需求而不仅限于政府行政管理诉求。[2] 因此,民生档案资源建设与档案公共服务的关系已非以往能比拟,社会公众对民生档案的需求以及对民生档案利用服务的要求已大大提高。

(2) 民生档案资源建设是档案公共服务的基础,直接关系到档案利用与服务的成效。档案信息资源是指档案的物质载体及其所含的信息,档案作为一种物质载体,是一种可利用资源。而档案资源的价值取决于其所含的信息内容。信息资源本身是储备隐性的资源,只有经过人们用智力去加以采集加工、存贮和不断的开发,才能挖掘出其档案中隐性的信息,转化为与现实、实践活动发生联系的实用、显态和动态的资源,为公众所利用,显示出其应有的价值。档案使人、物、事的历史原始记录重现,为人们提供依据性、凭证性、参考性的有效信息。档案馆适应社会对民生档案需求快速增长的现状就要加强民生档案工作,首要任务就是要加强民生档案资源的建设,更多地收集百姓需要的档案信息,以档案公共服务促进档案馆一系列档案管理基础工作,使档案工作真正实现面向普通百姓的根本性转变。

(3) 档案工作的目的不仅是在于保存历史记录,更重要的应该是通过提供利用发挥其价值和作用。档案是一切社会活动最原始的记录,具有相当高的凭证性价值。民生档案是与百姓联系最密切的一类档案,最贴近百姓的生活需求。目前我国非公务利用档案的需求逐步攀升,公民个人为学术研究以及解决财产继承、经济纠纷、婚姻关系、学历资历证明、工作调动、劳动保险等问题查阅档案的越来越多。这种对档案的"青睐"表明越来越多的利用者已经认识到可以直接解决自身利益的民生档案的价值。尽管从本章第一节的分析中可见,档案馆现有馆藏资源与老百姓档案利用的实际需求还存在着一

[1] 库克.1898年荷兰手册出版以来档案理论与实践的相互影响[C]// 第十三届国际档案大会报告集.北京:中国档案出版社,1997.
[2] 俞佳.档案馆公共服务体系研究[D].上海:上海大学,2014:40.

定矛盾，但民生档案利用率的攀升表明社会公众对民生档案的需求已以显性取代了隐性、从压抑转变为利用和满足。

（三）民生档案资源建设的途径

分析当前发展环境，《"十三五"规划纲要》认为档案事业发展"十二五"规划提出档案资源配置逐渐优化的"主要目标已基本实现"，"贯彻国家档案局令第 8、9、10 号，加强了对国家档案资源的管控；发布两批 100 种基本专业档案目录，初步形成覆盖人民群众的档案资源体系"。各地档案机构为加强民生档案资源建设已做了许多有益的尝试，如编制社会保险、医疗改革等高需求率档案类型的专题目录，建设婚姻档案、知青档案、公证档案等民生档案数据库等取得了一定成效，但民生档案资源建设是一项需要长期不懈努力的系统工程，可从以下方面进行建设。

1. 挖掘存量，整合馆藏资源

民生问题涉及面的包罗万象决定了民生档案信息的广泛性。在各级各类许多机关的档案中包含有大量涉民档案，这些民生档案信息与改善民生、维护公众合法权益密切相关。

首先，档案馆应发掘自身馆藏民生档案信息资源。充分利用馆藏档案资源整理涉及民生的档案信息，分门别类，在不打乱原有全宗保管的基础上，优先对涉民档案信息进行数字化，建立新的检索体系，形成民生档案专题数据库。例如，上海市黄浦区档案局面对一系列民生档案利用需求深入挖掘现有馆藏中的各类民生档案资源，针对混杂在各类档案中而又急需的民生档案，专门组织人员认真进行梳理，确定民生档案的范围，深入细致地对文书档案中的各种名册、审批表等内容进行审核。对馆藏利用频繁的民生档案进行数字化加工和数据资源整合工作。①

其次，档案馆应统筹协调涉民单位的民生档案资源建设。受保管地点、保管期限等因素影响，还有大量的民生档案信息处于分散于不同的保管单位、散落于不同全宗之间的状态。因此，档案馆应在挖掘本部门已有民生档案信息资源的基础上，协调如民政、社保、土地管理、医疗卫生等各涉民单位，统筹各类民生档案资源建设，把能接收进馆的档案尽快接收，丰富馆藏民生档案信息量；无法接收或暂时无法接收的档案，应先摸清家底，指导各部门制定优先整理、优先数字存储的计划方案，运用信息技术整合民生档案信息资

① 胡远杰.档案工作服务民生的思考与实践[J].上海档案,2009(8)：21-23.

源,做好数据库资源的共享工作,建立统一的民生档案信息利用平台,为公众提供便利的档案利用服务。

2.拓展增量,丰富并优化馆藏资源

《"十三五"规划纲要》指出应"深入贯彻《各级各类档案馆收集档案范围的规定》,依法开展档案移交进馆工作,确保应进馆的各类档案及时接收进馆;科学规范专业档案管理制度和办法,明确各级档案馆接收专业档案的范围,对重点专业档案的形成和管理加强监督检查"。笔者认为,对于民生档案的增量问题可以从前端规范管理抓起。前端控制管理思想最早出现在电子文件管理领域,它要求从文件形成之时甚至形成之前(即电子文件管理系统设计阶段)就对文件形成一直到归档整个过程给予通盘规划,把可能预先设定的管理功能纳入系统之中,并在文件形成和维护阶段进行监督。将这一管理思想引入民生档案资源建设,主要是指在民生档案形成、处理过程中就应实行规范化管理。

首先,调研摸底,重点指导。档案局深入民生档案形成单位进行调查研究,摸清政府机构中公共服务职能较多、民生档案形成较集中的单位作为重点对象。在此基础上,档案局应对这些重点单位的民生档案予以重点关注,发挥自身业务优势,派遣专业人员去相关单位指导民生档案资源的整理归档及保管,指导他们对公民利用需求率高的档案加强管理。档案馆还应对这类档案的管理工作进行重点检查、控制,帮助他们及时解决具体工作中产生的问题,在进馆前就对相关部门的民生档案进行前端管理,以保证民生档案质量。如上海市奉贤区档案局由局领导带队对全区 22 家单位的民生档案工作进行了深入调研,形成了分析全面、思路清晰、措施可行的调研报告,制定了全区加强民生档案管理的实施意见,并被区政府办公室转发,有力推动了奉贤区民生档案工作的实质性启动。此外,浦东新区、青浦区档案局也专门成立民生档案工作调查组,深入部门、街镇、行政村、园区等进行了调查摸底,对民生档案较集中的区劳动局、民政局和卫生局等单位开展了分类建档业务指导,以深入民生档案服务工作为基点,提出了档案工作的新要求。① 另外在信息化背景下,很多民生档案以电子文件的形式产生,也有许多单位将纸质文件扫描成电子文件后保存在资源库中,应注意从这类电子文件形成时就加强对其管理控制。民生档案收集齐全、整理规范、管理科学,才能从源头上做到

---

① 仓大放.贯彻"两个体系"建设全面推进上海民生档案工作[J].上海档案,2009(6): 3-6.

为民生档案资源建设奠定良好基础。

其次，扩大范围，优化馆藏。如《"十三五"规划纲要》所要求，"各单位制修订适合本机关、本系统的综合档案管理办法，建立健全机关档案工作制度体系；制订所属机构档案目录缴送备案制度、文件归档范围和文书档案保管期限表审批制度"。档案局应根据实际情况和公众的利用需求重新划定档案收集范围，优化馆藏，扩大对各涉民单位民生档案资源收集的广度和深度。如烟台市等许多省市档案局制发文件进一步明确民生档案的归档范围、归档职责，扩大民生档案收集范围，使更多的民生档案资源向国家综合档案馆集聚。大量案例表明，档案机构调整并扩大民生档案收集范围，及时、齐全地收集这些与民生密切相关的档案资源，对民生档案资源体系建设的推进将起到积极作用。上海市各级综合档案馆及时调整档案收集导向和接收计划，将婚姻登记、劳动保障、动迁公证等涉及民生且查阅率高的档案优先或提前进馆，尤其注重收集专业档案、实物档案和新型载体档案，努力建设面向民生的多元化馆藏档案资源体系。如嘉定区档案馆与区法院协商，首次实现诉讼档案的接收。① 此外，笔者认为还应通过提高民生档案的归档地位优化馆藏资源。具体来讲，就是各单位在归档过程中，应相应提高本单位形成的民生档案的保管期限，把这部分档案与反映各单位主要职能活动和基本历史面貌的重点档案等同起来进行归档，以确保民生档案资源的建设。近年来，政府注重民生问题，在社会保障方面不断出台惠及百姓利益的政策，如推出廉租房、经济适用房以及为退休工人增加养老金等政策，在享受这些政策时，必须出具工龄、相关家庭收入等证明，因此，各单位除职工名册外，有关工资收入、公积金等方面的文件也应作为永久档案保存，保证职工即使退休也能顺利利用这类档案。

再次，完善基层档案管理。近年来，响应国家档案局实现"两个转变"、建立"三个体系"的要求，各地、各级档案馆在建立覆盖广大人民群众的档案资源体系中在民生档案资源建设方面已经取得了不少的成绩。但相对于机关、企业事业单位档案工作而言，长期以来，农村和城市社区档案等基层单位档案工作一直较为薄弱，主要表现为基层档案资源大量流散在外，缺乏系统的收集和规范管理。究其原因，一是基层档案工作长期未得到足够重视，未纳入主流档案资源建设范围，缺乏针对村镇、街道一级档案资源收集、管理的法

---

① 仓大放.贯彻"两个体系"建设全面推进上海民生档案工作[J].上海档案，2009(6)：3-6.

规规范,导致农村和城市社区档案等基层档案资源建设欠规范;二是基层工作千头万绪但人员编制有限,档案工作缺少足够的人手配备。然而,农村和城市社区工作大多涉及百姓民生,农村和城市社区是民生档案形成的聚集地。《"十三五"规划纲要》部署"制定《村级档案管理办法》、农村贫困人口脱贫档案工作制度办法,完善贫困人口和困难家庭建档立卡工作及相关措施;专项检查土地确权、集体林权制度改革、农村五保供养等档案管理工作;建立健全农业转移人口户籍和居住证档案管理制度;加强对农业现代化重大工程档案的监督管理;强化县级综合档案馆对农业农村档案的接收进馆工作;将档案工作纳入新型城镇化建设、'美丽乡村建设'等工程;继续推动村级建档,探索'村档乡管'模式;宣传贯彻《城市社区档案管理办法》,将具有永久保存价值的社区档案纳入国家档案资源体系"等任务,将对各地建立健全基层档案工作、完善农业农村和城市社区档案管理具有直接导向作用。

最后,"应收尽收",同步调整。随着惠民新政的陆续出台、已有政策的调整、民生工作的推进,公众对民生档案信息的利用需求不断出现新的趋势、形成新的利用高潮。"应收尽收"的内容,不光要丰富民生档案的门类,做到档案收集与民生工作同步,实现"民生工作开展到哪里,民生档案收集工作就延伸到哪里";而且还要注重各类载体档案的收集,不光要收纸质的,更要收电子的,尤其是将在民生工作受理、登记、办理、审批的业务部门形成的第一手业务数据和电子信息收集齐全,建立业务部门定期向档案室移交民生档案信息数据的管理机制,从而确保民生档案齐全、完整、系统、准确。① 例如,民政部门对退伍士兵中参战、涉核等人员出台生活补贴政策,要求退伍士兵要对自己的参军年限、参战经历等提供相关证明;国家出台新的惠农补贴政策,要求对农民的土地拥有、使用情况出具证明等等,这些政策的出台往往会形成新的档案查询利用需求。面对这些实际工作中的变化,档案部门应当改变以往被动等利用者上门的情况,及时关注民生政策的变化,认真倾听公众呼声,收集相关建议、意见,了解公众的利用需求,完善已有的民生档案信息资源,提供便利的查询检索渠道,服务跟随社会形势发展和百姓档案需求热点的变化进行调整。

3. 开阔思路,破解档案开放鉴定瓶颈

档案解密和开放是民生档案资源建设的重要途径,直接关系到可供共享

---

① 仓大放.贯彻"两个体系"建设全面推进上海民生档案工作[J].上海档案,2009(6):3 - 6.

利用的民生档案信息资源数量,因此,档案开放鉴定是民生档案资源建设中重要一环。档案开放鉴定是一项系统性工作,包括档案信息的鉴定、档案开放信息目录的编制、档案开放信息的提供利用等多个程序。目前,开放鉴定的瓶颈状态也是造成民生档案资源建设跟不上公众利益需求、依申请利用频繁的直接原因之一。因此,加强民生档案公共服务能力、建设民生档案资源体系要取得良好效果,除了在整合馆藏民生档案资源、拓展增量上下功夫外,必不可少还需解决民生档案开放鉴定问题。

在各级各类国家档案馆,属于到期应向社会开放的档案数量往往很大。以笔者对上海市档案馆调研情况为例,在档案开放上,该馆开放档案资源每年年末更新一次,每次受到实时形势影响,开放略有微调,少部分档案从开放变为不开放,大部分档案则经鉴定由不开放变为开放。大量到期档案要向社会开放造成所需要的鉴定工作量极其巨大,这是全国各级档案馆档案开放工作长期且普遍面临的一个艰巨问题,已经成为阻碍档案信息公开进程中的瓶颈。而与国外档案馆相比,国内档案馆大多藏量大,鉴定难度高,受政策影响明显。在档案鉴定实践中,常常遇到与《政府信息公开条例》和《档案法》有冲突的问题,要请示上级确认鉴定结果。因此经常存在鉴定重复及公开内容反复的现象,这成为档案鉴定中又一非常令人头疼的问题。此外,鉴定工作涉及档案馆不同内设机构,需要协同完成,但彼此之间缺乏有效机制,沟通常常不畅。凡此种种,都使档案馆鉴定工作遭到阻碍。

针对档案开放鉴定这一瓶颈的破解,一些地方的档案行政管理部门也在致力于完善鉴定开放工作机制和程序,寻求解决途径,如上海市档案局近年来在机关文件归档工作中推行"三合一"机制,即由同级档案局业务指导部门、有关档案馆和形成机关档案人员及社会专家共同参与机关"三合一"归档鉴定工作,在机关归档的文件中及时地解决属于政务信息公开的文件归档后的利用问题。这是从档案部门内部进行改革的一种尝试,短期内可缓解利用矛盾,但从根本上来说要靠国家法律、法规的保障。[1] 上海市档案馆专家马长林对鉴定工作也提出了自己的见解:档案利用部门应当定期对社会利用需求进行分析,预测利用趋势,并将相关信息反馈给鉴定部门,作为鉴定部门确定馆藏档案鉴定工作次序的重要参考;鉴定部门应当及时将鉴定计划反馈给编目部门,作为编目部门编制各类档案检索工具的依据;编目部门则应当及时

---

① 引自上海市档案局研究课题"档案依申请提供利用问题研究"(2007)。

将各类检索工具的使用范围、方法、检索效果等反馈给利用部门,使利用部门能更好地为社会公众提供各类检索服务。针对目前国内尚未发现国家档案馆设有相应机构,或赋予某个职能部门以相应职责以解决档案鉴定的全盘组织问题,马长林提出如下方案:设立包括鉴定、编目、利用、信访等部门负责人为成员的档案信息公开委员会,由馆领导为主任委员,主要职责为负责研究、协调解决国家档案馆档案信息公开过程中的主要问题,尤其是档案信息公开的范围、目录编制的广度和深度,提供理由的程序和方式、监督和救济等重大问题,以及其他争议较大的需要解决的档案信息公开问题。鉴于利用部门的"窗口"优势,赋予利用部门更广泛的职权,由档案利用服务部门负责起草年度档案信息公开工作报告,呈报档案信息公开委员会并根据会议决议执行相关工作。[①] 档案资源鉴定的被动局面是长期积累的结果,对于这一老大难问题的破解,还需要各级档案馆坚持以人为本理念,在现有法律法规和管理机制下与档案形成机关进行沟通和协调,明确权力和责任,积极探求可以破解解密瓶颈的有效方法,创建新的机制,协同努力才能攻克"涉密档案解密难"的难题。

4. 展开联动,推进民生档案资源共享

《"十三五"规划纲要》要求"为'五位一体'建设提供便捷便利的档案服务,提高档案馆公共服务的认知度和用户满意度。创新服务方式,多渠道开发档案资源";"利用现代化技术手段,简化利用方式,推动辖区档案资源跨馆利用、跨馆出证工作"。民生档案资源共享是指在有效整合馆(室)藏档案信息的基础上,运用网络技术传递档案信息,同时加强科学管理及统筹规划,实现档案信息的社会充分共享。[②] 其包含了下列含义:有效整合馆(室)藏档案信息是档案信息资源共享的前提;通过网络传输档案信息是档案信息资源共享的最佳途径;科学管理与统筹规划是实现档案信息资源共享的重要保障;档案信息资源共享的最终目标是实现档案信息的社会充分共享。信息时代是信息充分共享的时代,通过快速有效的信息交流,实现信息资源最大范围的充分共享已成为信息时代信息利用的发展趋势。

首先,实现民生档案信息资源共享是新时期民生档案资源建设的重要内容。档案信息资源作为国家信息资源的重要组成部分,是政府、企事业单位、

---

① 马长林,戴志强,等.档案信息公开理论与方法[M].上海:上海社会科学院出版社,2007:192-193.
② 范宗斌.档案信息资源共享的几点思考[J].贵州档案,2003(5):27-29.

个人行为不可或缺的信息资源,民生档案信息资源共享是加快民生档案资源建设的重要内容,也是民生档案资源建设的必要途径。[①]　目前我国档案信息资源分布在分属于不同区域和系统的各级各地档案馆(室)及其他机构,由于其行政隶属不同,相互之间缺乏充分的联系和协作,档案信息的收集、组织缺乏整体规划和协调。民生档案信息资源共享连接起不同区域和系统的各级各地档案馆(室)及其他机构的馆(室)藏档案,把原本呈条块分割状的民生档案资源连成一体,从而能最大范围地提供利用,缓解公众利用民生档案需求与档案资源不足之间的矛盾,最大限度地满足公众的信息知情权,实现档案信息资源的社会价值。信息技术的迅速发展又使档案信息公共服务中出现公众普遍越来越趋向于青睐获取数字化档案信息的利用方式,民生档案资源共享为信息化背景下民生档案远程利用服务提供了必要的信息资源基础,为民生档案公共服务插上了互联网的"翅膀",从而成为民生档案资源体系建设中最为华彩的"乐章"。

其次,档案信息资源共享运行必须依托运行平台而实现。当前网络环境下,档案信息资源的共享主要为在线共享,共享平台亦多指逻辑结构上的网络平台。以计算机网络技术为主导,主要依托计算机网络来合理配置档案信息资源,促进档案信息资源共享。[②]　从理论上讲,档案信息资源共享主要可分为微观、中观和宏观三个层次的运行平台实现共享,即档案馆内、区域范围内或专业系统间以及全国范围的档案信息资源共享。微观层次主要基于局域网 LAN 技术,通过组建档案馆(室)局域网平台,为档案馆内部各机构提供信息服务,这是档案信息资源共享的起步阶段,也是档案信息资源共享的基础。微观层次档案资源共享一般仅在档案馆内部采用,目前早已在各地机关、企事业单位、高校以及各大服务场所普及。中观层次是通过组建某一区域(或专业系统)内各档案馆及相关机构部门相连接的网络,为该区域(或专业系统)内的档案馆和相应机构提供信息服务。目前各地正在广泛兴起的区域性民生档案远程服务可看作中观层次平台实现民生档案资源共享的典型案例。据笔者调查,目前天津、上海、济南、北京等省市普遍选择了依托本省市的政务网建设民生档案远程服务平台。如天津市档案局联合市电子政务中心考察各区县电子政务网的接入情况,确定了依托电子政务外网划分全市档案系

---

①　张林华,冯厚娟.档案信息资源共享现状的思考[J].秘书,2014(9)：13-15.
②　王红.基于网络环境下高校图书馆信息资源共享机制研究[J].现代情报,2008(4)：92-94.

统虚拟专网,并以此为网络平台,建设天津市民生档案远程服务平台。① 2012年上海市已在全市范围实现"就地查询、跨馆出证、馆社联动、全市通办"民生档案远程服务机制,上海市档案局采用全市统一,遍布各区县、街镇和社区的政务网进行平台建设,主要采用VPN技术在上海市公众信息网上构建了覆盖全市市、区两级综合档案馆的档案虚拟专网,并对系统进行了安全防护,在各区建立了与档案馆资源总库物理隔离的民生档案专用数据库,确保数据传输和共享安全。上述中观层次民生档案资源共享平台打破区域范围内地域和专业的限制,上海市在市、区范围内实现"馆际、馆社、馆室"民生档案资源共享,这就意味着各区、各专业系统的用户可以通过网络访问已经开放的民生档案信息资源,这是档案信息资源共享至关重要的一个阶段,也是迈向宏观层次档案信息资源共享平台的必经过程。

此外,在档案馆内民生档案信息资源共享的基础上,可将地区间的民生档案资源进行整合以实现共享,将民生档案资源统一保管到各个地区虚拟的档案信息中心内,这样既可以节省大量的人力、财力、物力投入,又可以方便档案信息资源在地区或专业系统范围内的利用,既节约成本又提高工作效率。如目前各个省市正在致力于为当地居民建立健康档案,实现地区(专业系统)间档案信息资源共享后,公众健康档案可以在全国范围内实现共享,这种打破区域限制的医疗卫生信息平台可以为公众寻医问药提供方便,公众在就医过程中只要鼠标轻轻一动,关于自己健康的信息记录就会立即呈现在主治医生面前,可以减少不必要或重复的检查,为病人节省时间和支出。同时,档案信息资源的地区(专业系统)还可以为远程医疗网络系统的建立提供必要的信息支持,在远程医疗网络系统上,医生就是根据病人的健康档案、结合当前症状对病人进行诊治,给出治疗方案。②

宏观层次共享平台的实现将成为档案信息资源共享这一系统工程全面实现的高级阶段。基于广域网WAN技术,通过建立不同档案馆体系之间的网络系统(如建立全国档案信息网),建设一个规模化、集群化、系统化的档案网站体系,进行档案信息的查询、传递、反馈等,以实现档案信息的提供利用。互联网技术为档案信息资源共享所有网络终端的共享提供了可能,为更广大用户提供更广阔范围的档案信息服务,是档案信息资源共享的目标。

档案信息资源共享是一项复杂的系统工程,从整体上来看,档案信息资

---

① 赵锋.线上互动　协同办公[J].中国档案,2014(3):29-30.
② 资料参见 https://baike.so.com/doc/8848117-9173126.html.

源共享建设具体内容包括：档案信息资源的有序整理、档案信息资源库的建设、档案信息网络的建设、档案信息技术的运用、档案信息资源共享的政策、法规和标准的制定等等。客观地说，上述每项任务都需要一个艰巨的过程。它的实现需要分阶段、有重点地实施，需要投入相当的人力、财力和物力。目前，我国档案信息资源共享平台的建设还处于区域性民生档案资源共享时期，即中观层次平台建设的起步阶段，与统一的国家档案信息资源共享网络的宏观层次共享服务平台还相距甚远，现阶段应立足现有平台充分开展档案信息共享服务，为进一步更大范围的共享奠定基础。

三、服务条件：完善档案公共服务的环境

法律、标准保障体系是加强档案公共服务能力不可或缺的前提条件。档案公共服务要强化顶层设计的理念，加强立法、完善标准规范体系，使档案公共服务有法可依，有章可循。《"十三五"规划纲要》将科学规划和推进档案法规体系建设作为第一项主要任务，提出"将档案法规的制定和国家各项事业发展结合起来，推动档案事业在法治的轨道上发展"及推进《档案法》等法律法规修订、制订工作。随着我国社会的发展、民主政治的推进，档案工作从理念到实践都发生了巨大变化。加强档案公共服务能力除了提高档案服务者的思想素质和档案信息资源的数量、质量外，从法律法规制度体系、信息共享机制体系着手，改善档案公共服务的环境也是不容忽视的重要方面。

（一）建立健全法律、标准保障体系

1. 推进依法治档

加强档案公共服务能力需要有一个良好的法制环境，随着社会民主政治的迅速推进，原有的法律法规显现出缺陷，这不仅直接影响档案公共服务质量的提升，也阻碍档案公共服务的发展进程。笔者认为，以修订完善现有的法律法规为主线，加强重点空缺的档案立法，通过健全完善档案标准和制度体系提升档案公共服务的环境，是推动我国档案公共服务能力全面提升的必选策略。

首先，修订《档案法》《政府信息公开条例》条款内容。

《档案法》作为我国档案领域最高位阶的根本大法，自 1987 年颁布、1996年第一次修订以来，一直是我国档案事业各个方面的准绳。2008 年 5 月正式施行的《政府信息公开条例》，对于推进我国政务公开发挥了积极作用。为了

顺应社会的发展、解决上述法律法规中存在的不足,2016 年 5 月 25 日国家档案局公布了《中华人民共和国档案法》修订草案(送审稿),(以下简称《档案法》修订草案)。而国务院办公厅、法制办起草的《中华人民共和国政府信息公开条例》修订草案征求意见稿(为示区别以下简称《政府信息公开条例》修订草案),则于 2017 年 6 月 6 日公布,并向社会各界征求意见。

《档案法》修订草案中第一条增加了"服务"一词、第四条增加了"并享有合法利用档案的权利"、第四十四条提出"国家鼓励档案及其信息的合理利用"、第四十五条将档案封闭期从现行《档案法》中的 30 年缩减到 20 年以及第八十四条"当事人对县级以上人民政府档案行政管理部门的行政行为不服的,档案行政管理部门应当告知其可以依法申请行政复议或者提起行政诉讼"等等,这些条款的修改体现了《档案法》修订草案对公民档案利用权利的尊重、档案公共服务意识的加强以及档案公开范围和力度的加大。第六十五条"国家开展档案数字化工作,保护传统档案,适应网络环境,便于高效利用,促进档案信息资源的建设和整合,完善国家和社会治理所需档案信息资源的共建共享",新增关于开展数字化工作的目的,体现了倡导现代化服务模式的与时俱进思想。《政府信息公开条例》修订草案共 6 章 54 条,比现行版本增加了 16 条,其中尤以第五条新增加的"以公开为常态,不公开为例外"条款为一大亮点;此外,如第八条、第十条等条款针对加大主动公开的力度,推进政府信息资源开发共享,明确公开义务主体,合理设定公开职责分工进行了具体规定;第十四条明确了不公开信息的范围,对政府信息公开的范围做了进一步细化。这些修订都在原来条款规定的基础上有了一定的进步。

其次,变更依申请利用规定。

由于公民依申请利用机关档案室档案信息的权利往往与公民其他权利的实现具有高度相关性,且在现实生活中依申请利用权利的实现又有高度的"被拒率",因此,在 2008 年《政府信息公开条例》实施后依申请利用迅速成为多起诉讼案的催发因素并成为公众重点关注的热点问题。现行《档案法》第二十条规定:"机关、团体、企业事业单位和其他组织以及公民根据经济建设、国防建设、教学科研和其他各项工作的需要,可以按照有关规定,利用档案馆未开放的档案以及有关机关、团体、企业事业单位和其他组织保存的档案。"《档案法实施办法》第二十二条规定,公民需要利用档案机构保存档案的,须经档案保存单位同意。《机关档案工作条例》第二十一条规定:"机关档案室的提供利用不同于国家综合档案馆提供利用。机关档案部门保管的档案,是现行档案,主要供本机关和上级主管机关使用,不属于开放范围。对外提供利用需经上级主管机关批准。"研究这些规定可以发现，《档案法》及其实施办法虽设置有公民利用机关档案室档案的原则规定，却都没有设置有关机关档案室在对外提供利用时应遵循的程序、方式方面的具体规定，更缺乏明确、有效的监督、制约机制以及解决机关档案室档案利用中争议的有关规定。

这次《档案法》修订草案第四十五条将档案封闭期缩短至 20 年；第四十六条以"机关、企业、事业单位档案利用应当以保障单位管理、运行为主。国家行政机关涉及公共利益和政务公开需求的档案，除涉及国家秘密、安全、个人隐私外，可依申请公开。国家行政机关接到公开档案的申请以后，应当在 10 个工作日内作出是否公开的决定"替换现行《档案法》中"利用未开放档案的办法，由国家档案行政管理部门和有关主管部门规定"；第八十四条当事人"可以依法申请行政复议或者提起行政诉讼"等条款，对国家行政机关处置依申请公开的权力作了时间、内容维度的具体规定，即将原本全部属于文件形成机关的依申请公开决定权作了部分削减、对公共权力的空间进行了适当限制，同时为公民的权利保障提供了一定的法律救济途径。《政府信息公开条例》修订草案在新增第五条明确落实了"以公开为常态"理念的基础上，专设第四章"依申请公开"，全文涉及依申请公开问题的条款达数十个之多，如第二十六条增加了"可以向具有公共事务管理职能的国务院部门、地方各级人民政府及具有公共事务管理职能的县级以上地方人民政府部门申请获取相关政府信息"，第二十八条增加了"行政机关可以在办公场所或者政务服务场所设立受理申请窗口"的条款；第三十一条规定了与《档案法》的衔接；第三十五条规定了征求第三方意见的限制等等。《政府信息公开条例》修订草案还大大扩充、细化了有关政府信息依申请公开的内容、程序、职责、监督和保障等规定，如增设了第十四条可不予公开的信息的列举，这能有效防止在行政机关可以主动公开、也可以不主动公开的信息被一些行政机关人员根据利益原则刻意地、"合法"地选择利用并尽量扩大，从而侵害公民信息权的现象。

再次，填补服务型法规空缺。

有学者总结了我国档案利用服务政策体系建设中的"五多五少弊端"，即领导讲话和会议文件较多，法规规章较少；针对特定类型机构和档案信息的垂直政策、部门法规较多，整体协调、统一规范各类档案服务的水平政策较少，规范与引导所有政策制定行为的"元政策"空缺；目标多样化的综合性政策或非专项政策较多，专门针对"利用服务"出台的专项政策较少；从服务主体角度制定的管理型规定较多，从利用者角度制定的服务型指南较少，政策体系存在"利用者缺位"不足;以国家档案馆为对象的利用服务政策较多,针对机关单位内部档案机构和专业部门档案机构的规定较少。① 笔者认为,这是在"把脉"当前我国档案法制建设现状后点出了"病症的要害"。"对症下药"才是整治的正确方向,因此,下一步应有计划、有针对性地制定服务型法规,补充我国档案法制保障体系建设上的空缺。比如,当前我国行政机关档案室在档案公共服务方面"不作为"现象普遍,这是当前档案依申请提供利用方面的法规建设缺失的直接后果。鉴于此,应制定相应的档案依申请利用的服务型专门法规,可以参照《政府信息公开条例》修订草案的相应程序和形式,对申请、答复、公开(部分公开)、涉及第三方信息的处理、受理申请窗口的设立、监督和保障等具体问题进行规范,建立档案依申请利用合法有序的运行机制,以法治的威力根治机关档案室档案开放公共服务的"顽疾",从而达到改善档案公共服务环境的目的。

继《档案法》修改后,《"十三五"规划纲要》已提出《档案法》体系其他法规下一步的修订规划。虽然法制保障是完善档案公共服务环境的重要条件而非全部条件,不能期待档案法律法规的修订完善能"包治百病",修订草案不可能将相关法律设置中存在的所有缺陷一次"根治",在短时间内也不可能"填满"我国档案法律法规体系的所有空缺,但我们已经看到我国档案公共服务法制环境正在健全完善的道路上逐步践行,档案法律法规体系的健全完善值得期待。

2. 完善标准体系

《促进大数据发展行动纲要》《"十三五"国家信息化规划》等提出共享开放的目标和时间表。2017 年正开展试点工作并推广政务信息资源目录体系建设,文件提出 2018 年要基本建成三类目录和三大平台:政务信息资源共享目录、开放目录、服务目录;国家政务共享平台、开放平台、服务平台。到 2020 年,基本实现政府数据的部门共享和社会开放。档案资源整合所涉及的单位和档案资源范围相当广泛,而且内容复杂,需要与之相配套的标准体系作为规范基础。标准体系建设是各单位在业务、管理、技术等档案资源建设中避免随意性、盲目性的准绳,是保障档案信息资源的有序建设和有效整合的必要手段,一定程度上可以决定档案资源整合共享项目建设和实施的成败。鉴于档案资源整合共享涉及行业广泛,标准体系中有些规范应满足跨行业、跨部门的要求,需要社会各相关机构协同制定。档案资源共享标准的制定,还

---

① 李扬新.我国档案利用服务政策体系的构建与规划[J].浙江档案,2010(10):23-26.

应考虑与国际标准接轨，注重标准的通用性、兼容性。

与档案法律法规相配套的是建立和完善档案资源共享标准规范体系，使档案资源共享成为技术标准清楚、质量要求准确、可操作性强的建设项目。标准规范体系建设应包括总体标准、管理标准、业务标准、技术标准等内容。其中总体标准是档案资源共享的总体框架，涵盖术语标准和其他综合标准。业务标准主要是国家档案局等各级档案局颁发的各类档案资源整合共享建设相关标准，包括档案目录数据标准、电子文件元数据标准、专题档案数据标准、档案业务管理规范等。管理标准主要涉及基础设施运行管理标准，主要指导机房、网络系统、硬件系统等基础设施的运行和管理；还有信息安全标准以及对项目进行管理的制度和规范的项目管理标准。技术标准包括网络通信协议标准、应用开发技术标准、数据存储技术标准、数据交换技术标准等。与管理标准相比，技术标准比较明确，一般应采用目前世界上主流的技术标准并应保持适当的技术领先性和前瞻性。

在上述标准体系指导下，各地各单位在推进档案资源整合共享具体项目建设过程中往往还要结合项目需求的实际情况，参照国家各级档案法规、档案工作标准、信息安全标准、信息化建设标准以及各种地方标准推出适用于本项目的具体标准。如结合近些年来上海市民生档案远程服务平台建设和开放的民生档案具体内容，上海市档案局在全市范围内制定和推行了《婚姻登记档案目录数据库结构》《知青上山下乡档案目录数据库结构》《知青返城档案目录数据库结构》《知青子女入户档案目录数据库结构》《独生子女证档案目录数据库结构》等具体数据库结构标准。此外，还建有《上海市民生档案利用便民服务公约》《上海市档案信息公共服务平台数字证书应用须知》以及《上海市档案信息公共服务平台远程协同服务承诺书》等管理标准，并且将上海市民生档案远程服务中的标准专门辑成一本《标准规范汇编》。在民生档案远程服务过程中，各档案馆共同签署《上海市民生档案利用便民服务公约》，相互授权利用本馆民生档案专用数据库目录信息，经审批后利用档案全文和出具证明。上述标准体系对上海市民生档案远程服务工作的开展起到重要的指导与推进作用。

（二）构建档案信息资源共享机制

构建档案信息资源共享机制是完善档案公共服务环境的必选项目。《全国档案事业发展"十三五"规划纲要》中规划了我国档案资源共享的蓝图：到2020年，打破信息壁垒和孤岛，实现各部门业务系统互联互通和信息跨部门跨层级共享共用,公共数据资源开放共享体系基本建立,面向企业和公民的一体化公共服务体系基本建成,电子政务推动公共服务更加便捷均等。要实现这一目标,离不开完善的档案信息资源共享机制。本章第一节已分析了目前我国档案公共服务现状及存在的诸多问题,建立什么样的机制才能有效应对并使相关单位"敢于共享""愿意共享"是需要着重考虑的问题。笔者认为应从动力机制、组织机制、运行机制与评价机制诸方面积极推进档案信息资源共享及档案公共服务机制的创新。

(1) 面向公众的动力机制。动力机制是推动档案信息资源共享工作持续发展的能动因素,是实现档案信息资源共享的驱动力。在建设档案信息资源共享动力机制时,应做到以人为本,从加强对利用者需求的研究着手,分析公众利用需求特征,决定档案信息资源组织的方式和信息服务的内容,以及档案信息资源共享工作的机制和模式,提高服务效益。如建立面向公众利益需求的长效决策机制,通过微信、网上网下留言、用户调查及座谈会等各种互动方式,提供更多的收集公众意见的渠道,广泛听取公众档案利用需求的心声,基于公众需求,在档案馆公共服务的决策规划中予以体现,不仅能直接契合公众现实的和潜在的利用需求,而且能更有利于档案馆寻找档案公共服务变革的突破口与创新方向。

(2) 协同联动的组织机制。组织机制即参与档案信息资源共享的机构和成员共同构建成的组织结构和权责分配等方面要素的互动。通过调研一些省市已有的实践可以发现,组织机制的构成要素之间的互动主要包括:各级综合档案馆的联动、档案馆与涉民单位档案室的联动、档案馆与社区市民中心的联动,通过互动,统筹协调档案馆档案的收集、整理、鉴定、数据库建设等基础业务建设与档案信息资源开发利用、档案公共服务的发展之间的矛盾,解决基础工作规范化、档案馆馆藏间壁垒、拓展共享范围等问题,从而增强档案公共服务的能力。可通过建立联席会议等创新机制,汇集各级综合档案馆、涉民单位档案室和社区市民中心长期从事档案公共服务的专家、一线工作人员的工作感悟和集体智慧,充分发挥协同联动的优势,针对档案收集、档案鉴定、开放范围划定等档案公共服务中的难点问题提供决策咨询意见,以保证决策、规划的科学性、可行性。

(3) 集成共享的运行机制。通过网络将分布广泛的各类档案信息资源向公众用户提供动态服务,实现基于档案信息资源共享的档案公共服务正常运转与优化。档案作为"社会记忆"本身就是一个集合概念,由于组织体制的区隔性造成档案资源形成的分散性。从利用的角度看,这种分散性无疑是巨大的障碍。因此，以集成共享机制弥合分散性这一先天的障碍是档案公共服务的必经之路。档案公共服务中包括服务主体、客体等众多构成因素，而且档案公共服务本身又是一个多元融合的过程，因此，档案信息资源共享机制应具有多向性、立体性，馆藏档案信息资源、网络平台、业务管理等方面机制建设都应坚持集成化、统筹化思维。档案信息资源共享取决于档案信息资源本身的状况，数量上的丰富程度直接影响到共享覆盖面的广度，质量上的优化程度则影响到档案资源共享的深度，档案信息资源的机制建设就是确保数据库建设在档案资源数量、质量上实现优化集成。实现各地档案信息资源互联互通，实质就是将各单位"微观层次"的共享平台集成至依托政务网，建设成更高层次网络平台以便更大范围的共享；建构"一站式"查询服务，实质就是将各种资源集成至各服务窗口以供共享；馆际、馆室、馆社合作，实质也是一种通过合作联动将公众需要利用的档案资源集成，然后提供共享的机制。此外，无论是档案馆基础业务管理，还是远程服务点查阅流程均应实现标准化、规范化，以便集成化、共享化，保证对公众提供档案服务的优质高效。

（4）多维、多层面的评估机制。在档案信息资源共享建设中如何确保建设质量，如何在建设中弄清短板或缺项，需要把评估作为一种控制手段，建设科学、合理、可行的评估机制应当成为"十二五"期间构建档案信息资源共享的一项重要探索内容。档案馆信息资源共享绩效评估通过运用一定的评价方法、量化指标及评价标准，对档案馆各部门绩效目标的投入和实现程度的综合性评价，以确定建设的成效，确保提供档案公共服务的质量并持续改进。学者戴志强提出为提高共享服务质量可以建立分国家、档案馆、社会三个层面建立多维评估机制。在国家层面，拟通过各级档案行政管理部门根据国家档案局的统一要求，定期评估本地区开展远程服务档案部门的覆盖面、联动合作的有效性、对建立方便人民群众的档案利用体系的贡献率等。在档案馆层面，拟定期评估馆藏档案开放与民生档案资源整合以及信息化建设对远程服务保障的有效性，包括远程服务数据库建设的适用性、信息技术保障的安全性等、与有关部门合作的主动性、提供服务项目的多样性等。在社会层面，拟采取多种方式及时反馈公众对远程服务的意见和建议，如接待用户的及时性、提供信息的针对性、处理方式的友好性等。在选择绩效评估指标时，既要考虑到满足社会公众的档案利用要求和档案馆自身发展的整体价值取向，同时又要有助于管理活动过程的持续改进和工作人员自我价值的实现。因此，有必要建立基于档案利用者、档案工作业务环节、档案工作人员、档案馆自身发展评估指标的多维评估机制，邀请用户、专家学者等有关人员利用评估体系参与评价和监督。需要从系统论的角度全面分析评估体系的各个构成要素,尤其是最后的评价结论要成为完善档案公共服务环境建设的战略、策略、程序的指导意见。

参考文献

一、图书

[1] 洛克.政府论[M].叶菊芳,译.北京:商务印书馆,1998.

[2] 孟德斯鸠.论法的精神[M].张雁深,译.北京:商务印书馆,1987.

[3] 卢梭.社会契约论[M].何兆武,译.北京:商务印书馆,1980.

[4] 耶林.为权利而斗争[M].胡宝海,译.北京:中国法制出版社,2004.

[5] 沃德金.认真对待权利[M].信春鹰,吴玉章,译.北京:中国大百科全书出版社,1998.

[6] 布迪厄,等.实践与反思——反思社会学导论[M].李猛,李康,译.北京:中央编译出版社,1998.

[7] 克罗齐埃.被封锁的社会[M].狄玉明,刘培龙,译.北京:商务印书馆,1999.

[8] 吉登斯.社会的构成[M].李康,李猛,译.北京:三联书店,1998.

[9] 涂尔干.社会学方法的准则[M].狄玉明,译.北京:商务印书馆,2003.

[10] 韦伯.经济与社会[M].林荣远,译.北京:商务印书馆,1997.

[11] 塞德曼.有争议的知识——后现代时代的社会理论[M].刘北成,等译.北京:中国人民大学出版社,2002.

[12] 特纳.社会学理论的结构(上、下)[M].吴曲辉,等译.北京:华夏出版社,2001.

[13] 瑞泽尔.后现代社会理论[M].谢立中,等译.北京:华夏出版社,2003.

[14] 于海.西方社会思想史[M].上海:复旦大学出版社,2004.

[15] 李培林,等.中国社会分层[M].北京:社会科学文献出版社,2004.

[16] 风笑天.现代社会调查方法[M].武汉:华中科技大学出版社,2001.

[17] 徐显明.公民权利义务通论[M].北京:群众出版社,1991.

[18] 高志明.法律与权利[M].北京:中国社会出版社,2004.

[19] 边燕杰.市场转型与社会分层[M].北京:三联书店,2002.

[20] 周汉华.外国政府信息公开制度比较[M].北京:中国法制出版社,2003.

[21] 李步云.信息公开制度研究[M].长沙:湖南大学出版社,2002.

[22] 中央纪委办公厅.政务公开[M].北京:中国方正出版社,2006.

[23] 胡仙芝.政务公开与政治发展研究[M].北京:中国经济出版社,2005.

[24] 刘飞宇,王从虎.多维视角下的政府信息公开研究[M].北京:中国人民大学出版

社,2005.

[25] 刘飞宇.转型中国的行政信息公开制度[M].北京：中国人民大学出版社,2006.

[26] 雅诺斯基.公民与文明社会——自由主义政体、传统政体和社会民主政体下的权力与义务分析框架[M].柯雄,译.沈阳：辽宁教育出版社,2000.

[27] 邓正来.国家与市民社会[M].上海：上海人民出版社,2006.

[28] 黄宗智.中国研究的范式问题讨论[M].北京：社会科学文献出版社,2003.

[29] 哈贝马斯.公共领域的结构转型[M].曹卫东,等译.上海：学林出版社,1999.

[30] 刘强,甘仞初.政府信息资源共享机制的研究[M].北京：北京理工大学出版社,2005.

[31] 冯惠玲.政府信息资源管理[M].北京：中国人民大学出版社,2005.

[32] 中国(海南)改革发展研究院.政府转型与建设和谐社会[M].北京：中国经济出版社,2005.

[33] 谭铮培.当代中国档案学热点评析[M].成都：电子科技大学出版社,2003.

[34] 刘杰.知情权与信息公开法[M].北京：清华大学出版社,2005.

[35] 莫于川,等.中华人民共和国政府信息公开条例释义[M].北京：中国法制出版社,2008.

[36] 应松年.政府信息公开制度[M].北京：中国社会科学出版社,2004.

[37] 夏勇.走向权利的时代[M].北京：社会科学文献出版社,2007.

[38] 张明杰.开放的政府[M].北京：中国政法大学出版社,2003.

[39] 张世林.档案信息利用法律研究[M].北京：中国法制出版社,2004.

[40] 袁方.社会研究方法教程[M].北京：北京大学出版社,2004.

[41] 怀铁铮.信息化——中国的出路与对策[M].机械工业出版社,2005.

[42] 马长林,等.档案信息公开理论与方法[M].上海：上海社会科学院出版社,2007.

[43] 卓泽渊.法理学[M].北京：法律出版社,1998.

[44] 克罗齐埃.被封锁的社会[M].狄玉明,刘培龙,译.北京：商务印书馆,1999.

[45] 关保英.行政法的私权文化与潜能[M].济南：山东人民出版社,2003.

[46] 郑杭生,等.转型中的中国社会和中国社会的转型[M].北京：首都师范大学出版社,1996.

[47] 谢立中.西方社会学名著提要[M].南昌：江西人民出版社,2001.

[48] 杜治洲.电子政务与政府管理模式的互动[M].北京：中国经济出版社,2006.

[49] 邹家伟,等.中国档案事业简史[M].北京：中国人民大学出版社,1985.

[50] 国家档案局办公室.档案工作文件汇集：第一集[M].北京：档案出版社,1986.

[51] 国家档案局办公室.档案工作文件汇集：第二集[M].北京：档案出版社,1986.

[52] 国家档案局办公室.档案工作文件汇集：第三集[M].北京：档案出版社,1988.

[53] 国家档案局办公室.档案工作文件汇集：第四集[M].北京：档案出版社,1992.

[54] 国家档案局办公室.档案工作文件汇集：第五集[M].北京：档案出版社,1997.

[55] 冯惠玲,张辑哲.档案学概论[M].北京：中国人民大学出版社,2006.

[56] 焦玉英,符绍宏,何绍华.信息检索[M].武汉:武汉大学出版社,2001.

[57] 哈肯.信息与自组织[M].郭治安,等译.成都:四川人民出版社,1988.

[58] 孟广均.信息资源管理导论[M].北京:科学出版社,2003.

[59] 王浣尘.信息技术与电子政务[M].北京:清华大学出版社,2003.

[60] 吕新奎.中国信息化[M].北京:电子工业出版社,2002.

[61] 颜海.档案信息资源开发利用[M].武汉:武汉大学出版社,2004.

[62] 周毅,等.政府信息公开进程中的现行文件开放研究[M].北京:群言出版社,2007.

[63] 马长林,戴志强,等.档案信息公开理论与方法[M].上海:上海社会科学院出版社,2007.

[64] 戴志强.国家档案资源整合的涵义及其运作机制研讨——档案学理论探索与创新[M].北京:中国档案出版社,2009.

[65] 冯惠玲,张辑哲.档案学概论[M].北京:中国人民大学出版社,2001.

[66] 陈向明.论档案价值构成及特点.档案价值鉴定理论与实践[C].北京:中国档案出版社,2000.

[67] 李扬新.档案公共服务政策研究[M].上海:上海世界图书出版公司,2011.

[68] 杨霞.政府信息公开实现条件研究[M].北京:首都师范大学出版社,2006.

[69] 陈兆祦,和宝荣.档案管理学基础[M].北京:中国人民大学出版社,1986.

[70] 谢伦伯格.现代档案——原则与技术[M].黄坤坊,译.北京:中国档案出版社,1996.

[71] 张斌.档案价值论[M].北京:中央文献出版社,2000.

[72] 张载宇.行政法概要[M].台北:台北汉林出版社,1980.

[73] 刘国能,王湘中,孙钢.档案利用学[M].北京:中国档案出版社,1996.

二、期刊

[1] 安小米,孙舒扬,白文琳,等.21世纪的数字档案资源整合与服务:国外研究及借鉴[J].档案学通讯,2014(2):47-50.

[2] 毕建新,郑建明.区域性档案信息资源的有效利用[J].中国档案,2014(5):58-59.

[3] 陈永生.档案已供利用情况的数据分析——档案充分利用问题研究之三[J].档案学研究,2007(5):20-25.

[4] 慈波.小平台,大舞台——嘉兴市档案局"掌上档案"建设纪实[J].浙江档案,2014(11):33.

[5] 程结晶.云技术中数字档案资源共享与管理体系的构建[J].档案学研究,2013(1):38-41.

[6] 崔穗旭.民生档案信息如何实现社区查询——由上海市"民生档案远程协同服务机制"说开去[J].中国档案,2012(10):68-69.

[7] 戴志强.国家档案资源整合的涵义及其运作机制探讨[J].档案学通讯,2003(2):4-7.

[8] 邓敏.政府行政机构与档案馆关系本质探索[J].档案学通讯,2005(3):15-17.

［9］冯惠玲.论档案馆的"亲民"战略［J］.档案学研究,2005(1)：10－13.

［10］冯惠玲.开放：公共档案馆的发展之路［J］.档案学通讯,2004(4)：10－14.

［11］傅华,冯惠玲.国家档案资源建设研究［J］.档案学通讯,2005(5)：41－43.

［12］何振,姚志勇.我国电子政务信息资源共建共享的必要性和可行性［J］.情报杂志,2004(11)：33－35.

［13］何振,蒋冠.试论电子政务环境下档案资源整合与共享的实现形式［J］.档案学研究,2004(4)：40－43.

［14］胡元潮.加快公共档案馆建设 促进综合档案馆转型——由落实惠民政策迎来"查档潮"引发的思考［J］.浙江档案,2012(6)：19－21.

［15］胡家文,蒋伟强,田翠萍.区县档案馆档案分级管理的概念、特点及其可行性分析［J］.北京档案,2015(1)：31－33.

［16］黄传毅.基于县域的档案信息资源共享工程推进机制分析［J］.浙江档案,2014(6)：56.

［17］蒋卫荣.政府信息公开立法与公民档案利用权的充分实现——以"张岩案"为中心［J］.档案学通讯,2004(2)：37－40.

［18］金波.社区档案与社区发展［J］.社会.2003(11)：22－24.

［19］金波,丁华东.数字档案信息资源的协调与竞争［J］.浙江档案,2013(9)：11－13.

［20］李持真,黄永红.异地查档 跨馆出证——浙江嘉兴实现区域内民生档案远程利用［J］.中国档案,2013(12)：28－29.

［21］李培林.社会结构转型理论研究［J］.哲学动态,1995(2)：41－45.

［22］李财富,郑思聪.论档案馆信息的普惠性服务［J］.浙江档案,2016(4)：7－10.

［23］李广都.基于民生档案远程服务的乡镇档案馆室建设谈［J］.档案时空,2014(10)：34－36.

［24］李广都.基于民生服务的专业档案数字化刍议［J］.档案,2015(11)：51－53.

［25］李学广,何焱,刘德文.长春市档案馆远程服务探索与分析［J］.中国档案,2011(12)：42－43.

［26］李阳生.未来档案开发利用趋势的预测分析［J］.档案学通讯,2002(2)：34－35.

［27］梁孟华.档案信息服务评估模式的多视角研究［J］.档案学研究,2010(5)：63－66.

［28］刘振义,秦媛媛,安勇.民生档案资源数据库建设思考［J］.中国档案,2014(2)：34－35.

［29］罗夏钻.我国民生档案协同服务机制构建探讨［J］.云南档案,2014(2)：57－59.

［30］吕元智.国家档案信息资源"云"共享服务模式研究［J］.档案学研究,2011(4)：61－64.

［31］马书波.论公民权利与国家权力关系［J］.当代世界与社会主义,2007(1)：110－114.

［32］毛福民.以"三个代表"为指导,全面加强国家档案资源建设［J］.中国档案,2002(2)：5－7.

［33］迪香.检索、利用和传播档案信息的障碍［J］.孙钢,译.档案学参考,1985(11)：22－24.

［34］申玺朝,吴振泉.公民利用档案的特点及对策［J］.北京档案,2002(1)：34－35.

[35] 石峻峰.基于民生档案远程服务的馆际合作机制研究[J].中国档案,2013(3):36-37.

[36] 邵为琳.开展城市社区档案工作[J].中国档案,2002(9):29.

[37] 斯蒂格利茨.自由、知情权和公共话语——透明化在公共生活中的作用[J].宋华琳,译.环球法律评论,2002(124):263-273.

[38] 孙立平,王汉生,王思斌,等.改革以来中国社会结构的变迁[J].中国社会科学,1994(2):47-62.

[39] 谭必勇,王新才.国家档案资源整合与共享的控制机制探讨[J].档案学研究,2006(4):17-22.

[40] 陶水龙,田雷.电子档案双套制管理问题研究[J].档案学研究,2014(4):61-64.

[41] 汪锦军.构建公共服务的协同机制:一个界定性框架[J].中国行政管理,2012(1):18-22.

[42] 王良城.档案信息资源共享机制的战略构建[J].中国档案,2013(1):64-65.

[43] 王中克,赵巍锃.顾客导向视域下的档案馆绩效评估[J].科技情报开发与经济,2007(5):94-95.

[44] 王桂芝,王彤,李学广.远程利用档案需求与效益分析[J].中国档案,2013(4):58-59.

[45] 王育东,陆加敏.档案信息网站远程服务方式[J].中国档案,2006(06):46-47.

[46] 王洁.房地产档案管理与利用研究[J].工程与建设,2010(1):142-144.

[47] 王萍,王志才,张卫东.档案馆社会化服务的若干问题研究[J].档案学研究,2006(6):3-7.

[48] 温娟莉,吕江燕.创建民生档案信息区域共享服务平台——济南市开通民生档案远程共享服务[J].中国档案,2013(2):28-29.

[49] 吴加琪.构建区域档案信息资源共建共享平台的思考[J].北京档案,2014(8):24-27.

[50] 吴加琪.区域档案信息资源共建共享实现机制研究——以浙江省档案信息资源共建共享工作为例[J].档案与建设,2016(6):17-20.

[51] 吴慰慈,李富玲.区域性信息资源共建共享保障体系建设研究[J].图书馆论坛,2005(6):16-21.

[52] 吴化.当前我国档案信息网站建设状况分析与思考[J].档案学研究,2001(6):44-47.

[53] 向立文.档案资源整合与共享的实现条件研究[J].情报杂志,2006(12):135-136.

[54] 徐卫红,王健.逻辑统一——试论馆际档案数字资源共享的实现方式[J].中国档案,2013(11):68-70.

[55] 薛四新,张晓.论数字档案馆的共建与共享[J].档案学研究,2010(2):64-67.

[56] 薛匡勇.论档案馆的职能拓展及其实现[J].档案学研究,2010(1):17-21.

[57] 严永官.民生语境下的档案利用模式创新[J].上海档案,2012(2):9-12.

[58] 严青云.区域数字档案信息资源共享实践与思考[J].浙江档案,2013(9):52-53.

[59] 颜海,曹莉皎.基于公众需求的档案服务机制创新[J].湖北档案,2012(9):18-21.

[60] 杨建伟.关于民生档案工作的调查与思考[J].四川档案,2016(4):24-25.

[61] 杨冬权.以丰富馆藏、提高安全保障能力和公共服务能力为重点,实现档案馆事业新跨越——在全国档案馆工作会议上的讲话[J].中国档案,2009(6):8-15.

[62] 杨红卫.机关档案室不是"特区"——一起查阅、复制档案案件的剖析与随想[J].山西档案,2005(4):32-34.

[63] 杨智勇,周枫.面向智慧城市的档案信息服务模式探究[J].档案学通讯,2016(4):44-49.

[64] 应松年,陈天本.政府信息公开法律制度研究[J].国家行政学院学报,2002(4):59-64.

[65] 张林华.政府信息公开与发挥档案机构信息服务功能[J].档案学通讯,2005(4):31-34.

[66] 张林华.公民信息权与档案馆拓展社会服务功能[J].档案学通讯,2007(1):81-84.

[67] 张林华,张小娟.从角色定位看行政机关在政府信息公开中的作为[J].档案学通讯,2008(3):79-82.

[68] 张林华,张小娟.政府信息公开环境下的档案信息资源共享[J].档案学研究,2009(4):38-41.

[69] 张林华,刘欣璇.论民生档案资源建设及利用[J].档案学通讯,2009(5):80-83.

[70] 张林华,冯厚娟.信息共享空间对档案信息资源共享的启示[J].档案学通讯,2010(6):30-33.

[71] 张林华.档案开放利用中的若干法律问题的思考[J].档案学研究,2011(1):39-42.

[72] 张林华.论我国公民档案信息权意识的嬗变[J].档案学通讯,2014(6):15-19.

[73] 张林华,曹琳琳."以公众为中心"的档案信息服务研究——以上海市民生档案远程服务机制的探索为例[J].档案与建设,2014(4):8-11.

[74] 张林华,潘玉琪.我国民生档案远程服务的实践发展研究[J].档案学通讯,2016(6):80-84.

[75] 刘振义,秦媛媛,安勇.民生档案资源数据库建设思考[J].中国档案,2014(2):34-35.

[76] 张晶晶.创新服务无止境——上海市民生档案远程服务工作新突破[J].中国档案,2016(6):18-20.

[77] 张卫东.档案服务民生:理念与模式[J].档案学通讯,2009(5):77-80.

[78] 张连星.对民生档案信息资源共享与远程利用工作的思考[J].北京档案,2015(8):30-31.

[79] 张泽伟.锐意创新　服务公众——记"广东(粤穗深)跨馆档案查阅利用系统"正式开通,向公众推出"就地查询,跨馆出证"服务方式[J].广东档案,2012(2):15-16.

[80] 张淑琴.整合社区档案资源,提升社区档案水平[J].档案,2009(4):52-53.

[81] 赵锋.线上互动　协同办公[J].中国档案,2014(3):29-30.

[82] 赵国强.政府信息公开查询、受理工作的实践与探索[J].上海档案,2006(11):14-16.

[83] 周书生.打造民生档案工作新格局——四川省民生档案工作实践及探索[J].中国档

案,2016(6)：21 - 23.

［84］周汉华.中国政府信息公开问题的深度分析[J].中国信息界,2005(2)：40 - 41.

［85］周林兴.数字环境下档案馆服务绩效评估研究初探[J].档案与建设,2012(4)：14 - 17.

［86］周毅.政务信息公开与档案馆现行文件阅览中心的建立[J].档案学研究,2002(3)：
36 - 38.

［87］朱光洲.建立街办（社区）档案与现行文件服务受理中心的思考[J].中国档案,
2007(5)：17 - 18.

［88］宗培岭.从封闭性到公共服务型——我国档案馆事业建设 60 年谈[J].浙江档案,
2009(6)：20 - 22.

［89］邹富联,杜永红.民生档案信息资源共享管理机制的构建——以广东珠江三角洲地区
为例[J].北京档案,2009(11)：31 - 33.

［90］LEHANE R. Building an integrated digital archives（Part II）[J]. Archives &
manuscripts, 2014, 42(2).

［91］NAKAYAMA M. Building digital archives by the National Diet Library：Toward
knowledge sharing[J]. Journal of information processing & management, 2012,
54(11).

［92］THEIMER K. What is the meaning of Archives 2.0? [J]. The American archivist,
Vol. 74 Spring Summer 2011.

［93］HORTON S. Social capital, government policy and public value：implications for
archive service delivery[J]. Aslib proceedings, 2006, 58(6).

［94］SUR S. Technology-Based remote service encounters：understanding customer
satisfaction and sustainability[J]. Journal of foodservice business research, 2008,
11(3).

［95］HALL R. The Elgar Society archives：managing the records of a voluntary Society
[J]. Records management journal, 2004(3).

［96］EVERITT S. Opportunistic collaboration unlocking the archives of the Birmingham
Institute of Art and Design[J]. Program：electronic library and information systems,
2005 (4).

［97］HUVILA I. Participatory archive：towards decentralized curation, radical user
orientation, and broader contextualization of records management [J]. Archival
science, 2008, (8).

三、报纸

［1］沈颖,陈中小路.信息公开第一案的阳光效应[N].南方周末,2004 - 09 - 02(5).

［2］黄庆畅.信息公开,准备充分了吗? [N].人民日报,2008 - 04 - 30(14).

［3］周汉华.政府信息公开条例将带来六大变化[N].人民日报,2007 - 02 - 14(13).

［4］国网.对于政府信息公开的三点期待［N］.江苏科技报,2008－04－21.

［5］张晶晶.上海市民生档案远程协同服务机制全面启动［N］.中国档案报,2012－06－25(2).

四、电子文献

［1］国家档案局印发《全国档案事业发展"十三五"规划纲要》［EB/OL］.［2016－04－07］.http://www.saac.gov.cn/news/2016－04/07/content 136280.htm.

［2］"上海市民生档案公共服务平台"项目荣获2016上海市智慧城市建设项目入围奖［EB/OL］.［2017－01－01］.http://www.archives.sh.cn/zxsd/201612/t20161219_43057.html.

［3］中国互联网络信息中心.第37次《中国互联网络发展状况统计报告》［EB/OL］.［2016－01－22］.http://www.cac.gov.cn/2016－01/22/c_1117860830.htm.

［4］中国互联网络信息中心.第39次《中国互联网络发展状况统计报告》［EB/OL］.［2017－01－23］.http://www.cnnic.net.cn/hlwfzyj/hlwxzbg/hlwtjbg/201701/t20170122_66437.htm.

［5］天津市20家国家综合档案馆开通民生档案信息馆际"一站式"服务［EB/OL］.(2011－11－11)［2015－02－11］.http://www.dajs.gov.cn/art/2011/11/11/art_1230_33467.html.

［6］"互联网＋"助力浦东新区民生档案远程服务新拓展,市民享受档案查阅"足不出户"［EB/OL］.［2017－03－01］.http://pdda.pudong.gov.cn/pddaxxw_pddt/2016－09－12/Detail_760612.htm.

［7］浦东新区档案局认真贯彻执行"窗口无否决权"机制［EB/OL］.［2017－02－02］.http://pdda.pudong.gov.cn/pddaxxw_pddt/2016－11－17/Detail_774838.htm.

［8］杨冬权在全国档案馆工作会议上的讲话:以丰富馆藏、提高安全保障能力和公共服务能力为重点,实现档案馆事业新跨越.［EB/OL］.［2017－02－02］.http://www.saac.gov.cn/.

［9］奚悦辉.郑州市上街区档案局启动档案数字化扫描工作［EB/OL］.［2017－08－25］.http://www.hada.gov.cn/html/News/23_72837.html.

［10］周静.西安市档案局大力推进馆藏民生档案数字化［EB/OL］.［2017－08－25］.http://www.xadaj.gov.cn/dazw/dadt/1488.htm.

［11］公共服务能力百度百科［EB/OL］.［2012－11－22］http://baike.baidu.com/view/2136854.htm.

［12］吕艳滨.透明政府还有多远［EB/OL］.［2013－02－01］http://news.ifeng.com/opinion/sixiangpinglun/detail_2011_05/06/6211614_1.shtml.

［13］中国人民银行征信中心.全国集中统一的企业和个人征信系统简介［EB/OL］.(2015－06－08)［2015－12－03］.http://www.pbccrc.org.cn/zxzx/zxs/201506/

d708068ce66c4cd6bbd5c37884b93c05.shtml.

[14] 中华人民共和国卫生部.卫生部关于规范城乡居民健康档案管理的指导意见[EB/OL].[2015 - 12 - 06].http://www.moh.gov.cn/publicfiles/business/htmIfiIes/mohfybjysqwss/s3577/200912/44787.htm.

[15] 国家档案局政策法规研究司.2016年度全国档案行政管理部门和档案馆基本情况摘要(一)[EB/OL].(2017 - 10 - 17)[2017 - 12 - 25].http://dangan.kaiping.gov.cn/Article.asp? id=687.

[16] 国家档案局政策法规研究司.2016年度全国档案行政管理部门和档案馆基本情况摘要(二)[EB/OL].(2017 - 10 - 17)[2017 - 12 - 25].http://dangan.kaiping.gov.cn/Article.asp? id=688.

[17] 戴志强.我国政务公开环境下档案利用工作探讨[EB/OL].[2008 - 02 - 22].http://www.archives.sh.cn/dalt/daggz/201203/t20120313_9296.html.

[18] 戴志强.公共档案馆聚焦馆藏资源建设的思考[EB/OL].[2014 - 01 - 02].http://www.archives.sh.cn/dalt/daggz/201401/t20140102_40087.html.

[19] 戴志强.论档案公共服务的涵义、理念与信息资源整合[EB/OL].[2008 - 02 - 25]http://www.archives.sh.cn/dalt/daggz/201203/t20120313_9524.html.

[20] 黎霞.档案馆开展政府信息公开工作理论与实践的回顾[EB/OL].[2008 - 02 - 25].http://www.archives.sh.cn/dalt/daggz/201203/t20120313_9550.html.

[21] 李军.浅议政府信息公开对档案开放利用制度的影响[EB/OL].[2008 - 02 - 22].http://www.archives.sh.cn/dalt/daggz/201203/t20120313_9295.html.

[22] 赵欣.行政区域内馆藏信息远程共享的实践[EB/OL].[2015 - 11 - 25].http://www.doc88.com/p - 1156693396438.html.

[23] 中国文明网.国家"十二五"时期文化改革发展规划纲要[EB/OL].[2012 - 12 - 20]http://www.wenming.cn/whtzgg_pd/yw_whtzgg/201202/t20120216_504403.shtml.

[24] Federal Enterprise Architecture. From Wikipedia, the free encyclopedia [EB/OL]. [2012 - 12 - 22] http://en.wikipedia.org/wiki/Federal_enterprise_architecture.